5190
8

p.
F. 2640 (C.)
A. 3.

Lf 82 4

MÉMOIRES
CONCERNANT
LES
IMPOSITIONS ET DROITS.

SECONDE PARTIE.

Impoſitions & Droits EN FRANCE.

Tome Troiſième.

A PARIS,
DE L'IMPRIMERIE ROYALE.

M. DCCLXIX.

TABLE DES MATIÈRES

Contenues dans ce Volume.

QUATRIÈME MÉMOIRE.

Gabelles.

MOYENS DE CONSERVATION.

CINQUIÈME MÉMOIRE.

Aides & Droits y joints.

SIXIÈME MÉMOIRE.

Traites.

SECONDE

SECONDE PARTIE.

IMPOSITIONS

ET

DROITS qui ont lieu dans le Royaume.

QUATRIÈME MÉMOIRE.

GABELLES.

L'ÉTYMOLOGIE la plus certaine du mot *gabelle*, eſt celle qui lui donne la ſignification de *tribut* ou *impôt;* ainſi ce terme s'appliquoit, dans le principe, à toutes ſortes d'impoſitions & ſubſides : il ne s'entend aujourd'hui que des droits ſur le Sel.

On croit inutile de rappeler ici les différens paſſages de Tite-Live, qui font remonter au temps même où Rome étoit gouvernée par des Rois, l'origine de l'impôt ſur le Sel.

Ceux de Pline, qui avance qu'après le banniſſement

des Tarquins, sous le consulat de T. Lucrecius & de P. Valerius, cet impôt fut supprimé; ce qu'ajoute Tite-Live, que sous ce consulat la vente du sel fut rendue libre & qu'elle fut ôtée à ceux qui en avoient été chargés au nom du Roi.

Que dans des temps bien postérieurs, & sous le consulat de M. Cornelius Cethegus & de Sempronius Tuduanus, l'an 549 de Rome, M. Livius & C. Claudius, alors Censeurs, mirent un nouveau droit sur le sel : que le peuple irrité de cet impôt donna le sur-nom de *Salinator* à Livius, qu'il soupçonna d'en être le principal auteur.

On ne rappellera pas non plus les loix du Digeste qui annoncent que suivant le Droit romain, les salines trouvées dans les fonds des particuliers leur appartenoient; celles du Code qui ne font pas connoître assez clairement si les Empereurs s'étoient attribué la vente exclusive du sel, ou s'ils s'étoient bornés à mettre sur cette denrée un impôt ou gabelle.

Les salines dans les constitutions de l'empire Germanique, sont mises au nombre des droits royaux suivant les chapitres des fiefs, *quæ sunt regalia*, qui est de l'empereur Frédéric I.er; mais on prétend que cette disposition ne doit s'entendre que d'une gabelle que le Prince a droit de mettre sur les sels de son État, conformément à quelques textes de la Loi romaine.

Origine de la Gabelle en France;

Rien n'indique que nos Rois de la première & de la seconde race, se soient attribué aucun droit de ce genre, & il n'est fait mention, dans nos historiens & dans nos monumens, de la gabelle, que sous les Rois de la troisième race; encore n'est-on pas d'accord ni sur le temps précis de cet établissement, ni sur celui des Rois de la race régnante, qui le premier a mis cet impôt au nombre des moyens dont on pouvoit faire usage pour subvenir aux besoins de l'État; plusieurs prétendent que c'est Philippe-le-Bel, quelques-uns Philippe-le-Long, & ils se fondent sur une ordonnance de ce Prince, dans laquelle il parle de la gabelle comme d'un droit déjà établi, & déclare que son intention n'étoit pas que ce droit fût perpétuel ni mis dans son domaine; d'autres en regardent Philippe de Valois comme le premier auteur. On cite un ancien Manuscrit qui s'exprime de la manière suivante: *en ce même an 1342, mit le Roi une exaction au sel, laquelle est appelée* Gabelle, *dont le Roi acquit l'indignation & mal-grâce des Grands comme des petits & de tout le peuple.*

objet & progression des droits sur le Sel; réglemens qui y ont rapport; détail des différentes formes d'administration & de perception qui ont été successivement introduites.

Impôt sur le Sel, en 1342.

Nous avons dans le Recueil des ordonnances, des lettres patentes de ce Prince du 20 mars 1342, dans lesquelles il expose que desirant employer pour traverser les efforts de ses ennemis, les voies les moins onéreuses à ses sujets, il a, après grande & mûre délibération, ordonné certains Greniers ou Gabelles de sel être faits dans le royaume, & a député des Commissaires pour publier, faire exécuter & mettre en ordre lesdits greniers & gabelles, & voulant qu'ils

Lettres patentes du 20 mars 1342.

aient bon & brief effet, & soient gouvernés le plus justement & le plus profitablement que faire se pourra; il commet par ces lettres Guillaume Pinchon, Archidiacre d'Avranches; Pierre de Vilaines, Archidiacre de Paris; Philippe de Brie, Trésorier de Bayeux, Maîtres des requêtes de l'Hôtel; Regnaut Chauviau, Guy Chevrières, Artus de Provins, Chevaliers, & Jacob Bouton, & les ordonne & établit Maîtres souverains, conducteurs & exécuteurs desdits Greniers & Gabelles, leur donnant à tous, au nombre de trois, ou de deux au moins, plein-pouvoir, autorité & mandement spécial, de mettre, ordonner & députer tels Commissaires, Grenetiers, Gabelliers, Clercs & autres Officiers qu'ils jugeront bon être, les changer, taxer & faire payer à chacun d'eux gages convenables; voulant que de tout ce qui concerne lesdits Commissaires & Officiers, quant au fait desdits Greniers & Gabelles, ils aient la connoissance, correction & punition, & qu'aucune autre juridiction n'en puisse connoître.

Ordonnance du roi Jean du 5 décemb. 1360.

Dans une ordonnance du roi Jean, donnée le 5 décembre 1360, immédiatement après son retour d'Angleterre dans le royaume, en conséquence de la paix conclue cette année à Bretigny, & dont nous ferons le détail lorsque nous traiterons ce qui concerne les Aides; ce Prince, en établissant en même temps d'autres impositions, ordonne qu'il percevra à son profit dans la Languedoil le Cinquième sur le sel.

Il paroît que dès 1359, les Prélats, les Nobles & les Communes de la Languedoc, avoient accordé au comte de Poitiers, fils du roi Jean & son Lieutenant dans cette partie, que l'on y leveroit jusqu'à Noël 1361, certaines Impositions & Gabelles dans les formes & manières contenues audit Octroi, & ordonnées par le comte de Poitiers.

Il existe des Lettres données par ce Prince au mois d'août 1360, dans lesquelles il rappelle que par une ordonnance par lui faite du consentement des Prélats, Barons, Universités & Consuls de toute la Languedoc dans une assemblée générale, il a été ordonné que nulle personne ne pourra transporter du sel hors de la Languedoc, s'il n'a été gabelé dans le lieu ou saline d'où il a été tiré ou dans un autre lieu destiné à cet effet par les Gabellateurs.

Ordonnance du 20 avril 1363.

On voit dans une ordonnance du roi Jean, du 20 avril 1363, que Jean, duc de Berry & d'Auvergne, alors comte de Poitiers & lieutenant du Roi dans l'Occitanie, avoit imposé une Gabelle sur les sels en 1359, par délibération du Conseil du Roi & des Universités, Nobles & Prélats de la Languedoc.

Les différentes pièces que l'on vient de rappeler, annoncent que les droits dont la perception étoit ordonnée, & entr'autres la Gabelle, n'étoient point imposés à perpétuité; mais seulement à titre d'aide pour le payement de la rançon du roi Jean & pour la perfection de la paix.

Suivant les instructions faites dans le Conseil du Roi, en conséquence de l'ordonnance du 5 décembre 1360, sur la manière de lever l'aide, il devoit être établi des Greniers à sel dans les bonnes villes & lieux notables.

On devoit prendre pour le Roi tout le sel qui se trouveroit dans ces différens lieux, ou qui seroit amené dans la suite; le Grenetier qui devoit être commis devoit le payer aux Marchands à un prix juste & convenable, & le vendre ensuite, pour le compte du Roi, le quart en sus, ce qui faisoit la cinquième partie de la totalité de la vente, savoir; ce qui auroit été acheté des Marchands 20 sous, devoit être vendu 25 sous, ce qui faisoit pour l'aide 5 sous.

La Gabelle, ainsi que les autres impositions dont on a vu que la levée ne devoit être que momentanée, subsistèrent pendant tout le règne de Charles V : on sait les troubles qu'excita leur perception au moment de sa mort; mais Charles VI ayant réprimé la sédition, rétablit les impôts qui, depuis cette époque, ont existé sans aucune interruption.

On trouve dans les Ordonnances & Règlemens faits par Charles V & Charles VI les 7 décembre 1366, 20 novembre 1377, 21 janvier 1382, 1.er décembre 1383, 11 mars 1388, juillet 1411, la forme dans laquelle les Gabelles étoient alors régies & administrées.

Les Greniers à sel devoient être établis à portée des rivières ou dans les villes considérables, & dans les lieux les plus convenables pour la diſtribution des ſels, de façon que le peuple ne pût en manquer.

Toute perſonne, marchand ou autre, étoit tenue de faire conduire ſon ſel des bateaux dans les villes où il y avoit grenier, & ne pouvoit le faire deſcendre autre part, à peine de confiſcation du ſel & de la voiture, avec attribution du cinquième au dénonciateur.

Il devoit être prépoſé dans chaque grenier un Grenetier & un Clerc ou Contrôleur; ces Officiers devoient chacun tenir un regiſtre exact des ſels exiſtans dans les lieux où le grenier étoit établi & dans les villes voiſines; ils devoient faire porter au grenier le ſel que les bourgeois & autres habitans ſe trouveroient avoir dans leurs maiſons au-delà du néceſſaire pour leur proviſion de quatre ans; ils devoient, à l'arrivée des ſels dans le grenier, porter ſur leur regiſtre la quantité, le nom de celui à qui il appartenoit & le jour de la remiſe.

Il y avoit à chaque grenier trois clefs; le Grenetier, le Contrôleur & le Marchand, propriétaire du ſel, avoient chacun une de ces clefs.

La vente devoit ſe faire ſuivant l'ordre dans lequel le ſel avoit été remis au grenier.

On devoit conſidérer dans les différens lieux où les greniers étoient établis, quel prix le muid de ſel pouvoit valoir à la meſure de Paris, eu égard au prix d'achat ſur le lieu & aux frais de tranſport juſqu'au grenier; le prix auquel il ſeroit vendu au profit du

Marchand, par les Officiers du grenier, étoit en conſéquence fixé.

Chaque Marchand étoit cependant reçu, ſans attendre le tour de rôle, à offrir de le vendre au-deſſous du prix fixé, & en ce cas, il avoit la préférence ſur ceux qui ne ſe ſoumettoient pas à le laiſſer vendre à ce dernier prix; on ne pouvoit offrir un nouveau rabais, qu'après qu'il en avoit été vendu juſqu'à la quantité de dix muids, après laquelle le rabais fait par un autre Marchand étoit admis juſqu'à concurrence de la même quantité, & ainſi de ſuite.

Le ſel devoit être vendu par ſetier, mine & minot, & non à plus petite meſure, ſi ce n'étoit par les Regrattiers.

Les deniers provenans des ventes étoient auſſi dépoſés dans un coffre à trois clefs, & à la fin de la vente on remettoit au Marchand la ſomme qui lui revenoit.

Les Grenetier & Contrôleur, avant d'être inſtitués dans ces offices, devoient fournir chacun un cautionnement en la Chambre des Comptes : ce cautionnement étoit fixé, pour les Grenetiers, à 500 livres; & pour les Contrôleurs, à 300 livres; ceux de Paris & de Rouen en devoient fournir un de 1000 livres.

Chaque Grenetier étoit tenu de compter en la Chambre des Comptes, deux mois après l'année de ſa geſtion expirée.

Les Regrattiers & Détailleurs devoient être commis par les Grenetier & Contrôleur, & leur commiſſion renouvelée

renouvelée chaque année; ils ne pouvoient vendre plus d'un minot de ſel à la fois. Le prix auquel ils devoient vendre le ſel, devoit être fixé par les Grenetier & Contrôleur, & ils ne pouvoient le vendre au-deſſus, à peine de confiſcation de celui qu'ils auroient encore, & d'amende : le ſel devoit être pris dans le grenier dans l'étendue duquel ils en faiſoient la vente.

Chaque habitant étoit tenu de s'approviſionner de ſel au grenier le plus prochain du lieu de ſon domicile; ils étoient même contraints à en prendre, de trois mois en trois mois, ce qui leur en falloit raiſonnablement pendant ce temps pour leur conſommation, & on leur donnoit la facilité de n'en payer le prix qu'à la fin de ces trois mois.

Quiconque rencontroit du ſel dans le département d'un grenier, qui n'avoit point été pris à ce grenier, étoit autoriſé à le ſaiſir & arrêter, avec les voitures, chevaux, &c. & à conduire le tout par-devant le Grenetier, comme forfait & acquis au Roi; il avoit le tiers du produit de la confiſcation & de l'amende, le Roi un tiers, & le dernier tiers devoit être adjugé par le Grenetier aux Juges, ſoit royaux, ſoit des ſeigneurs dans la juridiction deſquels la ſaiſie avoit été faite.

Le Grenetier avoit juridiction pour punir, ſelon la qualité du délit, les Marchands ou autres perſonnes qu'il trouveroit en contravention, & ſi le fait étoit grave, il pouvoit faire arrêter les malfaicteurs, & les renvoyer par-devant les Généraux-Conſeillers ſur le fait des aides ordonnées pour la guerre.

Toutes perſonnes d'Égliſe, Nobles ou autres, ayant péages ou rentes en ſel, étoient tenues de faire conduire celui qu'elles recevoient à ce titre au grenier le plus prochain, où le Grenetier & le Contrôleur leur laiſſoient en nature de ſel ce qui étoit néceſſaire pour leur conſommation, & retenoient le ſurplus, en leur donnant l'option, ou de leur en payer le prix ſur le champ & au même taux qui avoit lieu ce jour-là pour le compte du Marchand, ou de le vendre à leur profit & avec le droit qui appartenoit au Roi.

On voit dans ceux des règlemens que l'on rappelle, qui concernent le Languedoc, que la Gabelle du ſel devoit ſe lever ſur toutes les ſalines, & qu'on ne pouvoit ſe ſervir du ſel qui ne l'avoit pas acquittée: on donnoit, à ceux qui avoient ſatisfait, une quittance ou acquit qui contenoit le poids & la quantité du ſel pour lequel ils avoient payé les droits, ainſi que le lieu, l'année & le jour du payement; s'ils vouloient tranſporter ce ſel d'un lieu à un autre, ils devoient remettre cet acquit au Receveur, autrement leur ſel étoit confiſqué.

Quant aux endroits à portée des ſalines où l'on pêchoit & où on ſaloit le poiſſon, on évaluoit la quantité de ſel que l'on pouvoit y employer, & on en faiſoit payer la Gabelle.

On eſtimoit pareillement la quantité de ſel que

pouvoient consommer ceux qui demeuroient auprès de ces salines, & on leur faisoit payer la Gabelle de cette quantité chaque année en quatre termes égaux.

Le Visiteur général ou ses Lieutenans, avoient la connoissance de tout ce qui concernoit le fait & administration des salines, la vente du sel & le payement des droits; les appels des jugemens & ordonnances du Visiteur, étoient portés devant les Généraux sur le fait des aides dans cette province.

Il paroît que sous le règne de Louis XII, la police prescrite par les Ordonnances & Règlemens dont on vient de rendre compte, s'observoit encore.

Différentes villes avoient obtenu, à titre d'octrois, le privilége de fournir les greniers qui y étoient établis; la même concession avoit été faite à plusieurs particuliers : ces villes avoient la plupart disposé par vente de ce privilége, il en résultoit de grands inconvéniens, les greniers n'étoient plus suffisamment approvisionnés; le sel n'y séjournoit pas le temps convenable, & n'avoit pas le temps d'acquérir le degré de siccité nécessaire. Ces inconvéniens n'avoient pas lieu lorsque les greniers étoient fournis par les marchands qui y déposoient leur sel, & que ce sel étoit vendu à tour de papier & au rabais; il s'écouloit plusieurs années avant qu'il vînt en vente : ces considérations engagèrent Louis XII, par une ordonnance du 23 mai 1500, à casser & révoquer toutes les concessions de ce genre qui avoient été faites, & à ordonner que les Généraux des

Ordonnance de Louis XII du 23 mai 1500.

finances, chacun dans sa généralité, taxeroient pour chaque grenier le prix du sel, eu égard à la situation des greniers, & que les prix ainsi fixés ne pourroient être crûs ni haussés, mais seulement diminués par les rabais, conformément aux Ordonnances précédentes.

Ordonnance du 11 novemb. 1508.

Par une autre ordonnance du 11 novembre 1508, il enjoint aux Grenetiers, Contrôleurs & Mesureurs de résider, d'assister à la descente & vente du sel, de veiller à ce que le sel soit emplacé dans des salles ou celliers qui seront à rez-de-chaussée ou deux pieds plus bas pour le plus de la rue, de ne point souffrir que les Marchands descendent dans les greniers sel sur sel, afin que le dernier arrivé ne soit pas le premier vendu, de procéder à la vente du sel en gardant l'ordre & tour de papier sans l'interrompre, si ce n'est en cas de rabais, qui même ne sera admis qu'autant que le sel, pour lequel il sera offert, aura été mis dans le grenier au même temps que celui qui seroit en tour.

Il est défendu aux Grenetiers de prendre plus de 12 deniers pour la commission qu'ils donneront pour la délivrance du sel par impôt; & aux habitans des lieux où la distribution du sel se fait par impôt, dans le cas où ils en auroient besoin d'une plus grande quantité, de s'en approvisionner dans aucun autre endroit que dans le grenier où le sel par impôt est délivré, à peine de confiscation & de grandes amendes arbitaires.

Cette ordonnance renferme encore plusieurs autres

dispositions, soit pour obvier aux abus qui se commettoient de la part des Grenetiers & Contrôleurs, sous prétexte des déchets dans les greniers, soit pour prévenir ceux auxquels se livroient les Mesureurs en mesurant les sels, soit à la descente dans les greniers, soit à la vente & distribution.

Par son Ordonnance du mois de juin 1517, François Ier ajouta plusieurs dispositions à celles que l'on vient de rappeler. *Ordonnance de François I.er juin 1517.*

Il est enjoint aux Grenetiers & Contrôleurs, de tenir registre de ceux qui viendront prendre le sel dans leurs greniers, séparément par paroisse.

Dans les greniers où le sel se lève par impôt, les Grenetiers doivent envoyer, au commencement de chaque année, dans les paroisses qui sont de leur arrondissement, leur commission portant mandement d'imposer le montant de ce que la paroisse doit prendre de sel; cette commission doit être signée par le Grenetier & le Contrôleur auxquels il est attribué pour chaque commission 12 deniers de taxation à partager entr'eux par égale portion.

Il leur est défendu de commettre les Collecteurs pour la levée de l'impôt du sel, ils doivent être élus par les habitans des paroisses, & ces Collecteurs doivent avoir les mêmes salaires que ceux fixés aux Collecteurs des tailles.

Les Collecteurs sont tenus, trois semaines après la confection du rôle, d'en remettre un double en bonne forme & figné d'eux aux Grenetiers & Contrôleurs: ce rôle doit contenir les noms & furnoms de tous les habitans de la paroiffe, leur impôt & le nombre de leurs gens & famille.

Les Grenetiers & Contrôleurs, lors de leurs vifites dans les paroiffes, doivent porter l'expédition qui leur a été remife; ils font autorifés à fe faire repréfenter les rôles des tailles, & s'ils reconnoiffent & découvrent que quelqu'habitant de quelqu'état, qualité ou condition qu'il foit, n'a point levé le fel au grenier de fon reffort, ou n'en a point levé en quantité fuffifante pour fa confommation, eu égard à fes facultés, famille, gens, ferviteurs & ménage, ils doivent le condamner à la reftitution des droits de Gabelle, & à telle amende & autre peine qu'ils aviferont bon être.

Ordonnance du 25 août 1535.

L'ordonnance du 25 août 1535, enjoint à tous les Collecteurs des tailles des pays où le droit de Gabelle a cours, d'envoyer quinze jours après l'expiration de l'année aux Grenetier & Contrôleur du grenier dont ils font refortiffans, un double figné d'eux de l'affiette de la taille de l'année précédente, & le nom des Gentilshommes & gens d'églife des paroiffes dont ils font Collecteurs: les Maires, Confuls & Échevins des villes franches, doivent pareillement envoyer des copies des affiettes qui ont pu être faites dans lefdites villes.

La même ordonnance enjoint aux Officiers des mefurages d'Ingrande, Rouen & autres lieux de dépôts, de tenir chacun deux regiftres dont les feuillets doivent être cotés & paraphés par un Secrétaire du Roi, & traversés par un cordon scellé du grand sceau.

L'un de ces registres doit contenir le mesurage & les rescriptions délivrées en conformité, l'autre les certificats des descentes & réceptions du sel aux greniers mentionnés dans la réception.

Les Marchands sont tenus, à peine d'y être contraints, ainsi que leurs cautions, de rapporter aux Gardes & Contrôleurs des mesurages, dans le temps fixé par leur soumission, les certificats de descente & de réception au grenier du sel contenu dans les rescriptions, & faute à eux d'y avoir satisfait dans le temps prescrit, ils peuvent être contraints au payement du droit de Gabelle.

Les détails dans lesquels on vient d'entrer, font connoître que jusqu'à cette époque, le sel avoit été marchand; il étoit vendu dans les greniers du Roi pour le compte des particuliers qui étoient tenus de l'y faire conduire: les droits du Roi étoient reçus, lors de chaque vente, par les Officiers, & le prix du sel se payoit aux Marchands.

Changement survenu sous le règne de François I.er dans l'administration des Gabelles.

L'année 1541 vit naître un nouvel ordre de choses. Le prétexte de ce changement rappelé dans le préambule de l'ordonnance du 1.er juin 1541, fut l'impuissance des Ordonnances & Règlemens antérieurs, quelque rigoureuses qu'en fussent les dispositions, ainsi que des recherches, informations, amendes & punitions qui avoient eu lieu en exécution de ces Règlemens, pour arrêter les fraudes & malverſations commiſes par les Faux-ſauniers & autres, au détriment de la Gabelle, & à la grande charge & foule du peuple.

François Ier expoſe dans cette nouvelle ordonnance, que dans la vue de pourvoir à ces déſordres par une autre voie, il avoit fait mettre en ſa main, par les Commiſſaires qu'il avoit députés à cet effet, tout le ſel exiſtant dans les ſalines des généralités de Languedouy, Guienne & Bretagne ; que ces Commiſſaires avoient fait leur rapport de la quantité de ſel trouvée dans ces ſalines, & des moyens qu'ils avoient jugé les plus propres à remplir ſes intentions; que ces Commiſſaires avoient enſuite été renvoyés par lui, pour faire leur rapport de toute la procédure qu'ils avoient faite ſur les lieux, à pluſieurs des Préſidens des Comptes, des Aides, Tréſoriers de France, Généraux des finances, Maîtres & Conſeillers deſdits Comptes & Aides, & autres bons & notables perſonnages, Officiers du Roi, pour, ſur le tout donner leur avis, ce qu'ils auroient fait; & le Roi deſirant en conſéquence relever ſes ſujets des moleſtations, travaux & charges qu'ils ont accoutumé porter, par leſdites recherches & informations, & eſpérant que la conſervation de ſes droits de Gabelle en fera augmenter le produit, de ſorte qu'il pourra diminuer les deniers des Tailles au ſoulagement du peuple; il ordonne qu'à l'avenir ceux qui achetteront & enlèveront le ſel des marais ſalans, ſeront tenus de payer les droits de Gabelle, lors de l'enlèvement, l'enlèvement, aux Receveurs établis ſur les lieux d'où les ſels ſeront tirés.

Les droits du Roi ſur les ſels deſtinés à l'approviſionnement des pays ſujets à la Gabelle, ſont fixés, par cette ordonnance, à 45 livres tournois par muid, meſure de Paris, y compris la crûe de 15 livres, qui avoit été établie, en 1537, pour le payement des gages des Compagnies ſouveraines : le Marchand ayant acquitté ce droit, & muni d'un brevet ſigné des Officiers établis ſur les marais, contenant le nom du Marchand, le lieu où le ſel avoit été pris, la quantité, le prix de l'achat & le payement du droit de Gabelle, avoit la liberté de porter, vendre & diſtribuer ſon ſel par-tout où bon lui ſembloit, ce qui entraînoit la ſuppreſſion des Greniers & des différens Officiers qui y avoient été prépoſés ; mais cette nouvelle forme de régie & de perception exigeoit une multiplicité de nouveaux Officiers, ſous le titre de Conſervateurs, Procureurs du Roi, Greffiers, Receveurs, Contrôleurs, Gardes, Meſureurs, Commis pour veiller à ce qu'il ne fût détourné aucun ſel des marais ſalans, ſans avoir acquitté les droits dont il s'agit.

Il y avoit auſſi quelques provinces où les droits du Roi étoient réglés différemment, & qui donnèrent lieu à des diſpoſitions particulières dans l'ordonnance du 1.er juin 1541.

Ordonnance du 1.er juin 1541.

Par cette ordonnance, le droit de Gabelle de tout le ſel vendu, troqué ou échangé dans les ſalines, marais

& autres lieux des pays de Guyenne, Bretagne, Poitou, Saintonge, ville & gouvernement de la Rochelle, & porté à la pêche pour la salaison en mer du poisson, est fixé au même prix que le sel aura été payé par l'Étranger qui en aura fait l'achat, & le quart de ce prix doit être payé comptant par forme de provision, tant par le Pêcheur que par l'Étranger, suivant la fixation qui sera faite chaque mois du prix du sel par le Conservateur dudit quart, sur les lieux, avec le Procureur du Roi & les Gardes & Contrôleurs, afin de prévenir les fraudes que les vendeurs pourroient faire sur la déclaration du prix.

Quant aux sels qui des marais passeront dans l'intérieur des mêmes provinces pour leur consommation, il doit être payé pour le droit de Gabelle, d'abord comptant aux Receveurs sur les marais, le quart du prix de la première vente, & ensuite aux Receveurs sur les lieux où se feront les autres ventes, trocs ou échanges, le quart du prix pour chacune de toutes lesdites ventes, trocs ou échanges, & le demi-quart pour la crûe ordonnée pour le payement des gages des Compagnies souveraines : ces dernières ventes ne peuvent être faites que dans les lieux qui doivent être désignés, & où il doit être établi, ainsi que sur les marais, des Officiers pour assurer la perception dudit quart.

Le sel destiné à la consommation des habitans du duché de Bretagne, est déclaré exempt pour le présent du Quart & de la Gabelle, à la charge de prendre le sel dans les marais de ladite province, & avec la précaution de ne faire la distribution dans les différens lieux, que de la quantité nécessaire aux habitans pour leur provision d'une année seulement.

Il paroît que peu de temps après cette ordonnance, la diversité qui se rencontroit dans la fixation des droits de Gabelle, fut envisagée comme la principale cause des fraudes & des abus qui se commettoient : François I.er se proposant d'établir l'uniformité, par son ordonnance du mois d'avril 1542, fixa sur tout le sel qui seroit vendu, troqué ou échangé aux salines & marais de Bretagne, Poitou, Saintonge, ville & gouvernement de la Rochelle, Guyenne, Picardie, Normandie, Languedoc, Provence, Dauphiné & autres lieux, provinces & endroits du royaume, avec quelques personnes que ce fût, ses sujets *ou autres*, sans nul excepter, une somme de 24 livres tournois pour chaque muid de sel, mesure de Paris, payable par le vendeur du sel & lors de la vente pour tous droits de Gabelle, quart & demi-quart, quint & demi-quint.

Ordonnance d'avril 1542.

Cette nouvelle forme de perception excita les plus vives représentations de la part des propriétaires des salines & des marchands de sel ; ils exposèrent que si celui qu'enlevoit l'Étranger restoit assujetti aux droits de la Gabelle, c'étoit priver le royaume de cette branche de commerce ; que la pêche, par les mêmes motifs, cesseroit entièrement : leur réclamation fut

Ordonnance du 29 mai 1543. écoutée, & par une nouvelle ordonnance du 29 mai 1543, il fut fixé à l'enlèvement des sels des marais, un droit de 20 sous par chaque muid, mesure de Paris, qui seroient payés par les propriétaires des marais salans, comme droit royal.

Les Étrangers furent déclarés exempts de payer aucun droit de Gabelle pour les sels qui seroient par eux enlevés pour être consommés hors du royaume, en observant néanmoins les formalités que prescrit cette ordonnance pour prévenir les fraudes qui pourroient être commises à ce sujet.

Les Pêcheurs des provinces de Bretagne, Poitou, ville & gouvernement de la Rochelle, Saintonge & Guyenne, furent pareillement affranchis du payement de la Gabelle des sels qu'ils enlèveroient des marais pour les employer à leur pêche, & la même exemption fut accordée aux pêcheurs des provinces de Normandie & de Picardie.

Les propriétaires des marais y résidans ou dans une distance de dix lieues, furent autorisés à prendre & retenir, pour leur usage & de leurs maison & famille seulement, la quantité de sel nécessaire suivant les rôles qui en seroient adressés.

Les habitans de Bretagne furent aussi exemptés du droit de Gabelle des sels destinés à leur consommation, suivant la délivrance qui devoit leur en être faite d'après les rôles qui seroient formés.

Le droit de Gabelle qui, par la précédente ordonnance, avoit été réduit par muid de sel, mesure de Paris, à 24 livres tournois, dans la perspective de la compensation que devoit produire l'assujettissement des sels enlevés par l'Étranger, de ceux destinés à la Bretagne & à la pêche, est remis par celle-ci à 45 livres, sur lesquelles sont assignés les gages des Cours de Parlement, Chambres des Comptes & Cours des Aides.

Le payement de la Gabelle à raison de 45 livres par muid de sel, mesure de Paris, subsista à l'enlèvement lorsqu'il ne seroit que de dix muids; & en cas que la quantité fût plus considérable, l'ordonnance accorde l'option, ou de payer le droit de Gabelle sur les marais, ou en donnant caution, de payer par quart & en quatre payemens égaux.

Les pays de Languedoc, Provence & Dauphiné, sont déclarés n'être point compris dans cette ordonnance.

Il paroît par une ordonnance du 6 décembre 1544, qu'il étoit résulté beaucoup d'inconvéniens de la liberté accordée aux Marchands, après avoir acquitté la Gabelle, de transporter leur sel où bon leur sembleroit: des provinces s'en trouvoient surchargées & d'autres en manquoient; il n'y avoit plus d'ailleurs aucune police ni ordre dans les ventes, ce qui occasionnoit des débats continuels entre les Marchands: ce furent du moins ces considérations qui sont rappelées dans cette dernière ordonnance comme ayant déterminé

Ordonnance du 6 décembre 1544.

François I.er à ordonner que tout le sel seroit remis dans les magasins & greniers précédemment établis dans les différentes généralités, & que la vente en seroit faite par les Officiers de ces greniers chacun dans leur ressort.

Il enjoignit aux Généraux des finances, de prendre les mesures & de faire les diligences nécessaires pour que tous les magasins fussent fournis de sel pour deux années, conformément aux anciennes Ordonnances.

Ces dispositions n'étoient que la suite & l'exécution d'une ordonnance du mois de juillet précédent, qui faisoit cesser toute perception des droits de Gabelle à l'achat des sels sur les marais, en remettant les choses à cet égard sur l'ancien pied : elle avoit prescrit que pour la fourniture, & en même temps pour la perception des droits de Gabelle sur le pied de 45 livres par muid, mesure de Paris, les anciens magasins & greniers seroient rétablis, & qu'il en seroit placé même dans les provinces où cet établissement n'avoit point encore eu lieu.

Les Marchands conduisant les sels le long des rivières de Loire, Seine, Somme & autres affluentes pour le fournissement des magasins à sel des généralités de Languedouy, Normandie, Outre-seine, Yonne & Picardie, exposèrent les dommages que leur causoit la perception des Péages prétendus en essence de sel, le retardement & les séjours qu'ils en souffroient pour attendre les Fermiers, les difficultés qu'ils éprouvoient de leur part sur la qualité des sels à leur livrer, les déchets que leur causoit le dérangement de leur chargement; & ils demandèrent que pour faire cesser ces inconvéniens, ces Péages fussent évalués en argent, ce qui fut ordonné par édit du 9 mars 1546, qui contient l'énumération de ces différens Péages, la quotité de chacun en sel, & l'évaluation en argent qui n'est faite que provisoirement par cet édit. *Édit du 9 mars 1546.*

Il est dit dans cet état, que les Péages prétendus en essence de sel par les Seigneurs péagers, sur les rivières de Sèvre, la Charente & autres y affluentes, n'ont pu être évalués, par le défaut de renseignemens suffisans sur le nombre & la quotité de ces Péages, le droit de Gabelle qui se lève dans les provinces de Poitou, Saintonge, ville & gouvernement de la Rochelle, où coulent lesdites rivières, n'ayant lieu que depuis cinq années, attendu qu'il ne se levoit auparavant que le droit de Quart du sel vendu dans lesdites provinces.

On observera que la disposition de l'édit du 9 mars 1546, a été confirmée par des édits postérieurs des 15 août 1579 & 28 avril 1599, & notamment par l'article 1.er du titre XII de l'ordonnance des Gabelles du mois de mai 1680, qui défend expressément de lever aucun Péage, Estrelage ou autre droit en essence sur le sel, sauf aux propriétaires à s'en faire payer en argent suivant le règlement du Conseil. *Édits des 15 août 1579, & 28 avril 1599.*

Il existe cependant encore aujourd'hui plusieurs Seigneurs ou Particuliers qui perçoivent des droits de

Péage en essence : les principaux sont M. le duc de Chaulnes, à Pecquigny ; & M.me la duchesse d'Enville, à la Rocheguyon ; leur droit est fixé ou par muid ou par bateau-maire ; mais la perception qui se fait de ces Péages en nature de sel, n'est, à proprement parler, qu'une précaution pour la conservation de ces Péages, puisque les Seigneurs qui en jouissent ne retiennent, en essence de sel, qu'une quantité déterminée pour la consommation de leur maison, & le surplus du sel, provenant de leur Péage, est versé dans les greniers du Fermier qui leur en paye 10 livres par minot.

La nouvelle forme donnée à la perception de la Gabelle par les Ordonnances & Règlemens que l'on a rappelés, excita les plus grands troubles dans la Guyenne & les provinces limitrophes : voici comment M. de Thou s'en explique :

On sait que la Guyenne, fertile en toutes choses, est sur-tout renommée par son excellent sel que lui fournit abondamment l'heureuse situation de ses rivages & des îles voisines, la nature même du terroir & la commodité de ses golfes ; car ce sel, que l'on transporte aisément dans toute la France par les embouchures de la Loire, de la Seine & de la Somme, est ensuite distribué dans les greniers royaux qui sont disposés en certains endroits : on est obligé d'y aller prendre ce sel, & il y a des peines décernées contre ceux qui prendront le sel ailleurs, de peur qu'on ne fraude les droits de la Gabelle.

Ces

Ces droits étoient plus supportables dans la Guyenne, qui avoit la liberté de fournir de sel les provinces voisines & même les pays étrangers; mais elle fut privée de cette liberté par une ordonnance de François I.er qui, mettant un impôt sur le sel dans les salines mêmes, rehaussa de beaucoup le prix & établit une foule de Commis pour en percevoir les droits, de sorte que le sel qui étoit auparavant à très-vil prix dans cette province, y devint d'un prix considérable, ce qui fit beaucoup murmurer les peuples, qui voyoient qu'on leur enlevoit le commerce d'une denrée née chez eux.

Dès l'année 1547, le peuple, en Saintonge, massacra huit des Officiers du grenier à sel; les habitans de Périgueux maltraitèrent & chassèrent de leur ville ceux qui avoient été envoyés pour y publier l'édit de la Gabelle.

Henri d'Albret, roi de Navarre & gouverneur de Guyenne, envoya quelques Troupes qui, trop foibles pour résister à la multitude, furent obligées de se retirer; la révolte passa jusqu'à Bordeaux: Tristan de Moneins, lieutenant du roi de Navarre, s'y transporta & fut massacré.

Le Connétable de Montmorency rétablit l'ordre par des exemples de sévérité, tels que les excès auxquels on s'étoit porté, les exigeoient.

Les habitans de ces différentes provinces furent admis, dans les premières années du règne d'Henri II, à ſe rédimer entièrement de la Gabelle, & voici le détail de ce qui ſe paſſa à ce ſujet.

Il paroît, à remonter à l'origine des choſes, que lors de l'établiſſement des différentes impoſitions ſur les ſels, ces provinces, dans pluſieurs deſquelles cette denrée faiſoit un objet de travail & de commerce intéreſſant par leur poſition & leurs marais ſalans, avoient obtenu des adouciſſemens & des modérations conſidérables.

Lorſque le droit de Gabelle fut fixé à 30 livres par muid, le Poitou, la Saintonge & le gouvernement de la Rochelle furent maintenus dans l'uſage de ne payer que la quatrième partie du prix du ſel, appelée le *Quart de ſel de Poitou;* il avoit été ajouté depuis, en 1537, un demi-quart pour le payement des gages des Officiers des Cours ſouveraines.

L'Angoumois n'étoit aſſujetti qu'à la cinquième partie du prix du ſel, appelée *Quint,* auquel il avoit été pareillement, & dans les mêmes circonſtances, ajouté un demi-quint.

La Guyenne & les provinces limitrophes jouiſſoient ou des mêmes modérations ou d'un affranchiſſement, même total.

Tel étoit l'état des choſes lorſque François I.er établit la perception du droit de Gabelle, ſur les marais ſalans à l'enlèvement des ſels, & la rendit uniforme: cet arrangement exigeoit que les provinces dans leſquelles exiſtent les marais ſalans, & celles qui en étoient limitrophes, fuſſent inſpectées avec plus de ſuite & de rigueur, par la facilité plus prochaine qu'elles avoient de ſe ſouſtraire au payement des droits par l'établiſſement deſquels elles perdoient d'ailleurs cette branche de commerce avec l'étranger, ainſi que le produit & la reſſource de leur pêche ; & enfin elles ſe trouvoient aſſujetties à des droits bien plus forts que ceux qu'elles avoient acquittés juſqu'alors pour les ſels deſtinés à leur uſage & conſommation.

En effet, lorſqu'en 1544, les anciens greniers avoient été rétablis pour la vente & diſtribution des ſels, & pour la perception des droits de Gabelle, fixés à 45 livres par muid, meſure de Paris, il avoit été ordonné qu'il ſeroit fait de pareils établiſſemens dans ces provinces, & que les droits de Gabelle y ſeroient perçus ſur le même pied.

Rachat des droits de Gabelles, par différentes provinces, connues ſous la dénomination de *Pays rédimés.*

Les troubles qu'avoient produits ces innovations, ayant été entièrement diſſipés, les habitans du Poitou, de la Saintonge, des ville & gouvernement de la Rochelle, de l'Angoumois, du haut & bas Limoſin, de la haute & baſſe Marche, du Périgord & des enclaves & anciens reſſorts de ces pays, offrirent à Henri II une ſomme de 450 mille livres pour obtenir la ſuppreſſion de la Gabelle établie par François I.er ainſi que des greniers & magaſins à ſel, & des Officiers qui avoient été créés & inſtitués à ce ſujet : ils ſe ſoumettoient à rembourſer les finances que le Roi avoit reçues pour ces offices, & ſupplioient le Roi de rétablir les choses dans leur ancien état, qui étoit le payement du quart & demi-quart sur le sel qu'ils s'engageoient de porter chaque année jusqu'à la concurrence de 80 mille livres.

Édit d'Henri II, de septembre 1549.

Ces offres furent acceptées : par un édit donné à Amiens, au mois de septembre 1549, les droits sur le sel furent réduits au quart & demi-quart, suivant l'ancienne forme : les greniers à sel, ainsi que les Officiers qui y avoient été préposés, furent supprimés; ces provinces chargées de leur remboursement en deux termes fixés par l'édit, & les 450 mille livres déclarées payables, savoir, les deux tiers par les gens du Tiers-état, & l'autre tiers par les gens d'Église & les Nobles, par égale portion. Les États furent chargés en outre, suivant leurs offres, de faire valoir le quart & demi-quart jusqu'à concurrence de la somme de 80 mille livres de deniers clairs & nets, & toutes charges déduites, & autorisés à faire un bail général ou des baux particuliers pour une, deux ou trois années, à commencer du 1.er Janvier suivant.

Les droits de quart & demi-quart, quint & demi-quint, que laissoit subsister cet édit, furent depuis rachetés & entièrement éteints par un édit du mois de décembre 1553.

Édit de décembre 1553.

Les pays compris dans cet édit, sont le Poitou & ancien ressort, la Saintonge, les ville & gouvernement de la Rochelle, Marennes, Oleron, Allevert, Hiers, Rhé & autres îles adjacentes, l'Angoumois, le haut

& bas Limoſin, la haute & baſſe Marche, le pays de Combrailles, Francaleu, le Périgord, la ſénéchauſſée de Guyenne & le pays Bordelois, y compris Soulac, l'Agénois, Bazadois, Quercy, Condomois, les Landes, Armagnac, Feſenzac, Comminges, Saint-Giron, les vigueries de Rivière & Verdun, & autres pays & lieux qui ſe fourniſſoient de ſel dans les marais ſalans de Poitou, Saintonge, Guyenne & des îles adjacentes.

Tous ces différens pays ſont rappelés dans l'édit, ou comme ſujets au droit de Quart & demi, ou comme devant retirer du profit & des avantages de ſon abolition.

Il paroît par le préambule de l'édit, qu'Henri II, preſſé par la néceſſité des conjonctures, avoit fait propoſer aux États de ces différens pays, de racheter cet impôt ſur le pied du denier Douze du produit de la ferme qui en ſubſiſtoit alors : les Syndics & Députés de ces États, munis de procurations ſuffiſantes, s'étoient rendus à Poitiers au jour qui avoit été indiqué, où d'après leurs inſtructions & en préſence des Commiſſaires du Roi, ils avoient demandé d'être admis à ce rachat comme auſſi utile que profitable à leurs pays.

Le Roi acceptant leurs offres, leur vend & tranſporte, par contrat perpétuel & irrévocable, ſes droits de quart & demi-quart de ſel, s'engage pour lui & ſes ſucceſſeurs à ne les point rétablir, veut que la perception en cesse à commencer du 1.er Janvier suivant, & qu'à l'avenir les habitans desdits pays puissent franchement & librement vendre, débiter, troquer & échanger, distribuer & transporter par mer, par rivières & par terre, & dans tous les endroits desdits pays, îles & marais salans, le sel, ainsi que bon leur semblera, sans qu'ils puissent être inquiétés ni troublés par quelques personnes que ce soit pour raison dudit quart & demi.

Le prix de cette vente & cession est fixé par l'édit à 1 million 194 mille livres, sur le pied du denier Douze du produit de la ferme, d'après la liquidation qui en a été faite.

Il est dit que dans cette somme ne sera point comprise celle de 9 mille 600 livres pour la composition de la province d'Auvergne.

L'édit contient des défenses, sous peine de confiscation de corps & de biens, de transporter le sel des pays déchargés du quart & demi, dans ceux où la Gabelle a cours, & interdit, pour prévenir les versemens, les magasins & dépôts de sel dans la lieue limitrophe des pays de Gabelle, en exceptant néanmoins les villes closes desdits pays rédimés, qui pourroient se trouver dans cette distance.

On vient de voir que l'édit de 1553, énonce que dans la somme fixée pour le rachat de la Gabelle, n'étoit point comprise celle de 9 mille 600 livres pour la composition de la province d'Auvergne; il paroît que cette province, à l'exception d'une partie de la haute Auvergne qui étoit des Gabelles du Languedoc, avoit été admise à payer, pour tenir lieu de la Gabelle, un équivalent ou somme annuelle qui avoit d'abord été fixée à 9 mille 600 livres : différens Édits & Lettres patentes de Charles VII & de Charles VIII, & entr'autres l'édit du 14 octobre 1493, avoient fixé les rivières d'Alagnon & de Jourdanne, comme devant servir de limites dans les montagnes d'Auvergne pour régler les paroisses qui devoient être assujetties à se servir du sel de Languedoc, & celles qui avoient la liberté de se servir du sel de Guyenne & de Poitou.

Édit du 14 octobre 1493.

François I.er ayant ordonné le rétablissement des greniers à sel en Auvergne, Henri II par différens Édits, & entr'autres par des Lettres patentes du mois d'octobre 1557, permit aux habitans de la partie de l'Auvergne, étant hors de la Gabelle de Languedoc, de prendre où bon leur sembleroit le sel dont ils auroient besoin, sans payer aucun droit de Gabelle, moyennant une somme de 14 mille 400 livres, que les gens du Tiers-état du pays s'obligèrent de payer annuellement au Roi par forme d'équivalent.

Lettres patentes d'octobre 1557.

Cet équivalent a été imposé avec la taille & distingué long-temps par un article séparé; il est aujourd'hui confondu avec le principal de la taille.

En 1604, le Fermier général des gabelles de Languedoc, prétendit assujettir vingt-quatre paroisses de l'élection de Saint-Flour au sel de Languedoc; plusieurs arrêts du Conseil ordonnèrent au Fermier de faire preuve que ses prédécesseurs avoient joui de la Gabelle dans l'étendue desdites paroisses, & qu'elles étoient situées au-delà des rivières ci-dessus dénommées du côté du Languedoc.

Arrêt du Conseil du 17 avril 1625.

Un arrêt contradictoire du 17 avril 1625, permit à ces vingt-quatre paroisses de se servir du sel de Guyenne & de Poitou, attendu qu'elles étoient en deçà de ces rivières.

Arrêt du Conseil du 27 août 1726.

Le Fermier renouvela, en 1726, la question, relativement à la paroisse de Bredom; mais l'arrêt du 27 août 1726, maintint les habitans de cette paroisse, comme étant de la partie de l'Auvergne sujette au droit de l'Équivalent, & en deçà de la rivière d'Alagnon du côté du Limosin, dans le privilége de se servir du sel de Guyenne & de Poitou; à la charge par eux de n'en point abuser, de ne faire aucun trafic ni entrepôt de sel, vente ou débit hors de la paroisse, à peine d'être poursuivis comme faux-sauniers.

Gabelles mises en ferme en 1548.

Ordonnance du 4 janvier 1547.

Henri II ayant jugé plus avantageux d'affermer ses droits de Gabelle & le fournissement des greniers au rabais pour le prix du sel, les charges & conditions sous lesquelles la ferme seroit adjugée, furent publiées par ordonnance du 4 janvier 1547, pour le terme de dix années, à commencer au 1.er Octobre 1548, & finir au dernier Septembre 1558.

Cette ferme ne doit être regardée que comme un essai

essai qui fut fait pour parvenir dans la suite à une ferme générale.

On adjugea chaque grenier à part, à des Fermiers particuliers; les enchères, pour le droit de Gabelle, se firent sur le produit de l'année précédente de chaque grenier, & le prix marchand du sel s'adjugea au rabais sur 3 livres 6 sous 8 deniers meilleur marché, par muid, qu'il ne s'étoit vendu pour le prix marchand au grenier le 1.er octobre précédent. Les droits de Gabelle & le fournissement en sel des greniers & magasins, furent affermés séparément & par des baux distincts & séparés.

Les adjudicataires furent tenus de payer le prix de leurs baux, de quartier en quartier, d'acquitter les gages des Officiers des greniers, de les tenir suffisamment approvisionnés de sel pendant la durée de leurs baux, & de les laisser, à l'expiration de leur jouissance, garnis de sel pour trois ans, sous la condition que le sel de trois ans, restant au grenier, seroit vendu avant tout autre au même prix que la vente auroit été faite durant le bail.

Depuis cette époque les Marchands ont été exclus de la vente du sel dans le pays de Gabelle.

Augmentations de droits sur le Sel, ordonnées par Henri II & sous les règnes suivans.

Il y eut sous les règnes d'Henri II, François II, Charles IX & Henri III différentes augmentations sur le sel pour des attributions qui furent faites aux offices de Grenetiers, Lieutenans, Contrôleurs, Procureurs, & Avocats du Roi, Greffiers, Receveurs particuliers

& provinciaux, Regrattiers, Sergens & autres, qui furent créés pour avoir soin de la police des magasins ou greniers, & la perception des droits du Roi.

La ferme des droits de Gabelle de chaque grenier resta sur le même pied de l'adjudication de 1547, entre les mains des Fermiers particuliers jusqu'en 1578 qu'il en fut fait une ferme générale pour tous les greniers de l'étendue des grandes Gabelles.

Elle fut adjugée à Guichard Faure par bail du 3 mai 1578, & ensuite à Nicolas le Lièvre par bail du 22 août 1581.

Le 21 mai 1582, il fut passé un nouveau bail à Jean-Baptiste Champin pour neuf années, commençant au 1.er octobre suivant & finissant à pareil jour 1591.

Par ce bail, le Roi s'engagea à faire jouir cet Adjudicataire de son droit de Gabelle sur seize mille neuf cents cinquante-six muids six setiers sur le pied de 45 livres par muid dans les greniers des généralités de Paris, Champagne, Picardie, Rouen, Caen, Tours, Bourges, Orléans & Blois; & de 55 livres dans les greniers de la généralité de Bourgogne.

L'Adjudicataire devoit recevoir ce droit par les mains des Marchands fournisseurs.

Quant aux autres impositions, crûes & augmentations, il devoit les recevoir par lui ou ses Commis, à l'effet de quoi il lui étoit libre d'avoir une clef de chaque grenier ou de sous-traiter de son bail avec les Marchands adjudicataires.

Les charges de ce bail étoient,

1.° De payer comptant à l'Épargne 240 mille écus, quinzaine après la vérification du bail :

2.° De racheter 700 mille livres de rentes constituées sur le pied du denier Douze, d'en rapporter dans les neuf années acquit & décharge au Roi, & cependant d'en payer les arrérages :

3.° De rembourser aux Officiers des greniers, qui avoient été supprimés, jusqu'à concurrence de 210 mille écus ; & cependant de leur payer jusqu'au remboursement l'intérêt sur le pied du denier Dix :

4.° De rembourser à le Lièvre, précédent fermier, 701 mille 281 écus qui lui étoient dûs par le Roi, tant pour avance qu'indemnité :

5.° De payer chaque année 500 mille écus ; savoir, au Receveur de la ville de Paris 33 mille 333 écus $\frac{1}{3}$ pour arrérages échus & à échoir des rentes, pareille somme pour les charges de Bourgogne & de Berry, & le surplus au Trésorier de l'Épargne, après néanmoins que Champin se seroit remboursé préalablement des 701 mille 281 écus ci-dessus.

Ce bail ne subsista point pendant le temps pour lequel il avoit été fait. Il en fut passé un autre à Noël Dehère le 14 octobre 1585, à la charge de rembourser Champin.

Quant au fournissement des greniers, on continua de les laisser entre les mains des Fermiers particuliers pour chaque grenier.

Nouveaux arrangemens sous le ministère de M. de Sully, relativement à la ferme des Gabelles.

Mais en 1598, la paix rétablie dans le royaume par le Traité conclu à Vervins, laissant la liberté de travailler utilement à établir l'ordre convenable dans l'administration des revenus de l'État, M. de Sully, qu'Henri IV avoit chargé de cette administration, reconnut que la méthode qui avoit été suivie jusques alors de mettre dans des mains différentes la ferme des droits de Gabelle, & les approvisionnemens des greniers empêchoit que ces objets ne fussent respectivement portés au produit dont ils étoient susceptibles; que les ventes du sel, au lieu d'augmenter comme elles l'auroient dû, diminuoient journellement; que de quinze à seize mille muids où elles montoient avant les troubles, elles étoient tombées à sept ou huit mille, ce qui ne pouvoit procurer des fonds suffisans pour assurer le payement des rentes constituées sur les deniers provenans des Gabelles; que l'expédient le plus profitable étoit de ne faire qu'une seule ferme, tant du fournissement que du droit du Roi; & c'est ce qui fut exécuté par le bail général de l'un & de l'autre fait à Claude Josse le 3 décembre 1598 pour cinq années, à commencer au 1.er Octobre 1599 & finir au dernier Septembre 1604.

Ce bail comprenoit tous les greniers à sel des généralités de Paris, Champagne, Picardie, Rouen, Caen, Soissons, Orléans, Tours, Bourges, Moulins, Bourgogne, & ceux dépendans de la généralité de Blois.

Le Roi fixoit à 25 sous chaque muid de sel que

l'adjudicataire voudroit enlever des marais de Brouage pour le fourniſſement des greniers, & lui accordoit le même prix marchand dont jouiſſoient, ſuivant la dernière adjudication, les adjudicataires en chaque grenier, & en ſus de ce prix les ſommes ſuivantes, ſavoir,

10 écus 16 ſous par muid de ſel qu'il fourniroit par la Seine & par la Loire.

10 écus pour le rembourſement des 8 écus qui ſe payoient à Rouen & à Nantes, en quoi étoit compris le pariſis pour les intérêts de l'avance & autres frais.

A l'égard des droits de Gabelle, crûe & augmentation, le Roi promettoit d'en faire jouir l'Adjudicataire & de les faire valoir juſqu'à la ſomme de 132 écus 32 ſous par muid; ſavoir, 100 écus pour l'impoſition & Gabelle ordinaire, 6 écus 24 ſous pour ſuppléer au manque de fonds des gages des Cours ſupérieures, 12 écus pour payer ce qui ſeroit ordonné à M. le duc de Guiſe, 12 écus pour rembourſement des prêts faits au Roi durant le ſiége d'Amiens, & 2 écus 8 ſous des droits attribués aux Officiers qui ſeroient ſupprimés.

L'Adjudicataire étoit tenu de payer ſur le prix marchand les gages ordinaires des Officiers des greniers & chambres, tant anciens qu'alternatifs lors pourvus, les droits accoutumés des Officiers & les loyers des greniers.

De payer d'avance entre les mains du Tréforier de

l'Épargne 50 mille écus comptant, à raiſon de 10 mille écus par année pour la jouiſſance de chacune des cinq années; & à la charge que s'il ne jouiſſoit pas pendant ces cinq années, il ſeroit rembourſé au prorata du temps avec l'intérêt.

De payer de plus annuellement la ſomme d'Un million 112 mille 666 écus $\frac{2}{3}$ pour être diſtribués; ſavoir, 265 mille 361 écus entre les mains du Tréſorier de l'Épargne chaque année, & le ſurplus, pareillement chaque année, pour le payement des rentes ſur la ville, gages des Officiers des Cours ſupérieures à Paris, charges de la province de Bourgogne & rembourſement, tant des finances des offices ſupprimés dans les greniers, que d'avances faites au Roi par les précédens Fermiers.

On voit dans les détails que contient ce bail, que les droits de Gabelle, crûe & augmentation montoient alors à 132 écus 32 ſous par muid, faiſant 397 livres 12 ſous, & le muid étant compoſé de quarante-huit minots, ces droits montoient par conſéquent par minot à 8 livres 5 ſous 8 deniers.

Cette progreſſion des droits de Gabelle depuis le règne de François I.er, avoit été principalement occaſionnée par les attributions faites à une multiplicité d'Officiers créés depuis cette époque, & par les impoſitions miſes ſucceſſivement ſur le ſel pour remplir l'objet de ces attributions.

Il y eut encore différentes augmentations ſur le ſel

ſous le règne de Louis XIII, dont le bail fait à Philippe Hamel, au mois de mars 1632, fait connoître la plus grande partie.

On voit par ce bail qu'il devoit jouir, 1.° du même prix marchand, y compris les 50 ſous par minot qui avoient été rétablis; c'étoit ce qui étoit payé ſur les ſalines & pour le ſel même qui étoit vendu aux Étrangers.

2.° Des droits de Gabelle, crûes & augmentations, montant par muid à la ſomme de 371 livres 8 ſous:

Lors du bail de Joſſe ils montoient, ainſi qu'on l'a vu, à 397 livres 12 ſous par muid, mais il en avoit été diſtrait 26 livres 4 ſous qui avoient été attribués aux Greffiers anciens & alternatifs des greniers:

Augmentation de Droits ſous le règne de Louis XIII.

3.° Des 30 livres par muid qui ſe levoient aux greniers qui ſe fourniſſoient par les rivières de Loire & de Seine, au lieu des 24 livres qui ſe payoient à Rouen & à Ingrande:

4.° Des 16 ſous par muid pour le pontage de Rouen:

5.° Du pariſis ou 5 ſous qui ſe levoient aux greniers de la généralité de Bourgogne, qui ſe fourniſſoient par la Loire:

6.° Des 5 ſous, 2 ſous 6 deniers & 12 deniers des Secrétaires du Roi:

Octobre 1624.

7.° Des 16 ſous par minot impoſés au mois d'octobre 1624, & levés dans tous les greniers, excepté ceux de la province de Bourgogne.

8.° Des 3 livres par minot auxquelles avoient été réduites en 1630 pour les greniers du reſſort de la Cour des Aides de Paris, les 6 livres impoſées par l'édit de juin 1627 :

Édit de juin 1627.

9.° Des mêmes 6 livres en entier par minot dans les greniers des généralités de Dijon, Rouen & Caen :

10.° Des 10 ſous par minot qui ſe levoient dans les greniers de Gien, Bony, Coſne & Saint-Fargeau :

11.° Des 5 ſous par minot qui ſe levoient dans les greniers de la généralité de Champagne.

Il y avoit encore d'autres augmentations, mais qui étoient exceptées du bail & réſervées pour être perçues au profit du Roi.

1.° 24 ſous par minot d'une part, & 5 ſous de l'autre dans les greniers de la généralité de Bourgogne, qui étoient fournis par la Seine :

2.° 17 ſous 6 deniers, auſſi par minot d'une part, & 4 ſous d'autre part qui ſe levoient dans les greniers de la même généralité de Bourgogne, fournis par la Loire.

Édit de juillet 1626.

Le tout uni aux Gabelles par l'édit du mois de juillet 1626.

L'Adjudicataire étoit chargé par ce bail de payer, par chacune des huit années, 6 millions 650 mille livres de quartier en quartier.

Les autres charges du bail étoient :

1.° De

1.° De fournir le sel revenant aux Privilégiés, sans en pouvoir rien prétendre que le prix marchand :

2.° De payer les gages ordinaires des Grenetiers, Contrôleurs & Greffiers :

3.° Les 8 livres 12 sous par muid, attribués aux Officiers des mesurages par la Déclaration du 30 novembre 1627 :

Déclaration du 30 nov. 1627.

4.° Les 8 sous par minot, attribués aux Officiers des greniers de la Bourgogne par les lettres patentes des 30 novembre & 4 décembre 1627 :

Lettres patentes des 30 novembre & 4 décemb. 1627.

5.° Les autres droits concernant le fournissement dû aux Officiers :

6.° Les gages des Commis, Capitaines, Gardes & Archers :

7.° Les frais de justice & autres concernant le fournissement :

8.° Les droits de descente établis par la Déclaration du mois de mars 1627, & par les arrêts du Conseil des 31 octobre 1628 & 24 janvier 1629 :

Décl. de mars 1627.

Arrêts du Conseil des 31 octobre 1628, & 24 janvier 1629.

9.° Le franc-salé aux Officiers des greniers ; savoir, aux présens, un minot chacun, & le surplus en argent ; & aux absens, tout en argent.

Le Roi s'engageoit à faire valoir la vente du sel jusqu'à dix mille deux cents cinquante muids par année. L'Adjudicataire devoit payer au Roi 600 livres par muid pour tout le sel qui pourroit être vendu au-dessus de cette quantité ; & le Roi devoit lui tenir compte, sur le prix de son bail, de ce qui seroit vendu de moins jusqu'à concurrence de dix mille deux cents cinquante muids.

Il y eut depuis l'époque de ce bail jusqu'à la fin du règne de Louis XIII, de nouvelles augmentations ; en voici le détail.

1.° 10 sous par minot imposés au mois de mai 1633, dans tous les greniers du ressort de la Cour des Aides de Paris :

Édit de février 1634. 2.° 5 sous par minot pour le payement des gages & droits, vacations & taxations des Officiers des mesurages & contre-mesurages dans le ressort de la Cour des Aides de Paris, créés par édit du mois de février 1634 :

Édit de septembre 1634. 3.° 4 livres 7 sous par minot imposés par l'édit du mois de septembre 1634, au lieu de 4 livres 16 sous dont jouissoient les Regrattiers & Collecteurs de l'impôt :

Décembre 1636. 4.° 4 livres imposées au mois de décembre 1636, sur les greniers de la généralité de Paris ; & 3 livres sur les greniers des autres généralités de grandes Gabelles :

Avril 1638. 5.° 4 livres imposées au mois d'avril 1638, sur la vente extraordinaire du sel dans les greniers du ressort des Cours des Aides de Paris & Rouen ; & 2 livres par minot sur le sel de vente extraordinaire & d'impôt dans tous les greniers de la ferme :

Fév. 1638. 6.° 3 livres 10 sous imposés au mois de février 1638, au lieu de 4 livres 16 sous des Regrattiers & des Collecteurs de l'impôt du sel :

7.° Le demi-parisis ou 2 sous 6 deniers pour livre de la valeur de chaque minot de sel, imposés par le même édit de février 1638 en faveur des Regrattiers & Vendeurs de sel à petite mesure, réunis à la ferme générale des Gabelles par édit du mois d'août 1639 : *Édit de fév. 1638.* *Édit d'août 1639.*

8.° 8 sous attribués aux Officiers des greniers de la généralité de Bourgogne par la Déclaration du 3 février 1642.

Tous ces différens articles sont repris & énoncés dans le bail fait à Jacques Datin, le 18 avril 1646, pour trois années commençant au 1.er Janvier 1647.

Ce bail fut fait moyennant 13 millions 443 mille 200 livres, & à la charge d'avancer au Roi 5 millions 245 mille livres ; savoir, lors de la délivrance du bail 1 million 245 mille livres, & le reste en quinze payemens égaux de mois en mois.

L'Adjudicataire étoit en outre chargé de payer sans diminution du prix de la ferme, les gages des Officiers anciens & alternatifs, les loyers des greniers, les gages des Employés, les frais ordinaires & accoutumés, les gages, droits, taxations & vacations des Officiers des contre-mesurages, créés par l'édit de février 1634.

Il y eut de nouvelles augmentations sous le règne de Louis XIV ; savoir, Augmentations sous le règne de Louis XIV.

1.° 2 livres par minot, imposées par la Déclaration

Déclaration du 20 mars 1646. du 20 mars 1646, dans tous les greniers de la ferme générale :

2.° 4 livres 16 sous attribués aux Regrattiers, depuis réunis à la ferme générale, pour être levés dans tous les greniers du royaume, excepté dans la province de Bourgogne où il ne se leveroit que 3 livres 7 sous :

Déclaration de décembre 1646. *Arrêt du 16 septembre 1663.* 3.° 2 sous par minot attribués aux Commis des rôles de l'impôt, par la Déclaration du mois de décembre 1646, & réunis aux Gabelles par arrêt du 16 septembre 1663 :

Édit de décembre 1652. 4.° Le demi-parisis imposé par Édit du mois de décembre 1652 :

Édit de mars 1653. 5.° 30 sous par minot par Édit du mois de mars 1653 :

6.° 12 deniers par minot attribués aux Contrôleurs, Conservateurs & leurs Lieutenans par Édit du mois de février 1657 :

Édit de mai 1661. 7.° 35 sous imposés par augmentation en chaque grenier de la province de Bourgogne, par Édit de mai 1661, & 12 deniers imposés par le même Édit dans les greniers de la même province, étant du ressort de la Cour des Aides de Paris :

8.° 8 livres 12 sous par muid de sel passant à Ruzebourg, & 4 livres 16 sous pour le droit de mesurage à Ingrande, aliénés à différens particuliers, & depuis réunis à la ferme générale des Gabelles.

Arrêt du 16 septembre 1663. On doit observer que par arrêt du 16 septembre 1663, il fut accordé une diminution de 3 livres par minot de sel vendu ou imposé dans tous les greniers des généralités taillables de la Ferme générale : on voit dans le préambule de l'Édit du mois de septembre 1664, que cette diminution en opéroit une de près de 500 mille écus par an sur le montant de la ferme.

Édit de septembre 1664.

Tous les objets que l'on vient de rappeler, sont compris dans le bail passé à Martinant le 27 septembre 1663, pour neuf années, à commencer du 1.er Octobre suivant, & à finir à pareil jour 1672.

Baux successifs.

Le prix de ce bail fut de 13 millions 800 mille livres par année; l'Adjudicataire étoit en outre chargé de rembourser au précédent Fermier, les sels qui se trouveroient dans les greniers, dépôts & entrepôts, suivant l'estimation de gré à gré, sinon au Conseil sur l'avis des Contrôleurs généraux des Gabelles.

Il devoit jouir, indépendamment des articles qui ont été détaillés, du prix marchand des privilégiés de la ferme, des 35 sous de Brouage & de la revente du sel à petites mesures.

Le bail adjugé à Saumier le 9 juin 1674, pour six années, fut porté à 18 millions 650 mille livres, & par conséquent à 4 millions 850 mille livres au-delà de celui de Martinant, parce qu'on joignit au bail de Saumier les fermes des Gabelles des Trois-évêchés, les domaines & salines de Franche-comté, & le droit de *Quart-bouillon* en Normandie, que Martinant n'avoit pas.

Dans le bail fait à Domergue le 18 mars 1687, pour six années, les gabelles de France, qui sont les grandes Gabelles, furent portées à 17 millions 500 mille livres; les gabelles de Lyonnois, à 1 million 620 mille livres; celles de Provence & Dauphiné, à 2 millions 80 mille livres; celles de Languedoc & Roussillon, à 2 millions 500 mille livres.

Consistance actuelle de la ferme des Gabelles.

Dans le bail qui a été passé à Jean-Jacques Prevôt, par résultat du Conseil du 30 décembre 1761, pour six années, qui ont commencé au 1.er Octobre 1762, & qui ont expiré au 1.er Octobre 1768: les gabelles de France, 35 sous de Brouage & droits y joints, les gabelles des Évêchés, les salines de Moyenvic, les gabelles & domaines d'Alsace, les gabelles & salines de Franche-comté, la vente des sels à l'Étranger, les droits manuels, les Quatre sous pour livre, & le Vingtième ou Sou pour livre de ceux de ces droits qui y sont sujets, ont été compris dans ce bail pour 24 millions 900 mille livres en temps de guerre, & 26 millions 265 mille 600 livres en temps de paix; ce bail ayant deux prix différens, celui de temps de guerre, & celui de temps de paix.

Les gabelles du Lyonnois, Provence, Dauphiné, Rouergue, haute Auvergne, Roussillon & dépendances; les gabelles & droits de la principauté d'Orange, les droits manuels, les Quatre ou Deux sous pour livre, le Vingtième ou Sou pour livre de ceux de ces droits qui y sont sujets, ont été compris en temps de guerre, pour 8 millions 400 mille livres; en temps de paix, pour 8 millions 931 mille livres.

Ainsi la vente exclusive du sel & la Gabelle, ou les droits du Roi sur cette denrée, formoient dans le bail de Prevôt, au profit de Sa Majesté, un objet en temps de guerre de 33 millions 300 mille livres; & en temps de paix, 35 millions 196 mille 600 livres.

Il faut y ajouter le nouveau Sou pour livre qui n'a point fait partie de ce bail, & que les Fermiers ont régi pour le compte du Roi, la perception n'en ayant été ordonnée que par la Déclaration du 21 novembre 1763 : mais il vient d'être compris dans le bail qui a été passé à Julien Alaterre, par résultat du Conseil du 19 mai 1767 pour six années, qui ont commencé au 1.er Octobre 1768.

Il n'y a par ce résultat qu'un seul & même prix de bail, sans distinction du temps de guerre & du temps de paix; les mêmes objets que l'on vient de rappeler en y comprenant le second Sou pour livre, y sont portés à 36 millions 492 mille 404 livres.

Cet exposé suffit pour faire connoître toute l'importance de cet objet, dans les différentes branches des revenus de l'État.

Projet formé par le cardinal de Richelieu sur l'administration des Gabelles.

Entre les divers Intendans des finances, dit le cardinal de Richelieu, dans son testament politique, *qui étoient de mon temps, j'en ai vu des plus entendus, en ce qui est du fisc, qui égaloient le seul impôt du sel sur les marais, aux Indes du roi d'Espagne, & qui conservoient ce secret, comme le vrai soulagement du peuple en celui de la réformation & de l'opulence de l'État.*

Il avoit formé le projet d'une imposition uniforme dans toutes les provinces du royaume, avec une seule régie dans les marais salans dont le Roi se rendroit propriétaire. Le prix du minot, pour subvenir à toutes les dépenses, devoit être réglé, eu égard au nombre des habitans, à leur consommation dans une année : il se proposoit par ce moyen de supprimer une grande partie des frais de régie, & de ménager même des ressources qui missent en état de diminuer les autres genres d'imposition : ce projet diffère de celui qui avoit été exécuté par François I.er en ce que ce Prince qui, à la vérité, avoit d'abord mis les marais salans sous sa main, mais uniquement pour en constater l'état, & jusqu'à ce qu'il eût prescrit une forme d'administration & de régie relatives à sa nouvelle opération, laissa, entre les mains de ceux auxquels ils appartenoient, la propriété de ces marais; mais si les obstacles qu'il apporta aux dispositions que ces propriétaires faisoient de leur sel, & à leur commerce avec l'Étranger, excitèrent de leur part les plus vives réclamations, l'uniformité qui enveloppoit dans son assujettissement plusieurs provinces, ou exemptes, ou qui jusqu'alors n'avoient payé que des droits de Gabelles plus modérés que les autres, occasionna les soulèvemens qui furent la suite de cette opération.

Si d'ailleurs le sel doit être considéré par rapport à la

à la consommation qui s'en fait dans le royaume, comme l'aliment d'un impôt qui forme une des branches principales des revenus de l'État; le commerce extérieur qu'il procure, est un objet digne de la plus grande attention, & qui paroît difficile à concilier avec le projet que le cardinal de Richelieu avoit formé.

Il est facile de concevoir que la Gabelle a exigé depuis son établissement, des règlemens multipliés pour en assurer la perception; l'impôt sur le sel porte sur une denrée de première nécessité, dont la valeur intrinsèque n'a nulle proportion avec les droits dont elle est chargée.

Plus les besoins de l'État ont fait augmenter cet impôt, plus on a donné d'appât à la fraude, à laquelle on a été forcé d'opposer les peines les plus sévères; d'ailleurs la différence du prix auquel les sels sont vendus dans des provinces limitrophes, expose à des versemens continuels que l'on ne peut empêcher qu'en faisant garder exactement les passages; ainsi il faut défendre de la Bretagne les provinces qui l'avoisinent; le Languedoc, de la Guyenne; la Picardie, de l'Artois, du Cambresis & de la Flandre; la Champagne & la Bourgogne, de la Lorraine & de la Franche-comté.

A ne considérer que les droits de la liberté naturelle, un habitant du rivage de la mer pourroit prendre différentes quantités de cet élément, les mêler avec l'eau douce, & s'en servir pour la préparation de quelques légumes qui font souvent toute sa subsistance.

Un propriétaire qui trouve dans son fonds une source d'eau salée pourroit en profiter, du moins pour sa consommation.

Mais l'établissement de la Gabelle a exigé qu'ils fussent privés de la faculté de jouir des secours que la Nature leur auroit offerts pour se passer du sel sur lequel les droits étoient imposés : de-là les loix prohibitives de l'usage & du commerce du sel ; il a fallu même proportionner les précautions & les peines aux facilités que chaque habitant pouvoit avoir pour éluder le payement des droits de la distribution du sel par impôt, relativement à certains lieux, & l'on a vu dans les ordonnances qui ont été rappelées, que cette forme de distribution étoit presque aussi ancienne que le droit imposé.

Suite des Règlemens principaux sur le fait des Gabelles jusqu'à l'ordonnance de 1680.

Sous le règne de Louis XIII, il y eut deux édits, l'un du mois de septembre 1634, qui supprima un grand nombre d'offices dont les fonctions étoient relatives aux Gabelles, mais laissa subsister une partie des droits qui avoient été créés sur le sel pour le payement de leurs gages; l'autre du mois de janvier 1639, par lequel le Conseil prit les précautions les plus fortes pour empêcher les fraudes qui diminuoient les droits de la Gabelle.

Immédiatement après la paix des Pyrénées, il fut donné à Bordeaux au mois de juin 1660, un nouvel édit composé de quarante-sept articles, qui contiennent un règlement général pour les gabelles de France ou grandes Gabelles. Il est dit dans le préambule, que la ferme générale des Gabelles est l'un des principaux soutien de la dépense de l'État, sur le fonds de laquelle est assignée une grande partie des plus considérables charges du royaume; que cette ferme étoit tombée dans une diminution très-considérable par les désordres auxquels les troubles & les agitations de la guerre n'avoient pas permis de remédier; mais que le rétablissement de la paix mettoit en état d'interrompre le cours des désordres & abus, soit par le renouvellement des anciennes ordonnances, soit par un bon règlement sur les nouveaux abus qui s'étoient introduits pendant la licence des derniers temps. *Édit de juin 1660.*

Cet édit fut suivi de celui que le feu Roi donna au mois de février 1664, portant règlement général sur le fait des gabelles en Provence & Dauphiné. *Édit de février 1664.*

La paix conclue à Nimegue, mettant ce Prince à portée de donner une attention plus suivie à la conduite, régie & administration des finances, il reconnut que la confusion qui régnoit entre tous les édits, déclarations, arrêts d'enregistremens, règlemens, baux, arrêts du Conseil, au sujet de l'établissement, levée & perception des droits des fermes, & la multiplicité & la diversité des noms de ces mêmes droits, faisoient naître des difficultés continuelles, exposoient ses peuples à des frais immenses & à la discrétion des Commis;

il fit examiner le tout en son Conseil royal des finances, & en fit donner communication aux principaux & plus expérimentés Officiers des Cours des Aides de Paris & de Rouen, afin de parvenir à en composer un corps d'ordonnance pour réduire tous les droits en un seul, & établir une Jurisprudence plus certaine, ce qui fut exécuté par l'ordonnance des Gabelles du mois de mai 1680, qui contient vingt titres divisés en deux cents quatre-vingt-douze articles, à la suite desquels est un règlement des droits sur le sel dans le Gouvernement de Brouage & pays adjacens, divisé en dix articles.

Ordonnance des Gabelles du mois de mai 1680.

On s'est conformé dans les dispositions de cette nouvelle ordonnance, à celles des ordonnances précédentes, autant qu'il étoit convenable, & à une infinité de décisions qui étoient intervenues sur les contestations de toute nature qui s'étoient élevées; mais il n'est pas possible aux esprits même les plus éclairés, de prévoir toutes les conséquences des principes généraux qu'ils établissent, ni d'adapter ces principes à toutes les circonstances particulières qui peuvent survenir.

Les conjonctures ont exigé depuis cette ordonnance, une infinité d'édits, déclarations, arrêts & règlemens; il s'est fait des érections de nouveaux greniers, des changemens & conversions dans ceux qui subsistoient, en sorte que pour avoir une connoissance exacte de l'état actuel des choses, il feroit néceſſaire de conférer chaque texte, chaque article de l'ordonnance de 1680, avec tous ces actes & titres poſtérieurs qui en ont changé, modifié & interprété les diſpoſitions.

On conçoit aiſément l'étendue d'une pareille entrepriſe & la difficulté d'exécuter ce plan avec l'exactitude ſans laquelle un travail de ce genre ne feroit d'aucune utilité : on croit pouvoir remplir ſuffiſamment ce qu'on s'eſt propoſé, en ne préſentant que les détails néceſſaires pour donner une idée juſte & préciſe, autant qu'elle peut l'être, de la conſiſtance & de la régie des Gabelles relativement aux différentes provinces du royaume.

Principes généraux de la régie & adminiſtration des Gabelles ; diviſion des objets qui la compoſent.

On peut le diviſer à cet égard, en quatre formes de régie ou adminiſtration différente, ſavoir :

Les pays de grandes Gabelles.

Les pays de petites Gabelles.

Les pays rédimés.

Les pays exempts.

On rappellera ſous chacune de ces diviſions les principes & les règlemens qui lui ſont propres.

PAYS DE GRANDES GABELLES.

LES grandes Gabelles qu'on appelle *gabelles de France*, s'étendent dans les généralités de Paris, Orléans, Tours, Bourges, Moulins, Dijon, Châlons-ſur-Marne, Soiſſons, Amiens, Rouen, Caen & Alençon.

Prix principal du sel, 4 sous pour livre anciens, 2 sous pour livre nouveaux; droits manuels.

Le prix du sel est fixé dans chaque grenier, par les titres V & VII de l'ordonnance des Gabelles de 1680, & par différens édits pour ceux des greniers dont l'établissement est postérieur à l'ordonnance.

Il est fixé par l'ordonnance, depuis 30 livres jusqu'à 42 livres dans les greniers de vente volontaire, & dans ceux où elle se fait par impôt, le prix est depuis 38 livres jusqu'à 43 livres.

La raison des différences de prix dans les greniers, vient de la différence des frais & des droits à payer pour le transport, suivant la distance des lieux.

Ce prix est ce qu'on appelle le *prix principal* du sel, auquel on a depuis ajouté les Quatre sous pour livre anciens, avec les deux nouveaux Sous pour livre imposé, l'un en 1760, & l'autre en 1763 : & les droits manuels sujets seulement à ces deux nouveaux Sous pour livre.

Pour donner l'intelligence de ce qu'on entend par droits manuels, il est nécessaire d'entrer dans quelques détails qui feront connoître les différens changemens qui sont survenus dans les juridictions établies pour les Gabelles : il est vrai que la nécessité des conjonctures a eu plus de part à ces différens arrangemens, que ce que pouvoit exiger le bien du service.

On a vu que l'ancien état des greniers étoit d'être composé d'un Grenetier, d'un Contrôleur, d'un Procureur du Roi & d'un Receveur.

Édit de janvier 1685.

Par édit du mois de janvier 1685, les Officiers

des greniers à sel établis dans les villes où il y avoit des Élections, furent supprimés, ou unis & incorporés aux Élections, avec attribution à ces siéges de la juridiction concernant les Gabelles.

On reconnut depuis que cette nouvelle attribution, détournoit les Officiers des Élections de leurs anciennes fonctions, & par édit du mois d'octobre 1694, les juridictions des greniers à sel furent rétablies & composées d'un Président, d'un Conseiller-grenetier, d'un Conseiller-contrôleur, d'un Procureur du Roi & d'un Greffier. *Édit d'octobre 1694.*

Les Chambres à sel dépendantes des greniers, furent érigées en greniers avec le même nombre d'Officiers, & il fut attribué à tous, par chaque grenier 10 sous de droits manuels, à prendre sur chaque minot de sel qui seroit vendu dans lesdits greniers.

Les besoins de l'État avoient fait depuis créer une multiplicité d'Officiers, savoir, des Vérificateurs généraux par édit du mois de mai 1702, des Contrôleurs, des Receveurs généraux & particuliers des gabelles par édit de février 1704, des Lieutenans criminels dans les greniers à sel, par édit du même mois & de la même année, des Syndics perpetuels de la communauté des mesureurs, briseurs & porteurs de sel du grenier à sel de Paris, par édit de novembre 1704; des Contrôleurs au partage, des Huissiers royaux par édit de décembre 1704, des Vérificateurs généraux & particuliers des francs-salés par édits de février 1706 *Édit de mai 1702.* *Édit de février 1704.* *Édit de novembre 1704.* *Édits de février 1706,*

Juillet 1707, & mai 1708. & juillet 1707, des offices alternatifs & triennaux par édits de novembre 1707 & mai 1708.

Il avoit été attribué à tous ces Officiers, des gages, augmentations de gages, franc-salé; il leur avoit aussi été aliéné des droits manuels, créés sur le sel au-delà du prix fixé par l'ordonnance de 1680, d'autres particuliers avoient aussi acquis plusieurs de ces droits.

Édit de décembre 1716. Tous ces offices furent supprimés par édit du mois de décembre 1716, le Roi révoqua par le même édit les aliénations des droits manuels établis par les édits des mois de mai 1691, octobre 1694, octobre 1701, février, novembre & décembre 1704, novembre 1707, & par les déclarations des 6 mai 1710 & 15 décembre 1711, & ordonna la perception de ces droits à son profit, pendant le nombre d'années qui seroit jugé nécessaire pour le remboursement des finances qui avoient été payées.

Édits de mai 1691, octobre 1694 & 1701, fév. novemb. & décembre 1704, & novemb. 1707. Déclarations des 6 mai 1710 & 15 décem. 1711.

Ces droits ont toujours subsisté depuis, en vertu des différentes Déclarations qui en ont prorogé la perception.

Il survint des difficultés dans cette perception, soit relativement à la quotité des droits, soit sur la prétention qui s'étoit élevée qu'ils ne devoient point être perçus sur les sels de privilége, gratifications, aumônes & francs-salés, sur quoi il fut rendu le 25 avril 1722, un arrêt du Conseil qui fut suivi d'une déclaration du 15 mai suivant, par lesquels il fut ordonné que les droits manuels seroient payés & perçus, sur

ſur tous les ſels qui ſeroient délivrés par les Receveurs des greniers & chambres à ſel, à quelque titre & en quelque manière que ce fût, ſans aucune exception ni exemption, ſavoir, dans le grenier à ſel de la ville de Paris, à raiſon de 51 ſous 9 deniers par chaque minot de ſel de bonne vente, & de 50 ſous 9 deniers par chaque minot de ſel de privilége; 42 ſous 6 deniers dans les autres greniers des gabelles de France pour chaque minot de vente volontaire; & 41 ſous 6 deniers pour chaque minot d'impôt & de franc-ſalé; 35 ſous 6 deniers pour chaque minot dans les greniers des gabelles de Lyonnois; 25 ſous 6 deniers dans ceux des gabelles de Languedoc & Rouſſillon; & 15 ſous 6 deniers dans ceux des gabelles de Provence & Dauphiné.

On doit conſidérer ſous trois points de vue la régie des grandes Gabelles, ſavoir, les approviſionnemens des ſels, les ventes, les moyens de conſervation pour prévenir les fraudes & les abus qui peuvent porter atteinte à la perception des droits.

Nous commencerons par ce qui concerne les approviſionnemens.

APPROVISIONNEMENS.

Formation des ſels ſur les marais ſalans du gouvernement de Brouage & du comté Nantois; dépôts, tranſport & emplacement dans les greniers.

Le ſel ſe fait dans des marais voiſins de la mer, & appartient dans ſon origine aux propriétaires de ces marais: ils ſont tenus de les entretenir & ſauner ſuffiſamment, de ſorte que l'adjudicataire de la ferme des Gabelles y puiſſe prendre chaque année, au prix courant, par préférence à tous autres, juſqu'à la concurrence de quinze mille muids, mesure de Paris, du plus pur, du plus sec & mieux grainé.

La Ferme se fournit dans le gouvernement de Brouage, des sels de Marennes & d'Oleron, qui sont reconnus pour être les meilleurs, & elle ne s'approvisionne dans le comté Nantois, par les mêmes motifs, que sur les marais de Bouin, Beauvoir, Bourgneuf & Noirmoutier.

Tous les dépôts situés dans la Manche, sont approvisionnés en sel de Brouage ; les seuls dépôts de Nantes sont fournis en sel du comté Nantois.

Il est défendu au Fermier de faire venir des sels des pays étrangers, sinon en vertu de permission du Roi par écrit, qui lui sera donnée en cas de disette.

Les pays du nord, ainsi que l'observe l'auteur de l'Abrégé chronologique, sont privés de la chaleur nécessaire pour faire le sel, & ceux situés au-delà du quarante-deuxième degré de latitude, font un sel trop corrosif qui mange & détruit les chairs au lieu de les nourrir & de les conserver; la France seule se trouve dans un climat tempéré propre à faire le sel de la meilleure qualité.

Ce motif & la circonstance qu'il s'en fait des quantités suffisantes, non-seulement pour la consommation du royaume, mais encore pour celle des Anglois, des Hollandois & de la plupart des nations du nord, ont déterminé les défenses qui ont été faites de tout temps, & confirmées par l'ordonnance de 1680 en faveur des propriétaires des marais ſalans & pour la conſervation des droits de Gabelles, de faire entrer en France des ſels étrangers.

On n'a recours au ſel étranger qu'en cas de pénurie dans les magaſins de Brouage & de Bretagne, occaſionnée par un temps trop pluvieux, les pluies étant abſolument contraires à la ſaunaiſon : on obtient alors la permiſſion d'en faire venir d'Eſpagne & de Portugal ; elle fut accordée par ce motif, en 1708, aux habitans de Saint-Malo, & par un arrêt du Conſeil du 28 octobre 1713, aux habitans des pays rédimés de la Gabelle.

Arrêt du Conſeil du 28 octobre 1713.

La ferme entretient des magaſins qui ſervent de dépôts, conformément à l'ordonnance de 1680, aux embouchures des rivières de Loire, Orne, Seine & Somme.

Ces magaſins ſont ſitués à Nantes pour la Loire, à Caen pour la rivière d'Orne, à Honfleur, au Havre & à Diepedale près Rouen pour la Seine, & à Saint-Vallery pour la Somme.

Un petit nombre de greniers s'approviſionnent directement par mer ; ces greniers ſont ceux d'Ault & Mer, de Dieppe, d'Eu & Tréport, de Fécamp, de Saint-Vallery-en-Caux, & la cave de Montreuil.

Les magaſins ou dépôts appartiennent quelques-uns au Roi, le plus grand nombre à des particuliers qui les louent à la Ferme générale.

On les appelle ſuivant les lieux, *caves* à Diepedale ;

falorges à Nantes, *feules* au Havre, *magafins* à Honfleur, *dépôts* à Caen & à Saint-Vallery.

Après la formation du fel fur les marais, il eft arrangé fur le lieu même en meulons ou taffeliers de forme pyramidale : on le couvre de chaume, & il refte en cet état jufqu'à ce qu'il foit vendu.

Le fel s'achette fur les marais de Brouage au muid du pays qui contient vingt-quatre boiffeaux, dont le poids s'évalue ordinairement de quatre-vingt à quatre-vingt-deux ou quatre-vingt-trois livres pefant, ce qui donne pour le muid aux environs de dix-neuf cents à deux mille livres pefant.

Dans le comté Nantois, il fe vend à la charge, que l'on peut évaluer aux environs de fept mille livres pefant, ou à un muid & demi mefure de Paris; ce fel en général eft moins pefant que celui de Brouage.

Les fels font portés en facs depuis les marais jufqu'aux navires deftinés à les recevoir : on ne doit fe fervir que de bâtimens françois pour ce tranfport, autant qu'il eft poffible ; ils font chargés en vrac ou grenier fur ces bâtimens, après avoir été mefurés par des Officiers-mefureurs, auxquels il eft attribué un fou par muid.

La mefure eft le boiffeau de Brouage, & le maître du navire doit s'en charger par écrit.

Ces navires tranfportent les fels, aux dépôts ou magafins que l'on a vu que l'adjudicataire étoit tenu d'établir aux embouchures des rivières, par lesquelles ils doivent remonter dans le royaume.

L'adjudicataire peut cependant les faire décharger de bord à bord sans les déposer dans les magasins; mais dans l'un & l'autre cas, ils doivent être mesurés en présence des Officiers établis à cet effet.

Le sel destiné pour le fournissement des greniers & magasins, n'est sujet à aucuns droits d'entrées, d'octrois, de Parisis, & de Péages & autres; il n'y a d'exceptés que les droits des Seigneurs ou particuliers qui en jouissent en vertu du règlement de 1546, de lettres patentes dûement vérifiées, ou d'arrêts contradictoires du Conseil. *Règlement de 1546.*

Ces droits, aux termes de l'ordonnance de 1680, ne peuvent être exigés en essence sur le sel; ils doivent être acquittés en argent suivant le règlement du Conseil & sur le pied, relativement à la quantité de muids de sel, de ce qui est contenu dans les rescriptions.

Les droits de Péage, ne peuvent être levés que sur les bateaux-maires, & non sur les alèges, tirots & sous-tirots.

L'ordonnance de 1680, déclare bateau-maire dans les grandes rivières, celui qui est chargé aux embouchures, & mentionné aux brevets & rescriptions des Officiers qui y sont établis; & dans les moindres rivières qui ne peuvent porter les bateaux chargés aux embouchures, celui qui est à la tête de l'équipe ou navées, quoiqu'il y ait plusieurs traits, en sorte que tous les bateaux dans lesquels aura été versé le sel du bateau-maire chargé à l'embouchure, ne soient réputés qu'un seul & même bateau.

Lorsque les sels sont arrivés aux lieux où les dépôts sont situés, ils sont reçus par les Commis de la ferme, après avoir été mesurés à la trémie à une grille au minot de Paris, en présence des Commis & des Juges des dépôts : les uns & les autres tiennent chacun un registre de la réception & du mesurage des sels ; chaque magasin est suivi par emplacement & relèvement, & le déchet à la garde se trouve constaté par la différence de l'entrée à la sortie.

Les sels se transportent des dépôts dans les greniers par terre ou par eau, & quelquefois par l'un & l'autre selon la situation des greniers.

Dans l'état actuel, ce service s'exécute au moyen d'un marché que les Fermiers généraux ont fait, avec des Entrepreneurs pour différentes espèces de transports, à des prix convenus, à raison de tant par muid mesure de Paris, livré dans les greniers.

Ces prix sont relatifs aux distances & aux difficultés des chemins ou de la navigation des rivières.

Le même traité, fixe un prix aux Entrepreneurs pour les frais d'emplacement dont ils sont tenus, & pour les loyers des sacs qu'ils sont chargés de fournir.

Ce marché détermine aussi les déchets qui leur sont accordés : il en éprouvent nécessairement dans le transport, & l'on s'est d'ailleurs proposé d'intéresser les Entrepreneurs à la conservation des sels qui leur sont confiés.

Ces déchets ont été réglés eu égard à la distance, à la nature & aux difficultés du transport, de manière cependant que le déchet fixé, excède le déchet naturel que les sels peuvent éprouver sur la route.

Suivant le traité, les Entrepreneurs demeurent garans des déchets extraordinaires, c'est-à-dire, de ceux qui excèdent les déchets accordés; & conformément aux dispositions de l'ordonnance de 1680, ils doivent payer au prix auquel le sel se vend dans les greniers, le sel manquant à la quantité qui leur a été livrée au dépôt, déduction faite du déchet accordé, à moins qu'ils ne justifient par des procès-verbaux réguliers & en bonne forme, d'avaries forcées, telles que naufrages, &c.

La Ferme générale, de son côté, paye aux Entrepreneurs, à raison de 12 livres par minot, tout le sel excédant la quantité qu'ils ont reçue, déduction faite du déchet convenu.

On suppose un grenier dont le fournissement est de cent muids, & le déchet de voiture fixé à deux muids, les Entrepreneurs ne livrant que quatre-vingt-dix-sept muids au grenier, sont tenus de payer à la Ferme générale la valeur d'un muid de sel au prix du grenier: c'est ce qu'on appelle *tomber en déchet extraordinaire de voiture.*

S'ils livrent quatre-vingt-dix-neuf muids, on doit leur tenir compte du muid de ſel qu'ils ont rapporté en bon de voiture, à raiſon de 12 livres par chaque minot dont le muid eſt compoſé.

Le ſel eſt livré aux Entrepreneurs dans les dépôts, au minot de Paris meſuré à la trémie à deux grilles, & ils livrent leur ſel aux Receveurs & Officiers des greniers à la même trémie & au même minot : cette trémie & ce minot ſervent également à la diſtribution que les Officiers & Receveurs des greniers font au public.

La forme de cette trémie, d'après les procès-verbaux qui avoient été dreſſés, a été déterminée par une Déclaration du 18 août 1699, qui enjoint aux Officiers des gabelles de tenir la main à ce que le ſel ne ſoit radé qu'à minot greſlant, & que les grilles ſoient nettoyées après chaque muid de ſel meſuré, & qu'à l'effet d'aſſurer l'uniformité de la conſtruction, il en ſera dépoſé une à l'hôtel-de-ville de Paris, au bureau des Jurés-meſureurs, pour ſervir de matrice à toutes celles qui ſeront fabriquées à l'avenir, & envoyées dans les dépôts & greniers de la ferme des Gabelles.

L'objet du chargement des Entrepreneurs eſt conſtaté par les Juges du dépôt, & les Commis du Fermier qui ſont préſens au meſurage, au ficelage & au plombage des ſacs.

Le nombre de ces ſacs, la quantité de ſel qu'ils renferment,

renferment, le magasin dont le sel est relevé, le temps du séjour qu'il y a fait, la date de sa livraison & le grenier pour lequel il est destiné, sont mentionnés au brevet qui est remis au voiturier pour le représenter à l'arrivée aux Officiers du grenier de la destination, afin de s'assurer si le fournissement y est conforme.

Les sels sont emplacés dans les greniers après avoir été mesurés en présence des Officiers des gabelles, du Receveur, des Entrepreneurs de la voiture, du Commis aux descentes, & d'un Commis supérieur préposé pour assurer la régularité de ce service : le nombre de minots qui passent par la trémie est constaté & arrêté à chaque douzaine ; il est dressé un procès-verbal de mesurage signé par ceux qui y assistent.

On compte dans les greniers & dans les dépôts par muid, setier, minot, demi-minot, quart de minot, & huitième de minot qui est la plus foible des mesures employées dans les greniers, & qui est même inusitée au grenier de Paris : le muid est composé de douze setiers, & le setier de quatre minots, ainsi quarante-huit minots font un muid.

Chaque grenier doit être fermé à trois clefs, dont une doit rester entre les mains du Grenetier, l'autre en celles du Contrôleur, & la troisième dans les mains du Receveur.

Il y a ordinairement deux masses dans chaque grenier, l'une en vente, & l'autre nouvellement emplacée.

L'ordonnance de 1680, a fixé à deux années le

temps que les sels doivent séjourner, soit dans les dépôts, soit dans les greniers, avant qu'ils puissent être vendus & distribués.

Objet de la consommation des greniers des grandes Gabelles.

Par des états qui ont été rapportés par les Fermiers généraux, il paroît que la consommation de tous les greniers des grandes Gabelles, y compris la cave de Montreuil, & les greniers de Charleville & du Rhételois, qui s'approvisionnent en sel blanc, a monté du 1.er octobre 1762 au 1.er octobre 1763, qui étoit la première année du bail de Prevôt, à treize mille trois cents quatre-vingt-treize muids huit setiers trois minots $\frac{3}{4}$ & $\frac{1}{16}$.me de minot, & que l'objet des sels restans dans les greniers au 1.er octobre 1763, étoit de quinze mille quatre-vingt-quatorze muids sept setiers trois minots deux quarts & $\frac{3}{16}$.mes de quart :

Que pendant cette première année il a été relevé des dépôts douze mille deux cents trente-cinq muids, & qu'il en restoit au 1.er octobre 1763, trente-cinq mille neuf cents huit muids sept setiers, en sorte que les dépôts étoient fournis pour près de trois années.

Au surplus, l'objet de la consommation ne peut être fixé avec précision, il dépend du nombre & de l'aisance des consommateurs, ainsi que du degré de facilité ou d'obstacle qu'éprouve l'introduction du faux sel.

L'objet des approvisionnemens, dépend aussi des évènemens auxquels sont sujets les transports par mer.

Le poids du sel est sujet à de grandes variations :

la Ferme achette cette denrée à la mesure & la vend de même, conformément aux dispositions de l'ordonnance; on évalue cependant le poids du muid de sel du comté Nantois, lors de sa distribution au public, depuis quatre mille cinq cents livres jusqu'à quatre mille six cents livres pesant; & le poids du muid de sel de Brouage depuis quatre mille six cents livres, jusqu'à quatre mille sept cents livres pesant, en sorte que le minot de sel du comté Nantois, pèse, lorsqu'il est livré au public, de quatre-vingt-quinze à quatre-vingt-seize livres, & le minot de sel de Brouage, de quatre-vingt-seize à quatre-vingt-dix-huit livres pesant.

On observe au surplus que le poids du sel est souvent très-indifférent à sa qualité; lorsque le fond d'un marais salant est vaseux, le sel qui s'y forme est imprégné de parties terreuses, & il est par conséquent plus pesant, quoiqu'il contienne alors moins de parties salantes.

Les sels éprouvent quelques déchets pendant leur séjour dans les greniers; l'ordonnance de 1680 en a fixé l'objet à deux minots par muid, c'est-à-dire qu'au lieu de quarante-huit minots effectifs emplacés dans un grenier, les Officiers & le Receveur ne sont responsables que de quarante-six minots : elle ordonne que les Officiers portant clefs & chargés des masses, qui sont le Grenetier & le Contrôleur, demeureront garants solidairement avec le Receveur, du déchet qui ſe trouveroit excéder celui de deux minots par muid, à moins qu'ils ne juſtifient par des procès-verbaux & informations faites par les Juges des lieux, qu'il a été occaſionné par force majeure ou cas fortuit.

On prétend qu'il eſt juſtifié par une expérience ſuivie, que les maſſes ont rarement un déchet d'un minot par muid dans les greniers, & que la proportion la plus ordinaire de ce déchet, eſt de trois quarts de minot, ou au plus de trois quarts & demi-minot par muid : on a craint d'après cet expoſé les abus qui pouvoient ſe commettre par les Gardiens des maſſes ſur l'excédant du déchet naturel qui ſe trouvoit toujours au-deſſous du déchet accordé ; & pour les prévenir, les Fermiers généraux accordent aux Officiers & Receveurs une gratification lorſqu'ils rapportent le minot au muid, c'eſt-à-dire lorſque de quarante-huit minots qui leur ſont livrés, ils en rapportent quarante-ſept minots, ou, ce qui revient au même, lorſque des deux minots par muid de déchet accordé, il ne s'en trouve qu'un de conſommé en déchet effectif; c'eſt ce qui eſt appelé en matière de Gabelles, *Sel de bon de maſſe.*

Après avoir traité ce qui concerne les approviſionnemens des ſels qui forment la matière des titres I.er, II, III, IV, XI & XII de l'ordonnance de 1680, il faut maintenant paſſer à ce qui concerne les ventes.

Ventes des ſels.

Il y a dans les pays de grandes Gabelles, deux ſortes de ventes : la vente volontaire & la vente par impôt.

La vente volontaire est régie conformément aux dispositions du titre VI de l'ordonnance de 1680.

Greniers de vente volontaire.

Ce titre fixe à un quatorzième de minot, pour le pot & salière seulement, la consommation de chaque ressortissant : ce quatorzième représente environ sept livres pesant de sel : l'obligation de lever dans cette proportion, est ce qu'on appelle le *devoir de Gabelle.*

Pour qu'on pût connoître s'il y avoit été satisfait de la part des ressortissans, l'ordonnance de 1680 a enjoint aux Afféeurs & Collecteurs des Tailles des paroisses situées dans l'étendue des greniers de vente volontaire, de remettre une copie des rôles des Tailles aux Commis de l'adjudicataire, afin qu'il pût être tenu dans chaque grenier un registre appelé *Sexté,* divisé par paroisses, contenant les noms, qualités & emplois des habitans, les sommes auxquelles les Contribuables sont imposés à la Taille, le nombre des personnes dont chaque famille est composée, & la quantité de sel qu'ils auront levé dans les greniers chaque année.

Comme l'ordonnance de 1680, n'imposoit point aux Collecteurs des Tailles l'obligation de spécifier dans les copies des rôles le nombre des personnes dont chaque famille étoit composée, une Déclaration du 9 mai 1702, enjoignit aux Collecteurs, à peine d'amende solidaire, de marquer dans les rôles qu'ils fourniroient, les noms, surnoms, qualités & emplois des habitans de chaque paroisse, les sommes pour lesquelles ils seroient imposés à la Taille, le nombre

Déclaration du 9 mai 1702.

& l'âge des perſonnes dont chaque famille étoit compoſée, en y comprenant les enfans au-deſſus de huit ans, les noms & ſurnoms des Eccléſiaſtiques, Nobles & autres exempts, le nombre & l'âge des perſonnes dont leurs familles & ménages ſont compoſés.

Cette Déclaration ordonne que ſur ces rôles ou dénombremens, il ſera fait & dreſſé des *ſextés*, par les Commis de l'adjudicataire, à l'effet d'être, en conſéquence & conformément à l'article VII du titre VI de l'ordonnance de 1680, procédé contre ceux qui n'auront pas levé le ſel néceſſaire à raiſon d'un minot pour quatorze perſonnes pour le pot & ſalière ſeulement, par condamnation d'amende, reſtitution des droits de Gabelles, & autres peines s'il y échoit, & contre ceux qui ſont dans l'étendue des paroiſſes ſujettes aux dépôts, par confiſcation & amende pour ce qu'ils en auront dans leurs maiſons au-delà de ce qui eſt marqué par l'article V du titre VI de ladite ordonnance, qui eſt à raiſon d'un minot par an pour ſept perſonnes, tant pour le pot & la ſalière que pour les groſſes ſalaiſons.

Cette Déclaration porte que les condamnations pour reſtitution de droits de Gabelle, ne pourront être au-deſſous de la valeur du ſel, au prix du grenier, que les particuliers condamnés ſe trouveront n'avoir point levé, par rapport au nombre de perſonnes dont leurs familles ſont compoſées.

Les diſpoſitions de cette Déclaration ſe trouvent

rappelées dans celle du 21 octobre 1710, qui divise par semestre le devoir des Gabelles, & règle en même temps les opérations à faire & les poursuites à diriger, contre ceux qui n'ont point levé le sel qu'ils auroient dû prendre.

Elle ordonne que ceux qui n'auront point levé le sel dans les six premiers mois de chaque année, ou qui en auront levé une moindre quantité que celle d'un minot pour quatorze personnes, pour le pot & salière seulement, seront poursuivis pour la restitution des droits de Gabelle; que les Ecclésiastiques & les Nobles seront contraints à cette restitution par saisie de leurs revenus, & les autres personnes par corps, & ce par préférence à toutes autres dettes suivant l'article IV du titre XX de l'ordonnance de 1680.

Qu'à cet effet tous les six mois, les Receveurs des greniers feront des extraits sur les registres sextés, de toutes les personnes, maisons & communautés qui n'auront pas levé dans les greniers de leur ressort, la quantité de sel qui leur est nécessaire, eu égard au nombre de personnes dont les familles, maisons & communautés sont composées, avec les sommes qui seront dûes par chacun des particuliers ou communautés pour la restitution des droits de Gabelle, du sel qu'ils étoient obligés de lever; que ces extraits signés & certifiés par les Receveurs, seront par eux présentés aux Officiers des greniers à sel, qui les viseront & ordonneront, que dans quinzaine ces états seront remis à la diligence des Receveurs, entre les mains des Marguilliers & Syndics de chaque paroisse, pour être lûs & publiés à l'issue des messes paroissiales, & remis ensuite auxdits Receveurs avec le certificat de publication, à peine de 20 livres d'amende contre les Syndics & Marguilliers pour chaque contravention.

Et après le délai de quinzaine du jour de ladite publication, si les particuliers dénommés auxdits États, & les Économes ou Procureurs des communautés ecclésiastiques & laïques, ne viennent point lever dans les greniers les sels qu'ils auroient dû y lever, ils seront, sur la simple requête du Fermier, condamnés à la restitution des droits de Gabelle par les Officiers des greniers.

Les jugemens qui interviendront, seront exécutés jusqu'à la valeur d'un minot de sel & au-dessous, sans que les condamnés en puissent être reçus appelans.

Arrêt & Lettres patentes des 25 juillet & 1.er août 1719.

L'arrêt du Conseil du 25 juillet, & les lettres patentes du 1.er août 1719, enjoignent à tous Afféeurs, Collecteurs des Tailles & Syndics des paroisses taillables, aux Maires, Échevins & Syndics des villes franches abonnées ou tarifées, de fournir aux Receveurs des greniers où ils ressortissent, des copies exactes & par ordre alphabétique, savoir, les Afféeurs, Collecteurs & Syndics des paroisses taillables, les copies des rôles qui seront arrêtés pour la Taille ou l'Impôt du sel; & les Maires, Échevins & Syndics des villes franches abonnées ou tarifées, des copies des

des rôles de la Capitation, dans lesquelles les uns & les autres seront tenus de marquer les noms, surnoms, qualités & emplois des habitans de chacune des villes ou paroisses, les sommes pour lesquelles ils seront imposés à la Taille ou à la Capitation, le nombre & l'âge des personnes dont chaque famille est composée, y compris les enfans au-dessus de huit ans, ainsi que les domestiques, en faisant mention du nombre & de la nature des bestiaux qui appartiennent ou sont dans la maison & ferme de chaque particulier; qu'ils marqueront pareillement les noms & surnoms des Ecclésiastiques, Nobles & autres exempts, le nombre & l'âge des personnes dont leurs familles, ménages & domestiques sont composés, & pareillement le nombre & la qualité des bestiaux; le tout à peine contre les Maires, Échevins & Syndics des villes franches abonnées ou tarifées, de 100 livres d'amende solidaire, & contre les Afféeurs, Collecteurs & Syndics des paroisses taillables, de 50 livres d'amende aussi solidaire, faute par eux de fournir lesdites copies des rôles dans le courant du mois de février de chaque année.

Les premiers, dans les cas d'omission seront condamnés en 15 livres d'amende solidaire pour chaque omission, & les seconds en 10 livres pareillement solidaires.

L'arrêt & les lettres patentes enjoignent, sous les mêmes peines, à tous Supérieurs des communautés régulières, séculières, couvens & colléges, & aux Administrateurs des hôpitaux, de fournir chaque année dans le mois de février au plus tard, aux Receveurs des greniers d'où ils ressortissent, de pareils états qui constatent le nombre des personnes, domestiques & bestiaux dont leurs maisons sont composées.

Il est défendu de réduire ni modérer les amendes prononcées par ladite Déclaration, sous quelque prétexte que ce soit, & aux Officiers des Cours des Aides & autres, de recevoir l'appel des sentences & jugemens qui les auront prononcées, que les amendes n'aient été consignées, & si elles ne l'ont pas été dans le mois du jour de la signification, les sentences passeront en force de chose jugée.

Comme, faute par les particuliers & communautés de faire les déclarations prescrites, on ne pouvoit distinguer sur les registres de ventes, ni sur les sextés le sel qu'ils avoient pris pour le pot & salière, d'avec celui qu'ils avoient levé ou dû lever pour leurs salaisons, l'arrêt & les lettres patentes de 1719, ordonnent que tous particuliers, communautés séculières & régulières, couvens, colléges, hôpitaux, personnes Ecclésiastiques, Gentilshommes & tous autres de quelque qualité & condition qu'ils soient, tant du ressort des greniers de vente volontaire que d'impôt, qui voudront faire des salaisons, seront tenus de les déclarer aux Officiers & Receveurs des greniers, & de lever le sel nécessaire pour ces salaisons, outre & par-dessus celui qu'ils doivent prendre pour le pot & salière, sans pouvoir le prendre ailleurs qu'aux greniers de leur ressort, pas même aux regrats, le tout à peine de confiscation desdites salaisons, de la restitution des droits de Gabelle, de 300 livres d'amende, & de plus grande peine s'il y échoit.

Les Receveurs de chaque grenier sont tenus d'avoir un registre particulier, coté & paraphé par un des Officiers, sans frais, sur lequel ils porteront les déclarations qui leur seront faites, & ils en feront mention sur les bulletins qu'ils délivreront à ceux qui auront levé le sel, lesquels seront tenus de les représenter aux Commis & Gardes des fermes à toutes réquisitions.

L'ordonnance de 1680, portoit que les condamnations de restitutions des droits de Gabelles, amendes & dépens, ne pourroient excéder le quart de la somme à laquelle le particulier condamné auroit été imposé aux rôles des Tailles, à moins qu'il n'y eût du délit.

Les Déclarations des 9 mai 1702 & 21 octobre 1710, dont on a rendu compte, dérogeant à cette disposition de l'ordonnance, quant à la restitution des droits de Gabelles, avoient ordonné qu'elle ne pourroit être moindre que le prix du sel qui n'avoit pas été levé; mais elles avoient laissé subsister, quant à l'amende & aux dépens, la disposition de l'ordonnance de 1680; comme l'imposition de la Taille dépend du plus ou moins de biens ou d'industrie des contribuables, qu'il se trouvoit que parmi les ressortissans des greniers, il y en avoit qui étoient imposés à 400 livres de Tailles & d'autres à 8 livres, & qui cependant n'avoient manqué à lever que la même quantité de sel; cette disproportion dans les jugemens à rendre, arrêtoit les Officiers des greniers sur la fixation de l'amende, ou la rendoit arbitraire en les laissant maîtres de la modérer à telle somme qu'ils vouloient. Il y fut pourvu par un arrêt du Conseil du 25 octobre & des lettres patentes du 10 novembre 1723, qui ordonnèrent qu'indépendamment de la restitution prononcée par les loix précédentes, les redevables des droits de Gabelles seroient condamnés à la moitié du prix du sel qu'ils auroient négligé de lever pour tenir lieu de l'amende qu'ils auroient encourue.

Déclaration du 29 août 1724.

Des Déclarations des 28 décembre 1709 & 18 mars 1710, avoient pourvu aux besoins & à la commodité des pauvres qui par leur état étoient dans l'impuissance de faire leur devoir de Gabelles : le Roi, par une Déclaration du 29 août 1724, se porta à étendre la permission de prendre du sel aux reventes à petites mesures aux gens de peine & journaliers de la campagne & même des villes qui, ne possédant aucuns fonds & qui n'ayant nulle ressource de commerce & d'industrie, avoient des besoins trop continuels pour pouvoir amasser de quoi lever du sel aux greniers pour la consommation de leurs familles.

Cette nouvelle Déclaration, conformément à celle du 28 décembre 1709, dispense les pauvres de lever aux greniers le sel dont ils auront besoin pour leur consommation, & les autorise à le prendre au regrat en la manière accoutumée.

Sous la dénomination de *pauvres*, sont compris les ressortissans des greniers, domiciliés dans les villes, bourgs & lieux taillables, qui ne sont imposés à la Taille qu'à 30 sous & au-dessous, & les domiciliés dans les villes franches, abonnées ou tarifées, qui ne sont imposés à la Capitation qu'à 30 sous & au-dessous.

On excepte ceux qui n'étant imposés qu'à 30 sous de Taille ou de Capitation, possèdent quelques terres ou héritages qu'ils font valoir, donnent ou tiennent à ferme.

On excepte aussi les domestiques, compagnons, apprentis à gages & tous autres qui sont nourris chez leurs maîtres, maîtresses ou commettans.

Il doit être fait dans les copies des rôles de la Taille & de la Capitation, qui doivent être remises aux Receveurs des Gabelles dans le mois de février de chaque année, un chapitre distinct & séparé des habitans qui, n'étant imposés qu'à 30 sous de Taille ou de Capitation & au-dessous, doivent former la classe ci-dessus désignée ; & si dans les copies de rôles, il a été compris sous cette classe quelque habitant qui ne devoit pas en faire partie, la Déclaration prononce pour chaque contravention, une condamnation de 25 livres d'amende, indépendamment de la restitution du prix du sel qu'il auroit dû lever, & veut que cette condamnation soit solidairement exécutée & par corps contre l'habitant indûment compris, & les Afféeurs, Collecteurs, Maires, Échevins & Syndics.

Pour faciliter la formation des copies des rôles & états de la Taille & Capitation, la Déclaration ordonne qu'à la première réquisition des Afféeurs, Collecteurs, Maires, Échevins & Syndics, tant des paroisses de vente volontaire que de celles sujettes à l'impôt, chaque chef de famille, homme ou femme sachant signer, sera tenu de certifier en marge de l'article qui le concernera, sa déclaration du nombre de personnes dont sa famille sera composée, y compris les enfans au-dessus de huit ans, ainsi que les domestiques & le nombre & la nature des bestiaux à lui appartenans; & qu'à l'égard de ceux qui ne sauront pas signer ou qui refuseroient de le faire, mention en sera faite en marge desdits rôles & états.

Les chefs de famille ont l'option, s'ils le préfèrent, de passer leur déclaration affirmative de l'état de leurs familles, domestiques & bestiaux par-devant Notaire, & d'en remettre l'acte aux Maires, Échevins, Syndics, Afféeurs & Collecteurs qui sont tenus d'en faire mention & de la date de la remise en marge de chaque article.

Sous la dénomination de *Chefs de famille*, sont compris les Supérieurs ou Supérieures de couvens, maisons régulières, abbayes & communautés de l'un

& de l'autre ſexe, & comme tels tenus de certifier en marge des rôles & états, le nombre de perſonnes dont leurs maiſons ſont compoſées, y compris les domeſtiques & le nombre & eſpèce de beſtiaux qui leur appartiendront, & ce à la première réquiſition du Fermier ou des Maires, Échevins, Syndics, Aſſéeurs & Collecteurs, ſous les peines portées par les arrêts & lettres patentes des 25 juillet & 1.er août 1719.

Enfin cette Déclaration renouvelle les défenſes faites par l'article XI du titre IX de l'ordonnance de 1680, à peine de 300 livres d'amende, aux communautés, couvens, hôpitaux, eccléſiaſtiques, gentilshommes, bourgeois des villes & bourgs, hôteliers, cabaretiers, pâtiſſiers, boulangers, & généralement à tous ceux qui chaque année conſomment dans leur maiſon une plus grande quantité de ſel que le boiſſeau & le litron, de prendre leur proviſion chez les Regrattiers, attendu l'obligation dans laquelle ils ſont, n'étant pas de la claſſe exceptée par cette Déclaration, de lever leur ſel aux greniers, tant pour pot & ſalière que pour ſalaiſon, en la manière, dans les temps & ſous les peines portées par l'ordonnance de 1680 & par les arrêts & règlemens ſubſéquens.

On tient quatre regiſtres de la diſtribution, l'un eſt gardé par le Grenetier, l'autre par le Contrôleur, le troiſième par le Greffier, & le quatrième par le Commis; & ces Officiers ſont obligés de fournir tous les trois mois, tant au Contrôleur général des gabelles qu'à l'Adjudicataire général des fermes, des états de ce qui a été vendu dans chaque grenier.

Vente par impôt.

Dans les lieux où le sel se distribue par forme d'imposition, la vente en est forcée, & chaque contribuable est obligé de prendre la quantité de sel pour laquelle il est employé dans le rôle de répartition.

C'est la position des greniers d'impôt qui a déterminé leur établissement, la facilité de se procurer du faux sel dans les lieux voisins de la mer ou des pays non sujets à la Gabelle, ne laissoit aucune espérance de consommation dans les greniers, s'ils eussent été de vente volontaire; l'impôt y a pourvu.

On observe que les contribuables, en recevant le sel par les mains des Collecteurs, ont sur les ressortissans des greniers de vente volontaire, l'avantage de ne payer la valeur du sel qui leur est livrée, que par portions insensibles; qu'ils ne sont point obligés de se déplacer pour aller lever leur sel au grenier, & qu'enfin ils n'éprouvent pas les poursuites auxquelles s'exposent les ressortissans des greniers de vente volontaire lorsqu'ils ne satisfont pas à leur devoir de Gabelle.

Les greniers à sel d'impôt sont régis en conformité des titres VII & VIII de l'ordonnance de 1680.

La quotité de l'impôt, pour chaque grenier, est réglée tous les ans par le Conseil qui en ordonne l'imposition par une commission adressée à M. l'Intendant & aux Officiers des greniers de chaque généralité.

généralité. Ils procèdent en conséquence à la répartition sur toutes les villes, bourgs & villages qui ressortissent à chaque grenier.

Le titre VIII de l'ordonnance de 1680, règle ce qui concerne la nomination des Collecteurs, la confection & la vérification des rôles de l'impôt.

Les Collecteurs doivent lever dans les huit premiers jours de chaque quartier, le sel auquel leur paroisse aura été cotisée, & en faire la délivrance aux contribuables dans la huitaine suivante : ils ont, aux termes de l'ordonnance, Deux deniers pour livre du prix de chaque minot pour leur droit de collecte; 2 sous par chaque lieue de distance des paroisses au grenier; & 5 sous par minot pour le port & distribution du sel: ils sont autorisés à retenir le tout sur le dernier payement de l'impôt.

Ils sont solidairement responsables du prix du sel, & après qu'ils ont été discutés dans leurs personne & biens, conformément aux dispositions de l'ordonnance de 1680, le Fermier est autorisé à exercer son action en solidité, contre les principaux habitans de la paroisse.

Le sel d'impôt ne doit être employé qu'à ce qu'on appelle *pot & salière :* les particuliers contribuables sont obligés de prendre d'autre sel pour les grosses salaisons, à moins que la portion à laquelle ils sont imposés, n'excède la quantité qui peut être consommée par le nombre de personnes qui composent leurs familles, auquel cas ils peuvent ſe pourvoir devant les Officiers du grenier à ſel, qui ſont autoriſés à leur accorder, s'il y échoit, après communication au Commis de l'adjudicataire, la permiſſion d'employer le ſel reſtant en groſſes ſalaiſons.

Les Eccléſiaſtiques, les Nobles & autres privilégiés ne pouvant être compris dans les rôles d'impoſition, il eſt tenu pour ce qui les concerne, un ſexté, comme dans les greniers de vente volontaire, pour connoître s'ils rempliſſent le devoir de Gabelle, & y obliger ceux qui n'y ont pas ſatisfait.

Indépendamment des greniers de vente volontaire & d'impôt, il a encore été établi des regrats en conſéquence d'une Déclaration du 28 décembre 1709, pour la commodité des pauvres : ces regrats ſont exercés par des particuliers pourvus de commiſſions de l'adjudicataire, & reçus par les Officiers : ils vendent le ſel en détail au poids ou à la meſure, ſuivant les prix réglés par des tarifs qu'arrêtent les Officiers des greniers; les proportions de ces tarifs ſont indiquées par la Déclaration du 18 mars 1710 : on ajoute au prix du grenier une modique ſomme réglée pour les frais de tranſports, & on donne aux Regrattiers le fort denier ſur les fractions.

Déclaration du 28 décembre 1709.

Dans l'état actuel des grandes Gabelles, on compte deux cents cinquante greniers, dont cent ſoixante-dix-neuf de vente volontaire, trente-quatre d'impôt & trente-ſept mixtes, c'eſt-à-dire, compoſés de paroisses dont les unes sont d'impôt & les autres de vente volontaire.

MOYENS de conservation.

Dispositions concernant la police des priviléges.

Après avoir exposé les détails concernant les approvisionnemens & les ventes dans les pays de grandes Gabelles, il faut retracer les moyens qui sont mis en usage pour la conservation des droits : on en a déjà fait connoître une partie en rappelant les obligations & les formalités, auxquelles sont assujettis les ressortissans aux greniers, soit de vente volontaire, soit d'impôt : on trouvera le surplus dans les dispositions de l'ordonnance de 1680, concernant la police des priviléges, & dans celles qui prononcent des peines contre le faux-saunage.

Les priviléges sont régis par les titres XIII, XIV & XV de l'ordonnance de 1680.

Le premier de ces titres traite des corps & communautés, & des personnes privilégiées dans les pays de Gabelles.

L'article 1.er de ce titre ordonne que les états du franc-salé, du sel de gratification & d'aumône arrêtés au Conseil seront exécutés.

Le sel des privilégiés, est celui qui est attribué à certains offices par l'édit de leur création.

Les sels de gratification sont ceux que le Roi accorde aux Gouverneurs & aux États-majors de quelques places.

Les sels d'aumône, ceux que Sa Majesté fait

diſtribuer par charité à pluſieurs communautés des Ordres mendians de l'un & de l'autre ſexe.

Le premier de ces francs-ſalés eſt d'attribution, & fait en quelque ſorte partie de l'intérêt de la finance payée pour l'acquiſition de l'office.

Les deux autres ſont une grâce accordée par Sa Majeſté.

Le Fermier eſt tenu de délivrer tous les ſels de francs-ſalés, ſuivant les états que le Conſeil en arrête : ces états ſont le ſeul titre qu'il doive connoître pour cette diſtribution ; mais il délivre le ſel des privilégiés ſans indemnité, cette livraiſon faiſant partie des charges de ſon bail.

Le Roi lui paye au contraire une indemnité des francs-ſalés de gratifications & d'aumônes.

La plupart des privilégiés ſont ſujets au prix marchand ſur le franc-ſalé qu'ils reçoivent, ce prix marchand eſt réglé par l'état même où ils ſont employés ; mais il varie ſuivant les offices, depuis 50 ſous par minot juſqu'à 10 livres.

Les ſels de gratifications & d'aumônes, ſont au contraire preſque tous exempts du prix marchand.

Le privilége connu ſous le nom de *franc-ſalé* eſt l'exemption des droits de Gabelle, ſur une quantité de ſel annuellement accordée pour la conſommation.

Sa diviſion la plus naturelle eſt de le diſtinguer en franc-ſalé de grandes Gabelles, & franc-ſalé de petites Gabelles.

Le franc-salé de grandes Gabelles, qui a lieu dans les pays sujets aux droits des grandes Gabelles, se subdivise en cinq états particuliers que le Conseil arrête annuellement.

Le premier est celui des Compagnies supérieures & autres Officiers : il comprend tout le sel attribué aux offices du Conseil du Roi & du Grand-Conseil, des Parlemens, Chambres des Comptes, Cours des Aides & Bureaux des Finances, & à différens offices de judicature ou autres.

Tous les Officiers compris dans cet état, sont ce qu'on peut appeller *anciens privilégiés*, pour les distinguer des nouveaux privilégiés qui sont portés dans deux autres états :

L'un des Officiers des Chancelleries près les Cours & Conseils supérieurs :

L'autre des Receveurs généraux des finances :

Le quatrième état comprend tous les sels délivrés aux hôpitaux, maisons religieuses & autres auxquels le franc-salé est accordé par lettres patentes à titre de fondations, de concessions ou d'échange :

Enfin le cinquième comprend les sels de gratifications & d'aumônes.

Le *franc-salé de petites Gabelles* ainsi nommé, parce qu'il se délivre dans les provinces sujettes aux petites Gabelles, se subdivise aussi en cinq états : un pour le Lyonnois, un autre pour le Dauphiné, un pour la Provence, le quatrième pour le Languedoc & le Rouſſillon, & le dernier pour les Trois-évêchés.

Chacun de ces cinq états comprend toutes les natures de francs-ſalés qui ſe diſtribuent dans la province pour laquelle il eſt arrêté, à quelque titre qu'ils ſoient accordés, ſoit d'attribution, de gratification ou d'aumône.

Une ſeconde diſtinction de franc-ſalé eſt celle que l'on peut faire entre le franc-ſalé à la charge du Roi, & le franc-ſalé à la charge de la Ferme.

Le Roi tient compte au Fermier, & lui paſſe indemnité de tout le franc-ſalé qui ſe délivre en vertu des cinq états, qui ſont arrêtés par le Conſeil pour le pays de petites Gabelles.

Il lui tient également compte du franc-ſalé délivré dans les pays de grandes Gabelles, en vertu de l'état des gratifications & aumônes; de celui qui eſt délivré en vertu de l'état arrêté pour les ſels de conceſſion, & enfin de celui qui eſt délivré en vertu des états des Receveurs généraux des finances & des Secrétaires du Roi, près les Cours & Conſeils ſupérieurs des provinces, en ſorte que le Fermier n'eſt chargé par ſon bail que du franc-ſalé compris dans l'état des Cours, Compagnies ſupérieures & autres Officiers qui à la vérité eſt le plus conſidérable.

Le franc-ſalé d'attribution eſt le ſeul qui ſoit accordé aux Officiers honoraires ou vétérans, & aux veuves; cette diſpoſition n'a même pas également lieu pour tous les offices attributifs du franc-falé, quelques-uns n'en procurent la jouiffance qu'aux titulaires, d'autres aux titulaires & aux vétérans, d'autres aux titulaires & aux veuves, & d'autres enfin aux titulaires, aux vétérans & aux veuves.

Il eft néceffaire d'obferver que les vétérans qui font admis au franc-falé, reçoivent la même quantité de fel qu'ils recevoient étant titulaires; les veuves au contraire ne jouiffent en aucun cas que de la moitié du franc-falé de leur mari, & elles en font entièrement privées lorfqu'elles paffent à de fecondes nôces.

Toutes ces différences fe trouvent confignées dans les états arrêtés au Confeil, dont le texte porte que les veuves & les vétérans ne pourront prétendre aucun franc-falé fi ce n'eft ceux qui y font expreffément employés, & la plus grande partie de ces différences, prend fa fource moins dans la qualité de l'office que dans la quotité de la finance, originairement payée pour l'acquifition du privilége.

On remarque les mêmes variétés, quant aux droits auxquels les fels de franc-falé demeurent fujets.

Tous, à l'exception de ceux des Trois-évêchés, payent les droits manuels & les deux nouveaux Sous pour livre de ces droits.

Plufieurs payent encore le prix marchand, ce prix varie fuivant les offices, ce qui vraifemblablement provient de l'époque à laquelle le privilége a été accordé, & de la valeur plus ou moins confidérable d'achat & de tranfport qu'avoit le fel à cette époque.

D'autres enfin, ce qui a lieu à Paris feulement, payent en partie ou en totalité un droit de 3 livres 11 fous par minot, appelé *droits des Officiers du grenier de Paris;* ce droit a été réuni à la Ferme générale & compris dans le bail.

Ce que tous les francs-falés ont entr'eux de commun, c'eft que le fel qui en eft l'objet n'eft accordé que pour la confommation annuelle : il ne peut fe recevoir qu'en une feule qualité, fuivant l'article 1.er du titre XIII de l'ordonnance de 1680, il ne peut être réclamé après le dernier feptembre, fuivant l'article VI du même titre, & les héritiers d'un privilégié n'ont aucun droit à celui qu'il a négligé de recevoir.

Il ne peut ni fe vendre, ni fe donner, ni s'échanger, à peine de déchéance & de 500 livres d'amende fuivant l'article V.

Enfin le fel que le privilégié n'a pas levé appartient au Fermier, & fait partie des droits de la ferme des Gabelles, conformément à l'article CCVI du bail de Forceville.

L'article VII & dernier du titre XIII de l'ordonnance de 1680, contient des défenfes aux chapitres, monaftères & communautés des pays de Gabelles, de faire venir aucun fel des falines du comté de Bourgogne & autres, nonobftant tous priviléges qui font

révoqués

révoqués par cet article, il leur est enjoint de s'en fournir aux greniers de leur demeure, où le sel doit leur être délivré pour le prix marchand qui est fixé à 7 livres par minot pour les communautés séculières & régulières dénommées dans cet article, qui fixe en même temps les quantités qui doivent être délivrées à chacune: ces communautés sont situées dans le duché de Bourgogne, & étoient en possession de s'approvisionner des sels qui leur étoient nécessaires dans les salines de la Franche-comté, dont elles sont limitrophes.

Plusieurs communautés de la province de Champagne, du nombre desquelles étoient la ville & prevôté de Vaucouleurs, qui n'avoient point été comprises dans cette disposition de l'ordonnance, prétendirent avoir droit d'user pour leur consommation, en vertu des lettres de concession qu'elles en avoient obtenues sous différens règnes, du sel blanc des salines de Lorraine, des Évêchés & de Franche-comté ou d'autres lieux à proximité desquels elles étoient situées.

Un arrêt du Conseil du 22 février 1681, ordonna la représentation de leurs titres devant M. l'Intendant de Champagne, & la communication au Fermier.

Arrêt du Conseil du 22 février 1681.

Par l'arrêt qui intervint le 21 février 1682, sur le procès-verbal qui fut dressé par M. l'Intendant, & sur son avis, le Roi déclara les habitans de ces villes & communautés sujets aux droits de Gabelles,

Arrêt du Conseil du 21 février 1682.

prescrivit les greniers dans lesquels ils seroient tenus de prendre le sel, & ordonna cependant par forme de modération qu'ils n'en payeroient le prix qu'à raison de 20 livres le minot : cet arrêt fut confirmé par une Déclaration du 24 juin 1691, enregistrée en la Cour des Aides de Paris le 4 août de la même année.

Déclaration du 24 juin 1691.

Les habitans de la communauté de Perrière & de cinq autres communautés qui, avant l'ordonnance de 1680, faisoient partie du marquisat de Chaussin, ayant réclamé les priviléges réservés à plusieurs communautés de ce territoire par l'article que l'on a rappelé de cette ordonnance, il intervint le 14 juin 1723, un arrêt du Conseil qui, en leur appliquant cette disposition de l'ordonnance, ordonna que le sel leur seroit délivré dans les greniers de leur demeure, au même prix marchand, fixé à 7 livres le minot.

Arrêt du Conseil du 14 juin 1723.

Un arrêt du Conseil du 19 février 1726, ordonne, sur l'avis de M. l'Intendant de Champagne, que le sel sera délivré aux habitans des villages de Grignoncourt & Lironcourt, ainsi qu'à ceux des autres paroisses de la prevôté de Passavant, sur le pied de 20 livres le minot au grenier de Langres, & leur fait défense de prendre leur sel ailleurs, à peine de déchéance de leurs priviléges.

Arrêt du Conseil du 19 février 1726.

Par un arrêt & des lettres patentes du 29 octobre 1737, différentes communautés du duché de Bourgogne, obtinrent en leur faveur des fixations pareilles à celles portées par les arrêts que l'on a rappelés,

Arrêt & Lettres patentes du 29 octobre 1737.

les unes à 7 livres le minot, les autres à 20 livres, plusieurs à 10 livres, le tout en y ajoutant les Quatre sous pour livre & les droits manuels.

Il est à propos d'observer que toutes les communautés mentionnées dans les différens arrêts dont on a rendu compte, doivent, indépendamment du prix principal du sel, suivant les fixations portées par ces arrêts, acquitter les crûes dont la levée a été ordonnée par des règlemens postérieurs.

Le titre XIV de l'ordonnance de 1680, concerne les lieux privilégiés dans les pays de Gabelles, & les salines appartenantes aux particuliers, & le titre XV les différentes salaisons.

Ces deux titres maintiennent les habitans du Havre-de-Grace, Dieppe, Fescamp, Saint-Valery-en-Caux, Harfleur, Eu & Tréport, Bourg-d'Ault & Saint-Valery-sur-Somme dans le privilége dont ils étoient en possession sur le fait du sel nécessaire tant pour le pot, la salière & les salaisons ordinaires, que pour les salaisons des poissons de leur pêche: ils règlent en même temps & prescrivent une forme de régie, dont l'observation a été jugée nécessaire pour empêcher que ces habitans n'abusassent de leurs priviléges.

Les habitans du Havre-de-Grace, de Dieppe & du faubourg de cette dernière ville appelé *Polet*, ont la faculté, ainsi que ceux des villes de Fescamp & Saint-Valery-en-Caux, de faire venir des marais de

Brouage, le ſel néceſſaire pour leur proviſion de deux années.

Celle de Feſcamp eſt fixée à raiſon de dix muids, & celle de Saint-Valery-en-Caux, de cinq muids par chaque année.

Les habitans de ces différentes villes peuvent cependant, pour leur plus grande commodité, prendre leur proviſion dans les greniers du Roi, & le ſel leur doit être délivré pour le prix marchand.

Les habitans d'Harfleur, Eu & Tréport, Bourg-d'Ault & Saint-Valery-ſur-Somme, ont le privilége de prendre le ſel pour leur proviſion, groſſes & menues ſalaiſons, ſelon l'état de leur famille, au grenier de leur demeure pour le prix marchand.

Les habitans d'Honfleur, ont celui de le prendre au grenier par vente volontaire.

L'article LIII du titre XIV, maintenoit les habitans de la ville de Cherbourg, dans le privilége d'uſer du ſel blanc des marais du Croiſic pour leur conſommation & menues ſalaiſons, & les obligeoit pour les groſſes, de prendre du ſel gris dans le magaſin qui devoit y être établi : des lettres patentes du 29 mai 1722, en dérogeant à cette dernière diſpoſition, ont permis & accordé aux habitans de cette ville de ſe ſervir du même ſel des marais du Croiſic, pour leurs groſſes ſalaiſons ordinaires & extraordinaires, & ont preſcrit en même temps la police néceſſaire pour prévenir les abus qui auroient pu être faits de cette faculté.

Lettres patentes du 29 mai 1722.

L'article I.er du titre XV de l'ordonnance de 1680, accorde aux habitans des villes de Honfleur, du Havre, de Dieppe & du faubourg du Polet, la faculté d'aller ou d'envoyer prendre aux marais de Brouage, le sel dont ils auroient besoin pour leur pêche, ils sont tenus de fournir avant leur départ pour Brouage, une déclaration de la quantité de sel qu'ils y entendent lever, & de l'usage qu'ils en veulent faire : cette déclaration doit être mise au bureau des Fermes, où l'on doit en même temps leur délivrer sans frais un congé pour le représenter au Commis établi sur les marais, & celui-ci doit de son côté leur donner, aussi sans frais, un certificat contenant la quantité de sel qu'ils auront levé. Ils sont obligés de représenter ce certificat avec leurs chartes-parties à leur retour ; enfin ceux qui sont porteurs des congés ne peuvent prendre d'autres routes que celles qui y sont mentionnées, le tout à peine de confiscation, 300 livres d'amende & restitution des droits de Gabelles.

Les sels qui viennent de Brouage ou qui se trouvent en essence au retour de la pêche, & dont la déclaration doit être faite au bureau des fermes dans les vingt-quatre heures de l'arrivée, conformément à l'ordonnance de 1687 & aux règlemens postérieurs, doivent être mis dans des magasins après avoir été mesurés en présence du Commis du fermier, pour être délivrés sans frais aux armateurs lorsqu'ils retourneront à la pêche l'année suivante. Ces magasins doivent être fermés à trois clefs, dont une doit être entre les mains des Officiers des gabelles, l'autre en celles du Commis du Fermier, & la troisième au pouvoir des propriétaires.

Les habitans de Grandville, de la Hougue & de Barfleur, qui n'étoient pas du nombre de ceux auxquels la disposition que l'on a rappelée de l'ordonnance de 1680, permet d'aller prendre à Brouage le sel nécessaire pour la salaison des poissons de leur pêche, ont depuis obtenu cette faculté; ceux de Grandville par un arrêt & des lettres patentes des 3 & 15 février 1722, & ceux de la Hougue & de Barfleur par un arrêt du Conseil du 25 mai 1756: ces arrêts, en leur accordant cette permission, leur imposent en même temps les obligations prescrites par l'ordonnance de 1680, & par les règlemens postérieurs.

Arrêt & Lettres patentes des 3 & 15 février 1722.

Arrêt du Conseil du 25 mai 1756.

Les habitans des autres villes & lieux de Normandie & Picardie, qui ne sont pas dénommés dans l'article de l'ordonnance que l'on a rappelé, ou qui n'ont point obtenu la même faculté par des règlemens postérieurs, sont tenus de prendre dans les greniers de la ferme, le sel nécessaire pour la salaison des poissons de leur pêche, & ce sel leur est fourni au prix marchand.

Les versemens qu'occasionnoient dans le pays de Gabelles, les fraudes qui se commettoient dans les villes & lieux que l'on a rappelés, & qui par l'ordonnance de 1680, avoient été maintenus dans leurs franchiſes & priviléges, donnèrent lieu à la Déclaration du 22 août 1711; cette Déclaration veut qu'aucun habitant des lieux privilégiés ne puiſſe être admis à la qualité de bourgeois, pour jouir du privilége du ſel, qu'en préſence du Commis du Fermier, & qu'après une demeure continuelle pendant trois années, en juſtifiant que pendant ce temps il a levé ce ſel au grenier comme les autres contribuables.

Déclaration du 22 août 1711.

Elle fixe la conſommation des bourgeois, à proportion du nombre de perſonnes dont leurs familles ſeront compoſées, à raiſon d'un minot pour ſept perſonnes par chaque année pour leurs menues & groſſes ſalaiſons ordinaires; elle déclare déchus pour toujours du privilége de bourgeoiſie, ceux qui auront fait de fauſſes déclarations de l'état de leurs familles.

Elle contient auſſi pluſieurs diſpoſitions pour prévenir les abus qui pourroient être faits du ſel livré pour la ſalaiſon des pêches & qui n'y auroit pas été employé.

Un arrêt du Conſeil du 6 août 1720, a dérogé à quelques diſpoſitions de cette dernière partie de la Déclaration, en faveur des ſalaiſons & de la pêche des habitans de la ville de Dieppe, & les a en même temps déchargés du payement des déchets emplacés dans leurs magaſins, en révoquant l'arrêt du 18 avril 1719, qui avoit fixé ces déchets à un muid pour

Arrêt du Conſeil du 6 août 1720.

vingt, & ordonné que les marchands feroient refponfables & tenus de payer au prix du grenier les déchets qui fe trouveroient d'excédant; mais en leur accordant des facilités & la décharge des déchets, il a ordonné que ceux qui auroient abufé de leur privilége, & qui feroient atteints & convaincus d'avoir fait le faux-faunage, feroient déchus de leurs droits de bourgeoifie, privés pour toujours de faire aucun commerce, condamnés comme faux-fauniers aux peines portées par l'ordonnance de 1680; & qu'à cet égard les marchands feroient garans & refponfables civilement de leurs facteurs & domeftiques; que ceux qui auroient été furpris enlevant ou faifant enlever furtivement du fel de leurs caves, feroient en outre condamnés à payer au prix du grenier les déchets excédans, un muid pour vingt, qui fe trouveroient fur les fels emplacés dans les caves où le faux-faunage auroit été furpris, fuivant le contre-mefurage qui en feroit fait aux dépens defdits marchands faleurs.

L'arrêt ordonne que le nom des délinquans fera infcrit en gros caractères, dans un tableau qui fera appofé tant dans la falle où fe tiennent les affemblées de l'hôtel commun de la ville de Dieppe, que dans le prétoire de la juridiction Confulaire & dans la juridiction du grenier à fel de ladite ville, pour marque d'infamie, fans que toutes les peines prononcées par ledit arrêt, puiffent être réputées comminatoires ni modérées.

Les

Les titres X & XIV de l'ordonnance de 1680, règlent ce qui concerne le droit de Quart-bouillon, & les salines appartenantes aux particuliers dans la province de Normandie, ce qui forme deux régies distinctes & séparées : le pays sujet aux droits de Quart-bouillon & les salines de Touques, nous les traiterons successivement; nous commencerons par ce qui concerne le Quart-bouillon.

Ce droit étoit originairement le quatrième du prix du sel; les besoins de l'État y ont fait ajouter successivement le parisis, sou & six deniers pour livre qui, joint aux Quatre sous pour livre & aux deux nouveaux Sous, forment aujourd'hui, avec le droit principal un peu plus des deux cinquièmes du prix du sel. Droit de Quart-bouillon.

La ruche est la mesure dont on se sert pour la vente du sel aux salines de la basse Normandie.

On suppose que le prix de la ruche soit de 5 livres, le droit de Quart-bouillon sera de 42 sous 1 denier;

SAVOIR:

Droit principal ou le quart de la valeur	1ˡ	5ˢ	
Parisis ou le quart du droit principal		6.	3.
	1ˡ	11ˢ	3ᵈ
Sou pour livre		1.	7.
	1ˡ	12ˢ	10ᵈ
Six deniers pour livre ou 40.me			10.
	1ˡ	13ˢ	8ᵈ

Montant de l'autre part	1^l	13^f	8^d
Quatre sous pour livre		6.	9.
Cinquième sou pour livre, établi par la Déclaration du 3 février 1760			10.
Sixième sou pour livre, établi par la Déclaration du 21 novembre 1763			10.
MONTANT du Droit	2^l	2^f	1^d

Jusqu'en 1674, le Quart-bouillon a fait partie de la ferme des Aides; il fut réuni à cette époque à celle des droits de Gabelles, attendu leur analogie intime & l'influence que la vente du sel blanc des salines de basse Normandie, devoit nécessairement avoir sur les ventes du sel gris dans les greniers voisins; c'est au bail de Saulnier que se fit cette réunion.

Il est constant que la faculté dont jouissent plusieurs habitans de la basse Normandie d'avoir salines, c'est-à-dire, de faire du sel & de le vendre, est consacrée par la possession la plus ancienne.

On croit convenable de donner ici une idée de la formation du sel qui en est l'objet.

Salines de basse Normandie.

Chaque saline a dans sa dépendance un certain nombre de grèves que la mer couvre dans les hautes marées: ce sable ainsi humecté de l'eau de mer, se sèche par l'ardeur du soleil; les Sauniers en enlèvent alors la superficie, & l'amoncèlent; ils le transportent ensuite près de leurs salines & en forment des tas qu'ils appellent *mondrains*.

Ils remplissent de ce sable des cuves dont le fond

eſt percé & couvert d'oſier, ils y jettent enſuite de l'eau douce qui filtrant à travers, en détache les parties ſalées & les conduit par un tuyau dans une autre cuve.

On reconnoît que cette eau qui, en termes de fabrication, s'appelle *breme,* eſt aſſez forte de ſel lorſqu'un œuf y ſurnage : d'autres ſe ſervent d'une balle de plomb enduite de cire pour faire cette épreuve ; lorſqu'elle eſt jugée d'un degré trop foible de ſalure, on la fait filtrer une ſeconde fois à travers de nouveaux ſables.

Après cette opération on la verſe dans des plombs, eſpèce de chaudière qui tire ſon nom de la matière dont elle eſt compoſée.

Ces plombs de la forme d'un carré-long, peu profond & fort évaſé, ſont adaptés ſur des fourneaux que les Sauniers chauffent avec du menu bois ; l'eau s'y évapore promptement, & y dépoſe un ſel blanc de peu de conſiſtance qui s'égoutte & ſe sèche dans des paniers.

Objet de la régie du Quart-bouillon.

La régie du Quart-bouillon conſidérée en elle-même, ſe réduit à percevoir exactement le droit du ſel qui ſe vend aux ſalines ; mais conſidérée relativement à la ferme des Gabelles, elle a pour objet de conſerver les greniers voiſins des Gabelles en limitant la fabrication & la vente du ſel des ſalines, à la conſommation naturelle des habitans auxquels l'uſage en eſt permis ; conſommation que l'article VII de la

Déclaration du 2 janvier 1691. Déclaration du 2 janvier 1691, portant règlement pour la levée du droit de Quart-bouillon, enregiſtrée en la Cour des Aides de Normandie le 12 du même mois de janvier, a fixée à une demi-ruche ou vingt-cinq livres peſant par année pour chaque perſonne, y compris les enfans au-deſſus de huit ans, tant pour pot & ſalière que pour menues & groſſes ſalaiſons.

Ces deux rapports ſeroient ſans doute très-oppoſés ſi l'augmentation du produit du Quart-bouillon dépendoit de la quantité des enlèvemens faits aux ſalines, puiſque de la diminution des enlèvemens aux ſalines dépend au contraire la conſervation du pays de Gabelles; mais comme le droit de Quart-bouillon eſt une portion déterminée du prix de la vente, ſon produit augmente en proportion de la valeur du ſel, & les verſemens diminuent dans cette même proportion, l'activité du faux-ſaunage s'alignant toujours ſur le bénéfice que peut faire la fraude.

C'eſt ce qui réſulte de l'expérience: les années où le ſel a baiſſé de prix aux ſalines, ont toujours été celles où le produit du Quart-bouillon a été le plus foible, & où les greniers voiſins ont éprouvé les plus fâcheuſes révolutions.

Ainſi l'unique objet de la régie doit être d'aſſurer le payement des droits de Quart-bouillon, ſur tout le ſel qui ſe vend aux ſalines, & à raiſon du prix effectif de la vente, afin que le Saunier ne pouvant plus ſe procurer de bénéfice illicite par la fraude des droits, soit obligé de tenir son sel à un prix qui en le dédommageant des frais de fabrication, lui procure en même temps sa subsistance.

Jusqu'en 1755, la forme de la régie établie, consistoit à percevoir le droit à la fabrication, sur une évaluation commune de la quantité de sel que chaque plomb devoit produire par jour de travail : on se contentoit de prendre chaque semaine la déclaration des Sauniers, du nombre de jours pendant lesquels ils avoient fabriqué du sel, & la déclaration des Syndics auxquels le sel étoit vendu.

Les opérations des Commis aux questes qui recevoient alors ces déclarations, se réduisoient à en vérifier la fidélité, & à former à la fin du mois un état qui présentât le nom de chaque Saunier, le nombre de ses jours de travail distingué suivant les prix; les quantités de sel évaluées par le nombre des jours de travail, la valeur de ce sel & la liquidation du droit faite en conséquence.

Cette forme de perception étoit fort incertaine, le produit de chaque plomb devant nécessairement varier non-seulement d'une année à une autre année, même entre les différens Sauniers par la qualité plus ou moins avantageuse des sables qu'ils emploient ; elle avoit d'ailleurs d'autres inconvéniens aussi préjudiciables aux Sauniers qu'à la ferme.

Il étoit onéreux pour les Sauniers d'acquitter les droits d'une marchandise qui n'étoit pas encore vendue, ſujette à dépériſſement & à déchet, & ainſi d'avancer au Fermier une portion du prix d'un ſel dont les Sauniers n'avoient pas encore reçu le payement.

La ferme éprouvoit de ſon côté une perte réelle & très-conſidérable; en effet, le droit étant fixé ſur la valeur du ſel au temps de ſa fabrication, les Sauniers ne manquoient pas d'en baiſſer le prix lors de la formation, & de l'augmenter dans le temps des enlèvemens qui ont lieu, principalement dans les quartiers d'octobre & d'avril, ainſi les droits n'étoient plus perçus dans leur vraie proportion, & le produit effectif de la fabrication excédoit d'ailleurs de beaucoup le produit préſumé ſuivant l'évaluation commune.

Le ſeul remède à ces abus étoit de percevoir les droits de Quart-bouillon, non à la fabrication, mais à la vente; & c'eſt la forme de régie qui a été établie & ſuivie depuis 1755, en conſéquence d'un règlement du Conſeil du 31 décembre 1754, enregiſtré en la Cour des Aides de Rouen.

Règlement du 31 decembre 1754.

Pour connoître la vente de chaque Saunier, ce règlement les oblige à ſigner les paſſavans ſur leſquels ils livrent le ſel, ou s'ils ne ſavent pas écrire, à le timbrer d'une marque particulière qui leur a été diſtribuée à cet effet, le tout à peine de 100 livres d'amende ſolidaire, entre le Saunier qui aura livré le ſel & l'uſager qui l'aura levé.

Le même règlement renouvelle aux reſſortiſſans les défenſes déjà portées par l'article XXIV du titre XIV de l'ordonnance de 1680, de lever aucun ſel aux ſalines ſans paſſavant, & de les conduire au-delà des contrôles des paſſages, ſans y dépoſer le paſſavant, à peine de faux-ſaunage.

Enfin il aſſujettit les Sauniers au payement des droits, ſuivant le prix qui a lieu dans le temps de la vente, conformément à la déclaration qui en eſt faite par les Syndics ſur les quantités de ſel dont la livraiſon eſt juſtifiée par les paſſavans qu'ils ont ſignés ou timbrés de leur marque.

Ces paſſavans retenus aux bureaux de paſſage, ſont ſur le champ enregiſtrés, tant par un Commis appelé *Contrôleur aux enlèvemens*, dont le regiſtre diſtribué par Sauniers, forme une eſpèce de compte ouvert pour chacun d'eux, que par un autre Commis appelé *Contrôleur au paſſage*, dont le regiſtre eſt diſtribué par revente.

Pour entendre parfaitement cette opération, il eſt néceſſaire d'obſerver que les uſagers ou habitans du pays de Quart-bouillon, ne peuvent, aux termes de l'article XXIV du titre XIV de l'ordonnance des Gabelles de 1680, lever du ſel aux ſalines qu'après avoir pris un certificat de leur Curé, contenant leurs nom, qualité, emploi & domicile, l'état de leur famille & la quantité de ſel qu'ils entendent lever.

Ils doivent, aux termes du même article, porter ce certificat à un bureau appelé de *revente*.

Ces bureaux ſont ainſi nommés parce que les Commis

auxquels ils sont confiés, tiennent un magasin, tant pour la livraison en détail qui se fait aux pauvres usagers qui n'ont pas le moyen de s'approvisionner aux salines, & auxquels ils ne peuvent délivrer qu'un pot, ou au plus deux pots de sel à la fois, qu'aux particuliers auxquels il est accordé du sel par extraordinaire.

Chacun de ces bureaux a son arrondissement composé d'un certain nombre de paroisses, & c'est à ces bureaux que les Collecteurs des Tailles remettent chaque année le rôle de leurs paroisses, contenant le nom & l'état de chaque chef de famille & le nombre de personnes dont elle est composée, conformément à l'article XXVIII de l'ordonnance de 1680, & aux Déclarations du Roi des 19 mai 1711 & 26 septembre 1722.

Les Usagers ayant porté à ce bureau le certificat dont on a parlé ci-dessus, le Commis leur délivre un passavant que le Saunier, ainsi qu'on l'a déjà observé, est tenu de signer ou de marquer d'une marque particulière lors de la livraison du sel qui y est mentionné.

Ce permis ou passavant est, au retour de la saline, retenu au bureau des passages & échangé contre un brevet de contrôle, dont l'usager donne sa reconnoissance.

Ainsi le registre tenu par le Contrôleur aux passages, établit les levées faites par les usagers de telle ou de telle revente, & celui tenu par le Contrôleur aux enlèvemens, établit les livraisons faites par tel ou tel Saunier:

Saunier : ces deux regiſtres ſe contrôlent mutuellement & ſe vérifient l'un par l'autre.

Cette forme de régie eſt auſſi ſimple qu'exacte.

Elle eſt ſimple en ce qu'il ne s'agit que de calculer à la fin de chaque mois ſur le regiſtre du Contrôleur aux enlèvemens, les quantités vendues par chaque Saunier, ſuivant les paſſavans ſignés d'eux & ſuivant le prix du ſel qui avoit lieu au jour de l'enregiſtrement.

Elle eſt exacte en ce que le regiſtre des enlèvemens eſt confronté tous les jours avec celui du paſſage, ce qui prévient toute omiſſion ou double emploi.

Enfin elle réunit deux avantages; celui de procurer la connoiſſance des enlèvemens, ce qui avertit des abus qui pourroient naître de leur excès, & l'avantage d'aſſurer la perception du droit ſans reſtriction & de la manière la plus équitable; auſſi depuis 1755, le produit du Quart-bouillon a-t-il conſidérablement augmenté, & les ventes des greniers ont eu une progreſſion qui prouve la diminution des verſemens de ſel blanc ſur leur reſſort.

Le pays ſujet au droit de Quart-bouillon, embraſſe toute l'étendue des élections d'Avranches, Domfront, Coûtances, Mortain, Carentan, Saint-Lo, Valognes & Vire, ainſi qu'une grande partie de celle de Bayeux. Les paroiſſes de cette dernière Élection, qui ont le privilége d'uſer du ſel de Quart-bouillon, ſont dénommées dans l'article XXIII du titre XIV de l'ordonnance de 1680.

Il eſt cependant néceſſaire d'obſerver qu'il n'y a de ſaline que dans cinq de ces Élections, qui ſont celles d'Avranches, de Coûtances, de Carentan, de Valognes & de Bayeux.

La connoiſſance des délits & des conteſtations qui intéreſſent cette partie des fermes, appartient en première inſtance aux Juges des traites qui, par cette circonſtance, ont le titre de Juges des traites & du Quart-bouillon; leur appel reſſortit à la Cour des Aides de Rouen.

Arrêt & Lettres patentes du 5 juillet 1746.

L'arrondiſſement de chacune de ces juridictions, eſt fixé par arrêt du Conſeil & lettres patentes du 5 juillet 1746, enregiſtrés en la Cour des Aides de Rouen les 8 & 13 août ſuivant.

Ces juridictions ſont au nombre de dix, & leur ſiége eſt établi dans les villes d'Avranches, de Coûtances, de Carentan, de Cherbourg, de Domfront, de Grandville, de Mortain, de Saint-Lo, de Valognes & de Vire.

L'arrêt & les lettres patentes du 5 juillet 1746, contiennent les noms des paroiſſes, annexes & villages qui compoſent le reſſort de chacune de ces juridictions.

Salines de Touques.

Outre le canton de baſſe Normandie, vulgairement appelé *pays de Quart-bouillon*, il ſe trouve encore d'autres ſalines entre Honfleur & Daneſtal, connues ſous la dénomination de *ſalines de Touques*, du lieu où elles ſont ſituées.

Le ſel s'y fabrique de la même manière que dans

les salines de basse Normandie; mais comme les droits n'y sont pas absolument les mêmes, que le privilége des habitans qui sont en possession d'en user, n'est pas uniforme & qu'il y a des différences entre cette régie & celle du Quart-bouillon, on a jugé devoir en faire un article séparé.

Le nombre des salines de Touques étoit autrefois de quarante-huit; mais l'article XXXVIII de l'Édit de Bordeaux du mois de juin 1660, l'a réduit à vingt-quatre, & cette réduction a été confirmée par l'article XXXIX du titre XIV de l'ordonnance de 1680. *Édit de juin 1660.*

Ces salines sont situées dans des marais dépendans de la paroisse de Saint-Thomas de Touques; ces marais sont divisés en trois parties, sous les noms de *Grand-marais*, *Marais-l'Évêque* & *Marais de Trouville*, le premier comprend dix salines, les deux autres en contiennent sept chacun.

Toutes ces salines ne doivent bouillir que deux jours par semaine, & leur travail est distribué de manière que les salines du grand marais ne peuvent faire du sel que les lundi & mardi, celles du marais-l'évêque les mercredi & jeudi, & celles du marais de Trouville les vendredi & samedi.

Cet arrangement a été convenu entre la ferme & les Sauniers, en exécution de l'article XL du titre XIV de l'ordonnance de 1680.

Quantités de sels provenans des salines de Touques, & leur destination.

Leur fabrication est limitée au total, à trois mille quatre cents quatre-vingt-un boisseaux par an, conformément à l'article XXXIX du même titre de l'ordonnance.

On observe que le boisseau est moitié de la ruche; son poids est évalué à vingt-cinq livres.

Le total de la fabrication réparti entre les Sauniers, revient par chaque Saunier à cent quarante-cinq boisseaux.

La vente de ce sel ne se fait point chez les Sauniers, ils ne peuvent même le garder ni dans leurs maisons, ni dans leurs salines; mais à la fin de chaque jour de travail, ils doivent transporter tout ce qu'ils en ont fabriqué à un magasin établi à Touques, fermé sous deux clefs dont une est entre les mains de leur Syndic, & l'autre dans celles du Commis du Fermier qui tient registre de cette réception, le tout conformément à l'article XLI du titre XIV de l'ordonnance de 1680.

Le magasin de Touques s'ouvre pour la distribution deux fois par semaine les mercredi & samedi, depuis dix heures du matin jusqu'à deux heures après midi, en présence d'un des Officiers du grenier d'Honfleur & du Commis, qui tiennent chacun un registre des quantités de sel délivrées, & du nom de ceux auxquels la livraison en est faite, ainsi qu'il est prescrit par l'article XLII du même titre de l'ordonnance.

Quarante-six paroisses ont la faculté d'user de ce

ſel de Touques, mais leur privilége à cet égard n'eſt pas uniforme: quatre de ces paroiſſes ſeulement, ſavoir, celles de Saint-Thomas & de Saint-Pierre de Touques, de Trouville & de Bonneville, ont le droit aux termes de l'article XXXVII du titre XIV de l'ordonnance de 1680, de s'en ſervir tant pour pot & ſalière que pour groſſes & menues ſalaiſons: leur conſommation eſt fixée à mille neuf boiſſeaux par an par l'article XLIV du même titre.

Les quarante-deux autres paroiſſes ſont aſſujetties à l'impôt au grenier dont elles reſſortiſſent.

Le plus grand nombre de ces paroiſſes dépend du grenier d'Honfleur, & le ſurplus de celui de Daneſtal.

Le ſel qu'elles ont le droit de lever au magaſin de Touques, & dont la quotité eſt fixée par l'article XLV du même titre de l'ordonnance, ne fournit qu'à une partie de leur conſommation; il ne peut même être employé qu'à l'uſage du pot & ſalière & menues ſalaiſons ſeulement, ſuivant l'article XLIX du même titre.

Les Nobles & les Eccléſiaſtiques de ces quarante-deux paroiſſes, ont le droit de lever au magaſin de Touques la moitié du ſel qui leur eſt néceſſaire, juſqu'à la concurrence toutefois de cent cinquante-trois boiſſeaux chaque année, & pour faire ces levées ils ſont tenus de rapporter certificat du Receveur & des Officiers du grenier, des quantités de ſel dont ils s'y font approvisionnés, afin de ne point excéder en sel blanc à Touques, ce qui leur a été délivré en sel gris à Honfleur ou à Danestal; c'est la disposition de l'article L du même titre de l'ordonnance.

En réunissant ces trois sortes de livraisons, & en y ajoutant les trente-six boisseaux que l'article XLVI du même titre de l'ordonnance de 1680, accorde à M. l'Évêque de Lisieux, mais qui depuis ont été, par arrêt du 17 septembre 1697, convertis en un franc-salé de huit minots assigné sur le grenier de cette ville, on voit aisément que la fabrication des salines de Touques, a été alignée sur l'objet de la consommation qui n'est au total que de trois mille quatre cents quatre-vingt-un boisseaux, ou de quatre-vingt-sept mille vingt-cinq livres.

Arrêt du 17 septembre 1697.

Tous les ans les Marguilliers de chaque paroisse doivent former un rôle des habitans qui la composent.

Les rôles des quatre paroisses de Saint-Pierre & de Saint-Thomas de Touques, de Trouville & de Bonneville, comprennent sans distinction, les Nobles & les Ecclésiastiques: ceux des quarante-deux autres paroisses ne contiennent que les taillables.

Ce rôle ou département, dont un double est remis au Commis de l'adjudicataire, contient le nom des chefs de famille, leur état ou négoce, & la quotité pour laquelle ils sont employés, du sel que l'ordonnance accorde à la paroisse, c'est sur l'extrait de ces rôles & ſur le certificat des Curés que le ſel eſt diſtribué.

La diſtribution ſe fait ou en détail à chaque particulier, & dans ce cas le prix du ſel s'acquitte ſur le champ, ou collectivement pour toute la paroiſſe, de ſemaine en ſemaine, à deux habitans nommés à cet effet, qui ne payent qu'à la deuxième livraiſon le montant du prix de la première.

Aucun règlement n'a fixé le prix du ſel blanc à Touques; mais il l'eſt par un uſage de temps immémorial à 4 livres 16 ſous le boiſſeau : il paroîtroit naturel que ce prix variât comme aux ſalines de baſſe Normandie, puiſque les frais de formation varient néceſſairement en raiſon de la qualité des ſables qui n'eſt pas toujours également favorable.

La conſommation & la fabrication ne recevant ni accroiſſement ni diminution, la quotité du droit eſt conſtamment la même.

Il ſe perçoit ſur le pied de 1 livre 9 ſous 7 deniers par boiſſeau pour principal, pariſis, ſou, & Six deniers pour livre, à quoi ajoutant les Quatre ſous pour livre, & les Deux nouveaux ſous établis par les Déclarations du Roi des 3 février 1760 & 21 novembre 1763, le total de la perception eſt de 1 livre 18 ſous 5 deniers.

Déclarations des 3 février 1760 & 21 novembre 1763.

On prétend qu'elle devroit être de 42 ſous par boiſſeau, & que cette différence provient de ce que les droits acceſſoires ſucceſſivement établis, tels que le Sou & les six deniers pour livre; les Quatre anciens sous & les Deux nouveaux sous pour livre, ne se tirent à Touques que sur le montant du droit principal, au lieu que dans les salines de basse Normandie, les droits additionnels se perçoivent les uns sur les autres, & cumulativement avec le droit principal.

Objets de la régie des salines de Touques.

La régie des salines de Touques embrasse trois objets.

Le premier de veiller à ce que les Sauniers n'excèdent point dans leur fabrication la quantité de trois mille quatre cents quatre-vingt-un boisseaux; c'est dans cette vue que l'ordonnance de 1680 a fixé leurs jours de travail : comme il n'y a que les salines d'une des trois divisions qui puissent bouillir en même temps, il est facile de suivre leurs opérations, & d'ailleurs, ainsi qu'on l'a déjà observé, les Sauniers sont obligés à chaque travail d'en transporter le produit au magasin de Touques; ils sont même escortés dans ce transport par les Employés de la ferme.

Le deuxième objet de la régie est d'empêcher que les paroisses privilégiées, ne lèvent au magasin des quantités de sel plus fortes que celles fixées par l'ordonnance, les rôles fournis par les Marguilliers, & les registres de distribution tenus tant par les Commis que par un Officier du grenier d'Honfleur, ont pour but de prévenir cet inconvénient.

Le troisième enfin, est d'assurer le recouvrement des

des droits, & à cet égard le registre de l'Officier assure la comptabilité du Receveur.

Pour le service de cette régie, la ferme générale entretient à Touques ; 1.° un Employé principal sous le titre de Contrôleur des salines ; c'est cet employé qui a une des clefs du magasin, & qui fait le recouvrement des droits du Quart-bouillon, il tient un registre de réception du sel apporté par les Sauniers, un registre des livraisons faites aux habitans des paroisses privilégiés, & un journal de la recette & de la dépense en deniers :

2.° Un Commis aux quêtes qui est en quelque sorte le Contrôleur du premier :

3.° Une brigade pour exercer les Sauniers.

La connoissance des abus & contraventions appartient à la juridiction des gabelles de Honfleur.

L'article XXVIII du titre XVI de l'ordonnance de 1680, maintient les habitans du duché Réthelois-Mazarini dans toutes leurs franchises, à la charge de prendre le sel aux magasins indiqués par cette ordonnance, qui porte en même temps que ces magasins ne seront fournis que de sel blanc.

Gabelles du Réthelois.

Les prevôtés de Réthel, du Châtelet & du Bourg, doivent prendre le sel au magasin de Réthel, & le prix en est fixé à 30 deniers la livre du poids de seize onces.

Les prevôtés de Donchery, de Daumont & de

Brioult, dans le magasin de Donchery sur le pied de 27 deniers.

Les prevôtés de Mézières & Warck, dans le magasin de Mézières à raison de 25 deniers.

Déclaration du 24 juillet 1691.

Dans ces prix, conformément à la Déclaration du 24 juillet 1691, est compris le droit de Cent sous & parisis, par voie de sel blanc entrant dans le duché Réthelois.

L'article XXIX du titre XVI de l'odonnance de 1680, enjoignoit aux Échevins & Syndics des paroisses du ressort du duché de Réthelois-Mazarini, de faire annuellement des rôles des habitans de ces paroisses, contenant le nombre des personnes de chaque famille, de mettre ces rôles entre les mains du Commis du Fermier, & de nommer un d'entr'eux pour lever le sel nécessaire pour le pot & salière pendant un mois & pour les grosses salaisons de l'année, & le distribuer aux autres habitans; mais ces dispositions étoient mal exécutées, la plupart des habitans non contens de lever la quantité de sel nécessaire pour leur pot & salière & pour leurs grosses salaisons, en prenoient des quantités beaucoup plus considérables dont ils faisoient ensuite des versemens sur les pays de Gabelles, ce qui diminuoit d'autant la vente des greniers: il fut reconnu que la source de ces abus provenoit de la défectuosité des rôles dans lesquels les habitans se faisoient comprendre pour telle quantité de sel qu'ils le jugeoient à propos, à quoi ils trouvoient d'autant moins d'oppofitions de la part des Syndics & Échevins des paroiffes, que l'ordonnance de 1680 en prefcrivant la confection des rôles, n'affujettiffoit les Syndics & Échevins à aucune formalité, & ne prononçoit aucune peine contre ceux qui étoient en demeure de fournir les rôles, ou qui en les fourniffant augmentoient le nombre effectif des perfonnes dont chaque famille étoit compofée, en y comprenant les enfans au-deffous de huit ans, & groffiffant le nombre des beftiaux :

Qu'aucune difpofition de l'ordonnance de 1680, n'ordonnoit la vérification des rôles, d'où il arrivoit que les déclarations des particuliers fur lefquels ils étoient dreffés, étoient toutes, ou la plus grande partie entièrement fauffes ; que les Échevins lors de la confection des rôles admettoient fans aucun examen ces déclarations, & délivroient de même les certificats qui leur étoient demandés pour la délivrance des fels qui n'étoient jamais employés aux ufages allégués :

Que l'ordonnance ni aucune loi poftérieure, ne fixoient la quantité de fel néceffaire pour le pot & falière & pour les groffes falaifons.

Il fut reconnu que pour mettre en règle cette partie de la régie des Gabelles, & faire ceffer entièrement les verfemens qui fe faifoient du fel du Réthelois, le plus fûr moyen étoit d'ordonner dans l'étendue du Duché, l'exécution des ordonnances, déclarations, arrêts & règlemens rendus pour les pays de Gabelles, pour les provinces usagères de sel blanc & pour les pays rédimés, notamment de l'arrêt du Conseil du 25 juillet 1719, concernant les grosses salaisons & la tenue des registres sextés; de la Déclaration du 28 septembre 1722, concernant l'usage du sel blanc dans la province de Normandie, & de celle du 22 novembre de la même année, servant de règlement pour la régie des dépôts établis dans les pays limitrophes de ceux des Gabelles; qu'il convenoit de fixer en même temps la consommation du sel des habitans, tant pour pot & salière que pour grosses salaisons, le tout néanmoins sans donner atteinte aux priviléges & franchises desdits habitans; & c'est à quoi il fut pourvu par une Déclaration du 5 décembre 1724, enregistrée en la Cour des Aides de Paris le 11 janvier 1725, qui en enjoignant de nouveau aux Échevins & Syndics des paroisses faisant partie des gabelles du Réthelois, de fournir dans le courant du mois de février de chaque année, aux Receveurs des magasins à sel de Réthel, Mézières & Donchery, des rôles de dénombrement, prescrit la forme dans laquelle ces rôles doivent être dressés, fait défense d'y comprendre les enfans au-dessous de huit ans, les mendians & autres non domiciliés dans le ressort du Duché, ni d'augmenter le nombre des personnes dont chaque famille est composée, à peine de 10 livres d'amende pour chaque personne augmentée.

Arrêt du Conseil, du 25 juillet 1719. Déclarations des 28 septembre & 22 novemb. 1722.

Déclaration du 5 décembre 1724.

Ordonne aux Receveurs des magaſins, de tenir chacun un regiſtre ſexté, ſur lequel ils enregiſtreront paroiſſe par paroiſſe, & par articles ſéparés, les rôles qui leur ſeront fournis, tireront à chaque article en toutes lettres, la quantité effective du ſel néceſſaire pour la conſommation de chaque paroiſſe, eu égard au nombre de familles & de perſonnes.

Cette quantité eſt fixée par la Déclaration, à raiſon de cent livres poids de marc, pour ſept perſonnes par chaque année, tant pour pot & ſalière que pour groſſes ſalaiſons.

Elle ordonne que le ſel ne ſera délivré que pour la proviſion d'un mois pour pot & ſalière, & pour ſix mois ſeulement pour les groſſes ſalaiſons; fait défenſes aux Receveurs des magaſins, d'en délivrer de plus grandes quantités, à peine de cent livres d'amende pour chaque contravention.

Le ſel levé dans les magaſins doit être voituré ſur le champ & en droiture dans les lieux de la deſtination portée par les congés ou paſſavans que les Syndics & Échevins ſeront tenus de prendre du Receveur des magaſins.

Ils ſeront pareillement tenus de délivrer ce ſel dans la huitaine au plus tard, aux Diſtributeurs nommés par les habitans de la paroiſſe: ces Diſtributeurs en feront la diſtribution aux habitans au même prix qu'il leur aura été délivré, le tout à peine de 100 livres d'amende pour chaque contravention.

Tout ſel voituré & conduit ſans congé ou paſſavant des Receveurs des magaſins, ou par d'autres chemins que ceux qui conduiſent aux lieux de la deſtination, eſt déclaré faux ſel, doit être comme tel confiſqué, ainſi que les chevaux, chariots & équipages qui auront ſervi à le conduire, & les voituriers & conducteurs punis comme faux-ſauniers.

La Déclaration défend aux habitans du Duché, de quelque qualité & condition qu'ils ſoient, d'avoir en tout temps dans leurs maiſons ou autres lieux à eux appartenans une plus grande quantité de ſel que ce qui ſera néceſſaire pour leur proviſion pendant un mois pour le pot & ſalière, & pendant ſix mois pour les groſſes ſalaiſons, à raiſon de cent livres peſant pour ſept perſonnes pendant chaque année, à peine de confiſcation de l'excédant & de 200 livres d'amende pour chaque contravention.

Les Juges ne peuvent réduire ni modérer les amendes, à peine d'en répondre en leur propre & privé nom & d'interdiction de leurs offices.

Les Commis du Fermier ſont autoriſés à ſe tranſporter en tout temps, à l'exception des mois de Juillet, Août & Septembre, dans les paroiſſes, même dans les maiſons des Nobles & exempts, communautés ſéculières & régulières pour y faire leur viſite, la vérification des rôles, reconnoître l'uſage que chacun aura fait de ſon ſel, dreſſer leurs procès-verbaux des augmentations de perſonnes ou de beſtiaux au-delà de l'effectif & des autres contraventions, en se faisant accompagner par les Maire, Échevins ou Syndics.

Ces derniers sont tenus d'être présens à la vérification des rôles, d'en signer les procès-verbaux, & de se transporter à la première sommation dans les lieux indiqués par les Employés, à peine en cas de refus ou retardement justifié par les procès-verbaux, de 200 livres d'amende.

Le Fermier jouit dans les ville, terres & seigneuries d'Arches, Charleville & lieux en dépendans, de la vente & distribution du sel aux prix & mesures qui y sont en usage, conformément aux arrêts des 22 février & 8 avril 1710.

Enfin par un arrêt du Conseil du 7 juin 1681, & une Déclaration du 24 juillet 1691, il a été établi en la ville de Rocroy, un magasin à sel pour la fourniture des habitans de cette ville & de la paroisse de Mauber-Fontaine & hameaux en dépendans; cet arrêt & cette Déclaration fixent en même temps le prix du sel qui y sera distribué, à raison de 7 livres le minot en gros, & de 18 deniers la livre en détail.

Arrêt & déclaration des 7 juin 1681 & 24 juillet 1691.

L'ordonnance de 1680, est terminée par un réglement des droits sur le sel dans le gouvernement de Brouage & pays adjacens, qui est divisé en dix articles.

Droit de 35 sous de Brouage.

Il a été depuis rendu deux Déclarations, l'une le 6 février 1725, enregistrée en la Cour des Aides de Paris le 18 avril suivant; l'autre le 3 septembre 1726,

Déclarations des 6 février 1725 & 3 septemb. 1726.

enregistrée pareillement en la Cour des Aides de Paris le 27 novembre suivant, qui rassemblent toutes les dispositions de l'ordonnance de 1680 & celles des règlemens postérieurs, & qui fixent le dernier état des choses pour la perception, soit des droits de Brouage, soit de la traite de Charente sur les sels qui s'enlèvent des marais salans de la Saintonge, du pays d'Aunis & du Poitou, elles ajoutent aux règlemens précédens les précautions qui ont été reconnues nécessaires pour prévenir la fraude, ou pour la découvrir, & font l'application du tout aux usages de la régie & au commerce des sels dans l'étendue des droits de Brouage & de la traite de Charente.

La Déclaration du 3 septembre 1726, fut donnée sur les représentations que firent les négocians faisant le commerce du sel dans l'étendue de la ferme de Brouage, sur quelques dispositions de celle du 6 février 1725, qui dérangeoit l'ordre de leur commerce, ce qui engagea le Roi à les modifier par une nouvelle Déclaration ; comme elle reprend tout ce que contenoit la précédente, à quelques changemens près sur les objets qui pouvoient en exiger, nous nous bornerons à faire l'analyse de ce dernier règlement.

Il contient trente-quatre articles:

I. Les droits de 35 sous de Brouage par chaque muid de sel, mesure rase de Brouage, qui fait les deux cinquièmes du muid de Gabelle qui est de quarante-huit minots, doivent être perçûs :

1.° Sur

1.° Sur le sel enlevé, tant par eau que par terre, dans l'étendue du gouvernement de Brouage, y compris l'île d'Oleron, à raison de 42 sous 9 deniers suivant l'article I.er du titre des droits de Brouage de l'ordonnance des Gabelles du mois de mai 1680 :

2.° Sur le sel enlevé de l'île de Rhé, à raison de 41 sous 3 deniers suivant le même article :

3.° Sur le sel enlevé de Saintonge, Isles adjacentes, Poitou, pays d'Aunis, la Rochelle, ports, rivières & havres en dépendans, à raison de 42 sous 9 deniers ; à l'exception du sel enlevé par terre des marais salans de la province de Poitou, & de celui qui en sera enlevé par mer pour la destination de la pêche, qui continueront d'en être exempts, le tout conformément à la Déclaration du 24 juillet 1691, & à l'arrêt du Conseil du 5 septembre 1721 :

4.° Sur le sel entrant dans les lieux ci-dessus, & généralement dans l'étendue de la ferme & coutumeaux de Brouage, rivière de Seudre, Charente & Marans, à raison de 42 sous 9 deniers, pourvu que le droit n'ait point été payé lors de l'enlèvement, soit que le sel vienne du royaume ou d'ailleurs, suivant l'article II du même titre de l'ordonnance de 1680 :

5.° Sur le sel qui passera de la Bretagne, du Poitou & autres pays dans les rivières de l'Adour & Gironde & autres y affluentes, à raison de 4 livres 5 sous ; à l'exception de celui qui aura payé ailleurs le droit de 35 ſous de Brouage, & dont les voituriers rapporteront l'acquit, le tout conformément à la Déclaration du 24 juillet 1691, & aux arrêts du Conſeil des 22 avril 1673 & 5 ſeptembre 1721.

On obſerve qu'à Brouage, le ſel paye environ 4 livres 15 ſous de droit par muid, meſure du lieu, en joignant aux droits du Roi ceux des particuliers : les arrêts du Conſeil que l'on vient de rappeler, ont réglé à 4 livres 5 ſous par muid, les droits ſur le ſel qui s'enlevoit du Poitou pour entrer dans les rivières de l'Adour & de Gironde, pour faire avec le droit de ſortie des Cinq groſſes fermes dû dans les bureaux du Poitou, évalué à 10 ſous, l'équivalent des droits qui ſe payoient à Brouage, & rétablir par ce moyen la concurrence & l'égalité entre le Poitou & la Saintonge.

Arrêt du Conſeil du 30 août 1729.

Les droits de Brouage, ont été par arrêt du Conſeil du 30 août 1729, réduits à 10 ſous par muid meſure de Brouage, ſur les ſels provenant des marais de l'élection des Sables d'Olonne qui ſeroient tranſportés par mer.

Dans les différentes fixations que l'on vient de rappeler, n'eſt point compris le ſel qui ſe lève dans le gouvernement de Brouage pour le fourniſſement des Gabelles, relativement auquel les droits de Brouage, demeurent réduits à 30 ſous 9 deniers, conformément à l'article III du même titre de l'ordonnance de 1680.

II. Les droits de la traite de Charente sur le sel, qui consistent en 42 livres 13 sous par chaque muid mesure rase de Brouage, savoir 30 livres de principal, 3 livres pour les Deux sous pour livre, & 1 livre 13 sous pour les Douze deniers pour livre des 33 livres, & 8 livres d'augmentation par muid, portées par la Déclaration du 4 août 1668, doivent être perçus dans tous les lieux & bureaux de l'étendue de cette traite.

Droits de la traite de Charente, & autres Droits qui se lèvent conjointement sur les sels.

Déclaration du 4 août 1668.

III. Dans les fixations précédemment faites, tant pour les droits de Brouage que pour ceux de la traite de Charente, ne sont point compris tous les différens droits qui se lèvent au profit du Roi sur le sel, conjointement avec ceux de Brouage ou de la traite de Charente, savoir:

1.° Le droit de 10 sous 4 deniers par muid de sel revenu au Roi, suivant la clause de la donation de 1667, dans les 15 sous 6 deniers appartenans à la duchesse de Guise, dont la réunion a été ordonnée par arrêt du Conseil du 23 avril 1697, & qui se lève dans les bureaux de Marennes, Ars-en-Rhé, la Rochelle, Marans, Rochefort & Saint-Laurent-de-la-Prée, Angoulin & autres:

Arrêt du Conseil du 23 avril 1697.

2.° Le droit de 10 deniers $\frac{2}{3}$ par muid pour le tiers retranché des 2 sous 8 deniers aliénés au maréchal Foucault dans les bureaux de Marennes, la Rochelle & autres en dépendans:

3.° Le droit de 5 deniers $\frac{1}{2}$ par muid pour le tiers retranché des 16 deniers aliénés au maréchal Foucault au bureau d'Ars-en-Rhé :

4.° 10 deniers par muid pour le tiers retranché des 2 sous 10 deniers attribués au Courtier général, pour chaque muid de sel enlevé des marais de Brouage pour l'Étranger, dans l'étendue du bureau de Marennes :

5.° 16 sous 2 deniers par muid pour les 12 sous parisis, 12 & 6 deniers pour livre attribués aux offices de Courtiers-Jaugeurs-Mesureurs de Charente, la Rochelle & pays adjacens ; ledit droit réuni au domaine par arrêt du Conseil du 14 avril 1663, & par édit du mois de mai suivant :

6.° 28 sous par muid, à quoi montent les droits de courtage & mesurage des sels au bureau de Marans, y compris les parisis, 12 & 6 deniers :

7.° 3 sous 4 deniers par muid, appelé *parisis des coutumes*, qui se perçoit au bureau de Charente pour le parisis, 12 & 6 deniers pour livre du boisseau pour cent dû au Seigneur du lieu, évalué à 9 sous 8 deniers par muid :

8.° Pareil droit de parisis des coutumes des Seigneurs de Rochefort & Soubise sur le pied qu'il se lève :

9.° Le droit qui se perçoit au bureau de Charente, appelé *parisis des gabarres* pour le parisis, 12 & 6 deniers pour livre des droits des Seigneurs sur chaque gabarre de ſel montant au-delà des ponts de Taillebourg ſur la Charente, ou à Saint-Jean-d'Angely ſur la Boutonne :

10.° Le droit d'Un ſou par muid qui ſe perçoit à Charente pour le pariſis des ſels de Brouage & île de Rhé montant au lieu de Charente :

11.° Le droit de prevôté de la Rochelle qui ſe perçoit au bureau de cette ville, conſiſtant en 2 ſous ſur chaque muid de ſel entrant par mer, & celui d'acquits ou congés :

12.° Le droit de 13 deniers par muid de ſel, faiſant partie du droit de 8 ſous qui ſe lève dans l'étendue de la ferme de Brouage, & qui avoit été attribué à l'un des offices de Meſureurs de ſel dont jouiſſoit le prince de Carpègne, réuni par arrêt du 9 juin 1733, à compter du décès de ce Prince, qui eſt arrivé le 27 octobre 1731.

Arrêt du 9 juin 1733.

IV. La Déclaration défend à toutes perſonnes de ſe ſervir pour la meſure de ſel, tant ſur les marais que lors du renverſement dans les barques & navires, d'autres meſures que de celles du boiſſeau de Brouage dûment étalonné, à peine de confiſcation du ſel & des meſures, & de 300 livres d'amende pour la première fois, & de punition corporelle en cas de récidive, conformément à l'article IV du même titre de l'ordonnance de 1680 :

Précautions contre les fraudes & abus dans le gouvernement de Brouage.

V. La Déclaration de 1625, preſcrit la continence

& la forme du boiſſeau de Brouage; elle ordonne que les boiſſeaux ſeront étalonnés & marqués au bureau du duc de Richelieu à Brouage, comme propriétaire de l'ancien office de Contrôleur des meſures, créé par édit de décembre 1633; & que pour la vérification des meſures qui pourroient être ſuſpectes dans l'étendue des juridictions des fermes de la Rochelle & de Fontenai-le-Comte, il ſera dépoſé au greffe de chaque juridiction un boiſſeau & un demi-boiſſeau de la meſure de Brouage étalonnés ſur ladite matrice.

Édit de décembre 1633.

VI. On tolère cependant pour la plus prompte expédition des ſels & la facilité du commerce, l'uſage établi dans l'étendue du gouvernement de Brouage & de l'île d'Oleron, de meſurer le ſel ſur les marais dans des ſacs pour être portés ſur des chevaux juſqu'aux bords des canaux où il eſt renverſé dans les barques; mais il doit être meſuré au boiſſeau de Brouage lorſque le renverſement s'en fait de bord à bord dans les navires & barques qui ſont en charge.

Pour prévenir les fraudes & malverſations qui peuvent ſe commettre dans l'étendue du gouvernement de Brouage par les Jurés-meſureurs & autres, en augmentant la meſure au ſac, tant au préjudice des propriétaires des marais ſalans que du Fermier, la Déclaration fixe la continence de chaque ſac ſervant à la meſure du ſel ſur les marais, à quatre boiſſeaux meſure raſe de Brouage; elle ordonne qu'à cet effet tous les ſacs ſeront vérifiés & réformés ſur ce pied,

& marqués de la marque ordinaire des Seigneurs dans le temps qu'elle prefcrit.

La continence du fac de fel, levé fur les marais de l'île d'Oleron, demeure fixée fuivant l'ancien ufage à quatre boiffeaux & demi.

Le fel tiré des marais de l'île de Rhé, pour être chargé dans les barques & bâtimens, doit continuer d'être mefuré fur les marais à la *baffe*, qui eft une mefure de la continence des trois quarts du boiffeau de Brouage, fous la condition que le mefurage s'en fera au boiffeau de Brouage lors du renverfement dans les barques & bâtimens en charge.

VII. Les Commis du Fermier font autorifés à vérifier toutes les fois qu'ils le jugeront à propos, les boiffeaux ou facs dont on fe fervira pour la mefure du fel, & à arrêter les mefures qu'ils auront trouvées fauffes, dont ils drefferont leur procès-verbal ; ils feront tenus d'interpeler les particuliers fur lefquels lefdites mefures auront été arrêtées, d'y mettre leur cachet, & il en fera fait mention dans les procès-verbaux, ou de leur refus, à peine de nullité.

VIII. Tous les fels qui s'enlèvent des marais de la Rochelle, pays d'Aunis, Poitou & autres lieux dans lefquels les droits de Brouage ou de la traite de Charente font dûs, enfemble les fels qui pourroient venir de Bretagne ou autres pays dans les lieux où lefdits droits feront dûs, continueront d'être mefurés au boiffeau de Brouage, & le contre-mefurage, tant desdits sels que de ceux qui viendront du gouvernement de Brouage & des îles de Rhé & d'Oleron, s'en fera au même boisseau à Charente, Marans, Nuaillé, Puydrouart, Fontenai, Riberon, Mortagne-sur-Gironde & autres lieux & bureaux où le contre-mesurage est établi.

IX. Il arrivoit journellement des contestations sur les différentes mesures, entre les voituriers prenant leur sel dans les salorges permises du bas Poitou pour le transporter dans l'étendue de la traite de Charente, & les Commis des bureaux établis sur les rivières de la Sévre-nantoise & du Lay, & autres passages des limites du pays exempt; les voituriers prétendant que le sel leur étant vendu sur la mesure des lieux dont ils ignoroient le rapport avec le boisseau de Brouage, ils ne pouvoient être garans des excédans qui se trouvoient à leurs déclarations: pour faire cesser ces contestations, les maîtres des salorges sont assujettis à avoir un boisseau & un demi-boisseau de Brouage, à la mesure duquel les voituriers pourront ou se faire livrer le sel, ou vérifier la quantité qui leur aura été livrée à la mesure du pays. Ils sont astreints à faire leurs déclarations dans les bureaux de la traite de Charente sur le pied du nombre de boisseaux de Brouage; & en cas d'excédant, la totalité du sel est confisquée, sauf le recours, si le cas y échoit, des voituriers contre les maîtres des salorges qui auroient manqué à se pourvoir du boisseau de Brouage.

X. Ce

X. Ce boiſſeau doit être pareillement établi pour la meſure des ſels qui s'enlèvent des marais du bas Poitou & qui ſont expédiés par acquits à caution des bureaux des Cinq groſſes fermes ſur la côte, pour en aſſurer à Marans la deſtination & le payement des droits de Brouage & de la traite de Charente.

XI. Le boiſſeau de Brouage, tant ſur les marais qu'au renverſement dans les barques & navires, & généralement dans tous les meſurages & contre-meſurages établis pour la conſervation des droits des fermes, doit être rempli avec la pelle coulante, ſans effort, & raſé ſur le champ, de manière qu'il ne reſte grain ſur bord, conformément aux anciens règlemens; défenſes ſont faites à tous meſureurs, palayeurs & autres de plomber en chargeant le boiſſeau, & permis aux Commis de rompre toutes les meſures qui ſe feroient contre cette diſpoſition.

XII. Suivant l'arrêt du Conſeil du 22 octobre 1730, revêtu de lettres patentes en date du 12 novembre ſuivant, il ne peut être enlevé aucuns ſels de deſſus les marais de Soubiſe, havre de Brouage, Marennes, rivière de Seudre, la Tremblade, Mornac & autres lieux de cette étendue, que par le miniſtère des Jurés-meſureurs, ſoit que les ſels proviennent des marais appelés *Francs* ou autres, à peine, contre les propriétaires, de confiſcation des ſels & de 100 livres d'amende pour chaque contravention. Il eſt défendu, ſous peine de pareille amende, de ſortir des achenaux

Arrêt & Lettres patentes des 22 octob. & 12 novemb. 1730.

avec des sels de quelques marais qu'ils proviennent, sans être porteur, à chaque voiture, d'un certificat signé du mesureur, contenant la quantité de sel qui aura été chargée, l'achenal & le marais, le nom du propriétaire ou saunier, & celui de la barque, pour être, ce certificat, remis aux Commis préposés au renversement & mesurage des sels dans les navires & autres bâtimens.

Il est enjoint aux Jurés-mesureurs, de tenir chacun un livre numéroté & paraphé par le Juge des lieux, sur lequel ils enregistreront tous les sels qu'ils auront levés, chaque jour, à peine de 50 livres d'amende pour chaque article omis.

Ils sont tenus de fournir tous les mois aux Commis des droits de Brouage au bureau de Marennes, un extrait de leur registre, signé & certifié d'eux, à peine de 100 livres d'amende pour chaque article auquel ils n'auroient pas satisfait.

Les Receveurs des Seigneurs & autres particuliers ayant des droits sur le sel, sont pareillement tenus de délivrer tous les mois aux Commis du bureau de Marennes établi pour les droits de Brouage, un extrait de leur registre, signé & certifié d'eux, & de leur donner, toutes les fois qu'ils le requerront, communication, sans déplacer, desdits registres : les Commis de leur côté doivent donner aux Receveurs des droits particuliers, sur leur réquisition, communication de leurs registres de recette & de déclarations : si par la comparaison faite sur lesdits états & registres, il se trouve du sel déclaré de moins au bureau des fermes, ceux qui auront fait en fraude des droits, la fausse déclaration, seront condamnés à payer par forme de restitution 24 livres pour chaque muid de sel mesure de Brouage, qui sera trouvé de plus sur les registres des Mesureurs & des Receveurs des droits particuliers, si cependant l'excédant ne se trouve que d'un muid & au-dessous, ceux qui auront fait la déclaration seront simplement tenus d'en payer les droits.

XIII. Il est défendu, tant aux maîtres de navires qu'aux maîtres de barques qui chargent du sel pour le porter directement à sa destination, de faire aucun chargement dans toute l'étendue de la ferme de Brouage, qu'après avoir pris un congé dans les bureaux, & y avoir acquitté ou assuré les droits, à peine de confiscation & de 300 livres d'amende.

Cette disposition doit avoir pareillement lieu pour toutes les barques appelées de *Bornages*, qui chargeront en Seudre ou à Brouage pour renverser au Courault d'Oleron, & pour toutes celles de Bornages qui chargeront dans les achenaux d'Oleron pour renverser, soit au Courault, soit en Seudre, soit à Brouage.

A l'égard de celles qui chargent dans les achenaux de la Seudre ou de Brouage pour renverser dans les navires & bâtimens en charge dans la rivière de Seudre & dans le havre de Brouage, les maîtres de ces barques ſont, conformément à l'uſage qui avoit précédemment lieu, diſpenſés de prendre des congés pour chaque chargement, au moyen de ceux qui auront été pris par les maîtres de navires & bâtimens pour tout le chargement, & au moyen des certificats ci-deſſus preſcrits.

Il eſt défendu, ſous peine de 100 livres d'amende, aux propriétaires des marais ſalans & à leurs Sauniers & prépoſés, de délivrer le ſel aux Meſureurs, aux Meſureurs de le meſurer, & aux Chargeurs de le tranſporter & verſer dans les barques qu'entre deux ſoleils, & après qu'il leur aura été juſtifié du congé de chargement.

La facilité du commerce & la commodité publique, exigeant que tous les différens droits qui ſe lèvent ſur le ſel dans l'étendue du gouvernement de Brouage & de l'île d'Oleron, ſe perçoivent dans un même lieu; il eſt défendu à tous particuliers ayant des droits ſur le ſel dans ladite étendue, de les faire percevoir ailleurs qu'à Marennes où le bureau des droits de Brouage eſt établi.

XIV. Les congés doivent être pris, ſavoir pour les ſels chargés dans le havre de Brouage, au bureau des déclarations établi dans cette ville, ou à celui de Marennes; pour ceux chargés dans l'île d'Oleron au bureau qui y eſt établi, & pour ceux chargés dans l'île de Rhé, au bureau d'Ars : ces congés doivent être remis avec les billets des Jurés-meſureurs dans les lieux où il y en a d'établis, aux Capitaines des pataches ou corps-de-gardes qui en tiennent lieu.

XV. Les sels voiturés par terre, des marais salans, doivent être préalablement déclarés, & les droits acquittés dans les bureaux, le mesurage en être fait sur les marais en présence des Commis ou Gardes, qui doivent certifier au dos des acquits la quantité qu'ils auront vu charger, & tenir la main à ce qu'il n'en soit point chargé au-delà de ce qui aura été exprimé dans les acquits.

Quant aux sels voiturés par mer ou par les rivières, le mesurage en doit être fait sur les marais, soit au renversement dans les barques & navires, en présence d'un ou de deux Commis qui doivent mettre au dos des congés leurs certificats de la quantité chargée, les faire signer par les marchands, maîtres de navires ou leurs cautions, & c'est sur ces certificats que les droits sont acquittés.

Le mesurage des sels voiturés tant par terre que par mer & par les rivières, doit être pareillement fait en présence d'un ou de deux Commis dans tous les lieux où le contre-mesurage est établi, soit pour la perception des droits de Brouage ou de la traite de Charente, soit pour le contrôle de ces droits.

XVI. Les maîtres des navires, barques & autres vaisseaux, à leur arrivée dans les ports, havres & rades, de l'étendue de la ferme des droits de Brouage & de la traite de Charente, sont tenus de donner dans les vingt-quatre heures, aux Commis du plus prochain bureau, une déclaration ſignée d'eux contenant leurs pays & demeure, les nom & port des vaiſſeaux, & la quantité de ſel qu'ils entendent charger, ainſi que bonne & ſuffiſante caution pour le payement des droits, à peine de confiſcation & de 300 livres d'amende, conformément à l'article V du même titre de l'ordonnance de 1680.

XVII. Les Receveurs des droits de Brouage & de la traite de Charente, doivent décerner leurs contraintes contre les marchands, maîtres de barques & navires, & leurs cautions: les navires, barques & bateaux ſont affectés par préférence au payement des droits nonobſtant tous priviléges, ſaiſies, ventes & reventes, & quoiqu'ils euſſent été ſaiſis & arrêtés pour le payement du prix en tout ou partie, conformément à l'article VII du même titre de l'ordonnance de 1680.

XVIII. Le Fermier & ſes prépoſés ſont autoriſés à faire jauger avant le chargement les navires & barques qui viennent charger des ſels, pour en reconnoître le port & continence : il eſt enjoint aux maîtres des navires & barques, de repréſenter leur paſſeport de l'Amirauté; & dans le cas où par la jauge qui ſera faite, le bâtiment ſe trouveroit d'une continence plus forte que celle déclarée à l'Amirauté ou au bureau des droits, les maîtres qui auroient fait la fauſſe déclaration, doivent être condamnés à 30 livres d'amende par chaque tonneau déclaré de moins, au payement de laquelle leurs navires demeureront affectés par privilége.

Les Commis sont pareillement autorisés à faire jauger les barques qui servent au transport du sel dans les vaisseaux, & à faire toutes les visites qu'ils jugeront nécessaires suivant l'article VIII du même titre de l'ordonnance de 1680.

XIX. Les maîtres des navires sont tenus, après le chargement, de représenter aux Commis leurs livres de bord, & si les bâtimens n'ont pas pris leur pleine charge, les Commis doivent faire de nouveau la jauge de ce qui sera demeuré à vide & libeller dans leurs acquits la continence de chaque bâtiment, s'il a été chargé à plein, ou le nombre de tonneaux restés à vide.

XX. Les maîtres des navires & barques, & leurs cautions, sont également obligés au payement des droits pour la quantité de sel qu'ils auront déclaré en premier lieu vouloir charger, & pour celle qui se trouveroit avoir été chargée de plus, suivant les certificats de mesurage.

A défaut de caution ils doivent consigner avant le chargement, entre les mains du Receveur, le montant des droits du nombre de muids de sel que leur navire aura été estimé pouvoir contenir à pleine charge.

XXI. Les maîtres des navires & barques, & leurs cautions, doivent, après la cargaison faite, déclarer au bureau la quantité de sel chargée, l'affirmer par-devant les Receveurs & Contrôleurs des droits, conformément à l'article IX du même titre de l'ordonnance de 1680, y représenter les lettres de chargement, connoissemens ou chartes-parties qui leur auront été délivrés par les marchands ou leurs cautions.

Ces déclarations & affirmations sont vérifiées sur les congés du bureau, les billets des Mesureurs, les certificats de jauge & ceux de mesurage, & lorsque tout a été trouvé conforme, les droits doivent être acquittés & l'acquit de payement délivré: il est défendu aux maîtres des navires & barques de mettre à la voile auparavant, à peine de confiscation dont leurs cautions seront personnellement responsables.

XXII. Le Fermier & ses Commis peuvent, en cas d'avis ou de soupçon sur le chargement des barques & navires, faire procéder au mesurage du sel, soit dans les lieux du chargement, soit dans les rades, havres & rivières où les bâtimens pourroient aller après le chargement, & ils ne sont pas tenus d'y procéder, ainsi que le prescrivoit l'ordonnance de 1680, dans les vingt-quatre heures des déclarations & affirmations.

Le remesurage doit être fait par un des Mesureurs-jurés, en présence du Juge des fermes, & s'il n'y en a point, du plus prochain Juge ordinaire des lieux, & en interpelant le maître du navire ou de la barque, d'y d'y être préſent, ce Juge en dreſſera ſon procès-verbal qui ſera ſigné de lui, du Meſureur-juré, des Commis & du maître, en faiſant mention de l'abſence ou du refus de ce dernier, le tout à peine de nullité; s'il ne ſe trouve point de fraude, le Fermier eſt tenu de porter les frais du remeſurage & du retardement.

XXIII. Pour la plus prompte expédition des barques de l'étendue du gouvernement de Brouage & de l'île de Rhé, qui navigent dans les rivières de Charente & de Marans, le Fermier & ſes prépoſés peuvent convenir avec les maîtres ou propriétaires de ces barques, de la fixation, de leur port de ſel, après que la véritable continence en aura été reconnue; les droits de Brouage ſeront acquittés ſuivant cette fixation, qui ne pourra avoir lieu ni pour ces droits dans les bureaux de Marennes & d'Ars-en-Rhé, lorſque les mêmes barques ſerviront au tranſport & renverſement du ſel bord à bord des navires dans l'étendue de ces bureaux, ni pour les droits de la traite de Charente dans les bureaux de Charente & Marans, auxquels cas les droits ſeront acquittés ſuivant les certificats de meſurage.

Cette fixation ne diſpenſe point les maîtres des barques, de prendre avant le chargement, des congés du bureau, ainſi que des billets des Jurés-meſureurs, de la quantité de ſel levé ſur les marais.

Les Commis peuvent auſſi malgré la fixation, remettre à la Taille, quand bon leur ſemble, les barques fixées, & leur faire acquitter les droits suivant le mesurage qui en sera fait: ils doivent libeller dans leurs acquits, si la barque a été acquittée suivant la fixation ou suivant le mesurage.

XXIV. Les maîtres ou propriétaires des barques de l'étendue du gouvernement de Brouage & de l'île de Rhé, servant tant à la navigation des sels qu'au transport à bord des navires, doivent faire enregistrer au greffe de l'Amirauté & dans les bureaux de Marennes & d'Ars, une déclaration signée d'eux, contenant le nom de chaque barque, sa continence à pleine charge en nombre de muids, mesure rase de Brouage, le nom du maître & le lieu de sa demeure; & cette continence doit être vérifiée en présence du Fermier & de ses Commis, qui feront mention à la marge de chaque article du port qui aura été reconnu.

Il est enjoint aux maîtres de barques d'y faire mouler ou graver en gros caractères, derrière la poupe, le nom de chaque barque, qui ne peut être changé sous prétexte de changement de maître, ou autrement, aussi long-temps qu'une même barque demeurera dans la dépendance d'un même havre, port, rivière ou achenal.

A chaque changement de maître, il doit en être fait déclaration, tant à l'Amirauté qu'aux bureaux de Marennes & Ars, pour en être tenu note sur le registre; & en cas de changement de lieu ou dépendances, il en doit pareillement être fait une nouvelle déclaration avec le nouveau nom qui pourroit avoir été donné.

Les maîtres des barques qui, en fraude des droits, auroient déguifé ou falfifié le nom des barques & leur continence, doivent être condamnés à la confifcation tant des barques que du fel, & à une amende de 300 livres.

XXV. Dans la vue de prévenir les difficultés qui furvenoient à l'occafion des déchets dans les bureaux de Charente, Marans, Mortagne-fur-Gironde, Bordeaux & Libourne, où il étoit d'ufage, en cas de déchet, de faire acquitter les droits de la traite ou ceux de la comptablie de Bordeaux, fur le pied de la quantité de fel portée par les acquits des droits de Brouage, fans égard aux déchets, & pour ôter en même temps aux maîtres des bâtimens & barques tout prétexte de prendre des excédans de charge à Brouage, pour ne point tomber en déchet à leur arrivée dans lefdits bureaux; la déclaration règle un déchet ordinaire & dans la proportion du trajet que les fels auront à faire, ce qui cependant ne doit pas avoir lieu par rapport aux barques qui auront acquitté les droits de Brouage fur le pied de leur fixation, pour paffer enfuite dans les rivières de Charente ou Marans, lefquelles, en cas de déchets acquitteront les droits de la traite de Charente, fur le pied de la quantité de fel portée par leurs acquits de Brouage.

XXVI. Tous marchands, maîtres de navires & barques,

voituriers & conducteurs par terre & tous autres particuliers, en levant des sels dans l'étendue des droits de Brouage, ou qui en font entrer dans l'étendue des droits de la traite de Charente, n'en peuvent faire charger, voiturer ou transporter une plus grande quantité que celle énoncée dans leur déclaration, & dans les congés ou acquits qui leur sont délivrés; & si lors du remesurage qui pourra en être fait, soit dans les lieux du chargement ou de la destination, tant par terre que par eau, soit dans les lieux de passage & bureaux où les mesurages & contre-mesurages sont établis, il s'en trouve une plus grande quantité, tous les sels tant ceux déclarés que les excédans, seront confisqués au profit du Fermier, ensemble les navires, bateaux, charrettes, chevaux, &c. & les conducteurs complices de la fraude condamnés solidairement en l'amende de 300 livres pour la première fois, en conformité de l'article II du même titre de l'ordonnance de 1680, & en cas de récidive en celle de 1500 livres.

Si néanmoins l'excédant se trouve au-dessous de la dixième partie de la quantité déclarée, cet excédant seul sera confisqué, avec amende arbitraire, à l'exception des sels du gouvernement de Brouage & de l'île d'Oleron, qui auront été chargés dans les barques sans autre mesure que celle des sacs; & en ce cas les droits dûs tant à Brouage qu'au lieu de la destination, doivent être simplement payés sur l'excédant au-dessous du dixième, attendu la variation que le ſac plus ou moins ſec ou uſé, peut apporter dans la continence.

Il eſt enjoint aux Commis du bureau de Marennes, d'expliquer dans leurs acquits ſi la meſure a été faite au boiſſeau de Brouage ou au ſac, & le nombre de boiſſeaux que contient le ſac.

Les précédentes diſpoſitions ont lieu tant dans l'étendue des droits de Brouage & de la traite de Charente, que dans les ports de Guyenne & autres provinces du royaume, où le tranſport & le commerce du ſel ſont permis.

L'évaluation du muid de Brouage doit être faite aux meſures deſdites provinces, ſavoir, à Bordeaux & Libourne, à raiſon d'une pipe & demie meſure de Bordeaux, pour un muid de Brouage; dans les ports où la meſure du minot eſt en uſage, à raiſon de deux muids & demi de Brouage, pour un muid meſure de Paris, & dans les autres ports où l'on ſe ſert de différentes meſures ou raſières, à raiſon du poids de deux mille livres par muid de Brouage, de la continence de vingt-quatre boiſſeaux, ſur le pied de quatre-vingt-trois à quatre-vingt-quatre livres par chaque boiſſeau, ſuivant le poids qu'il peut rendre le plus communément dans les ports éloignés, eu égard au déchet.

XXVII. Il eſt défendu aux habitans des paroiſſes & lieux ſitués dans les quatre lieues de chaque côté des rivières de la Sèvre-nantoiſe & du Lay en bas Poitou, ſur les limites de l'étendue de la traite de Charente, de faire aucun entrepôt & magaſin de ſel, à peine de confiſcation du ſel, chevaux, mulets & charrettes, & de 300 livres d'amende.

La proviſion de ſel deſdits habitans, conformément à l'arrêt de 1639, demeure fixée à deux boiſſeaux par an, meſure raſe de Brouage, pour chaque feu & ménage composé de huit perſonnes.

Ils ſont aſſujettis à prendre, avant l'enlèvement & tranſport du ſel de proviſion, des billets ou congés des Commis du Fermier dans le bureau le plus prochain ſur leſdites rivières & paſſages: ces billets doivent leur être délivrés ſans autres frais que ceux du papier timbré, & ſur les certificats que leſdits habitans ſont tenus de rapporter de leur Curé, & qui doivent être retenus & enregiſtrés dans les bureaux où les congés ſeront délivrés.

Les habitans ne peuvent tranſporter aucuns ſels dans les quatre lieues du pays exempt, même celui de leur proviſion, ſans être munis de ces congés.

Il eſt pareillement défendu à tous particuliers, de prendre du ſel dans les ſalorges du pays exempt, pour être tranſporté dans les lieux ſujets à la traite au-delà deſdites rivières & paſſages, que préalablement il n'en ait été fait déclaration au bureau le plus prochain où il ſera délivré des congés. Le ſel doit être amené par le même bureau pour y être meſuré, & les droits acquittés.

Le Fermier eſt autoriſé à faire faire par ſes Commis & Gardes, toutes recherches & perquiſitions néceſſaires dans tous les bourgs & villages exempts & non exempts, compris dans les quatre lieues de chaque côté des rivières de la Sèvre & du Lay, à y ſaiſir & arrêter le ſel trouvé en contravention, ainſi que les chevaux, mulets & voitures ſervant au tranſport.

Pour donner au Fermier & à ſes Commis dans les bureaux de la traite de Charente, une connoiſſance particulière des habitans des paroiſſes du pays exempt, ſituées dans les quatre lieues des limites, il eſt enjoint aux Collecteurs des Tailles, de délivrer au plus tard dans le mois de Février de chaque année, au Receveur du bureau auquel les paroiſſes répondent, une copie de leur rôle, certifiée d'eux, contenant le nom des habitans avec l'état de chaque feu & ménage.

XXVIII. Le nombre des meſureurs de ſel établis à Charente & Marans, pour le meſurage des ſels qui doivent acquitter dans ces bureaux les droits de la traite de Charente, doit être réglé pour chaque bureau par le Commiſſaire départi : ils doivent être établis ſur la commiſſion du Fermier, prêter ſerment devant le Juge des fermes, & faire enregiſtrer leurs commiſſions aux greffes des Élections.

XXIX. Enfin la Déclaration renouvelle les peines portées par celles des 20 ſeptembre 1701 & 12 décembre 1715, contre les Commis & Gardes, qui d'intelligence & moyennant une ſomme d'argent, ou autre récompenſe équivalente, ſeroient convaincus d'avoir participé à la fraude des droits des fermes, & contre les marchands, voituriers & tous autres particuliers qui auroient pratiqué de pareilles intelligences avec les Commis & Gardes.

Moyens pratiqués pour s'oppoſer au faux-ſaunage.

Pour terminer entièrement ce qui concerne les grandes Gabelles, il reſte à rendre compte des moyens qui ont été mis en uſage pour s'oppoſer aux faux-ſaunage.

Il eſt de deux eſpèces; l'un ſe fait par une filtration preſqu'imperceptible, & c'eſt pour s'en garantir autant qu'il eſt poſſible de le faire, qu'il a été établi des dépôts dans les provinces exemptes ou rédimées qui avoiſinent les pays de Gabelle; on parlera de ces dépôts lorſque l'on traitera ce qui concerne ces provinces.

La ſeconde eſpèce de faux-ſaunage, conſiſte dans l'introduction, le commerce & l'uſage du faux ſel dans le pays de Gabelle: ce faux-ſaunage fait l'objet du titre XVII de l'ordonnance.

Les deux premiers articles de ce titre, déclarent faux ſel, 1.° dans l'étendue du royaume celui qui vient des pays Étrangers, & le commerce en eſt prohibé, à peine des galères perpétuelles:

2.° Dans l'étendue de la Ferme générale des gabelles, le ſel du royaume qui aura été pris ailleurs que dans les greniers de la ferme ou aux regrats.

L'article III veut que ceux qui s'en trouveront ſaiſis,

saisis, ou qui seront convaincus d'en faire trafic, soient condamnés, savoir les faux-sauniers attroupés avec armes, aux galères pour neuf ans & en 500 livres d'amende, & en cas de récidive pendus & étranglés.

Les faux-sauniers sans armes avec chevaux, harnois, charrettes ou bateaux, condamnés pour la première fois en 300 livres d'amende; & en cas de récidive, aux galères pour neuf ans & 400 livres d'amende; & les faux-sauniers à porte-col, sans armes, condamnés pour la première fois en 200 livres d'amende, & en cas de récidive, aux galères pour six ans & 300 livres d'amende.

Ces peines furent agravées par une Déclaration du 5 juillet 1704, sur le motif qu'elles n'étoient pas capables de retirer de ce mauvais commerce, les fainéans & vagabonds qui s'y étoient une fois adonnés, lesquels en changeant de nom ou passant du ressort des greniers dans lesquels ils avoient été condamnés, dans d'autres où ils étoient inconnus, trouvoient le moyen de se soustraire aux peines qui étoient établies contre les récidiveurs : cette Déclaration ordonne que les faux-sauniers attroupés au nombre de cinq & au-dessus, armés de fusils, pistolets, baïonnettes, épées, bâtons ferrés ou autres armes offensives, seront punis de mort; & ceux qui seront en moindre nombre que de cinq, avec armes, seront condamnés pour la première fois aux galères pour trois ans & en 300 livres d'amende, & en cas de récidive à la mort;

Déclaration du 5 juillet 1704.

que les faux-fauniers à porte-col fans armes, feront condamnés pour la première fois en conformité de l'ordonnance de 1680, en 200 livres d'amende, & que faute de payement ou de confignation de l'amende dans le mois du jour de la prononciation de leur fentence, elle demeurera convertie en la peine du fouet, conformément à l'article VIII du titre XVII de ladite ordonnance de 1680, & en outre en celle de la marque; & qu'en cas de récidive, après la reconnoiffance qui aura été faite de ladite marque, ils feront condamnés comme récidiveurs, aux peines portées par l'ordonnance de 1680.

On obferve qu'à l'égard des faux-fauniers avec chevaux, harnois, charrettes ou bateaux qui font dans le cas de l'amende de 300 livres, faute par eux de payer cette amende dans le mois, elle eft convertie en la peine des galères pour trois ans.

Dans les cas où la peine des galères eft ordonnée contre les hommes, la peine du fouet ou du banniffement à temps ou à perpétuité, felon la qualité du délit, doit être prononcée contre les femmes.

Déclaration du 4 mars 1724. Une Déclaration du Roi du 4 mars 1724, ordonne article V, que tous ceux qui feront condamnés aux galères à temps ou à perpétuité, feront flétris avant d'y être conduits, des trois lettres *G. A. L.* afin qu'en cas de récidive dans un crime qui mériteroit peine afflictive, les Juges foient en état de prononcer des condamnations plus rigoureufes, même la peine de mort s'il y échoit; mais comme ce motif ne pouvoit s'appliquer indistinctement à tous les fraudeurs condamnés aux galères pour le faux sel, le faux tabac & autres marchandises prohibées, parce qu'il s'en trouve plusieurs qui ne subissent la peine des galères que faute de payement des amendes auxquelles ils ont été condamnés, ce qui donne lieu de convertir la peine pécuniaire en une peine corporelle; que d'ailleurs la récidive, dans ce même genre de crime, n'est point punie de mort; il est intervenu une nouvelle Déclaration le 15 février 1744, dont il est nécessaire de rappeler les dispositions.

L'article I.er ordonne que les faux-sauniers, faux-tabatiers & autres contrebandiers, dont le délit aura été accompagné de rébellion, attroupemens, port-d'armes & autres circonstances pour raison desquelles il y aura lieu de les poursuivre criminellement, & de les condamner aux galères à temps ou à perpétuité, seront condamnés, par le même jugement, à la peine d'être flétris des trois lettres *G. A. L.* & que cette peine leur sera infligée avant qu'ils soient attachés à la chaîne, ainsi qu'il est prescrit par la Déclaration de 1724.

L'article II porte que les faux-sauniers, faux-tabatiers & contrebandiers qui tomberont en récidive, & contre lesquels les ordonnances & règlemens ont établi la peine des galères outre l'amende, seront aussi condamnés par le même jugement à la peine de la flétrissure, comme dans le cas de l'article précédent, sans néanmoins que cette flétrissure puisse à leur égard emporter la peine de mort, quand même ils retomberoient pour la troisième fois dans le même genre de fraude.

Quant à ceux qui auroient été poursuivis à fin civile, contre lesquels il n'échoira de prononcer la peine des galères à temps, que sur la simple requête du Fermier, faute de payement & par conversion des amendes auxquelles ils auroient été originairement condamnés; l'article III défend à tous Juges de leur imposer la peine de la flétrissure.

Ils ne sont pas même obligés d'obtenir des lettres de rappel lorsqu'ils payent leur amende, quoiqu'ils eussent déjà commencé à subir la peine.

PAYS DE PETITES GABELLES.

Les petites Gabelles s'étendent dans le Lyonnois, Forès, Beaujolois, Mâconnois, Vélay, haut Vivarais, Bresse, Bugey, Valromey & le pays de Gex, la Provence, le comtat d'Avignon, Arles & les Maries, le Dauphiné, le Languedoc, le bas Vivarais, le Roussillon, le Rouergue, la partie de la haute Auvergne sujette aux droits de Gabelle.

L'étendue de ces pays forme une sorte de carré-long qui est d'environ cent lieues : il est séparé des gabelles de France, & comme enclavé entre les pays étrangers; la mer & les provinces de France exemptes des droits de Gabelle, ayant les Pyrénées & la mer Méditerranée à l'ouest, le comté de Nice, le Piémont & la Savoie au sud, Genève, la Suisse, la Franche-comté & une petite partie du duché de Bourgogne à l'est, & les pays de France rédimés de Gabelle au nord.

L'ordonnance du mois de mai 1680, ne parle point de ces petites Gabelles, qui sont régies par des règlemens particuliers, dont on rendra compte.

Fixations des prix du sel, & droits y joints.

Le prix du sel est fixé pour chaque grenier & chambre des petites Gabelles, par des états arrêtés au Conseil, qui sont à la suite du bail des fermes générales, fait à Forceville le 16 septembre 1738, ou par des arrêts revêtus de lettres patentes, à l'égard de quelques greniers dont l'établissement est postérieur.

Ces états sont au nombre de quatre, savoir:

Le premier pour les greniers & chambres du bas Languedoc, les chambres du haut Languedoc, les chambres du Rouergue & de l'Auvergne, les pays de Sault & Chalabre, & le Roussillon.

Par cet état, le prix principal du sel, pour le haut & bas Languedoc, & pour le Rouergue & la partie de l'Auvergne sujette aux petites Gabelles, est fixé à 20 livres le minot.

Il est fixé dans la chambre de Belcaire, pour le pays de Sault, à 6 livres 10 sous le minot, exempt de tous droits manuels en conformité d'un arrêt du Conseil du 21 juin 1729, & dans la chambre de Chalabre à 8 livres 16 sous.

Dans deux des cinq greniers du Roussillon, la fixation est de 13 livres 4 sous le minot, & pour le salage 7 livres, dans deux des trois autres de 9 livres 10 sous, & dans le cinquième de 10 livres 10 sous.

Cette fixation ne comprend, ainsi qu'on l'a observé, que le prix principal du sel, à quoi il faut ajouter, 1.° les Deux sous pour livre faisant partie des Quatre anciens sous pour livre, qui se lèvent dans tous les greniers & chambres, à l'exception des chambres de Chalabre & Belcaire, du grenier de Cette, & des cinq greniers & chambres du Roussillon qui en sont exempts, & les Deux nouveaux sous pour livre de 1760 & 1763, qui se perçoivent indistinctement dans tous les greniers & chambres:

2.° Les droits manuels, on observe que dans les greniers de Cette & de Belcaire, & dans les chambres d'Auvergne & de Rouergue, ces droits font partie du prix principal:

3.° Trois sous six deniers par minot dans tous les greniers & chambres des gabelles du Languedoc, qui sont du ressort de la Chambre des Comptes de Montpellier, accordés aux Officiers de ladite Chambre, pour leur indemnité de la décharge obtenue par toutes les communautés de la province, de rendre leurs comptes en ladite Chambre, savoir, 2 sous 6 deniers par lettres patentes du mois d'avril 1632, & 1 sou par lettres patentes du mois d'avril 1637:

Lettres patentes d'avril 1632 & 1637.

4.° Six deniers par minot, attribués aux Palayeurs des greniers & chambres:

5.° Le droit de billettes attribué aux Contrôleurs des greniers & chambres, à raison de 9 deniers, depuis un quart de minot jusqu'à deux minots, & de 18 deniers pour la quantité excédant deux minots.

Il y a encore quelques crûes sur le prix principal du sel, mais elles sont particulières à quelques greniers, & momentanées, ayant pour objet des constructions ou réparations de canaux, chemins, édifices, & ne sont supportées que par les pays qui profitent de ces travaux.

Le second état arrêté au Conseil en 1738, fixe le prix du sel dans les greniers & chambres des gabelles de Provence.

Cette fixation est dans presque tous de 15 livres le minot; dans ceux de Barcelonette & Allos, la fixation n'est que de 6 livres 13 sous 4 deniers; elle est au grenier d'Apt de 16 livres 1 sou, à celui de Tarascon de 15 livres; pour la partie du grenier de Sisteron, qui est des gabelles de Provence, de 17 livres; & au grenier de Seine de 18 livres 10 sous.

Les anciens & les nouveaux Deux sous pour livre, ne sont point compris, non plus que les droits manuels, dans cette fixation: les greniers de Barcelonette &

Allos, font exempts des anciens Deux fous pour livre & des droits manuels.

Le troifième état contient la fixation du prix du fel dans les greniers & chambres du Dauphiné, & cette fixation eft portée depuis 20 jufqu'à 23 livres dans prefque tous; elle eft pour la partie de Sifteron, qui eft des gabelles du Dauphiné, de 21 livres; à Briançon & à Ville-vieille, elle n'eft qu'à 15 livres; & à Orange à 19 livres 7 fous 4 deniers.

Dans cette fixation du prix principal ne font point compris les anciens Deux fous pour livre, ni les deux nouveaux, non plus que les droits manuels & 9 fous d'augmentation ordonnée dans le grenier d'Orange fur chaque minot de fel, par arrêt & lettres patentes du 6 avril 1734, au profit de la ville d'Orange & des autres communautés de la principauté, pour être le produit employé au payement de leurs dettes.

Arrêt & Lettres patentes du 6 avril 1734.

Le quatrième état contient la fixation du prix du fel dans les greniers & chambres des gabelles de Lyonnois, haut Vivarais, Forès, Beaujolois, Mâconnois, Breffe, Bugey, Valromey & Gex.

Dans les greniers & chambres de la province du Lyonnois, la fixation eft depuis 26 livres 8 fous jufqu'à 28 livres 6 fous 7 deniers.

Dans les greniers & chambres du haut Vivarais, depuis 17 livres 14 fous 11 deniers jufqu'à 20 livres 14 fous.

Dans

Dans les greniers & chambres du Forès, depuis 27 livres 3 ſous juſqu'à 28 livres 8 ſous.

Dans les greniers & chambres du Beaujolois, depuis 27 livres 6 ſous 1 denier juſqu'à 28 livres 2 ſous.

Dans les greniers & chambres du Mâconnois, depuis 29 livres 5 ſous 4 deniers juſqu'à 29 livres 18 ſous 3 deniers.

Dans les greniers & chambres de Breſſe, depuis 28 livres 10 ſous juſqu'à 28 livres 18 ſous.

Dans les greniers & chambres du Bugey, Valromey & Gex, depuis 24 livres juſqu'à 30.

Dans cette fixation ne ſont point compris, 1.° les anciens Quatre ſous pour livre qui ſont perçus dans tous les greniers & chambres des gabelles du Lyonnois, à l'exception de ceux des pays de Bugey, Valromey & Gex qui en ſont exempts. Il n'y a point d'exception pour les Deux nouveaux ſous pour livre :

2.° Les droits manuels :

3.° Deux ſous par minot attribués par Édit du mois de mars 1667, aux Contrôleurs créés & établis en chaque grenier & chambre, & qui ſont levés à leur profit : *Édit de mars 1667.*

4.° Les 3 ſous 6 deniers par minot dans les greniers & chambres du haut Vivarais, qui ſont du reſſort de la Chambre des Comptes de Montpellier.

Une crûe ſur le principal des ſels qui, dans les états dont on vient de faire le détail, eſt rappelée comme s'étendant à tous les greniers & chambres des pays de petites Gabelles, ſont les 5 ſous par minot, dont la levée avoit été ordonnée par arrêt du 5 juillet 1723 & lettres patentes du 12 des mêmes mois & an, pour les travaux & réparations du canal des Lannes en Provence.

Arrêt & Lettres patentes des 5 & 12 juillet 1723.

Les quatre états dont on vient de faire le détail, donnent la conſiſtance de tous les pays de petites Gabelles, qui ſe diviſent en gabelles du Languedoc, gabelles de Provence, gabelles du Dauphiné & gabelles du Lyonnois. Il s'agit actuellement d'en retracer la régie.

Nous allons ſuivre à cet égard le même ordre que nous avons établi pour les grandes Gabelles, en diſtinguant les approviſionnemens, les ventes & les moyens de conſervation contre les fraudes & les abus.

APPROVISIONNEMENS.

Salins qui fourniſſent à l'approviſionnement des pays de petites Gabelles.

Règlement du 15 ſeptembre 1599.

Les ſalins qui fourniſſent les approviſionnemens des petites Gabelles, ſe trouvent dans l'intérieur de la ferme : ils ſont régis par un règlement du 15 ſeptembre 1599, & par les diſpoſitions du bail qui tirent leur principale force de ce règlement.

Ces ſalins, dont le plus conſidérable eſt Peccais, qui pourroit ſeul ſuffire aux fourniſſemens des petites Gabelles, ſont,

En Languedoc; Peccais, Peyriac & Sijean.

En Provence; Hières, les Ambiez, Berre, Badon & les Maries.

Le territoire de Peccais appartenoit originairement

à un Seigneur de la maiſon d'Uzès, qui jugea à propos de l'inféoder à différens particuliers, à la charge d'y conſtruire des ſalins, & ſous la redevance annuelle de la ſeptième partie des ſels qui y ſeroient fabriqués : c'eſt cette redevance qu'on appelle *droit de Septem.*

Droit de Septem.

La conſtruction des ſalins pouvoit cauſer quelque préjudice au port d'Aiguemortes qui appartenoit au Roi. Il s'étoit même déjà élevé des difficultés à ce ſujet; mais pour les faire ceſſer, Philippe-le-Bel prit le parti d'acquérir à titre d'échange, la ſeigneurie de Peccais : le contrat qui en fut paſſé le 7 mars 1290, confirma en même temps l'inféodation dont il s'agit, & dont l'époque n'eſt pas connue.

Le droit de Septem ſe percevoit en nature, & le ſel qui en provenoit avoit le privilége d'être vendu par préférence à tous les autres. L'abus que les Fermiers du droit faiſoient de ce privilége, en l'étendant à des ſels auxquels il ne devoit pas être appliqué, & d'autres inconvéniens dans leſquels il eſt inutile d'entrer, obligèrent les propriétaires des ſalins, qui en reſſentoient le préjudice, à faire des repréſentations au Roi & à demander qu'au lieu de faire percevoir le droit de Septem en eſſence, il fût commué en la ſeptième partie du prix des ſels qui ſeroient par eux vendus annuellement au Fermier des Gabelles; ils demandèrent auſſi que ce prix qui juſqu'alors avoit varié ſuivant les circonſtances, fût établi ſur un pied certain & immuable.

Ces repréſentations furent communiquées aux Tréſoriers de France, & ſur leur avis il intervint le 28 juillet 1596, un arrêt du Conſeil portant que le prix du ſel demeureroit fixé à perpétuité, à raiſon de 30 livres par chaque gros muid, & que la ſeptième partie de ce prix, ſeroit remiſe de quartier en quartier au Receveur du domaine.

Arrêt du Conſeil du 28 juillet 1596.

Par un arrêt du Conſeil du 31 octobre 1672, le droit de Septem a été réuni à la ferme des Gabelles, & au moyen de cette réunion, le Fermier qui payoit la ſeptième partie du prix de 30 livres au Receveur du domaine, a été déchargé de ce payement: le produit du droit de Septem s'eſt confondu par rapport au Roi, avec le produit de la ferme des Gabelles, en ſorte que de ſept minots de ſel que les propriétaires des ſalins fourniſſent, le Fermier des gabelles n'en paye que ſix.

Arrêt du Conſeil du 31 octobre 1672.

Droit de Blanque.

Le droit de Blanque qui appartient aux propriétaires des ſalins, eſt exempt de celui de Septem : voici l'origine de ce droit de Blanque & en quoi il conſiſte.

Lorſque le territoire de Peccais, fut inféodé à différens particuliers pour y conſtruire des ſalins, ainſi qu'on vient de l'expliquer, c'étoit un lieu marécageux & ſtérile; quinze ſalins y furent conſtruits, on les environna d'une chauſſée pour les mettre à l'abri des inondations de la Mer & du Rhône : de petites chauſſées fixèrent l'étendue de chaque ſalin; enfin rien ne fut oublié de ce qui pouvoit préparer, faciliter, perfectionner & conserver l'ouvrage des saunaisons.

Il est facile de sentir que tant de travaux dûrent occasionner des dépenses considérables ; mais les propriétaires en furent amplement dédommagés par le gain que leur procuroit la faculté qu'ils avoient pour lors de vendre leurs sels à telles personnes, à tels prix & en tels endroits que bon leur sembloit, même à l'Étranger.

L'établissement de la gabelle en Languedoc, les priva de cette faculté & conséquemment des avantages qui en résultoient : ils ne furent plus les maîtres de disposer de leurs sels ; on leur imposa la nécessité de ne le vendre qu'aux Fermiers du Roi & à un prix très-modéré.

D'un autre côté leur débit étant partagé avec celui des autres salins qu'on avoit construits dans la même province, il devint moins lucratif, & le temps ayant miné une partie des ouvrages qu'ils avoient élevés, ils se trouvèrent moins en état de les réparer, en sorte que la plupart des salins demeurèrent abandonnés.

On craignit avec raison la cessation générale des saunaisons dans le territoire de Peccais ; elle auroit anéanti le produit des droits royaux, & auroit mis dans le cas d'acheter de l'Étranger une denrée qu'on pouvoit lui vendre. Le duc d'Anjou, Lieutenant général en Languedoc, pour le roi Charles V, son frère, crut qu'il étoit à propos de venir au ſecours des propriétaires : il ordonna qu'ils prendroient ſur le droit de Gabelle, le quart d'un gros par quintal de ſel compoſé de deux minots.

1388. En 1388, le duc de Berry, qui commandoit pour le roi Charles VI ſon neveu, fixa cet octroi à un blanc valant 4 deniers pariſis, auſſi par quintal; mais au lieu de l'affecter ſur les deniers de la Gabelle, il le rejeta ſur l'acheteur du ſel, & il diſpenſa les propriétaires de rendre compte de ſon produit, ſoit en la Chambre des Comptes, ſoit ailleurs.

C'eſt ce nom de *blanc*, propre à la monnoie deſtinée originairement à payer l'octroi dont il s'agit, qui a donné lieu de le qualifier *droit de Blanque*, dénomination qu'il a toujours conſervée depuis & qui s'eſt communiquée aux augmentations que ce droit a ſucceſſivement reçues.

En 1412, un Officier de la Chambre des Comptes ayant fait ſaiſir le droit de Blanque, Charles VI, par des lettres patentes du mois de décembre de la même année, accorda main-levée de cette ſaiſie, autoriſa les propriétaires des ſalins à percevoir le droit, & ordonna qu'il fût diſtribué entr'eux en la manière accoutumée.

Lettres patentes de décembre 1412.

Ils repréſentèrent en 1422, que ce droit ne pouvoit ſuffire à toutes les dépenſes qu'ils avoient à faire, & ils obtinrent de Charles VII, des lettres patentes par leſquelles il fut augmenté de 2 deniers pariſis, qui, avec les quatre antérieurement concédés, firent

7 deniers obole, relativement à la livre tournois.

Louis XI & Charles VIII le confirmèrent successivement par des lettres patentes des mois d'octobre 1462 & septembre 1489, ces dernières le déclarèrent *droit ordinaire.*

Lettres patentes des mois d'octobre 1462 & septembre 1489.

Par d'autres lettres patentes de Charles IX, de 1565, il fut porté à 17 deniers obole, qui composent ce qu'on appelle *l'ancien droit de Blanque,* & qui ont formé les 5 livres 5 sous, à quoi il montoit pour chaque gros muid de sel : ce montant suppose une division du gros muid en soixante-douze quintaux, parce que soixante-douze fois 17 deniers obole, reviennent précisément à la somme de 5 livres 5 sous.

Lettres patentes de 1565.

Henri IV ordonna, par des lettres patentes du 19 octobre 1594, que les propriétaires continueroient d'en jouir sur le même pied, & qu'il leur seroit payé par le Fermier des gabelles, à mesure que les chargemens de sel se feroient à Peccais.

Lettres patentes du 19 octobre 1594.

Enfin Louis XIII leur accorda de nouvelles lettres patentes au mois d'août 1616, confirmatives des précédentes.

Lettres patentes du mois d'août 1616.

Par deux arrêts du Conseil, l'un du 15 novembre 1639, & l'autre du 8 août 1640, les propriétaires des salins furent imposés à une somme de 100 mille livres, pour raison du droit de confirmation dû au Roi, à l'effet d'être maintenus dans la perception du droit de Blanque & dans la dispense d'en compter :

Arrêts du Conseil des 15 novembre 1639 & 8 août 1640.

ils satisfirent en partie au payement de cette somme dès le mois de septembre suivant; mais peu après les besoins de l'État devenus chaque jour plus pressans, exigeant des secours extraordinaires, on les taxa de nouveau à 100 mille livres, & cette nouvelle taxe, qu'ils se soumirent à payer, leur servit de prétexte pour demander une augmentation de 2 livres 5 sous par gros muid sur le droit de Blanque; ils l'obtinrent par arrêt du Conseil du 25 mai 1641, revêtu de lettres patentes: ils parvinrent même le 7 août à se procurer un second arrêt du Conseil, qui les autorisoit à imputer sur le payement de la nouvelle imposition les deniers qu'ils avoient fournis au Trésorier de l'épargne, au mois de septembre 1640, à titre de droit de confirmation & de dispense de compter.

Arrêt & Lettres patentes du 25 mai 1641.

Il est vrai que les propriétaires des salins prétendent qu'ils n'ont point été assujettis à une double taxe; que la somme de 100 mille livres, qu'ils ont payée en conséquence de l'arrêt du 25 mai 1641, est identiquement la même que celle exprimée dans les arrêts de 1639 & 1640; que les dépenses de la guerre ont été l'unique motif de cette taxe; que l'attribution des 2 livres 5 sous, est étrangère à la jouissance du droit de Blanque, qu'on ne peut la mettre au nombre des revenus destinés aux frais des saunaisons & aux réparations des salins; qu'enfin elle leur tient lieu de l'intérêt de 100 mille livres.

On peut leur répondre qu'il est assez indifférent que

que cette finance ait été payée, soit à titre de droit de confirmation, soit à titre de contribution aux besoins de l'État, soit sous ces deux différens titres, parce que le payement d'un droit ou d'une contribution n'est que l'acquit d'une dette légitime, ce qui détruit toute idée & tout prétexte de dédommagement ou d'intérêt; que ce ne seroit plus s'acquitter du droit ou contribuer aux charges publiques, de la part de ceux qui en sont tenus, si on leur attribuoit un revenu proportionné aux finances qu'ils payent; que si dans le principe on leur a d'abord accordé des intérêts, pour leur faciliter les moyens de se procurer les deniers qu'ils devoient fournir au Roi, le sort de ces intérêts a été d'éprouver des réductions considérables, & d'être à la fin supprimés entièrement, d'où il résulte que si jusqu'à présent on a conservé aux propriétaires des salins, une attribution aussi forte & aussi avantageuse que celle de 2 livres 5 sous par gros muid, ce n'a pu être qu'en considération de la fabrication des sels, & comme le dit l'arrêt même du 25 mai 1641, pour leur donner plus de moyens de subvenir aux frais considérables des saunaisons; qu'elle y est d'ailleurs tellement destinée par sa nature, qu'elle se perçoit à proportion de la quantité des sels fabriqués que les propriétaires fournissent aux Fermiers des gabelles.

En 1675, on proposa d'appliquer l'ancien droit de Blanque de 5 livres 5 sous, à la réparation des canaux de la Radelle, Bourgidon & Silvéréal, qui communiquent pour le transport des sels & de toutes sortes de marchandises, d'Aiguemortes au Rhône, aux étangs & à la mer : avant de se déterminer sur ce changement de destination, le Roi ordonna que les propriétaires des salins représenteroient par-devant M. d'Aguesseau, Intendant de Languedoc, les titres en vertu desquels ils jouissoient de ce droit, & qu'ils justifieroient de son emploi.

Arrêt du Conseil du 5 avril 1677.

Ils commencèrent par réclamer contre cette dernière disposition, comme contraire aux lettres de concession qui les dispensoient de rendre aucun compte ; ils produisirent néanmoins leurs titres & rendirent un compte : l'avis de M. d'Aguesseau leur fut favorable, & cet avis fut adopté par arrêt du Conseil du 5 avril 1677, qui les maintint dans la jouissance du droit de Blanque, à condition qu'ils entretiendroient les salins en bon état, & qu'ils fabriqueroient la quantité de sel nécessaire pour l'approvisionnement des Gabelles.

Une inondation considérable, survenue en 1706, avoit emporté une grande partie des chaussées du Rhône & des digues qui couvrent les salins : la dépense que cette reconstruction devoit occasionner, formoit un objet de 200 mille livres : on agita la question de savoir si elle devoit être supportée en entier par les propriétaires, & l'on remit aussi en doute dans le même temps, si l'on devoit leur laisser la jouiſſance du droit de Blanque; on leur demanda un nouveau compte; ils le rendirent devant M. de Baſville, ſucceſſeur de M. d'Agueſſeau.

On conſidéra, quant au premier article, qu'il s'agiſſoit d'une deſtruction arrivée, non par le manque d'entretien, mais par une force majeure, & il parut d'autant plus juſte de venir au ſecours des propriétaires, que le ſervice de l'État & du public, étoit eſſentiellement intéreſſé à la prompte réparation du dommage : on ſentit auſſi que les propriétaires devoient entrer dans la dépenſe, parce qu'une partie des riſques devoit tomber ſur eux.

Il fut rendu en conſéquence le 4 ſeptembre 1706, un premier arrêt du Conſeil revêtu de lettres patentes le 15 mars 1707, qui, conformément à l'avis de M. de Baſville, ordonna une levée de 5 ſous par minot pour ſervir aux réparations des chauſſées du Rhône & des digues de Peccais : cette levée fut limitée à quatre années : ce même arrêt ſoumit les propriétaires à y contribuer d'une ſomme de 30 mille livres.

Arrêt & Lettres patentes des 4 ſeptembre 1706 & 15 mars 1707.

Quant à la jouiſſance du droit de Blanque, il intervint le 5 avril 1707 un ſecond arrêt du Conſeil, donné pareillement que le premier ſur l'avis de M. de Baſville, qui, ainſi qu'avoit fait celui du 5 avril 1677, maintint les propriétaires dans la jouiſſance de ce droit ſous les mêmes conditions & la même charge.

Arrêt du Conſeil du 5 avril 1707.

Ils obtinrent, en 1714, une indemnité momentanée payable en argent.

En 1717, ils réitérèrent leurs repréſentations & demandèrent de nouveaux ſecours: il fut conſtaté par l'avis de M. de Baſville, qu'ils ſouffroient une perte réelle & effective, qui les mettoit hors d'état de continuer l'exploitation de leurs ſalins; ce qui donna lieu à un arrêt du Conſeil du 27 ſeptembre 1717, & à des lettres patentes du 20 janvier 1718, portant, 1.° que l'ancien droit de Blanque perçu par les propriétaires, & fixé à 5 livres 5 ſous par gros muid, ſeroit payé à l'avenir à raiſon de 10 livres 10 ſous, ſur le pied du double de cet ancien droit, par chaque gros muid compoſé de cent ſoixante-onze minots, par les adjudicataires des gabelles de Languedoc & autres, qui enlèveroient des ſels ſur les ſalins de Peccais. Sa Majeſté ſe réſervant de pourvoir à l'indemnité de l'adjudicataire actuel:

Arrêt & Lettres patentes des 27 ſeptembre 1717 & 20 janvier 1718.

2.° Que les greniers & chambres à ſel du pays de Rouſſillon, Conflans & Cerdagne, ſeroient fournis du ſel de Peccais, au lieu du ſel de Peyriac & de Sijean, dont ils avoient été fournis juſqu'alors.

La contagion qui déſola depuis 1720 juſqu'en 1722, la ville de Marſeille & ſes environs, avoit interrompu la communication entre les provinces circonvoiſines.

Le Fermier des gabelles, dans la crainte du défaut de communication avec Peccais, fut obligé de forcer ſes approviſionnemens, afin de prévenir la pénurie dans les greniers.

Ces enlèvemens firent disparoître tous les sels qui se trouvèrent alors sur les salins, & déterminèrent les propriétaires à faire des saunaisons générales en 1723 & 1724; à peine étoient-elles achevées, qu'elles devinrent pour eux un nouveau motif de prétentions; ils exposèrent que la disette d'hommes & de vivres causée par la contagion, avoit rendu beaucoup plus coûteux les frais de saunaison, & que d'ailleurs les pluies avoient détruit la plus grande partie des sels.

Leur demande en indemnité ne fut point accueillie, 1.° parce qu'en supposant qu'ils eussent supporté quelque perte sur les saunaisons de 1723 & 1724, elle étoit plus que compensée par les bénéfices considérables, que leur avoit procuré dans les deux années précédentes le débit de tout leur sel:

2.° Parce que ces deux saunaisons mêmes ne les avoient pas privés d'un bénéfice raisonnable, puisqu'en réunissant le produit du droit de 30 livres, fixé pour le prix de leur sel à celui du droit de Blanque pour les deux années, & en déduisant sur le total de ce produit la totalité de leur dépense, les déchets pour les grands chargemens, & ce qui revenoit au Roi pour son droit de Septem, il étoit justifié qu'ils avoient encore retiré un produit net, qui excédoit 70 mille livres

En 1725, le peu de succès de la saunaison les engagea à se pourvoir de nouveau au Conseil, leur requête fut renvoyée à M. de Bernage, Intendant de

Languedoc, par-devant lequel ils rendirent un compte de leur recette & dépenſe depuis 1706; & le 4 janvier 1729, il intervint un arrêt du Conſeil qui, conformément à l'avis de M. de Bernage, fixa l'indemnité prétendue par les propriétaires à la ſomme de 90 mille livres, pour le payement de laquelle Sa Majeſté ordonna que le droit de Blanque, ſeroit augmenté de 2 livres 12 ſous 6 deniers par gros muid de cent ſoixante-onze minots, dont la perception ſubſiſteroit pendant dix-ſept années au profit des propriétaires, ſans que pour raiſon de ce, le prix du ſel pût être augmenté par l'adjudicataire des Gabelles, & comme le produit de cette augmentation ne fut évalué qu'aux deux tiers de l'indemnité, l'adjudicataire des Gabelles fut chargé de leur payer en trois années, & en trois payemens égaux, une ſomme de 30 mille livres, dont il lui ſeroit tenu compte ſur le prix de ſon bail.

Tels ſont les différens détails dans leſquels il a paru à propos d'entrer pour faire connoître l'origine du droit de Blanque, & tout ce qui peut y avoir rapport.

Lorſqu'une barque chargée de ſel a fait naufrage, & que cet évènement a été conſtaté par un procès-verbal en règle, l'Entrepreneur des voitures eſt admis à reprendre aux ſalins de Peccais une nouvelle quantité de ſel, pour remplacer celle qui a été ſubmergée, ſans être tenu d'acquitter de nouveau le droit de Blanque.

Les ſalins de Peccais ſont ſous la police des Officiers du bureau des finances de Montpellier, qui s'y tranſportent tous les ans pour faire l'eſtimation de la récolte, & reconnoître ſi le ſel eſt de bonne qualité.

Formation des ſels ſur les ſalins.

Ces ſalins, ainſi qu'on l'a obſervé, ſont enfermés par une grande chauſſée, & appartiennent à différens propriétaires: chaque ſalin a en particulier ſa contenance, partie en terre ferme, partie en marais ou étangs.

La terre ferme eſt diſpoſée par tables, dans la même forme que les jardins potagers: ces tables ſont d'un pied de profondeur; les perſonnes prépoſées pour la formation des ſels dans la ſaiſon, prennent ſoin d'enfermer pendant l'hiver, chacun dans ſon terrein, le plus d'eau qu'il eſt poſſible, ſoit de la pluie ou des étangs voiſins, par le moyen des aqueducs qui paſſent ſous la chauſſée de Ceinture.

Cette eau qui croupit cinq ou ſix mois, ſe charge & s'imbibe du ſel qui eſt naturellement dans le terrein, & venant à ſe clarifier au mois de juillet, elle ſe criſtalliſe par l'ardeur du ſoleil & ſe prépare à ſe réduire en ſel.

Dans les mois de juillet & août, on la dirige par un canal dans un ou pluſieurs puits où ſont placées des roues, qui l'élèvent & la conduiſent à pluſieurs repriſes dans les mêmes tables où le ſoleil achève de la clarifier.

Lorſque les couches du ſel ſont aſſez épaiſſes, & que la ſaiſon eſt avancée, on le met en monceaux avec des pelles pour le tranſporter dans les magaſins ſur le bord du canal, où l'on fait les chargemens.

Les ſalins de Badon & des Maries en Provence, ſont ſujets, comme ceux de Peccais, au droit de Septem qui s'y perçoit de la même façon.

Deſtination des ſels provenans de chaque ſalin.

Les ſels de différentes qualités qui proviennent des ſalins, tant de Languedoc que de Provence, reſtent ſous la main du Roi; il n'en peut être enlevé aucun ſel que du conſentement du Fermier: les propriétaires n'en peuvent diſpoſer par vente, gratification, ſalaire d'ouvriers, ni autrement, à peine de confiſcation du ſel dont ils auroient diſpoſé, & de 3 mille livres d'amende, & ſous les peines prononcées contre les faux-ſauniers à l'égard de ceux qui en auroient enlevé ou acheté.

Le Fermier a ſur chaque ſalin, des Employés qui doivent veiller ſans ceſſe à ce qu'il n'en ſoit rien détourné, ſoit par les propriétaires, ouvriers ou autres.

Les entrepôts, greniers & chambres du bas Languedoc & du Rouſſillon, les chambres de Chalabre & de Belcaire dans le haut Languedoc, les chambres de Rouergue & de l'Auvergne, ſont fournis des ſels de Peccais.

Les entrepôts, greniers & chambres du haut Languedoc, le ſont des ſels de Peyriac & de Sijean, ainſi que

que le grenier de Cette dans le bas Languedoc, pour le salage du poisson seulement, & les chambres de Mende, Marvejols, Langogne & pays de Gevaudan, conformément à l'arrêt du Conseil du 1.er octobre 1737 & lettres patentes du 19 juillet 1738.

Arrêt & Lettres patentes du 1.er octobre 1737 & 19 juillet 1738.

Les greniers du Dauphiné & de Provence, sont approvisionnés des sels de Berre & de Hières.

*Ceux de la ville & comtat d'Avignon, des sels de Badon & des Maries, & en cas d'insuffisance dans les saunaisons de ces salins, des sels de Peyriac & de Sijean.

Les habitans de la ville d'Arles & de la communauté des Maries, ont la faculté de prendre chaque année dans leurs salins, savoir, la ville d'Arles, soixante gros muids de sel, le muid composé de cent quarante-quatre minots; & la communauté des Maries dix gros muids mesurés suivant l'ancien usage à la pelle, le tout pour leur usage & consommation seulement.

Fixations des prix d'achat qui se payent aux propriétaires des salins.

Le Fermier paye aux propriétaires des salins de Peccais, pour chaque gros muid de sel, composé de cent soixante-onze minots mesurés à la trémie, 42 livres 15 sous;

SAVOIR:

30 livres pour le prix.

5 livres 5 sous pour l'ancien droit de Blanque.

5 livres 5 sous pour le doublement ordonné par l'arrêt du Conseil du 27 novembre 1717 & lettres patentes du 20 janvier 1718.

Arrêt & lettres patentes du 27 novembre 1717 & 20 janvier 1718.

2 livres 5 sous pour le nouveau droit de Blanque.

Il est dit dans les baux que ces droits de Blanque

ſont deſtinés, tant pour les frais de la fracture des ſels que pour les réparations des ſalins & des chauſſées.

Le Fermier paye encore 12 ſous par gros muid, pour le droit de bûche & uſtenſile de la ville d'Aiguemortes.

Arrêt du Conſeil du 4 janvier 1729.

On a vu que par arrêt du Conſeil du 4 janvier 1729, les propriétaires avoient obtenu une augmentation de l'ancien droit de Blanque de 2 livres 12 ſous 6 deniers par gros muid, qui, conformément à cet arrêt n'a dû avoir lieu que juſqu'au dernier décembre 1745.

Le Fermier paye aux propriétaires des ſalins de Peyriac & de Sijean, pour les ſels qu'il fait charger à ces ſalins 5 ſous 7 deniers par minot, & pour ceux que les propriétaires lui livrent dans les entrepôts de Narbonne 11 ſous 2 deniers; ces derniers ſont voiturés pour l'approviſionnement du haut Languedoc, par les propriétaires des ſalins dans cette ville, conformément aux arrêts des 1.er juillet 1687 & 9 janvier 1691, & c'eſt-là qu'ils ſont mêlés enſemble.

Arrêts des 1.er juillet 1687 & 9 janvier 1691.

Il paye aux propriétaires des ſalins de Berre & de Hières, le prix du ſel à raiſon de 4 ſous le minot.

Le prix pour les ſalins de Berre n'étoit anciennement que de 2 ſous 10 deniers par minot; mais M. d'Albertas, Premier Préſident de la Cour des Aides d'Aix, & d'autres particuliers, au nombre de treize, propriétaires de ces salins, représentèrent que ce prix ne les dédommageoit pas des dépenses de la saunaison; & il intervint sur leurs représentations deux arrêts du Conseil des 20 mars & 16 octobre 1725, qui ordonnèrent qu'il leur seroit payé à l'avenir 4 sous par minot, des sels levés dans ces salins, pour la fourniture des greniers & entrepôts; à la charge de les faire sauner chaque année, conformément aux règlemens, & d'y faire, au moyen de l'augmentation qui leur étoit accordée, toutes les dépenses nécessaires tant pour la sûreté des sels, que pour en retirer des récoltes suffisantes pour la fourniture des greniers & entrepôts, qui étoient approvisionnés des sels provenans de ces salins, & que faute par eux d'y satisfaire il y seroit pourvu à leurs dépens.

Arrêt du Conseil des 20 mars & 16 octobre 1725.

Les Entrepreneurs des voitures employées aux fournissemens, ne peuvent enlever aucuns sels des salins & entrepôts qu'en vertu des lettres du Fermier.

Transport & emplacement des sels dans les entrepôts, greniers & chambres.

Le sel est mesuré aux chargemens, savoir :

Aux salins de Peccais par les Palayeurs & Raseurs, en présence des Commis du Fermier, des Gardes & Contre-gardes, & autres qui ont droit d'y assister.

Aux salins de Berre, Hière, Peyriac & Sijean, en présence des Commis du Fermier, par ceux dont il convient avec les propriétaires des salins.

Aux salins de Badon & des Maries, en présence des Commis du Fermier & des Contre-gardes, par les travailleurs dont le Fermier convient avec les propriétaires.

Les chargemens des sels sont faits:

Aux salins de Peccais, Peyriac, Sijean, Berre, Hières, Maries & Badon, pour le fournissement des greniers, chambres & entrepôts du haut & bas Languedoc, Roussillon, Auvergne, Rouergue, Provence, Dauphiné & comtat d'Avignon, sur les ordres du Fermier, adressés au Procureur principal & aux Capitaines établis auxdits salins.

Aux salins de Peccais, pour la fourniture des gabelles du Lyonnois, Genève & les Suisses, sur les lettres du Fermier, adressées aux Gardes & Contre-gardes.

Aux mêmes salins pour la fourniture de la principauté de Dombes & celle de la Savoie, sur les lettres générales des Directeurs des gabelles de Savoie & de Dombes, adressées aux Gardes & Contre-gardes, & contenant les quantités de sel qui devront être enlevées.

Les voituriers sont tenus de faire enregistrer ces lettres à la juridiction des gabelles à Aiguemortes, & d'en faire remettre copie au Procureur principal de Peccais, qui doit tenir la main à ce qu'il ne soit pas levé une plus grande quantité de sel, que celle exprimée dans ces lettres.

Lorsque le chargement est fait pour les greniers, chambres & entrepôts du haut Languedoc, pour ceux de la partie dite des plages du bas Languedoc, pour ceux d'Auvergne, Rouergue, Rouſſillon, Provence, Dauphiné & comtat d'Avignon; il eſt expédié des polices ou lettres de chargement par les Commis principaux du Fermier, établis dans les lieux où les ſels ſont enlevés: ces lettres ou polices doivent être ſignées par ces Commis, & faire mention des quantités de ſel qui auront été chargées, de l'année de ſa formation & de la deſtination qui lui eſt donnée.

Les Entrepreneurs des voitures ſont tenus de rapporter à ces Commis le *duplicata* de ces polices, avec le certificat au dos du déchargement des ſels, ſigné des Commis du Fermier qui auront été préſens à leur emplacement.

Après le chargement des ſels deſtinés pour les greniers & chambres de la côte du Rhône en Languedoc, & pour ceux du Lyonnois, les Gardes & Contre-gardes de Peccais, remettent aux voituriers, des polices qui ſont retenues par les Officiers des gabelles à Beaucaire: ces Officiers après les avoir enregiſtrées, en délivrent un *duplicata* qui eſt retenu au Saint-Eſprit par les Officiers des gabelles, qui en fourniſſent des extraits, qui doivent être rapportés par les voituriers au Fermier, avec le certificat au dos du déchargement des ſels.

Les Gardes & Contre-gardes aux ſalins de Peccais, expédient des polices pour les ſels qui ſont deſtinés pour les Suiſſes, la ville de Genève, la principauté de

Dombes & la Savoie : ces polices font retenues par les Officiers des gabelles à Tarafcon, qui les enregiftrent & en délivrent un *duplicata*, qui eft retenu au Saint-Efprit par les Officiers des gabelles: ces derniers en fourniffent des extraits aux voituriers qui doivent les remettre aux Gardes & Contre-gardes, avec le certificat au dos, des déchargemens des fels.

Les polices expédiées par les Gardes & Contre-gardes des falins de Peccais, doivent faire mention de la date des chargemens, de l'année que les fels auront été formés, du nom du falin où ils auront été levés, de la quantité de gros muids & minots chargés, & de leur deftination.

Les Officiers préfens aux chargemens, & qui ont droit d'y affifter, doivent expédier fans interruption les voituriers auffitôt qu'ils font arrivés, fans les affujettir au tour de rôle & faire mefurer, en tel falin que voudra le Fermier, toute la quantité de fel qui pourra être mefurée jour par jour, fans que ces Officiers puiffent exiger du Fermier ni des voituriers, d'autres droits que ceux qui leur font attribués par les édits, arrêts & déclarations, & portés par leurs quittances de finance.

Les Péages, Leudes, Seftrages & autres droits dûs fur le fel, doivent être acquittés en argent, fuivant les règlemens des années 1597 & 1611.

Règlemens de 1597 & 1611.

Il n'y a d'excepté, 1.° que le droit de Leude de quatre-vingt-feize minots en effence aux comtes de

Saint-Jean de Lyon par chaque année ; il en est tenu compte à l'adjudicataire dans les états de franc-salés des gabelles du Lyonnois, conformément à l'arrêt du Conseil du 12 juillet 1718 :

2.° Vingt minots de sel à l'Archevêque d'Alby, avec la somme de 400 livres en argent pour son droit de Leude & Estalage sur le sel qui passe & se débite à Alby ; au moyen de quoi le Fermier demeure subrogé à ses droits, suivant l'arrêt du Conseil du 11 janvier 1657 :

Arrêt du Conseil du 11 janvier 1657.

3.° Aux co-seigneurs d'Avignon, 3 livres par chaque gros muid de sel : à l'égard des 3 livres dûes pareillement par gros muid de sel à la principauté d'Orange, le Fermier en jouit au moyen de la réunion de cette principauté.

Les emplacemens dans les greniers, sont faits par les Commis de l'Entrepreneur des voitures, sous l'inspection d'un Commis supérieur qui y assiste pour maintenir le bon ordre & en présence des Receveurs, lesquels sont chargés du sel reçu par le procès-verbal de l'emplacement rédigé & signé des seuls Commis désignés lorsqu'il n'y a point de Contrôleur pour le Roi.

On appelle *emplacement* le mesurage qui se fait d'une quantité de sel destinée à l'approvisionnement d'un Receveur auquel ce sel est remis en compte, au moyen du procès-verbal qui sert à constater le nombre de minots qu'il a reçus, & dont il est chargé de compter au Fermier : ce procès-verbal sert en même temps de pièce de dépense & de décharge pour l'Entrepreneur des voitures, des quantités qu'il a enlevées aux salins sur les polices ou lettres de voiture des Officiers des salins ou des Commis du Fermier.

On fait, lorsque les circonstances l'exigent, des remesurages pour constater la situation d'un Receveur & vérifier s'il s'est chargé en recette de tout le sel qu'il a vendu.

Le Fermier établit les Palayeurs & Mesureurs nécessaires dans tous les greniers & chambres; il a la faculté de rembourser ceux établis en titre d'office dans les greniers de Lyon & de Montpellier, & de jouir, en faisant ce remboursement, des gages & droits qui leur sont attribués.

Dans tous les entrepôts, greniers & chambres, le mesurage doit être fait par les Commis du Fermier, en présence des Contrôleurs où il y en a d'établis pour le Roi.

C'est au Fermier à fournir à ses frais les mesures nécessaires aux salins & aux entrepôts, greniers & chambres.

Les États du Languedoc avoient souvent porté leurs plaintes du défaut de certitude & régularité dans la mesure du sel délivré par les Receveurs des greniers & chambres à la pelle, à la cloche & à la romaine, qui étoient alors les mesures usitées dans cette province; ils avoient représenté que la mesure, telle qu'elle subsistoit,

subsistoit, dépendoit de la main des Mesureurs, qui étoient les maîtres de la faire plus forte ou plus foible; ils demandoient qu'il fût établi sur les salins & dans les entrepôts, ainsi que dans les greniers & chambres, une mesure certaine & uniforme qui pût assurer, à ceux qui prenoient le sel par minot ou au-dessous, la véritable quantité portée par les règlemens.

Dès 1699, les propriétaires des salins de Peccais s'étoient pourvus au Conseil pour supplier le Roi d'introduire dans l'étendue des gabelles de Languedoc & de Roussillon, l'usage de la trémie dont on se servoit dans les grandes Gabelles, sur le fondement que cette forme pour le mesurage étoit d'autant plus juste & certaine, qu'elle étoit indépendante de la main des Mesureurs ou Palayeurs.

Le Conseil, sur cette requête, avoit ordonné, avant d'y déférer, des épreuves en présence des Intendans des provinces de Languedoc, Provence, Lyonnois & Dauphiné : ces épreuves avoient été réitérées en présence d'un Évêque, d'un Baron & des Consuls de Montpellier & de Nîmes, que les États de Languedoc avoient députés pour y assister; & en conséquence les États avoient demandé l'établissement de cette trémie par une délibération du 19 janvier 1711 : cet établissement fut ordonné pour le Languedoc; par une Déclaration du 9 juin de la même année 1711, pour le Dauphiné; & pour les gabelles du Lyonnois, par deux Déclarations des 28 novembre 1713; &

Déclarations des 9 juin 1711, 28 novembre 1713

& 7 avril 1714. pour la Provence, par une Déclaration du 7 avril 1714.

Ces différentes Déclarations ordonnent que le sel ne sera plus mesuré dans toute l'étendue des petites Gabelles, tant aux salins qu'aux entrepôts, ainsi qu'au déchargement, & à la vente & distribution dans les greniers & chambres, qu'avec une trémie dont elles prescrivent la forme & les dimensions à l'instar de celles établies dans les grandes Gabelles.

Elles ordonnent en même temps que le sel sera mesuré au minot, demi-minot & demi-quart de minot, échantillé sur des matrices de bronze, déposées aux greffes des juridictions des Gabelles.

L'échantil se faisoit anciennement devant les Officiers des gabelles de Lyon, du Saint-Esprit, de Montpellier & de Toulouse; mais par un arrêt du Conseil du 6 août 1748, revêtu de lettres patentes en date du 4 novembre 1749, registrées en la Cour des Aides de Montpellier & en celle de Paris, il a été ordonné que les mesures nécessaires pour le service de l'étendue des petites Gabelles, seroient faites & fabriquées à l'avenir dans la seule ville de Montpellier, & qu'elles y seroient pareillement échantillées pardevant les Officiers du siége des Gabelles de ladite ville.

Arrêt & lettres patentes des 6 août 1748 & 4 novemb. 1749.

Les entrepreneurs & voituriers qui sont employés à la conduite des sels, sont tenus de les recevoir sur les salins & dans les entrepôts à la mesure de la trémie,

& de les rendre à la même mesure au déchargement & en même quantité qu'ils les ont reçus, à la déduction des déchets convenus entr'eux & le Fermier, eu égard à la distance des lieux, & ils doivent payer le sel manquant sur le pied du prix du grenier de la destination ou du plus haut prix des greniers de la route, au choix du Fermier.

Après avoir ainsi retracé ce qui concerne les approvisionnemens des sels dans les pays de petites Gabelles, il faut maintenant passer à ce qui concerne les ventes & débit.

La consommation du sel est absolument libre dans les pays de petites Gabelles où l'on ne peut néanmoins faire usage que de celui qui est pris dans les greniers du Roi. Ventes.

Il n'y a point d'Officiers comptables, chaque grenier est régi par un seul Receveur qui compte de la totalité du sel qu'il reçoit.

Dans les endroits où il y a des Contrôleurs pour le Roi établis, ils tiennent seulement un registre de contrôle.

Quant à la juridiction, elle est exercée par des Juges-visiteurs, dont le district est composé d'un nombre de greniers qu'ils ont droit d'inspecter, & dans l'étendue desquels ils jugent en première instance les contraventions aux règlemens.

L'édit du mois de mars 1667, a fixé l'état des gabelles du Lyonnois à cet égard. *Édit de mars 1667.*

Par cet édit, le Roi ſupprima tous les Officiers établis dans les greniers & chambres à ſel de la ferme des gabelles de Lyonnois, qui exiſtoient au nombre de quatre cents ſeize; il diviſa en ſept départemens les greniers & chambres de cette ferme, & y établit pour chaque département, un ou deux Viſiteurs, ſuivant leur étendue, un Lieutenant, un Procureur du Roi, un Greffier & des Contrôleurs, dans chaque grenier au nombre de trente-quatre, dans la vue d'établir la même forme d'adminiſtration & de juridiction, qui étoit depuis long-temps en uſage en Languedoc, & qu'il avoit établie pour les gabelles de Provence & de Dauphiné.

L'édit porte que les Viſiteurs généraux & leurs Lieutenans, les Procureurs du Roi & Greffiers, feront ſeuls les viſites ordinaires par tous les greniers de l'étendue de leur département, & connoîtront en première inſtance de toutes matières, tant civiles que criminelles contre les faux-ſauniers, & généralement de toutes les malverſations commiſes au fait des Gabelles, ainſi que des contraventions aux ordonnances & règlemens.

Que les Contrôleurs auront une clef des ſerrures & cadenats du grenier & entrepôts de leur établiſſement; qu'ils aſſiſteront aux deſcentes des ſels, ventes & diſtribution qui s'en fera au peuple; qu'ils tiendront bon & fidèle regiſtre, ſur lequel ils délivreront leur certificat des deſcentes & ventes des ſels, lorſque les circonſtances le requerront, qu'ils ſe trouveront à l'ouverture des greniers, aux jours & heures & en la manière accoutumée.

Les Viſiteurs généraux, leurs Lieutenans & les Procureurs du Roi, ſont tenus, aux termes de l'édit, de ſe faire recevoir & prêter ſerment devant les Officiers des Cours des Aides, chacun dans le reſſort de leur département; les Contrôleurs & Greffiers, doivent le prêter devant le Viſiteur général ou ſon Lieutenant.

Des lettres patentes en forme d'édit, du mois d'août 1670, ſupprimèrent un Viſiteur dans chacun des départemens de Lyonnois, Forès, Breſſe & Bugey, onze Lieutenans & cinq Contrôleurs.

Lettres patentes en forme d'Édit du mois d'août 1670.

Les gabelles du Lyonnois ont quelque rapport avec la régie des grandes Gabelles: on a vu que c'eſt le pays des petites Gabelles où le prix du ſel approche le plus des fixations faites pour les grandes Gabelles. L'article CLVIII du bail de Forceville porte même que les Collecteurs des tailles, Conſuls ou Syndics des paroiſſes de l'étendue des gabelles de Lyonnois, délivreront au Fermier au commencement de chaque année, à la première ſommation qui leur en ſera faite, l'extrait des noms & ſurnoms des habitans de leurs paroiſſes & du nombre de leurs familles & beſtiaux, ou le rôle des Tailles pour en former leur ſexté, ce qui ſuppoſeroit une fixation pour le devoir de Gabelle; mais cette fixation n'a pas lieu dans le fait; les

Confommateurs font néanmoins affujettis, à peine de 100 livres d'amende, à repréfenter leurs feuilles ou billets de Gabelles, contenant la quantité de fel qu'ils ont levé aux greniers & chambres : ce font les Contrôleurs établis pour le Roi dans les greniers par l'édit de mars 1667, qui délivrent ces feuilles de Gabelles, pour lefquelles il leur eft attribué un droit de billette de 2 fous par minot, & les particuliers doivent repréfenter ces feuilles aux Commis & Gardes lors de leurs vifites, pour juftifier que le fel que l'on trouve chez eux a été levé aux greniers.

Dans les gabelles du Languedoc, Rouergue & haute Auvergne, les particuliers ne font point affujettis aux billets de Gabelles : il y a eu cependant très-anciennement des Contrôleurs établis dans le Languedoc, & il en fubfifte encore quelques-uns dans le bas Languedoc, auxquels il eft attribué un droit de billette de 9 deniers, depuis un quart de minot jufqu'à deux minots, & de 18 deniers pour tout ce qui excède les deux minots, d'où il réfulte qu'il fe délivre des feuilles de Gabelles, quoiqu'elles ne foient point de rigueur comme dans le Lyonnois.

Le droit de Gabelle a été établi en Rouffillon, immédiatement après la réunion de cette province à la France, par le traité des Pyrénées, mais le droit ne fubfifte en fon entier qu'au grenier de Perpignan ; & il fut fixé de concert entre le Fermier & les communautés qui refufoient de s'y affujettir, à des prix plus ou moins forts, par des conventions qui subsistent encore aujourd'hui, par lesquelles elles se sont soumises à prendre leur sel dans un grenier, & à un prix fixé : cette diversité de prix a nécessité les billets de Gabelles, & des précautions pour prévenir les versemens du prix le plus foible sur le plus fort.

Les habitans des trois bailliages des montagnes de Dauphiné, sont tenus de prendre du Commis du Fermier, des billettes du sel qu'ils lèvent aux greniers ou entrepôts qui sont dans l'étendue de ces trois bailliages, & de les représenter aux Commis & Gardes lors de leurs visites; & dans le cas où il se trouve chez eux du sel sans billettes, ils doivent être condamnés pour la première fois en 20 livres d'amende; la seconde en 50 livres, & la troisième punis comme faux-sauniers.

Les habitans de la vallée de Remusat, Saint-May & autres lieux, faisant partie de la Provence, & qui se trouvent enclavés dans les Baronies, sont tenus, conformément à un arrêt du Conseil du 26 septembre 1724, en levant leur sel aux greniers d'Apt & de Sisteron, de remettre aux Receveurs desdits greniers, des certificats qui doivent leur être expédiés sans frais, par les Receveurs des bureaux des fermes situés sur les lieux, contenant la quantité de sel qui doit leur être délivrée pour leur consommation, suivant les dénombremens faits en présence des Consuls, du nombre d'habitans qui compose chaque paroisse & de celui des bestiaux qui y sont nourris.

Indépendamment des greniers ou chambres qui sont établis dans les différens pays de petites Gabelles, pour la distribution du sel au public, il y a encore des Regrattiers ou Revendeurs, pour la facilité des consommateurs qui peuvent, sans distinction d'aisés ou de pauvres, s'y approvisionner de telle quantité de sel que bon leur semble.

Déclaration du 9 juin 1711.

Le Fermier a le droit d'en établir dans les gabelles du Lyonnois, où ils sont à l'instar de ceux des grandes Gabelles; la Déclaration du 9 juin 1711, en supprimant les offices de Regrattiers créés par édits de 1604 & 1665, dans la province de Languedoc, autorise le Fermier à en commettre.

Arrêt du Conseil du 6 juillet 1666.

Un arrêt du Conseil du 6 juillet 1666, détermine les lieux où il en sera établi en Provence, & en fixe le nombre; ils doivent être nommés par les Consuls, ou à leur refus, par le Fermier auquel ils sont tenus de donner caution.

Ces Regrattiers sont pourvus de commissions du Fermier & reçus par le Visiteur des gabelles: ils sont assujettis à prendre des billets de Gabelles, pour justifier du grenier où ils auront levé le sel; ils le vendent en gros & en détail, au poids ou à la mesure, suivant les prix réglés par les tarifs que les Visiteurs & autres Officiers des gabelles arrêtent: ces tarifs sont arrêtés sur le pied du prix que le sel est vendu dans le grenier du lieu, ou le plus prochain, en ajoutant à ce prix 5 sous par minot pour le port, depuis le le grenier jusqu'à la maison du Revendeur, dans les villes & lieux où il y a grenier ou chambre à sel; & 20 sous par minot pour le port de celui qui est vendu à la campagne, à quelque distance que ce soit, & en accordant aux Regrattiers le fort denier sur les fractions.

Il n'y a point de Regrattiers en Dauphiné: toute personne peut vendre du sel en gros & en détail, au poids ou à petite mesure; mais un arrêt du Conseil du 24 novembre 1722, revêtu de lettres patentes du mois de décembre suivant, enregistrées au Parlement & Cour des Aides de Grenoble le 20 mars 1723, assujettit les marchands & autres particuliers de cette province, qui lèveront du sel dans les greniers pour en faire commerce, de prendre des Receveurs, des billettes qui doivent leur être délivrées sans frais, & contenir le nom de l'acheteur, le lieu où il veut faire conduire le sel, & la quantité, à peine contre ceux chez lesquels il aura été trouvé du sel, sans justifier par les billettes, qu'ils l'ont levé dans les greniers de la ferme, d'être poursuivis comme faux-sauniers, avec confiscation du sel.

Arrêt du Conseil du 24 novemb. 1722 & Lettres patentes du mois de décembre audit an.

Le même arrêt fait défenses, sous les mêmes peines, à tous particuliers d'acheter, pour le revendre, du sel de ceux qui l'auront levé dans les greniers; ordonne que ceux qui voudront faire le commerce du sel en Dauphiné, l'achettent dans les greniers, pour être seulement vendu à ceux qui en feront l'achat pour leur consommation, celles de leurs bestiaux,

& pour le salage; fait défenses à tous les privilégiés qui ont droit de franc-salé, de le vendre en tout ou partie, à peine contre les vendeurs de privation de leur franc-salé, & les acheteurs de 300 livres d'amende.

Le commerce du sel est libre dans la basse Auvergne, par un privilége particulier à cette partie de la province: le Fermier n'a pas le droit d'y établir des Regrattiers pendant qu'il y en a dans la haute.

Il est permis aux muletiers & voituriers en Languedoc, Rouergue, Auvergne & Provence, de vendre & débiter dans les marchés au minot, demi-minot & quart de minot, le sel qu'ils ont levé dans les greniers & chambres, dépendantes de la ferme des gabelles de Languedoc & Provence; à la charge de justifier des billets de Gabelles, à peine de confiscation du sel & de 100 livres d'amende.

Les voituriers de Provence, peuvent aussi transporter du sel de Provence dans les trois bailliages des montagnes du Dauphiné, en payant aux bureaux de Sisteron ou de Seine, un droit appelé d'*imposition*, qui est de 3 livres 12 sous 9 deniers par quintal, & qui représente la différence du prix de Dauphiné à celui de Provence.

MOYENS de conservation.

Tels sont les différens détails concernant la vente du sel dans les pays de petites Gabelles: il faut maintenant rendre compte des moyens de conservation.

Police concernant les priviléges généraux & particuliers.

Cet objet embrasse la police des priviléges de chaque province, & les obstacles à opposer au faux-saunage.

Les priviléges généraux des provinces, consistent dans la différence des prix fixés par le bail, ou additionnels, tels que les crûes au profit de certaines provinces; il résulte de ces différences des versemens inévitables d'une province sur l'autre.

Les priviléges particuliers sont, 1.° la concession faite par lettres patentes de François I.er de 1540, à la ville d'Aiguemortes, du privilége de tirer des salins de Peccais, sans payer aucun droit de Gabelle, trente gros muids de sel pour l'usage & consommation de ses habitans, & pour la salaison des poissons provenans de sa pêche, qu'elle a la liberté d'envoyer dans le pays de Gabelles, ainsi que ses chairs salées, sans rien payer.

Lettres patentes de 1540.

Un Receveur nommé par la communauté, délivre les quantités de sel, que chaque habitant va lever au grenier de la communauté, sur les billets qui sont donnés par les Consuls : le Fermier a établi à ce grenier un Contrôleur qui en a une clef, il assiste à la distribution, enregistre les quantités délivrées sur les billets qui lui sont représentés; & il est autorisé à les faire refuser, pour des personnes auxquelles il en a été précédemment distribué des quantités trop considérables.

La salaison des poissons est la source de l'abus du privilége; les saleurs prennent plus de sel qu'il ne leur en faut, & malgré la vigilance des Employés chargés d'assister à l'emploi des sels, ils trouvent le moyen d'en réserver des quantités considérables, qu'ils versent ensuite en faux-saunage :

2.° Le privilége du pays de Sault, du Donnezan & de Chalabre, dans les montagnes du haut Languedoc, qui consiste à avoir du sel à diminution de prix, conformément à l'arrêt du 21 juin 1729 ; les chambres de Chalabre & de Belcaire, sont établies pour la fourniture des habitans de ces pays : elles sont fournies en sel de Peccais, afin de prévenir les versemens sur les greniers de la ferme approvisionnés en sel de Peyriac & de Sijean :

Arrêt du 21 juin 1729.

3.° Les habitans du port de Cette, jouissent, en vertu d'un arrêt du Conseil du 15 mai 1714, d'une réduction à 6 livres le minot, du sel destiné au salage du poisson ; cette diminution de prix leur fut accordée, sur ce qu'ils représentèrent que le principal commerce de leur ville, consistoit dans la pêche de la sardine qui se trouvoit en grande abondance sur cette côte ; que cependant les Catalans leur enlevoient tout l'avantage de ce commerce, parce que le sel d'Espagne ne coûtant presque rien, ils pouvoient donner le poisson salé à un prix infiniment plus bas que les marchands saleurs de Cette ; l'arrêt pour prévenir les abus, ordonna en même temps que la fourniture du sel pour le salage, seroit faite des salins de Peyriac & de Sijean, dont le grain & la couleur sont différens de ceux du sel de Peccais, dont les habitans de Cette & ceux des environs, sont approvisionnés pour leur

Arrêt du Conseil du 15 mai 1714.

consommation; il prescrit aussi une forme de régie pour que le sel accordé pour la pêche ne soit point employé à d'autres usages :

4.° La vallée de Barcelonette réunie à la Couronne par le traité d'Utrecht, & à la Provence par la Déclaration du 13 décembre 1714, a par celle du 21 février 1716, le privilége de ne payer le sel que 6 livres 13 sous 4 deniers le minot :

Déclarations des 13 décembre 1714 & 21 février 1716.

5.° La communauté d'Arles est propriétaire du salin de Badon, situé dans l'île de la Camargue, & en cette qualité elle a le droit de prendre au prix marchand soixante muids de sel de cent quarante-quatre minots chacun, pour la consommation de ses habitans & de ceux du territoire.

Ce sel de provision est renfermé dans un grenier appartenant à la ville, qui nomme un Receveur pour en faire la distribution ; il est fermé à deux clefs, dont une pour le Receveur, & l'autre pour le Contrôleur, que le Fermier a droit d'y nommer : ce Contrôleur assiste à la distribution qui est faite sur les billets des Consuls, qui fixent la quantité de sel qui doit être accordée à chaque chef de famille : les Fermiers généraux prétendent que cette quantité devroit être fixée sur des dénombremens certains, que l'objet de la consommation devroit être réduit dans une proportion plus juste, & que le sel qui est transporté dans le territoire, devroit être accompagné de billets ou passavans, afin de mettre les Commis en état de vérifier ſi le ſel ne paſſe pas en faux-ſaunage: les Conſuls s'oppoſent à cette prétention comme contraire à leur privilége, & c'eſt la matière d'une conteſtation pendante au Conſeil.

Dans la même île de la Camargue eſt le ſalin des Maries; la communauté de ce nom a auſſi le privilége de prendre dix gros muids pour ſon uſage & ſa conſommation.

6.° Enfin on peut mettre au nombre des obſtacles qu'éprouve la régie des Gabelles, la ſituation du Comtat appartenant au Pape où le ſel ne vaut que 6 livres 10 ſous le minot.

Ce pays eſt entouré de tous côtés de la Provence dont il eſt un démembrement, détenu par le Pape à titre d'engagement, du Languedoc & du Dauphiné, ſur leſquels il verſe l'excédant de ſa conſommation : les fermiers du Roi ont pris de tout temps les gabelles du Comtat par des baux paſſés avec les Vices-Légats d'Avignon, & dont ils payent le prix à la Chambre apoſtolique, afin d'empêcher, autant qu'il étoit poſſible, les verſemens ſur les provinces du royaume enclavées & limitrophes: cette ferme n'eſt, à proprement parler, que conſervatrice de celle de France.

Chacun des pays régis par les petites Gabelles, relativement à la diviſion qui en a été faite, a ſes règlemens particuliers qui prononcent des peines contre le faux-ſaunage: ces peines ſe rapportent à celles qui ont lieu dans les pays de grandes Gabelles.

Les procès instruits contre les faux-sauniers dans les gabelles de Lyonnois, sont jugés suivant le règlement général des Gabelles du mois de juin 1660; la Déclaration du 22 février 1667, qui modère les peines & amendes portées par le règlement de 1660 & une Déclaration du 17 février 1663 : on suit dans ces Gabelles la jurisprudence établie par l'ordonnance de 1680.

Règlement général du mois de juin 1667.

Déclaration du 22 février 1667.

Déclaration du 17 février 1663.

Les gabelles de Languedoc sont régies par les Déclarations des 22 juin 1678, 3 mars 1711, 2 avril 1722 & les règlemens donnés en conséquence.

Déclarations des 22 juin 1678, 3 mars 1711 & 2 avril 1722.

On suit dans les gabelles de Dauphiné & de Provence, l'Édit du mois de février 1664, la Déclaration du mois de février 1667; & dans celles de Dauphiné la Déclaration du 18 mai 1706, qui est particulière à cette province.

Édit & Déclaration de février 1664 & 1667.

Déclaration du 18 mai 1706.

Le faux-saunage est de trois espèces :

Faux-saunage.

Le premier se fait par une filtration presque imperceptible du sel, même de la ferme, vendu à des prix différens ou à diminution de prix du haut Vivarais, de la principauté de Dombes, du Dauphiné & de l'Auvergne sur le Forès; de Chalabre & de Belcaire sur le haut Languedoc; du Languedoc, du Rouergue & de l'Auvergne sur le Gevaudan; de la Provence sur le Dauphiné; enfin de la vallée de Barcelonette & du Comtat, sur la Provence & le Dauphiné.

Le seul remède que l'on a pu opposer à ces versemens, a été la différente qualité des sels, moyen insuffisant, soit par la facilité de soustraire de petites quantités qui peuvent se renouveler à chaque instant, soit parce que ce sont souvent des sels d'une même qualité, quoiqu'à des prix différens qui sont versés par les voituriers chargés du transport. Il est vrai qu'un arrêt du Conseil du 17 novembre 1722, revêtu de lettres patentes du 19 du même mois, enregistrées aux Cours des Aides de Clermont-Ferrand, Montpellier & Montauban, fait défenses à tous muletiers, voituriers & autres qui voitureront des sels pour le fournissement des chambres d'Auvergne, Rouergue, haut Languedoc & Gevaudan, de vendre dans la route celui qu'ils auront chargé pour la fourniture desdites chambres, à peine de confiscation de leurs chevaux & voitures, & d'être condamnés aux peines portées par l'article XXIV de la Déclaration du 3 mars 1711 : cet article veut que tous Voituriers, Commis & Gardes, & autres chargés de la conduite des sels, tant par eau que par terre, qui seront convaincus d'en avoir volé, soient punis de mort comme voleurs domestiques, & leurs biens confisqués; mais la sévérité des peines n'arrête pas toujours les voituriers.

Arrêt & Lettres patentes des 17 & 19 novembre 1722.

Déclaration du 3 mars 1711.

La seconde espèce de faux-saunage, consiste encore dans une filtration imperceptible par la proximité des pays rédimés ou étrangers, par les vols des sels sur les salins & dans les faux étangs & aiguesseaux saunans qui se trouvent en Languedoc, en Roussillon, en Provence & dans la principauté d'Orange, & dont le le Fermier fait faire continuellement le dépérissement.

Il est vrai que les règlemens défendent d'assalir les bestiaux dans les marais ou autres lieux où il y a du sel, ni de les faire boire aux eaux de la mer, à peine de confiscation & de 300 livres d'amende; que la Déclaration du 22 février 1724, interdit tout usage des eaux de la mer, de celles des sources, puits & fontaines qui produisent des eaux salées, des étangs & aiguesseaux, à peine de faux-saunage, de confiscation & d'amende.

Déclaration du 22 février 1724.

Que les Verriers & Salpêtriers sont obligés de garder le sel de leurs cuites, pour les représenter aux Commis qui doivent le submerger, à peine de 300 livres d'amende contre les Verriers & Salpêtriers qui y interviendroient.

La troisième espèce de faux-saunage consiste dans l'introduction, le commerce & l'usage du faux sel dans les pays de petites Gabelles: il ne s'y fait que peu ou pas même de faux-saunage à port-d'armes; il s'étoit cependant formé dans la vallée de Carols en Roussillon, des bandes armées pour introduire du sel d'Espagne, elles ont été détruites.

Il y a aussi des exemples d'introductions faites par les côtes de la mer, par des bâtimens Espagnols & Génois, mais ils sont rares.

Ces différens genres de faux-saunages exigent, indépendamment des dépenses d'une manutention intérieure, une garde sur la frontière des pays francs, même d'une province à une autre, pour former une défense qui en impose aux fraudeurs, & contienne en même temps les Employés.

L'entrée des chairs salées venant des pays étrangers, ou des provinces exemptes du droit de Gabelles est défendue, à peine de confiscation; à l'exception des jambons de Bayonne ou de Mayence, cuisses d'oies & des langues qu'on peut faire entrer en les déclarant au Fermier, & en payant les droits pour les cinq grosses fermes, suivant l'arrêt du 29 juin 1688.

Arrêt du Conseil du 29 juin 1688.

Droits sur le poisson salé.

Il se perçoit sur le poisson salé provenant des provinces étrangères un droit appelé de *Rachat*, pour indemniser le Fermier du droit de gabelle, sur le sel employé à la salaison de ces poissons.

La quotité du droit & la police observée sur ce genre de commerce, sont fixées.

Arrêt du Conseil du 6 juillet 1666.

Pour les gabelles de Provence, par l'arrêt du Conseil du 6 juillet 1666.

19 juin 1691 & 2 avril 1754.

Pour le Languedoc, par ceux des 19 juin 1691 & 2 avril 1754.

Déclaration du 24 juillet 1691.

Pour les gabelles de Lyonnois & de Dauphiné, par la Déclaration du 24 juillet 1691.

Ces droits qui sont très-modiques ont pour objet de faciliter le commerce d'une denrée nécessaire dans les provinces méridionales, & d'encourager la pêche qui se fait sur les côtes de Bretagne, d'où vient la plus grande partie de ce poisson.

Nous venons de retracer tout ce qui concerne l'administration & la régie des petites Gabelles : il s'agit actuellement de faire connoître une administration toute différente sur les mêmes objets, c'est celle qui a lieu dans le comté de Bourgogne, dans les Trois-évêchés, la Lorraine & l'Alsace : chacune de ces provinces a, quant à la vente du sel, des détails qui lui sont particuliers, il faut les parcourir successivement.

Administration des Gabelles dans le comté de Bourgogne, les Trois-Évêchés, la Lorraine & l'Alsace.

On commencera par le comté de Bourgogne.

Comté de Bourgogne.

Cette province a l'avantage de renfermer dans son sein des sources salées dont les plus considérables, ont, dans leur origine, occasionné l'établissement & la dénomination de la ville de Salins.

Il paroît que dans le principe les salines du comté de Bourgogne, appartenoient aux particuliers dans les fonds & seigneuries desquelles elles s'étoient trouvées : les comtes de Bourgogne ne faisoient même aucun usage du droit d'imposer le sel qui en provenoit; ils avoient seulement pourvu à ce que leurs sujets en eussent pour leurs besoins & à juste prix, & si dans la suite ils sont devenus propriétaires de ces salines, cette propriété leur a été transmise par voie d'achat ou de succession.

Il y avoit anciennement deux seigneuries à Salins : chacune de ces seigneuries avoit des sources salées, qui formoient dans l'une *la grande*, & dans l'autre *la petite saline* : ces deux seigneuries, & les salines

Salines de Salins.

qu'elles renfermoient, ont été dans différens temps réunies au domaine des comtes de Bourgogne.

Chaque saline avoit ses charges.

Le propriétaire de la grande saline étoit obligé de fournir chaque semaine, à des particuliers qui en avoient le droit, soixante mesures d'eau salée: l'on appeloit cette mesure un *Lons*, & elle contenoit vingt-quatre muids.

Les particuliers tiroient le sel de cette eau pour le service de la province, dans une chaudière qu'on appeloit la *Chauderette*, autrement *Chaudière de Rosières*.

Philippe II & Philippe IV, rois d'Espagne, comtes de Bourgogne, ainsi que l'archiduc Albert, & l'infante Isabelle, ont acquis à titre de rente, en différens temps, le droit de ces particuliers qui étoient au nombre de soixante-quatre, & se sont chargés de fournir à leur place, à la province du sel extraordinaire.

L'on appelle *sel Rosières*, ce sel extraordinaire, du nom de la chaudière dans laquelle il étoit anciennement fabriqué.

Plusieurs particuliers s'étant associés pour découvrir les sources des petites salines, & en faire le travail, le Souverain qui en étoit propriétaire leur y donna des parts, qui furent encore divisées dans les partages de leur succession, en sorte que l'eau de ces sources se partageoit annuellement en quatre cents dix-neuf parts qu'on appeloit *quartiers*, & chaque quartier étoit de trente ſeaux d'eau ſalée: le Souverain avoit preſque épuiſé les portions qui étoient reſtées dans ſes mains, par les dons qu'il avoit faits à des égliſes & à des ſeigneurs du pays: l'égliſe avoit auſſi acquis pluſieurs quartiers des particuliers aſſociés.

Les rois d'Eſpagne s'occupèrent du ſoin de réunir à leur domaine les quartiers de la petite ſaline; ils créèrent pour les parts qui appartenoient tant aux égliſes, après avoir obſervé les formalités requiſes en pareil cas, que pour celles qui appartenoient à des particuliers, des rentes & redevances, & ils en uſèrent de même pour l'achat des droits des particuliers ſur la grande ſaline.

La grande ſaline a deux puits, qui ſont de grandes cuves de ſapin, renfermées dans une bonne maçonnerie, & deſtinées à recevoir l'eau des ſources.

L'un eſt appelé le puits d'*Amont*, & reçoit huit ſources, qui produiſent communément cent quatre-vingt-douze muids d'eau dans vingt-quatre heures.

L'autre ſe nomme le puits de *Gré*, dans lequel ſe rend une ſource jointe à une autre moins conſidérable, & quelques petits filets: il y a dans le fond de ce puits, une autre ſource jailliſſante, & l'on en tire ordinairement en vingt-quatre heures cent trente-deux muids.

La ſalure du puits d'Amont eſt au dix-ſeptième degré, & celle du puits de Gré au treizième, c'eſt-à-dire, que cent livres d'eau du premier, rendent dix-sept livres de sel, & pareille quantité d'eau du second treize livres.

Le sel se forme par la cuite de l'eau dans de grandes chaudières de figure ovale, faites avec des plaques de fer battu, clouées les unes aux autres, & soutenues sur un grand foyer par des barres de fer.

Chacune de ces grandes chaudières contient soixante-trois à soixante-quatre muids d'eau: il y en a cinq aux grandes salines; & la cuite se fait dans l'espace de quatorze ou quinze heures par un feu ardent & continuel.

Il n'y a que deux chaudières à la petite saline, & un puits dans lequel on rassemble l'eau de trois sources, qui en temps d'abondance produisent cent quarante-quatre muids en vingt-quatre heures: l'eau en est plus salée en ce temps qu'en celui de sécheresse: elle est alors du vingt-quatre au vingt-cinquième degré, mais elle se soutient en tout temps du vingt-deux au vingt-troisième; l'on n'en connoît point dont la salure soit si forte, celle de la mer n'est qu'au quatrième degré ou environ.

Les Souverains devenus propriétaires des salines, remplissoient l'obligation dont ils étoient chargés par les acquisitions & réunions qu'ils avoient faites, de fournir, à la province, le sel ordinaire & extraordinaire dont elle avoit besoin : cette fourniture se faisoit à un prix modique, & qui excédoit de peu de chose, ce qu'il en coûtoit pour la formation du sel.

Ce prix & la quantité du sel qui devoit être délivrée aux habitans du pays, n'ont pas été fixés, tandis que les sauneries ont été en régie.

L'archiduc Albert & l'infante Isabelle, les ayant laissées à ferme en 1601, les Fermiers exigèrent qu'on réglât ce qu'ils délivreroient de sel ordinaire, & à quel prix.

Les états des délivrances faites pendant les dix années précédentes, furent représentés, & l'on régla, à la vue de ces états, le sel ordinaire de la province à soixante-quatre mille charges, dont on fit la répartition entre les différentes communautés.

La charge est composée de quatre bénates, & la bénate de douze pains.

Le pain de la petite saline pèse trois livres, & celui de la grande & de la chaudière de Rosières un peu moins; sur ce plan, la charge de sel de la petite saline destinée à fournir l'ordinaire du sel de la province, fut réglée à 3 francs, monnoie du pays.

Celle de la chaudière de Rosières à 2 francs 8 gros 2 deniers.

La charge du sel de la grande saline à 2 francs 6 gros 12 deniers.

Le franc du Comté est composé de 12 gros, le gros de 13 deniers, ainsi le franc du Comté vaut 13 sous 4 deniers, monnoie de France.

Le prix du sel fut rehaussé dans la suite de 14 gros 16 deniers par charge, pour faire un fond sur lequel on assigna les appointemens des garnisons de Besançon, Dôle & Gray, ceux de la maréchaussée & les gages des Professeurs de l'Université, la somme promise aux Suisses par le traité de la Ligue héréditaire de la maison d'Autriche, pour la défense du comté de Bourgogne, & une gratification qu'on faisoit chaque année à la ville de Salins.

Les États du comté de Bourgogne firent encore un rehaussement considérable sur le sel, pour payer une partie du don gratuit qu'ils promirent au roi d'Espagne, à l'occasion de la guerre qui précéda la conquête du pays.

Ces rehaussemens subsistent; il en a été ajouté un nouveau par un arrêt du Conseil du 3 juin 1704, à raison de 3 livres 12 sous la charge de gros sel d'ordinaire, faisant 18 deniers par pain de 2 livres; 14 sous la charge de petit sel d'ordinaire faisant 13 deniers ½ par pain; & de 36 sous par charge de sel extraordinaire, appelé *Rosières*, faisant 9 deniers par pain.

Arrêt & lettres patentes des 23 juin & 11 juillet 1719.

Le rétablissement de cette augmentation qui avoit été supprimée, fut ordonné par arrêt du Conseil du 23 juin 1719 & lettres patentes du 11 juillet suivant, sur le fondement que la différence du prix du sel dans l'étendue du comté de Bourgogne, avec celui qui se levoit dans le Duché, occasionnoit des versemens considérables

considérables des sels des salines dans le Duché, & que le seul moyen d'empêcher ces versemens, étoit d'ordonner cette augmentation sur le sel qui se distribuoit dans l'intérieur du comté de Bourgogne: elle a depuis été prorogée par différentes Déclarations, & en dernier lieu par celle du 8 janvier 1767, jusqu'au dernier septembre 1774.

Déclaration du 8 janvier 1767.

On avoit, malgré les différentes augmentations dont on a rendu compte, continué de délivrer le sel ordinaire, sur l'ancien pied aux Membres des Compagnies, qui n'étoient pas tenus des charges à l'occasion desquelles les anciens surhaussemens avoient été faits; telle est l'origine de l'ancien franc-salé du Parlement, de la Chambre des Comptes & de l'Université.

Après chaque cuite l'on tire une première partie du sel qui reste au fond de la chaudière, & on la porte en des magasins où il s'épure pendant quarante jours de ce qu'il contient d'humidité, dans les réservoirs qui sont au-dessous de ces magasins.

Ce temps écoulé, l'on met le sel dans des tonneaux de sapin qui restent encore huit jours sur leur fond percé par le bas, afin que s'il y a encore de l'eau, elle puisse s'écouler, après quoi on jauge les tonneaux & on les ferme.

Cette première partie qu'on appelle *sel trié*, est destinée à remplir les traités du Roi & des Fermiers avec les Suisses, & à quelques légères gratifications qui se font dans la province: les cantons Suisses payent de chacun de ces tonneaux depuis 20 jufqu'à 28 livres, fuivant les différens traités qu'on a faits avec eux: celui de Berne a fept cents tonneaux de gratification pour le Péage du fel des autres cantons, qui paffe fur fes terres.

L'on fabrique du fel en pain pour le canton de Fribourg, en vertu d'un traité de ce canton fait avec le Roi.

La vente des fels aux Suiffes eft une branche importante de commerce, & tourne entièrement au profit de l'État qui n'a fourni que les bois, les voitures & la main-d'œuvre, dont le prix réparti aux propriétaires des bois & aux ouvriers & conducteurs des voitures, répand dans les lieux à portée des falines une aifance, qui facilite la fubfiftance des habitans.

L'autre partie du fel qu'on tire des chaudières eft porté à l'Ouvroir, où on le façonne en pains dans des moules, dont la figure & la grandeur diftinguent les différentes efpèces de fel, ce qui eft néceffaire parce qu'ils ont des deftinations différentes.

On met ces pains, au fortir des moules, fur la braife ardente qu'on a tirée de deffous les chaudières, pour les fécher & leur donner de la folidité.

Ceux que l'on nomme *gros fel*, *petit fel* & *fel de porte*, qui diffèrent les uns des autres par le poids & la figure, font deftinés à l'ordinaire des villes & communautés du pays, c'eft-à-dire, au fel dont on ufe dans le pot & la falière.

Ceux qu'on fait pour l'extraordinaire, qui s'emploient aux grosses salaisons des habitans de la province, soit de chairs, soit de fromages, & à l'usage du bétail, sont appelés *sels de Rosières.*

On donne le même nom aux pains qui se fabriquent pour les redevances dûes aux bénéfices, & aux Officiers du Parlement, de la Chambre des Comptes, & autres.

Les ordonnances des anciens Souverains du comté de Bourgogne, destinent pour la cuite des sels, les forêts situées dans la distance de six lieues de Salins, & y affectent en particulier les bois dans la distance de trois lieues; c'est ce qu'on appelle l'*ancienne affectation.*

Depuis 1724, les bois situés dans l'arrondissement des salines, conformément aux ordonnances que l'on vient de rappeler, ont été mis sous l'administration d'un Commissaire du Conseil: un arrêt du Conseil du 4 août 1750, affecta au service des salines, les bois situés dans la quatrième lieue, qui jusqu'alors n'avoient été que destinés à ce service.

Arrêt du Conseil du 4 août 1750.

Le prix des bois appartenans aux particuliers & aux communautés, & qui sont affectés à la cuite des sels, est fixé à raison de 50 sous par corde pour tronc & façon.

Il y avoit anciennement des puits à Muire, à Lons-le-Saunier & à Montmorot, dans lesquels de simples particuliers avoient droit, les uns pour une cuite ou plusieurs, & les autres pour un certain nombre de seaux d'eau salée; les églises y avoient les droits les plus étendus, particulièrement celle de Besançon & l'abbaye de Rosières, c'étoit des redevances accordées par les Seigneurs des maisons de Vienne & de Châlons, auxquels ces puits appartenoient.

Depuis plus de trois siècles, ils étoient abandonnés, soit par le manque ou le prix trop considérable des bois, soit parce que l'eau des puits de Salins, étoit suffisante pour la fourniture de tout le sel nécessaire à la province, & de ce qui pouvoit en être vendu ou débité à l'étranger.

Les redevances qui étoient assignées sur ces puits furent transportées sur les sauneries de Salins; on donna à la ville de Lons-le-Saunier provisoirement cinquante charges de sel annuellement, qui furent converties en une somme annuelle de 1000 livres en 1651, par un décret de l'archiduc Léopold Gouverneur des Pays-bas.

Le Parlement de Dôle, commis depuis pour fixer définitivement cette redevance, la régla à la même somme par un arrêt du 16 juillet 1652, dont l'exécution fut ordonnée par des lettres patentes du 16 décembre 1657; cette redevance a été confirmée depuis la réunion de la province à la Couronne, par un arrêt du Conseil du mois de mai 1703, sur l'avis de M. de Bernage alors Intendant.

Arrêt du Conseil du 16 juillet 1652.

Arrêt du Conseil du mois de mai 1703.

Les différens traités avec les Suisses, & les besoins

de ces peuples, exigeant une plus grande quantité de sel que l'on ne pouvoit en former à Salins, on chercha à s'assurer si l'on ne pourroit pas tirer un parti convenable des eaux salées, qui avoient été abandonnées à Lons-le-Saunier & à Montmorot: il se forma une compagnie qui offrit de vider les étangs, pour faire une épreuve du degré des eaux salées qui s'y trouveroient, & y rétablir des salines, si cet établissement étoit reconnu avantageux, sous la condition qu'eux & leurs ayans cause en jouiroient pendant trente années, en livrant pour le prix qui seroit convenu & fixé au Fermier les sels qu'ils en tireroient: ces offres furent acceptées; il fut expédié en conséquence le 2 juin 1733, un arrêt & des lettres patentes qui furent enregistrées au Parlement de Besançon le 5 août suivant.

Arrêt & lettres patentes du 2 juin 1733.

Salines de Montmorot.

Les travaux n'eurent point de succès à Lons-le-Saunier, l'évènement en fut plus heureux à Montmorot, les Entrepreneurs firent écouler les eaux d'une marre qu'on appeloit *l'étang du saloir*, & y découvrirent six sources d'eau salée qui couloit d'un roc dans le fond de l'étang; ils les réunirent dans un puits de figure ronde, revêtu de pierres de taille liées à chaux & à sable, dont l'ouverture a treize pieds de diamètre dans œuvre, & dix-huit pouces de retraite dans le fond, où ils placèrent un bassin de pierre de taille pour recevoir l'eau des sources à cinquante-sept pieds de profondeur: ces sources rendent communément quatre-vingt-quatorze muids d'eau en vingt-quatre heures, & ont chacune différens degrés de salure; mais étant réunies, elles sont salées au dix-septième degré, & produisent dix-sept livres de sel par cent livres pesant d'eau.

Ces degrés de salure ont été augmentés au moyen des bâtimens de graduation qui ont été construits à Montmorot en 1743.

On fit aussi un arrondissement & une affectation des bois pour la cuite des sels à Montmorot.

Ordonnances de M. l'Intendant de Franche-comté, des 24 février & 9 décembre 1737.

Par trois ordonnances de l'Intendant, des 24 février & 9 décembre 1737, & par un article précis de son bail, le Fermier est autorisé à fournir en sel de la saline de Montmorot, les bailliages de Lons-le-Saunier, Orgelet, Poligny & Saint-Claude; cette fourniture ainsi faite dans l'intérieur de la province, a excité depuis quelques années les plus vives représentations: on a prétendu que ces sels n'étoient point d'une aussi bonne qualité, ni aussi propres aux salaisons qui font le principal commerce de ces bailliages, que ceux qui sont fabriqués à Salins. Les différentes épreuves qui ont été faites, auroient dû rassurer sur cette opinion; mais il paroît que l'objet qu'on se propose aujourd'hui est de fournir les bailliages de la province, des sels de Salins, & de se servir de ceux de Montmorot pour les approvisionnemens des Suisses qui, quoiqu'ils les emploient aux mêmes usages que les habitans des montagnes de Franche-comté, n'y trouvent pas les mêmes inconvéniens.

Il y a dans chaque saline un corps d'Officiers chargés de veiller à ce que les puits, fontaines & sources soient conservées en leur entier, que les conrois qui séparent les eaux salées des douces, soient rafraîchis dans les temps prescrits. Ils sont tenus de faire de fréquentes visites; les Officiers supérieurs doivent tenir la main à l'exécution des règlemens de police & d'administration. Ils connoissent en première instance de tous les délits de l'intérieur : cette administration est sous la juridiction d'un Commissaire du Conseil.

Ventes des sels dans le comté de Bourgogne.

Les détails dans lesquels on est entré, font connoître que les sels qui se consomment en Franche-comté sont de deux espèces : ceux d'ordinaire, dont les quantités sont fixées par les anciennes ordonnances des rois d'Espagne, se livrent & se répartissent pour chaque ville & lieu sur d'anciens rôles déposés à la Chambre des Comptes de Dôle.

Ceux appelés *Rosières* ou d'*Extraordinaire*, fournissent l'excédant de la consommation de la province. Les prix sont fixés pour chaque magasin de distribution, relativement au plus ou moins de distance des salines. Les magasineurs sont chargés de lever le sel à leurs frais aux salines, moyennant une somme convenue par chaque muid ou charge pour leur tenir lieu de salaires, frais de voitures & déchets : il est passé à ce sujet des traités particuliers avec chaque magasinier.

Fournitures aux Suisses.

Les fournitures aux Suisses sont de deux espèces :

Les premières sont en acquit des anciens traités entre le Roi & les Cantons, à des prix qui remboursent à peine les frais de formation.

Les autres sont en conséquence des traités particuliers entre les Cantons & la Ferme générale : cette dernière fourniture se fait à titre de commerce, & s'étend à raison du plus d'avantage que les Cantons ou États de la Suisse trouvent dans la distance & le prix de ces sels comparés à ceux des salines des autres Puissances.

Les livraisons aux cantons Suisses, se font en Suisse même, par un préposé de la ferme générale, établi à Yverdun sur le lac de Neufchâtel, où la ferme fait conduire le sel à ses frais.

Moyens de conservation.

Après avoir ainsi traité ce qui concerne les approvisionnemens & les ventes des sels dans le comté de Bourgogne, il ne reste plus qu'à rendre compte des moyens de conservation mis en usage pour s'opposer au faux-saunage.

Arrêt du Conseil du 30 mars 1700.

Un arrêt du Conseil du 30 mars 1700, avoit fait défense au Fermier des salines, d'établir dans la province aucun entrepôt de sel, dans les trois lieues des frontières des provinces, sujettes aux gabelles de France & de Lyonnois, si ce n'étoit dans les villes, bourgs & lieux fermés: il avoit autorisé le Fermier des gabelles à faire dans l'étendue des trois lieues telles visites qu'il aviseroit bon être: les Intendans, en conséquence des ordres du Conseil, avoient par des ordonnances

ordonnances des 13 mai 1700 & 30 juillet 1701, ajouté à ces précautions celles d'obliger les particuliers qui venoient prendre du sel dans ces magasins à rapporter des certificats du Curé ou des Maire & Échevins du lieu de leur domicile, afin de s'assurer que le sel ne seroit délivré qu'à des gens domiciliés, avec défense à ces particuliers de communiquer leurs certificats à d'autres, à peine de confiscation & de 200 livres d'amende; mais ces dispositions ayant été reconnues n'être pas suffisantes pour empêcher les versemens, non-seulement du sel de la province, mais même du sel marin ou de Peccais, & le Fermier ne pouvant y remédier, attendu que les greniers de la Bresse, du pays de Gex, Bugey, Valromey & autres provinces voisines, étant fournies du même sel de Peccais, il n'avoit aucun moyen pour reconnoître si le sel, qui se trouvoit chez les particuliers, provenoit de ces versemens ou des greniers des gabelles de Lyonnois: on sentit que la principale cause de ces abus venoit de ce qu'il n'y avoit aucune peine établie contre ceux qui les commettoient; & ces motifs déterminèrent à rendre l'édit du mois d'août 1703, qui marqua les différentes peines qui devoient être prononcées sur le fait du faux-saunage, & établit pour juges des contraventions aux règlemens, les Officiers des sauneries de Salins en première instance, & en cas d'appel ceux de la Chambre des Comptes & Cour des Aides de Dôle: cet édit renouvelle les

Édit du mois d'août 1703.

défenſes faites par l'arrêt du Conſeil du 30 mars 1700 au Fermier des ſalines du comté de Bourgogne, d'établir aucun entrepôt & amas de ſel appelé *Roſières* ou *extraordinaire*, dans les trois lieues des frontières des provinces ſujettes aux gabelles de France & de Lyonnois, ſi ce n'eſt dans les bourgs & lieux fermés; autoriſe le Fermier des gabelles de France & de Lyonnois, à tenir en chaque magaſin ou entrepôt un Contrôleur qui en aura une clef, ſera préſent à la diſtribution & en tiendra regiſtre.

Enjoint aux particuliers habitans des paroiſſes de l'étendue des trois lieues, qui iront ſe fournir de ſel aux magaſins & entrepôts, de prendre un certificat du Curé ou des Maire & Échevins du lieu de leur domicile, qui contiendra leurs noms, qualités, emplois & demeure, l'état de leur famille & la quantité de ſel qu'ils voudront acheter, lequel certificat ſera retenu par les Maîtres & Contrôleurs de l'entrepôt qui délivreront un paſſavant ſans frais.

L'édit défend à tous habitans de communiquer ni prêter leurs certificats à quelques perſonnes que ce ſoit, ni de vendre & débiter aucuns ſels directement ni indirectement, à peine de confiſcation & de 200 livres d'amende.

Il ordonne que les particuliers qui ſeront trouvés dans l'étendue des trois lieues, avec du ſel Roſières ou extraordinaire, ſans un paſſavant, ſeront condamnés pour la première fois avec la confiſcation du ſel, en

100 livres d'amende; & pour la seconde, en 300 livres.

Les Gardes des fermes dont la résidence étoit fixée sur les frontières de Champagne, Bourgogne, Bresse & pays de Gex, étoient, aux termes de cet édit, obligés de se transporter à Salins, pour y aller affirmer leurs procès-verbaux devant les Officiers des sauneries: l'éloignement dans lequel cette ville est des frontières en question, donnoit aux faux-sauniers le temps de profiter, sans crainte d'être surpris, de l'absence des Gardes pour faire passer le faux sel; ce qui engagea à établir par édit du mois de mai 1705, sur les frontières du comté de Bourgogne, six juridictions dont la résidence fut fixée à Dôle, à Gray, à Jussey, Lons-le-Saunier, Saint-Amour & Saint-Claude, composées chacune d'un Président, d'un Procureur du Roi & d'un Greffier, pour connoître en première instance, & sauf l'appel en la Chambre des Comptes de Dôle, chacune dans l'étendue & ressort des lieux marqués par l'état arrêté au Conseil, & attaché sous le contre-scel de l'édit, de toutes les matières tant civiles que criminelles, concernant le faux-saunage, & généralement de toutes les malversations & contraventions tant à l'édit du mois d'août 1703 qu'aux règlemens précédens. *Édit de mai 1705.*

L'édit ordonne, en dérogeant à celui de 1703, que les Officiers des sauneries de Salins, connoîtront seulement à l'avenir des contraventions dans le reste de la province & dans tous les lieux autres que ceux compris dans l'état & qui doivent composer le ressort de chacune des six juridictions nouvelles.

Il ordonne aussi, en interprétant l'édit de 1703, que les particuliers domiciliés dans la province, qui seront trouvés dans l'étendue des trois lieues frontières des gabelles de France & de Lyonnois, avec du sel Rosières ou extraordinaire, sans un passavant du Commis du magasin ou entrepôt où ils l'auront pris, seront simplement condamnés aux peines portées sur cet objet par l'édit; mais qu'à l'égard de ceux qui, quoique domiciliés dans la province, seront trouvés portant du sel au-delà de leur domicile du côté des provinces des Gabelles, les non-domiciliés & gens sans aveu, quoique de la province, ensemble les extraprovinciaires, qui seront rencontrés portant du sel dans toute l'étendue des trois lieues, seront punis comme faux-sauniers & condamnés comme tels aux peines portées par les autres dispositions de l'édit de 1703, & par la Déclaration du 5 juillet 1704.

Tels sont les principaux détails concernant les gabelles du comté de Bourgogne: voici maintenant ceux des gabelles des Trois-évêchés.

Trois-évêchés & Lorraine.

Le sel qui se consomme dans les Trois-évêchés, est tiré des salines de Moyenvic qui appartiennent au Roi.

Les habitans des paroisses & communautés sont tenus, aux termes de l'arrêt du Conseil du 21 juillet

1722, de prendre le sel néceſſaire pour leur proviſion & conſommation dans les magaſins où leſdites paroiſſes & communautés reſſortiſſent par les états d'arrondiſſement qui, en conſéquence de cet arrêt, ont été arrêtés les 10 avril 1723 & 22 mars 1724, à peine contre ceux qui ne juſtifieront pas par bulletins, avoir pris leur ſel dans leſdits magaſins, de confiſcation & de 500 livres d'amende.

Arrêt du Conſeil du 21 juillet 1722.

Le prix du ſel eſt fixé par l'arrêt du Conſeil du 7 juin 1681, rappelé dans l'article XXXIII du bail de Forceville, tant pour le droit que pour la voiture, ſavoir, dans la ville de Metz, pays Meſſin & quatre Mairies du Val de Metz dépendant de l'Évêché, Thionville, Sierck, Vic, à raiſon de 5 ſous 2 deniers la pinte; dans la ville de Toul & villages circonvoiſins, Baccarat, Moyen, Sarbourg, Elme & villages qui ſont ſur leurs routes, Malatour & Gorze, à raiſon de 5 ſous 3 deniers la pinte; à Verdun, Marville, Damvillers, Montmedy, Chevancy, Carignan, Mouzon, Château-regnault & lieux en dépendans, à raiſon de 5 ſous 8 deniers la pinte, ainſi qu'à Rarecourt, ſuivant l'arrêt du 30 octobre 1688.

Arrêt du Conſeil du 7 juin 1681.

Arrêt du Conſeil du 30 octobre 1688.

Le Fermier a la liberté de faire le commerce du ſel dans le pays étranger, & de le vendre à tel prix qu'il juge à propos.

Il y a une affectation de bois pour l'uſage de la ſaline de Moyenvic : cette affectation a été faite par différens arrêts du Conſeil, & entr'autres par ceux des

Arrêts du Conseil des 14 décembre 1723, 23 janvier 1731 & 15 juillet 1732.

14 décembre 1723, 23 janvier 1731 & 15 juillet 1732, qui ont en même temps réglé l'adminiſtration & la police qui ſeroient obſervées pour la conſervation & l'exploitation de ces bois.

Le Fermier peut établir tel nombre de Magaſineurs ou Regrattiers qu'il juge néceſſaires pour vendre le ſel au prix réglé, tant en gros qu'en détail : ils prêtent ſerment devant l'Intendant.

Le Fermier eſt tenu de payer annuellement comme charge du bail, à l'Évêque de Metz, 1.° Deux mille cinq cents livres pour le prix de deux cents muids de ſel :

2.° Quinze mille livres, faiſant moitié de 30 mille livres, à quoi ſe trouvent évaluées les 45 mille livres barois que le Roi doit lui payer annuellement juſqu'à ce qu'il en ait été autrement ordonné par Sa Majeſté.

Les ſalines qui approviſionnent la Lorraine, ſont celles de Dieuze & de Château-ſalins.

Il y avoit encore celle de Roſières; mais elle vient d'être ſupprimée.

On a uni pour l'adminiſtration les ſalines de Dieuze & de Château-ſalins, & celle de Moyenvic dans les Trois-évêchés, & il a été établi une commiſſion pour la réformation des bois & l'approviſionnement de ces ſalines : elles fourniſſent à la conſommation dans l'intérieur des deux provinces & à la vente étrangère pour le Palatinat, la Suiſſe & une partie du cours du Rhin.

On a déjà fait connoître, en traitant ce qui concerne les gabelles du comté de Bourgogne, les avantages qui résultent de cette vente étrangère.

Il paroît que cette branche de commerce a fait des progrès considérables par les soins de ceux qui ont été chargés de cette manutention, & dont l'objet est de prendre les mesures nécessaires pour procurer aux sels provenans des salines de France, la préférence sur ceux des autres pays dont les étrangers sont à portée de s'approvisionner également.

Le Roi ne jouit des droits de la vente du sel en Alsace, que dans les lieux de l'ancienne domination, au prix de 10 livres 16 sous 8 deniers le quintal, & dans les villes de Huningue, Fort-Louis, Neuf-brisac, citadelle & forts de Strasbourg, au prix de 7 livres 10 sous le quintal. Alsace.

Ce droit est régi conjointement avec les autres droits domaniaux dont il jouit aussi, qui sont les Péages, le Masphenning, espèce de droit d'aides sur les vins qui se consomment chez les Cabaretiers, le droit de protection des Juifs, d'aubaine & déshérence, & les amendes édictées au Conseil supérieur d'Alsace & autres justices royales.

Les villes & les seigneurs jouissent des mêmes droits dans les lieux de la nouvelle domination, à l'exception de ceux de péages qui appartiennent au Roi à titre de souveraineté.

La vente des sels en Alsace, se fait par des préposés

principaux de la ferme qui fait conduire les ſels à ſes frais : ces prépoſés les délivrent aux diſtributeurs particuliers établis dans chaque village : les prix ſont fixés par d'anciennes ordonnances, & n'ont point varié depuis le changement de domination.

La vente du ſel en Alſace n'eſt expoſée à aucun verſement : les villes & ſeigneurs qui jouiſſent du droit de Gabelles, vendent le ſel à leurs vaſſaux au même prix que le Roi.

La formation des ſels entraînant, tant dans les Trois-évêchés que dans le comté de Bourgogne, des ſoins fort étendus, & dans la crainte que les détails ne fuſſent pas ſuivis par les Employés de la ferme générale avec la même économie, les Fermiers généraux ſont dans l'uſage de traiter de cette partie du ſervice, à la charge par les Entrepreneurs de fournir à des prix convenus tous les ſels néceſſaires pour les conſommations de la Franche-comté, des Trois-évêchés & de l'Alſace, & pour les fournitures aux Suiſſes.

Après avoir traité ce qui concerne les petites Gabelles & celles du comté de Bourgogne, des Trois-évêchés, de la Lorraine & de l'Alſace, il eſt néceſſaire de revenir aux pays rédimés, & de terminer enſuite ce Mémoire par les pays exempts de la Gabelle.

PAYS RÉDIMÉS.

ON a déjà donné le détail des provinces connues sous le nom de *Pays rédimés*, parce qu'elles ont été admises au rachat des droits de Gabelles : on a rappelé tout ce qui s'étoit passé à l'occasion de ce rachat sous le règne d'Henri II, les conditions sous lesquelles il avoit été fait. Il ne reste plus qu'à rendre compte de la police à laquelle ces provinces ont été assujetties dans les parties qui avoisinent les pays de Gabelles.

Il a été établi des dépôts auxquels ont été affectées un nombre de paroisses des pays rédimés, dont les habitans sont obligés de se fournir chez les marchands de sel autorisés & soumis à des règles qui ont pour objet de restreindre la consommation des ressortissans à des quantités proportionnées à leur famille & déterminées par l'ordonnance, afin de pourvoir aux inconvéniens d'une communication inévitable avec les pays de Gabelles.

Le titre XVI de l'ordonnance de 1680, détermine les lieux où ces dépôts seront établis ; en fixe les arrondissemens & la consommation des habitans des paroisses qui y sont sujettes, à raison d'un minot par an pour sept personnes, tant pour le pot & la salière que pour les grosses salaisons, à peine de confiscation de l'excédant & de 200 livres d'amende ; elle défend de faire aucun amas de sel dans l'étendue de ces paroisses, à peine de confiſcation & de 150 livres d'amende pour la première fois, & en cas de récidive d'être punis comme faux-ſauniers.

Quoique les différentes diſpoſitions de ce titre de l'ordonnance de 1680, euſſent réglé la police & l'adminiſtration de ces dépôts, il s'y étoit cependant gliſſé différens abus, ſoit par une interprétation vicieuſe de quelques-uns des articles de l'ordonnance, ſoit par le relâchement qui s'étoit introduit dans ſon exécution; ce qui détermina le Roi à expliquer par une Déclaration du 22 novembre 1722, les articles qui pouvoient avoir quelqu'obſcurité, & à aſſurer d'une manière convenable la régie de ces dépôts, en ajoutant de nouvelles précautions à celles qui avoient déjà été priſes par l'ordonnance.

Déclaration du 22 novembre 1722.

La Déclaration annulle & révoque toutes les permiſſions qui avoient été données juſqu'à cette époque, aux reſſortiſſans des pays rédimés pour amener du ſel au dépôt; elle ordonne qu'il en ſera donné de nouvelles.

Elle défend aux Juges des dépôts d'en accorder à l'avenir qu'à des perſonnes ſolvables, domiciliées & connues pour telles & du conſentement du Fermier ou des Commis aux dépôts par lui prépoſés, à peine d'interdiction.

Elle enjoint aux Juges de ne donner les permiſſions que juſqu'au nombre néceſſaire & ſuffiſant pour le ſervice & fourniſſement des dépôts, & ce, à raiſon de la consommation qui s'y fait année commune, & de cinq cents boisseaux ou cent soixante-dix-sept minots mesure de Paris, pour chaque fournisseur, dérogeant à cet égard à l'article VII du titre XVI de l'ordonnance de 1680, qui permettoit d'amener aux dépôts telle quantité que bon leur sembleroit, à ceux qui s'étoient fait inscrire au greffe du dépôt, & en prenant simplement du Commis, des passavans contenant le lieu de leur demeure, le nom des marais ou salorges où ils lèveroient le sel, & le temps dans lequel ils le feroient arriver au dépôt.

Les nouvelles permissions doivent être accordées aux particuliers déjà inscrits aux greffes des dépôts, eu égard à leur conduite & à leurs facultés.

Ceux dont les permissions n'auront pas été renouvelées en conséquence de la Déclaration, ne pourront à l'avenir, s'immiscer à amener du sel aux dépôts, à peine de 200 livres d'amende pour la première fois, & en cas de récidive, d'être poursuivis comme faux-sauniers.

La Déclaration révoque aussi les permissions qui avoient été accordées jusqu'alors aux marchands pour revendre au peuple les sels des dépôts; elle enjoint aux Juges d'en réduire la quantité au nombre nécessaire, dans la même proportion que celle prescrite ci-dessus, pour les fournisseurs & du consentement du Fermier ou de ses Commis.

Elle défend, sous les mêmes peines que celles

prononcées contre les fourniſſeurs, aux marchands qui n'auront pas été inſcrits de nouveau au greffe, de s'immiſcer à l'avenir à revendre du ſel au peuple.

Elle enjoint aux Collecteurs des tailles des paroiſſes ſujettes aux dépôts, aux Conſuls, Maires, Syndics des villes franches, abonnées & tariffées qui y reſſortiſſent, de délivrer aux Commis aux dépôts, des rôles de dénombrement de tous les reſſortiſſans, dans le mois de février de chaque année, à peine de 40 livres d'amende, conformément à l'article XVII du titre XVI de l'ordonnance de 1680.

Ces rôles doivent contenir le dénombrement des chefs de familles, de leurs enfans & domeſtiques, & par un article ſéparé, le dénombrement des chapitres, communautés régulières, Eccléſiaſtiques, Nobles, Officiers d'épée & de judicature; les Collecteurs, Maires & Syndics, ne doivent point y comprendre les mendians & autres non domiciliés dans le reſſort des dépôts, ni augmenter le nombre des perſonnes dont chaque famille eſt compoſée, à peine de 10 livres d'amende pour chaque perſonne augmentée.

La Déclaration enjoint à tous les reſſortiſſans des dépôts, de prendre du ſel aux dépôts dans le reſſort deſquels ils ſont domiciliés; leur défend, ſous quelque prétexte que ce ſoit, d'aller aux ſalorges, ni même aux dépôts plus proches des lieux de leur demeure, prendre le ſel néceſſaire à leur conſommation, à peine de 150 livres d'amende, & en cas de récidive d'être punis comme faux-fauniers.

Les habitans des paroiffes du reffort des dépôts lorfqu'ils auront à y lever le fel de leur provifion, feront tenus de fe faire connoître aux Commis & de leur repréfenter les certificats des Curés, pour juftifier de leur domicile dans les refforts des paroiffes fujettes aux dépôts, relativement aux rôles dans lefquels ils feront compris; il eft fait défenfe aux Curés, à peine de 20 livres d'amende & de faifie de leur temporel, de donner des certificats à d'autres perfonnes & fous des noms fuppofés.

La Déclaration défend aux Commis aux dépôts, de délivrer à l'avenir aux reffortiffans defdits dépôts, fous quelque prétexte que ce puiffe être, aucun paffavant, foit pour aller aux falorges, foit en d'autres dépôts que ceux dont ils reffortiffent, prendre du fel pour leur confommation; dérogeant à cet égard à l'article XVIII du titre XVI de l'ordonnance de 1680.

Elle veut que les formalités & conditions prefcrites par l'article VII du même titre de l'ordonnance, pour ceux auxquels il fera permis d'amener du fel aux dépôts, foient exécutées felon leur forme & teneur.

Pour obvier aux inconvéniens qui réfultoient de la différente continence des mefures qui étoient en ufage aux dépôts, établir à cet égard l'uniformité & la relation entre ces mefures & toutes celles des pays de gabelles, la Déclaration ordonne qu'à commencer au 1.er janvier suivant, le boisseau des dépôts demeurera fixé au quart de minot mesure de Paris : elle défend à tous Fournisseurs, Minotiers, Revendeurs & autres de se servir d'une autre mesure, à peine de 200 livres d'amende : Enjoint au Fermier de compter à l'avenir de la recette & dépense en sel faite aux dépôts, en la manière usitée dans les greniers des gabelles de France par muids, setiers, minots & quarts de minot.

Enfin, elle défend l'usage qui s'étoit abusivement introduit dans plusieurs des bureaux de la recette des droits de la traite de Charente, d'y mesurer les sels à pelle forcée; elle ordonne qu'ils seront mesurés à pelle renversée, ainsi & de même qu'ils le sont, & le doivent être aux dépôts, à peine de 200 livres d'amende, & de plus grande s'il y échoit.

Telle est en général la police prescrite dans les pays rédimés, relativement aux dépôts : il ne reste plus qu'à retracer celle qui concerne les pays exempts.

PAYS EXEMPTS.

LES pays exemps de gabelles sont, la Bretagne, l'Artois, le Cambresis, le Hainault & la Flandre : nous allons les parcourir successivement, ainsi que les réglemens qui ont lieu dans chacun de ces pays, pour empêcher les versemens que l'abus de leur liberté &

de leur privilége pourroit occaſionner dans les pays de Gabelles.

Bretagne.

L'article XXIII du titre XVI de l'ordonnance des Gabelles du mois de mai 1680, & la Déclaration en forme d'édit pour la province de Bretagne, du mois de décembre de la même année, enregiſtrée au Parlement de cette province le 3 mars 1681, en maintiennent les habitans dans l'exemption des droits de Gabelles, en leur défendant néanmoins de faire aucun amas de ſel, dans les paroiſſes voiſines de deux lieues des derniers villages ou hameaux des provinces de Normandie, Maine & Anjou, au-delà de ce qui leur eſt néceſſaire pour leur uſage & conſommation de leurs maiſons pendant ſix mois, que l'ordonnance fixe à raiſon d'un minot du poids de cent livres de marc pour ſept perſonnes par chaque année.

L'ordonnance & la Déclaration exceptent les villes de Dôle, Fougères, Vitré, la Guerche, Chateaubriant, Ancenis & Cliſſon, dans leſquelles néanmoins le ſel ne pourra être vendu que ſous la halle aux jours & heures du marché, aux domiciliés de la province & pour leur proviſion ſeulement, avec injonction aux Juges des villes d'y tenir la main.

Elles défendent auſſi à tous marchands & autres, tant hommes que femmes, d'en vendre & débiter autrement, à peine de confiſcation du ſel & de 500 livres d'amende pour la première fois, de cinq ans de galères pour la ſeconde à l'égard des hommes, &

pour les femmes du fouet & du banniſſement à perpétuité de la province :

La Déclaration enjoint à tous Juges des Seigneurs, Haut-juſticiers des paroiſſes de la province, limitrophes de celles de Normandie, Maine & Anjou, de tenir la main à ce que les habitans n'aient point de magaſins de ſel au-delà de ce qui leur eſt néceſſaire pour leur proviſion.

De viſiter, lorſqu'ils en feront requis par les Commis du Fermier, les maiſons des particuliers ſoupçonnés de faux-ſaunage, informer contre les coupables, rapporter leurs procès-verbaux, & juger définitivement ſauf l'appel au Parlement.

La Déclaration veut que les Juges royaux & ceux des Seigneurs du reſſort du Parlement, connoiſſent en première inſtance des contraventions, inſtruiſent & jugent les procès des faux-ſauniers & coupables deſdites contraventions, juſqu'à ſentence définitive incluſivement & à la charge de l'appel.

Elle défend à tous Hôteliers, Cabaretiers & autres perſonnes, de donner retraite aux faux-ſauniers & gens attroupés venant des provinces de Normandie, Maine & Anjou, pour prendre du ſel en Bretagne, ſous les peines ci-deſſus exprimées; & en outre de demeurer reſponſables en leur nom des condamnations pécuniaires qui ſeroient rendues contre les faux-ſauniers.

Il leur eſt enjoint, ſous les mêmes peines, dans le cas où les faux-ſauniers voudroient entrer & loger par force

force dans leurs maifons, de rendre leurs plaintes par-devant les Juges des lieux dans les vingt-quatre heures; il eft ordonné aux Juges d'en informer; à tous Officiers & habitans, de courir fur les faux-fauniers & gens attroupés, de les arrêter avec leurs équipages, & de les repréfenter en juftice; & le tiers des confifcations qui feront prononcées, doit être adjugé à ceux qui les auront repréfentés.

Il eft défendu à tous Fermiers des ponts & paffages, Meuniers, Lavandiers, & autres ayant bacs & bateaux fur les rivières limitrophes des provinces d'Anjou, Maine & Normandie, de paffer ou laiffer paffer les faux-fauniers; les bacs & bateaux doivent à cet effet être attachés la nuit avec des chaînes de fer & ferrures fermant à clef du côté des paroiffes des greniers, à peine de confifcation & de 300 livres d'amende.

Tous Juges, tous Officiers & toutes perfonnes, quoique privées, font déclarées compétentes pour la capture des faux-fauniers, portant, conduifant, débitant ou refferrant leur fel, fans qu'il foit befoin de décret ni de commiffion; à la charge qu'ils feront inceffamment conduits avec leur fel & équipages, devant les Officiers des lieux.

Faute par les condamnés, de payer l'amende dans les deux mois du jour que la fentence leur aura été prononcée par le Greffier de la juridiction en laquelle ils auront été jugés, les peines pécuniaires feront converties en celles du fouet, de la flétrissure ou du bannissement, selon que les prévenus seront plus ou moins coupables.

Les sentences passeront en force de chose jugée, si les condamnés ne consignent, dans les trois mois, les amendes prononcées contre eux.

Les pères & mères seront civilement responsables des amendes qui auront été adjugées contre leurs enfans mineurs.

Enfin la juridiction sur les contraventions aux règlemens que contient cette Déclaration, est attribuée à la Grand'Chambre du Parlement de Bretagne, exclusivement aux Chambres des Enquêtes & de la Tournelle.

ARTOIS. La PROVINCE D'ARTOIS jouit aussi de l'exemption de la Gabelle.

Ce privilége tire son origine de l'ancienne composition d'Artois, appelée communément l'*Aide ordinaire;* il a été confirmé par les capitulations accordées aux villes du pays & par une infinité de règlemens.

L'ordonnance du mois de mai 1680, titre XVI, article XXV, maintient les habitans d'Artois dans le privilége d'user du sel gris & du sel blanc indifféremment pour leurs grosses & menues salaisons; à la charge qu'il ne sera fait aucun amas de sel au-delà de ce qui est nécessaire aux habitans pour l'usage & dépense de leurs maisons pendant six mois, à raison d'un minot du poids de cent livres, pour sept personnes, par an, dans un certain nombre de paroiſſes limitrophes de la Picardie nommément déſignées; à peine contre les contrevenans, de confiſcation du ſel & de 500 livres d'amende pour la première fois, de cinq ans de galères pour la ſeconde à l'égard des hommes, du fouet & du banniſſement à perpétuité de la province à l'égard des femmes.

L'article XXVI du même titre, défend aux Commis, Capitaines, Gardes & Archers prépoſés par le Fermier des Gabelles, de faire aucunes recherches ni viſites dans les villes, bourgs, villages & lieux, autres que ceux ſpécifiés dans l'article précédent, à peine de punition corporelle.

Il ajoute que le Fermier pourra néanmoins établir des Gardes aux portes des villes d'Heſdin & de Bapaume, pour obſerver les enlèvemens du ſel, en la manière accoutumée

En 1690, lorſqu'il fut queſtion de former une liſière du côté du Boulonois, pour prévenir les verſemens de tabac, on reconnut que les paroiſſes dénommées dans l'article de l'ordonnance que l'on vient de rappeler & dans l'état annexé à un arrêt du Conſeil du 1.er février 1664, n'étoient pas les ſeules qui fuſſent dans l'étendue des trois lieues limitrophes de la Picardie; on conſtata le nombre de celles qui y étoient également ſituées, & par un arrêt du Conſeil du 21 février 1690, où elles ſont ſpécifiées, il fut dit que l'ordonnance de 1680 ſeroit exécutée dans

Arrêt du Conſeil du 21 février 1690.

ces paroisses omises comme dans celles qu'elle avoit nommément désignées.

Plusieurs ordonnances des Intendans, enjoignirent aux Syndics, Lieutenans & Gens de loi des paroisses situées dans les trois lieues limitrophes, de fournir au Fermier le dénombrement des feux & familles de chaque paroisse, de six mois en six mois, à peine de 100 livres d'amende.

Les États d'Artois s'adressèrent au Roi, sous prétexte que ces ordonnances attaquoient les priviléges de la province; mais Sa Majesté répondit à leurs cahiers de 1706, qu'Elle ne pouvoit les dispenser de donner les déclarations dont il s'agissoit, avec cette restriction néanmoins, qu'elles ne seroient fournies qu'une seule fois dans le mois d'Octobre de chaque année; au moyen de quoi, continuoit la réponse, les habitans ne seroient plus sujets aux visites des Commis.

Cette décision fut confirmée par arrêt du Conseil du 2 août 1707, rendu sur la requête des États.

Arrêt du Conseil du 2 août 1707.

Le Fermier forma opposition à cet arrêt en ce qu'il affranchissoit de toutes visites les paroisses situées dans les trois lieues limitrophes.

Il y eut, le 18 mai 1716, un procès-verbal devant M. de Bernage, alors Intendant d'Artois, dans lequel on voit que le Fermier fit une distinction entre les visites qui ne regardoient que l'examen du nombre des familles & les visites qui se faisoient pour prévenir les amas de sel & le faux-saunage.

Par rapport aux premières, il obſerva qu'au moyen du dénombrement, elles devenoient effectivement inutiles, parce qu'elles ne s'étoient faites que pour ſuppléer au défaut de remiſe de ces dénombremens.

Il ſoutint en même temps que les viſites de la deuxième eſpèce, ne pouvoient être compriſes dans l'affranchiſſement prononcé par l'arrêt de 1707, parce qu'elles étoient autoriſées par la diſpoſition textuelle de l'ordonnance de 1680; qu'il étoit de principe que le Roi ne dérogeoit à ſes édits & ordonnances que par d'autres ordonnances ou déclarations; & enfin que ces viſites étoient abſolument néceſſaires pour empêcher les amas & verſemens.

Arrêt du Conſeil du 27 février 1717.

Cette diſtinction fut adoptée par un arrêt du Conſeil du 27 février 1717, qui en interprétant en tant que de beſoin celui de 1707, ordonna qu'en fourniſſant par les habitans des paroiſſes d'Artois, ſituées dans les trois lieues des limites de la Picardie, les déclarations des feux, familles & perſonnes dont chaque communauté étoit compoſée, ſignées des Lieutenans & Gens de loi, une ſeule fois au mois d'Octobre de chaque année, elles ſeroient exemptes des viſites des Commis de la ferme pour ce qui regardoit la recherche du nombre des perſonnes qui compoſoient chaque famille, ſans préjudice des viſites que les Commis pourroient faire ſur les avis qui leur ſeroient donnés des amas de ſel qui ſeroient faits par les habitans de ces paroiſſes au-delà de leur proviſion.

Le même arrêt enjoignoit aux Commis, lorſqu'ils arriveroient dans une communauté pour faire une viſite, de requérir le Lieutenant ou l'un des Gens de loi, & en leur abſence l'un des principaux habitans, de les accompagner dans leurs viſites; il enjoignoit pareillement à ces chefs de communautés, d'accompagner les Commis à la première réquiſition qui leur en ſeroit faite, & ce, ſans aucun frais, à peine de 100 livres d'amende.

Ordonnance de M. l'Intendant du 15 décembre 1714.

Par une ordonnance de M. l'Intendant, du 15 décembre 1714, les habitans des paroiſſes ſituées en deçà de la rivière d'Authie, avoient été de plus aſſujettis à déclarer au bas de leurs rôles, par quels endroits ils deſiroient paſſer cette rivière avec le ſel qu'ils iroient prendre à Arras, pour la conſommation de leurs ménages, & qu'ils ne pourroient aller chercher ſans être porteurs d'un billet du Bailli, Lieutenant ou autre principal habitant, qui contiendroit la quantité de ſel qu'ils voudroient apporter, mais qui ne pourroit néanmoins excéder celle fixée pour la conſommation de ſix mois; & qu'en cas que ces habitans fuſſent trouvés dans une autre route que celle déclarée au bas du rôle, ou qu'ils fuſſent porteurs d'une plus forte quantité de ſel que celle marquée par le billet, ou qu'on les rencontrât avec du ſel ſans billet, ils pourroient être pourſuivis ſuivant la rigueur des Loix intervenues contre les faux-ſauniers.

Les diſpoſitions de cette ordonnance furent confirmées par l'arrêt du Conseil du 27 février 1717, que l'on a rappelé.

Toutes ces précautions n'arrêtèrent point le progrès du faux-saunage; il se fit au contraire pendant l'année 1717, avec tant de licence que l'on fut obligé d'employer la force pour réprimer le désordre.

En 1719, on vérifia les quantités de sel que l'Artois & les autres provinces privilégiées, avoient tiré depuis un an des ports de Dunkerque, Calais, Boulogne & Étaples: il fut reconnu qu'elles alloient beaucoup au-delà de ce qui étoit nécessaire pour la consommation des habitans de ces provinces.

On sentit que cet excédant occasionnoit les versemens dont on se plaignoit, & ce fut dans la vue d'en arrêter le cours que le Conseil, par arrêt du 28 juillet 1719, imposa 10 livres de droit d'entrée, & les Quatre sous pour livre sur chaque rasière de sel venant dans les ports ci-dessus désignés, à la destination du pays conquis.

Arrêt du Conseil du 28 juillet 1719.

Les États d'Artois représentèrent que cette imposition étoit l'atteinte la plus sensible, qui pût être portée à leurs priviléges, & que l'unique motif qui avoit engagé à l'établir ayant été de diminuer l'abus du sel gris dans l'Artois, ils croyoient ne pouvoir donner à Sa Majesté des preuves plus sincères de leur zèle pour son service & du desir qu'ils avoient de concourir à la destruction du faux-saunage, qu'en consentant à ce que l'ufage & le commerce du fel gris fuffent interdits dans leur province.

Cette propofition ayant été agréée, il intervint le 29 février 1720, un arrêt du Confeil qui, par l'article I.er révoqua en faveur de l'Artois l'arrêt du 28 juillet 1719.

Arrêt du Confeil du 29 février 1720.

L'article II portoit que tout ufage & commerce du fel gris, feroit interdit à l'avenir dans cette province, à peine de confifcation & de 3 mille livres d'amende, & qu'il n'en pourroit entrer que pour le travail des rafineries en prenant les précautions indiquées par cet arrêt.

Il fut dit par l'article XII que le tranfport, le commerce & l'ufage du fel blanc, demeureroient libres dans toute l'étendue de la province, & que les habitans en pourroient avoir tels magafins qu'ils voudroient; à l'exception des paroiffes fituées dans les trois lieues limitrophes du pays de Gabelles, aux habitans defquelles on renouvela les défenfes de faire aucun amas de fel blanc.

Cet article ajoutoit que les habitans de ces trois lieues, continueroient de fournir leurs dénombremens, & que les Commis continueroient de faire leurs vifites dans la même étendue, ainfi que les règlemens antérieurs l'avoient prefcrit.

Il fut expreffément défendu par l'article XIII, à tous habitans d'Artois & autres, de grifeler le fel blanc, à peine d'être punis comme faux-fauniers, & par le dernier

dernier article, Sa Majesté confirma toutes les franchises de l'Artois.

L'interdiction du sel gris dans cette province ne fut qu'un remède impuissant contre le faux-saunage ; le Roi informé que la principale source de celui qui se faisoit dans le département d'Amiens, procédoit de ce que les habitans de la ville de Saint-Pol, qui se trouvoient hors des trois lieues portées par l'ordonnance de 1680, avoient la liberté de faire des amas & entrepôts de sel dans cette ville, dont il se faisoit des versemens considérables, non-seulement sur la Picardie, mais même jusque dans les départemens de Paris, Soissons & Normandie, se persuada que le plus sûr moyen de prévenir les suites d'un pareil abus, étoit de priver cette ville des priviléges qui lui étoient communs avec le reste de l'Artois, pour punir ses habitans du mauvais usage qu'ils en faisoient, & en conséquence il fut rendu le 21 juin 1723 un arrêt du propre mouvement, dont voici les dispositions.

Arrêt du Conseil du 21 juin 1723.

L'article I.er défendoit aux habitans de Saint-Pol, d'avoir dans leurs maisons, une plus grande quantité de sel à la fois que ce qui étoit nécessaire pour leur usage pendant six mois, à raison de cent livres pour sept personnes par an, sous les peines portées par l'article XXV du titre XVI de l'ordonnance de 1680.

L'article II leur ordonnoit de porter dans la quinzaine après la publication, aux magasins qui leur seroient indiqués les sels qu'ils pourroient avoir au-delà de la provision ci-dessus.

L'article III prescrivoit la tenue de deux registres pour y inscrire la quantité de sel qui seroit déposée dans ces magasins, & celle qui seroit délivrée aux habitans à mesure qu'ils en auroient besoin, suivant la proportion réglée par l'article I.er, tant pour pot & salière que pour grosses salaisons.

L'article IV ordonnoit que ces magasins seroient fermés à deux clefs, dont l'une seroit remise à un Inspecteur nommé par les États, & l'autre au Commis du Fermier.

L'article V ordonnoit aussi une visite générale dans toutes les maisons de Saint-Pol, indistinctement après la quinzaine expirée, pour vérifier si les dispositions des deux premiers auroient été exécutées, & prononçoit la confiscation du sel réservé au-delà de la provision prescrite, & une amende de 100 livres contre les contrevenans.

L'article VI enjoignoit de fournir dans le même délai de quinzaine, un dénombrement certifié des Maïeur & Échevins, pour mettre les Commis chargés de cette visite générale, en état de découvrir ceux qui auroient contrevenu : il portoit que ce dénombrement continueroit d'être fourni tous les ans au mois d'Octobre, qu'il seroit libre aux Commis d'en faire la vérification, & que sur leurs procès-verbaux les Maïeur & Échevins, ainsi que les chefs de famille, seroient condamnés solidairement en 50 livres d'amende pour chaque personne qui se trouveroit de trop dans le dénombrement.

Il étoit dit par l'article VII, qu'après que le sel remis dans chaque magasin auroit été entièrement délivré, les habitans de Saint-Pol pourroient s'en pourvoir où bon leur sembleroit, en observant néanmoins de n'en pas prendre pour plus de six mois, conformément à l'article I.er & sous les peines y portées.

L'article VIII permettoit aux Commis de se transporter quand ils le jugeroient à propos, & sans être obligés d'en obtenir la permission, dans les maisons des Ecclésiastiques, Nobles, Bourgeois & autres habitans de Saint-Pol, pour y faire des visites, en se faisant accompagner du Juge du lieu qui, à la première réquisition, seroit tenu de se joindre à eux, à peine de 100 livres d'amende en cas de refus: cet article dérogeoit pour la ville de Saint-Pol seulement aux articles XXVI du titre XVI, & III du titre XIX de l'ordonnance de 1680.

Par l'article IX, la connoissance des contraventions étoit attribuée en première instance à M. l'Intendant, & par appel au Conseil.

La disposition de cet arrêt, en ce qui concernoit la remise du dénombrement, n'ayant point été exécutée, il intervint un autre arrêt le 27 juin 1724, par lequel il fut ordonné que jusqu'à ce que le dénombrement eût été fourni & vérifié, les marchands & *Arrêt du Conseil du 27 juin 1724.*

habitans de Saint-Pol feroient tenus de dépofer au magafin de la ferme, tout le fel qu'ils feroient venir pour leur confommation, & qu'il leur feroit enfuite délivré fuivant les formalités prefcrites par l'arrêt du 21 juin 1723.

Ces deux arrêts demeurèrent fans exécution jufqu'en 1737, mais alors le faux-faunage qui alloit toujours en augmentant, fit fentir la néceffité de les mettre en vigueur : les Commis fe préfentèrent aux Maire & Échevins de Saint-Pol pour les requérir de les accompagner dans la vifite qu'ils fe propofoient de faire en conformité de l'arrêt du 21 juin 1723; mais ces Magiftrats s'y refusèrent fous prétexte que les États d'Artois avoient formé oppofition à cet arrêt : les Commis drefsèrent procès-verbal du refus, & par une ordonnance de M. l'Intendant du 31 janvier 1738, les Maire & Échevins furent condamnés folidairement en 100 livres d'amende : les Commis munis de cette ordonnance, retournèrent à Saint-Pol où ils effuyèrent un nouveau refus qui fut pareillement fuivi de procès-verbal, ce qui donna lieu à une autre ordonnance du 13 juin de la même année, portant condamnation en une nouvelle amende, avec injonction de fe conformer à l'avenir à l'arrêt de 1723, à peine de plus groffe amende & d'être pourfuivis extraordinairement comme réfractaires & défobéiffans aux ordres de Sa Majefté.

Les États s'étant pourvus au Confeil contre ces ordonnances & contre les arrêts de 1723 & 1724, furent déboutés de leur opposition par arrêt du 3 mars 1739, & étant revenus à la charge sous le nom des magistrats de Saint-Pol, ils furent de nouveau déboutés par arrêt du 25 août suivant.

Arrêt du Conseil du 3 mars 1739.

Il s'engagea une nouvelle instance au Conseil entre les États d'Artois & le Fermier, au sujet des arrêts rendus contre la ville de Saint-Pol.

Les États demandoient que ces arrêts fussent retractés.

Le Fermier concluoit de son côté à ce que l'exécution en fût ordonnée, & qu'au surplus, en confirmant le légitime usage des priviléges de la province, on établît des règles qui en réformassent l'abus.

Ce fut ce qui donna lieu à la Déclaration du 9 avril 1743, dont on va rappeler les dispositions; à l'exception néanmoins de celles qui n'ont que la partie du tabac pour objet.

Déclaration du 9 avril 1743.

Comme les États d'Artois, ainsi que plusieurs villes & communautés du Hainault, firent des représentations sur quelques articles de ce règlement, dont ils firent envisager l'exécution littérale comme pouvant donner atteinte à leurs priviléges, il intervint le 13 mai 1746, une autre Déclaration; on en fera mention à ceux des articles de la Déclaration de 1743 que la nouvelle Déclaration peut concerner:

1.° Suivant l'article I.er de la Déclaration du 9 avril 1743, tous les règlemens rendus pour autoriser les fonctions des Commis des fermes jusqu'à certaines diſtances limitées dans l'Artois, le Cambreſis, le Hainault & autres provinces qui jouiſſent de l'exemption de quelques-uns des droits du Roi, auxquels celles qui les avoiſinent ſont ſujettes, doivent être ſuivis & exécutés ſelon leur forme & teneur, ainſi que tout ce qui a été preſcrit par ces règlemens au ſujet de la confection, de la remiſe & de la vérification des rôles des habitans deſdites diſtances, que les chefs des Communautés ſont tenus de fournir annuellement.

Déclaration du 13 mai 1746.

Par l'article I.er de la Déclaration du 13 mai 1746, il eſt dit que ces rôles contenant les noms, ſurnoms & qualités de chaque chef de famille & le nombre de perſonnes, dont chaque famille ſera compoſée au jour de leur formation, non compris les enfans au-deſſous de ſix ans, ſeront certifiés par les Baillis, Syndics, Lieutenans ou autres Gens de loi & chefs de communautés, & par eux remis chaque année dans tout le courant du mois d'Octobre aux Agens de Heſdin & de Bapaume pour l'Artois; & aux bureaux des traites de Landrecies & d'Aveſnes, pour le Hainault.

L'article II de la même Déclaration de 1746, porte que les Agens ou Receveurs, à qui les rôles ſeront remis en bonne forme, ſeront tenus d'en fournir leur reconnoiſſance au pied des doubles qui leur en ſeront repréſentés, par les Gens de loi ou chefs des communautés, & d'en faire faire la vérification par les Commis du Fermier une fois ſeulement par chaque année, en se faisant accompagner dans les visites, d'un des Gens de loi ou chefs de communautés; que cette vérification sera faite dans les deux mois qui suivront la date des rôles, passé lequel temps ils seront tenus pour vérifiés pendant l'année pour laquelle ils auront été fournis:

2.° Aux termes de l'article II de la Déclaration du 9 avril 1743, les Commis & Gardes des fermes, les Maréchaussées, les Huissiers & Sergens, même tous particuliers ayant serment en justice, peuvent saisir les marchandises prohibées & de contrebande, le faux sel & le faux tabac, qu'ils trouveront dans les distances des provinces exemptes, où s'étendent les fonctions des Commis, ensemble les bateaux, chevaux, charrettes & autres voitures & équipages employés à leur transport, & tout ce qui aura servi à masquer la fraude, même arrêter & constituer prisonniers les particuliers de la qualité désignée par les règlemens, & notamment par l'article I.er de la Déclaration du 6 décembre 1707, qui se trouveront saisis, conduisant, transportant, voiturant ou escortant lesdites marchandises prohibées ou de contrebande, du faux sel ou du faux tabac; avec injonction aux saisissans, de conduire le tout au bureau, grenier, dépôt ou entrepôt des fermes le plus prochain, d'en dresser procès-verbal qui sera cru jusqu'à inscription de faux, & dont la connoissance appartiendra aux Juges des fermes dans le ressort desquels la saisie aura été faite.

Déclaration du 6 décemb. 1707.

L'article V de la Déclaration du 13 mai 1746, défend aux Commis & Gardes, d'abuser de la faculté qui leur est accordée de visiter les bêtes de charge & voitures roulantes dans l'étendue des trois lieues limitrophes, de les arrêter & décharger dans la campagne, d'y ouvrir aucunes caisses, balles, ballots, futailles ou autre volume de marchandises ou denrées; il leur permet seulement de palper & sonder celles chargées de paille, de foin, de bois, de grains & légumes, de houblon & autres denrées & marchandises, qui peuvent l'être sans dégât & sans interrompre la marche des conducteurs; sauf, en cas de soupçon, à les accompagner jusqu'au lieu de la destination, si elle est dans les trois lieues, pour, en présence d'un des chefs de la communauté sur ce requis, ou à son défaut de deux témoins, procéder à la décharge & visite des voitures.

Il est dit par l'article VI, que lorsque les voitures sont destinées à entrer dans l'étendue des fermes du Roi, les Commis & Gardes pourront les conduire au plus prochain bureau de leur route, empêchant que pendant la marche il n'en soit rien distrait, & assisteront à la visite qui en sera faite à l'ordinaire après la déclaration fournie par les conducteurs & voituriers.

Sa Majesté déclare dans l'article VII, qu'Elle n'a point entendu comprendre dans les deux précédens articles les bêtes de charge & voitures sur lesquelles les Commis ou Gardes auroient découvert à la première

première inſpection, par la ſonde ou autrement, de la contrebande, du faux ſel ou du faux tabac; elle autoriſe les Commis à s'en aſſurer ainſi que des Conducteurs, & à les conduire à l'agence, au bureau, grenier ou entrepôt des fermes du reſſort du lieu où la capture aura été faite, afin d'y faire la deſcription du tout & en dreſſer procès-verbal:

3.° L'article III de la Déclaration du 9 avril 1743, fixe la proviſion pour le ſel qu'il eſt permis aux habitans des trois lieues limitrophes, d'avoir pour leur uſage & celui de leurs familles, conformément à ce qui eſt preſcrit à cet égard par l'article XXV du titre XVI de l'ordonnance de 1680:

4.° Les chefs de familles & autres habitans dans les diſtances limitées, ne peuvent, ſous le prétexte deſdites proviſions, ni ſous aucun autre, tirer ni ſel ni tabac de l'intérieur des provinces privilégiées ou d'ailleurs, en ſi petites quantités que ce puiſſe être, ſi ce n'eſt par eux-mêmes, leurs domeſtiques ou l'un de ceux qui compoſeront leur maiſon, & à moins qu'ils ne ſoient porteurs d'un certificat de l'un des Chefs ou Officiers de leur communauté, dans la forme ci-après preſcrite, le tout à peine d'être traités comme faux-ſauniers & faux-tabatiers.

Il leur eſt néanmoins permis, pour faciliter les proviſions de ceux qui ne fréquentent point les marchés, de ſe charger de la proviſion d'un autre habitant ſeulement de la même paroiſſe, pourvu qu'ils ſoient porteurs du certificat expédié à l'habitant pour lequel la provision sera rapportée :

5.° Il ne peut y avoir dans chaque paroisse qu'un seul Officier chargé de délivrer les certificats ; il doit être nommé par la communauté, & il est fait défense à tout autre d'en expédier aucun, à peine de 100 livres d'amende pour la première fois, & de 300 livres pour la seconde.

Pour éviter toutes surprises & pour faciliter la vérification des signatures des certificats, celui qui sera chargé par la communauté de les délivrer pendant l'année pour laquelle le rôle aura été fourni, sera tenu d'en signer sa déclaration au pied de l'original du rôle, en le remettant aux Commis du Fermier, à peine de nullité des certificats que pourroit délivrer celui qui n'y auroit pas satisfait :

6.° Il est enjoint à ceux qui seront chargés par les communautés, de l'expédition des certificats, de n'en délivrer qu'à ceux qui seront réellement habitans de leurs paroisses, & inscrits sur le rôle dont la remise aura été faite au grenier, bureau ou entrepôt des fermes le plus prochain, & dont ils seront tenus de conserver un double, avec la reconnoissance au pied, du Receveur ou Entreposeur, de la remise qui lui aura été faite de l'original.

Il leur est défendu expressément pendant le temps de leur exercice, d'expédier des certificats pour une plus grande quantité de sel ou de tabac que celle fixée par les règlemens pour la provision de chaque chef de famille, & d'en délivrer aucun qu'ils n'aient fait note à la marge du double du rôle qu'ils auront conservé & vis-à-vis l'article de chaque chef de famille, de la date & du montant de chaque certificat délivré.

L'article III de la Déclaration du 13 mai 1746, porte que dans la défense faite par l'article ci-dessus, à ceux chargés de la délivrance des certificats, d'en délivrer à aucun habitant pour tirer de l'intérieur une plus grande quantité de sel que celle fixée pour la consommation de sa famille, eu égard au nombre des personnes dont elle sera composée; Sa Majesté n'a point entendu comprendre le sel nécessaire pour des salaisons extraordinaires de beurres, de fromages, de légumes, de chair ou de poisson, ou pour la consommation d'un nombre considérable de domestiques ou d'ouvriers nourris chez les maîtres, & par eux pris par augmentation pendant une partie de l'année, dans les rôles de laquelle les domestiques ou ouvriers n'auroient point été compris : le même article veut que les quantités de sel nécessaire pour ces salaisons & consommations extraordinaires, soient réglées par les Baillis, Lieutenans & Gens de loi, de concert avec le Commis du Fermier qui aura reçu les rôles & qui fournira les *permis*, tenant lieu de certificats, pour le transport des quantités portées par les attestations des Gens de loi, qu'il gardera par-devers lui pour justifier des motifs de la délivrance des permis, dont il tiendra bon & fidèle regiſtre pour y avoir recours au beſoin, ſans néanmoins, ajoute l'article, que ſous ce prétexte le Commis puiſſe s'immiſcer dans la délivrance des certificats pour le tranſport des proviſions ordinaires & fixées, à l'égard deſquelles, ce qui eſt preſcrit par la Déclaration du 9 avril 1743, ſera exécuté.

Pour prévenir l'abus qu'on pourroit faire du ſel extraordinaire pour lequel on auroit délivré des permis, l'article IV de la Déclaration de 1746, ordonne que les particuliers à qui ils auront été accordés, ſeront tenus de juſtifier de la réalité des ſalaiſons extraordinaires en proportion du ſel qui leur aura été accordé, dans le cas ſeulement où les Commis du Fermier ſe préſenteroient pour en faire la vérification, & que faute d'y ſatisfaire, ces particuliers ſeront réputés en avoir abuſé au préjudice du droit de Gabelles, & comme tels condamnés aux amendes portées par la Déclaration de 1743 :

7.° Chaque certificat doit faire mention du nom de la paroiſſe, de celui du grenier, bureau ou entrepôt où le rôle aura été remis, du nom & ſurnom du chef de famille en faveur de qui il aura été expédié, du nombre de perſonnes dont ſa maiſon eſt compoſée, de la quantité de ſel ou de tabac à tranſporter, qui ne doit jamais excéder la proviſion de ſix mois pour le ſel, & de trois mois pour le tabac, du lieu où on ſe propoſe d'en faire l'enlèvement, de la route à tenir, du délai accordé pour le tranſport, lequel doit être réglé ſuivant l'éloignement à raiſon de cinq lieues par jour, & finalement de la date de l'expédition des certificats.

Pour établir l'uniformité dans ces certificats & prévenir toute omiſſion involontaire, les Commis du Fermier à qui ſont remis les rôles des paroiſſes, ſont tenus de fournir un modèle deſdits certificats à chacun de ceux qui ſeront chargés de les délivrer : ces derniers doivent ſe conformer à ce modèle, à peine de nullité des certificats en cas d'omiſſion de l'une des formalités ci-deſſus preſcrites, & ſans préjudice des pourſuites à l'extraordinaire, dans le cas où il y auroit ſuppoſition, altération ou falſification dans leſdits certificats :

8.° Ceux auxquels les certificats auront été délivrés, ne pourront ſans en être porteurs, à l'effet de les repréſenter en cas qu'ils en ſoient requis ſur leur route, tranſporter, voiturer ni conduire le ſel & le tabac qui y ſeront contenus, ni s'en ſervir après les délais fixés ; il leur eſt défendu de ſuivre d'autres routes que celle indiquée par les certificats, de marcher avec leſdites proviſions avant le lever du ſoleil, ou après dix heures du ſoir, à peine de confiſcation, des amendes, & autres peines ci-après prononcées :

9.° Les Commis ſont autoriſés à ſe faire repréſenter les certificats par ceux qu'ils trouveront dans les trois lieues limitrophes avec du ſel ou du tabac ; & dans le cas où ils ne ſeroient pas porteurs deſdits certificats en la forme prefcrite, ou qu'ils ne fe feroient pas conformés à ce qui y eft contenu, les Commis peuvent faifir le tout, arrêter les porteurs ou conducteurs, & les conftituer prifonniers, pour, fur les procès-verbaux qu'ils en dreffferont, être la confifcation ordonnée avec amende & autres peines contre les contrevenans fuivant la nature de la contravention :

10.° Les certificats expédiés à des chefs de famille dont la provifion de l'année auroit déjà été remplie par d'autres certificats antérieurs, feront nuls; & pour en faciliter la vérification, les Commis peuvent retenir les certificats qui leur auront été repréfentés en fourniffant en échange *gratis* des brevets des contrôles, fignés au moins de deux Employés :

11.° Les Commis du Fermier & Employés des brigades, peuvent, quand bon leur femble, fe tranfporter chez ceux qui dans chaque communauté font chargés de la délivrance des certificats, s'y faire repréfenter les doubles des rôles, faire le relevé des émargemens, les comparer avec les certificats qui auront été retenus fur les routes, dreffer leurs procès-verbaux des contraventions qu'ils pourront découvrir ou des refus qu'ils auront effuyés, dont la connoiffance appartiendra aux Juges des Gabelles & du Tabac, qui en devront connoître fuivant la nature de la contravention :

12.° Nul ne peut, fous le nom de pourvoyeur, commiffionnaire, ou à quelqu'autre titre que ce puiffe être, se charger, conduire ou voiturer dans les trois lieues limitrophes, aucun sel ou tabac excédant sa provision & celle d'un autre habitant, comprises dans les certificats dont il sera porteur, à peine de confiscation, & des amendes ci-après prononcées:

13.° Les chefs des communautés, chargés de la délivrance des certificats, qui tomberont en contravention à ce qui leur est ci-dessus prescrit, doivent être personnellement condamnés pour la première contravention en l'amende de 100 livres, & en celle de 300 livres en cas de récidive, sauf la poursuite à l'extraordinaire, dans les cas où il y auroit de leur part rébellion, excès commis ou crime de faux:

14.° Comme les Hôteliers & Cabaretiers habitant dans les trois lieues limitrophes, ont besoin de sel pour la consommation de ceux qu'ils logent ou reçoivent chez eux, les quantités qu'ils pourront tirer de l'intérieur au-delà de celles fixées pour leur consommation particulière, seront réglées par les Baillis, Lieutenans & Gens de loi, de concert avec les Commis du Fermier qui aura reçu le rôle de la paroisse, & qui délivrera un *permis* tenant lieu de certificat pour le transport de la quantité convenue:

15.° Les porteurs de certificats en bonne forme, mais rencontrés marchant dans d'autres routes que celle indiquée dans le certificat, ceux qui marcheront avant le lever du soleil, ou après dix heures du soir, ainsi que ceux qui se serviront des certificats après l'expiration des délais qui y sont marqués, seront condamnés pour la première fois en 25 livres d'amende, pour la seconde en 50 livres, & en 100 livres pour chacune des suivantes:

16.° Les amendes à prononcer, outre la confiscation du sel, contre les chefs de familles ou autres particuliers habitant dans les distances où les Commis ont droit d'exercice, sont fixées à l'égard des saisies faites à domicile, savoir:

Lorsque la quantité de sel saisie n'excèdera pas le double de la provision qu'il est permis à chaque chef de famille d'avoir en sa possession pour six mois, eu égard au nombre de personnes dont elle est composée, à 50 livres d'amende pour la première fois, à 100 livres pour la seconde, & à 200 livres en cas de récidive.

Pour pareille saisie faite à domicile où la quantité de sel saisie excéderoit le double de ladite provision, ce qui sera alors censé amas, en 500 livres d'amende pour la première fois, & en cinq ans de galères pour la seconde à l'égard des hommes, & pour les femmes au fouet & au bannissement à perpétuité de la province, aux termes de l'article XXV du titre XVI de l'ordonnance du mois de mai 1680.

17.° Les amendes à prononcer contre les particuliers habitant dans lesdites distances, trouvés en campagne, dans les saisies où il ne s'agira pareillement que de sel, sont aussi fixées, savoir:

Lorsque

Lorſque les quantités de ſel n'excèderont pas du double celles contenues aux certificats dont ils ſeront porteurs, à 50 livres pour la première fois, & à 200 livres en cas de récidive.

Pour pareille ſaiſie faite en campagne, lorſque la quantité de ſel ſaiſie excèdera le double de celle énoncée au certificat dont le contrevenant ſera porteur, en 300 livres pour la première fois, & en 500 livres en cas de récidive; leſquelles amendes de 500 livres & de 300 livres, à défaut de payement dans le mois, du jour de la prononciation, ſeront converſibles ſur la ſimple requête du Fermier, préſentée aux Juges qui les auront prononcées, en la peine des galères pour cinq ans à l'égard des hommes; & pour les femmes au fouet & au banniſſement à perpétuité de la province :

18.° Les particuliers réſidant dans l'intérieur des provinces exemptes, & ceux des provinces voiſines ſujettes aux droits, qui ſeront ſurpris dans les trois lieues limitrophes, portant, voiturant, conduiſant ou eſcortant du ſel ou du tabac, ſous tel prétexte que ce puiſſe être, doivent être pourſuivis comme faux-ſauniers ou faux-tabatiers, ainſi que s'ils avoient été ſurpris dans l'étendue des fermes des gabelles & du tabac, & comme tels déclarés ſujets aux confiſcations, amendes & peines prononcées par les règlemens contre les faux-ſauniers & faux-tabatiers :

19.° Ce qui doit également avoir lieu à l'égard des particuliers habitans des lieux où s'étendent les fonctions des Commis lorſqu'ils ſeront ſurpris avec du ſel ou du tabac, ſous tel prétexte que ce puiſſe être, entre leur domicile & la frontière des provinces voiſines ſujettes aux fermes des gabelles & du tabac, quand même ils ſeroient porteurs de certificats:

20.° Il ſera procédé à l'extraordinaire contre les contrevenans, dans tous les cas d'attroupemens, port-d'armes, rébellion, excès commis ou mauvais traitemens envers les Employés, ou crime de faux:

21.° Il eſt de nouveau défendu à tous Hôteliers, Cabaretiers, Fermiers, Cenſiers & autres, de quelque qualité & condition qu'ils puiſſent être, de donner retraite, aſile, ſecours ou aſſiſtance, de fournir des vivres, des boiſſons ou des fourrages, ſoit au dedans de leurs maiſons, ſoit au dehors à ceux qui porteront, conduiront, voitureront ou eſcorteront du ſel ou du tabac en contravention, à peine de complicité & d'encourir les mêmes amendes & peines:

22.° Il eſt enjoint aux Baillis, Lieutenans & autres Officiers & Gens de loi des villes, bourgs & villages ſitués dans les trois lieues limitrophes, de ſe tranſporter avec les Commis du Fermier, à la première réquiſition qui leur en ſera faite & ſans différer, dans les lieux & chez les perſonnes où les Commis ſe propoſeront de faire leurs viſites & leurs perquiſitions, pour leur prêter main-forte & aſſiſtance, être préſens auxdites viſites & aux procès-verbaux qui ſeront faits par les Commis, à peine en cas de refus de la part desdits Officiers ou de délais affectés, de 300 livres d'amende pour la première fois, & de 500 livres en cas de récidive :

23.° Il est défendu à toutes Cours & Juges, de réduire ou modérer, sous quelque prétexte que ce soit, les amendes & peines prononcées par cette Déclaration, à peine de nullité & de cassation des jugemens.

Il s'éleva des contestations entre les Fermiers généraux, les Sous-fermiers des aides de la généralité d'Amiens, les États de la province d'Artois & différens Seigneurs, au sujet de plusieurs paroisses enclavées de Picardie en Artois & d'Artois en Picardie; elles donnèrent lieu à l'établissement d'une Commission pour les juger en dernier ressort : le jugement qui intervint est du 21 juillet 1741, & conformément à la disposition de ce jugement, les paroisses, villages, hameaux, fermes & censes qui devoient faire partie des provinces de Picardie ou d'Artois, ont été réglés par un arrêt du Conseil & des lettres patentes du 13 avril 1743.

Jugement de la Commission du 21 juillet 1741.

Arrêt & lettres patentes du 13 avril 1743.

Cet arrêt & ces lettres patentes ayant ordonné que les paroisses réunies à la Picardie, seroient assujetties à toutes les impositions & droits qui se percevoient dans cette province, il étoit nécessaire de pourvoir, tant à l'imposition qu'à la levée, perception & régie des droits; & pour remplir cet objet, il a été rendu un nouvel arrêt & expédié de nouvelles lettres patentes

Lettres patentes du 24 juin 1743.

le 24 juin de la même année 1743, qui, quant à ce qui concerne le sel, ont ordonné qu'il seroit vendu par impôt aux habitans des lieux réunis à la Picardie, ont désigné pour chaque lieu, les greniers où ils ressortiroient & fixé le prix d'après celui de chacun de ces greniers.

L'article IV de cet arrêt & lettres patentes, porte que ces paroisses seront comprises dans le département de l'impôt du sel, à commencer du 1.er Janvier 1744, proportionnément au nombre de feux & de personnes dont chaque communauté se trouve composée, & il est dit par le même article, qu'elles seront du ressort de la juridiction des Gabelles des greniers mentionnés dans l'article précédent.

L'article V veut que pour l'exécution des deux précédens, les habitans des paroisses dont il s'agit, les Officiers des greniers & les Commis du Fermier, soient tenus de se conformer, chacun en ce qui les concerne, aux dispositions du titre VIII de l'ordonnance du mois de mai 1680, & aux règlemens intervenus depuis sur le fait des Gabelles dans les délais & aux peines y portées, ainsi qu'il en est usé pour les autres paroisses de Picardie ressortissantes aux mêmes greniers & sujettes à l'impôt du sel.

Les Seigneurs & habitans de la plupart des paroisses dont on vient de parler, firent des représentations & demandèrent entr'autres choses qu'en interprétant, en tant que de besoin, les arrêts & lettres patentes des

13 avril & 24 juin 1743, il leur fût permis d'aller prendre dans la ville de Montreuil, le sel nécessaire à leur consommation à raison de 14 livres le minot; mais ils furent déboutés de leurs demandes par un arrêt du Conseil du 4 février 1744. *Arrêt du Conseil du 4 février 1744.*

Le CAMBRESIS, ainsi que l'Artois, n'est point sujet à la Gabelle. CAMBRESIS.

Par l'article VI de l'arrêt du Conseil du 23 mars 1720, qui confirme les défenses faites aux habitans du Cambresis par une ordonnance des États de Cambrai, du 10 mai 1685, tout commerce, transport, amas & usage du sel gris, est interdit aux habitans de ce pays, à peine de confiscation & de 3 mille livres d'amende, même d'être punis comme faux-sauniers, si le cas y échoit.

Il leur est défendu, à l'exception de ceux de la ville de Cambrai, de faire aucun amas de sel blanc au-delà de ce qui est nécessaire pour la consommation de leurs maisons pendant six mois, à raison de cent livres pesant pour sept personnes par an, à peine aussi de confiscation & de 3 mille livres d'amende; mais cette amende n'est plus la même, ainsi qu'on le verra ci-après.

L'article II de l'arrêt du 23 mars 1720, en permettant aux Négocians de la ville de Cambrai, de tirer des ports de Dunkerque, Calais, Boulogne & Étaples, tout le sel gris dont ils auront besoin pour l'aliment de *Arrêt du Conseil du 23 mars 1720.*

leurs rafineries, établit des précautions pour empêcher qu'on n'en transporte ailleurs que dans cette ville.

Déclaration du 9 avril 1743.

La Déclaration du 9 avril 1743, dont, en traitant ce qui concerne l'Artois, on a rappelé les dispositions, avoit également pour objet l'exercice des Commis des Fermes dans les trois lieues du Cambresis, limitrophes au pays de Gabelle, & de la vente exclusive du tabac; mais les États de Cambresis ayant représenté que ce règlement & la Déclaration du 13 mai 1746, rendue en interprétation, ne pouvoient en aucune façon être communs à leur province qui, depuis sa réunion à la Couronne, avoit toujours eu ses règlemens particuliers, notamment l'arrêt du 23 décembre 1684, au sujet du sel, & celui du 10 septembre 1686, au sujet du tabac, qui différoient entièrement de ceux précédemment rendus pour l'Artois, soit parce que les habitans des trois lieues limitrophes de l'Artois n'avoient pu, attendu l'étendue de cette province, être assujettis à ne s'approvisionner que dans une seule ville comme l'étoient ceux du Cambresis, qui est renfermé dans des bornes plus étroites, soit parce que le défaut de bureaux & de brigades des Fermes générales dans l'intérieur de l'Artois, n'eût pas permis d'y employer les mêmes moyens que dans le Cambresis. Le Roi, sur l'examen de leurs Mémoires & de ceux des Fermiers généraux, ainsi que des moyens entr'eux concertés pour l'établissement d'une police qui, en même temps qu'elle conserveroit les priviléges du Cambresis, préviendroit les

Arrêts du Conseil des 23 décembre 1684 & 10 septembre 1686.

abus qui, sans l'observation de cette police, pouvoient naître de ces priviléges, rendit une nouvelle Déclaration particulière au Cambresis, le 8 septembre 1746, dont voici les dispositions:

Déclaration du 8 septembre 1746.

1.° Les rôles des habitans de chacune des paroisses du Cambresis, situées dans les trois lieues limitrophes à la Picardie, contenant les noms, surnoms & qualités de chaque chef de famille, & le nombre de personnes dont chacune d'elle sera composée au jour de la formation de ces rôles, non compris les enfans au-dessous de six ans, doivent être dressés & certifiés chaque année par les Baillis, Mayeurs, Syndics, Lieutenans & autres Gens de loi & chefs des communautés, & par eux remis dans le courant du mois d'Octobre au plus tard, sur le bureau des États, & de suite au préposé du Fermier à Cambrai, sous les peines portées par les règlemens contre ceux des Baillis ou des Gens de loi, en retard de fournir les rôles ou qui les fourniroient non conformes à l'état réel de leurs paroisses:

2.° Le préposé du Fermier à Cambrai, doit fournir sa reconnoissance des rôles & en faire faire la vérification par les Commis du Fermier, une fois seulement par année, en présence ou après avoir dûement fait appeler un des Gens de loi ou chef de la communauté; cette vérification doit être faite dans les deux mois qui suivront la date de la reconnoissance de la remise des rôles, lesquels passé ce temps seront tenus pour vérifiés pendant l'année pour laquelle ils auront été fournis :

3.° Les États doivent commettre dans chacune des paroiſſes limitrophes, un ſeul marchand vendeur de ſel & de tabac, n'accorder cette commiſſion qu'à un ſujet qui juſtifie poſſéder en fonds dans le Cambreſis, au moins 15 livres de revenu annuel, & après avoir entendu les Curés, Mayeurs ou Gens de loi, & le prépoſé des fermes réſidant à Cambrai, ſur la probité de celui qu'il s'agira de commettre :

4.° Tous les ans, les vendeurs ſont tenus dans le courant du mois de Janvier, de remettre leur commiſſion, ſur le bureau des États pour les continuer s'ils le jugent à propos, ou en nommer de nouveaux en leur place, après avoir entendu les Curés, les Gens de loi, & le prépoſé des fermes ſur la conduite deſdits vendeurs, & avoir examiné les émargemens des doubles des rôles de l'année précédente, qui ſeront joints à la commiſſion :

5.° Les marchands vendeurs ne peuvent tirer que de la ſeule ville de Cambrai, le ſel & le tabac néceſſaires pour la conſommation de la paroiſſe dans laquelle ils ſont établis, & ſeulement ſur les acquits à caution ſignés du prépoſé, qui doivent leur être délivrés *gratis*, par les Receveur & Contrôleur du bureau des fermes à Cambrai, à peine d'être traités comme faux-ſauniers ou faux tabatiers s'ils en tiroient d'ailleurs, ou même de Cambrai, ſans être accompagnés d'acquits à caution :

6.° Il

6.° Il eſt défendu aux Receveur & Contrôleur du bureau des traites de Cambrai, de délivrer aux marchands vendeurs, des acquits à caution pour une plus grande quantité de ſel & de tabac, dans le cours d'une année que celle néceſſaire pour la conſommation de chacune des paroiſſes dans leſquelles leſdits vendeurs ſeront établis, ni de permettre à la fois de plus grands enlèvemens par chaque vendeur, que la quantité de ſel & de tabac néceſſaires pour l'approviſionnement pendant deux mois, deſdites paroiſſes, à peine d'être perſonnellement garans du faux-ſaunage & de la fraude qu'une plus forte proviſion pourroit occaſionner:

7.° Les acquits à caution doivent être regardés comme nuls, ſi les conducteurs des quantités de ſel & de tabac qui y ſont exprimées, n'y ſont pas dénommés, & s'ils ne s'en trouvent porteurs, pour les repréſenter à la première réquiſition, aux Commis du Fermier, aux prépoſés des États ou autres ayant droit, qui pourront les rencontrer ſur leur route & leur en demander la repréſentation; & s'ils n'ont été viſés à la porte de Cambrai, par les Gardes des fermes qui ſont tenus de les enregiſtrer:

8.° Si les porteurs d'acquits à caution, ſont rencontrés avec des quantités de ſel ou de tabac excédantes celles contenues dans ces acquits; ſi l'excédant eſt au-deſſus de quatre pour cent, ils ſeront condamnés, outre la confiſcation du ſel & du tabac, pour la première fois en 100 livres d'amende; & en cas de récidive en 300 livres, avec révocation de leur commiſſion : ces peines doivent avoir lieu en cas d'excédant juſqu'à cinquante livres pour le ſel & vingt livres pour le tabac ; & ſi l'excédant eſt plus fort pour l'un ou pour l'autre que les quantités ci-deſſus fixées, ils doivent être condamnés en 300 livres d'amende pour la première fois, & aux peines prononcées contre les faux-ſauniers & faux-tabatiers, en cas de récidive :

9.° Les conducteurs ſont aſtreints à ne marcher que de jour durant l'été, & ſeulement juſqu'à huit heures du ſoir en hiver, à ſuivre les routes indiquées, à leur choix, dans les acquits à caution, toute autre étant réputée oblique, & à faire décharger les acquits à caution dans les vingt-quatre heures, par le Curé & deux des Gens de loi de leur paroiſſe ; ces acquits ainſi déchargés doivent être remis, dans le délai qui y eſt fixé, au Receveur des fermes à Cambrai, le tout à peine de 100 livres d'amende pour la première fois, de 200 livres en cas de récidive, & de deſtitution de leur commiſſion :

10.° Tous les habitans des trois lieues limitrophes, de quelqu'état, qualité & condition qu'ils puiſſent être, ne peuvent ſe pourvoir de ſel & de tabac que chez le vendeur établi dans leur paroiſſe, ſauf aux États à prendre les précautions néceſſaires pour qu'il n'en puiſſe réſulter aucun abus de la part des vendeurs ; en conſéquence le règlement déclare ſaiſiſſable tout le ſel & le tabac qui pourroient être tranſportés dans les trois lieues limitrophes, en quelque petite quantité que ce puiſſe être ; & quant au tabac ſeulement, au-delà de la proviſion journalière, & les porteurs ou conducteurs, ſujets aux peines portées par les règlemens contre les faux-ſauniers & faux-tabatiers :

11.° La Déclaration prévoit néanmoins le cas où pendant le cours de l'année il s'établiroit quelques nouveaux ménages, celui où il ſurviendroit dans quelques familles des augmentations conſidérables en domeſtiques ou ouvriers nourris chez les maîtres, qui n'auroient pu être compris aux rôles lors de leur formation ; enfin s'il eſt queſtion de ſalaiſons extraordinaires de beurres, de fromages, de légumes, de chairs & de poiſſons ou remèdes pour des troupeaux malades ; dans ces différens cas, les chefs de familles, ainſi que les Hôteliers & Cabaretiers qui auront beſoin de ſel extraordinaire pour les gens qu'ils logeront & recevront chez eux, tireront par eux-mêmes, de Cambrai, & non d'ailleurs, les quantités de ſel néceſſaires pour ces différens emplois qui ſeront déſignés par les atteſtations ſignées des Curés, Baillis & Gens de loi.

Sur ces atteſtations, le prépoſé des fermes & les Receveur & Contrôleur au bureau de Cambrai, délivreront des acquits à caution pour le tranſport du ſel mentionné dans ces acquits, de Cambrai à ſa deſtination, ils retiendront les atteſtations au bureau pour juſtifier des motifs de la délivrance des acquits à caution, dont ils tiendront un regiſtre :

12.° Les porteurs de ces acquits à caution, seront assujettis aux mêmes formalités prescrites pour les acquits à caution délivrés aux marchands vendeurs, & aux mêmes peines en cas de contravention; ils seront d'ailleurs tenus de justifier de l'emploi & de la réalité des salaisons extraordinaires, à proportion du sel qui leur aura été accordé, pourvu toutefois que les Commis se présentent pour faire cette vérification dans le délai d'un mois après l'enlèvement, & faute par les particuliers de justifier de l'emploi, ils seront réputés en avoir abusé au préjudice des droits du Roi, & condamnés comme tels pour la première fois à 300 livres d'amende, & à 500 livres en cas de récidive:

13.° Nul vendeur ne doit délivrer à la fois à aucun chef de famille, du sel & du tabac au-delà de la quantité nécessaire pour la provision d'un mois, ni dans le cours d'une année, une plus grande quantité que celle fixée pour la consommation des habitans des trois lieues limitrophes, à raison d'un minot de sel pour sept personnes par chacun an, & de trois livres de tabac par mois à chaque chef de famille, à peine de confiscation & de 100 livres d'amende pour la première fois, tant contre le vendeur que contre l'acheteur, de 500 livres d'amende pour la seconde fois, & de punition corporelle pour la troisième:

14.° Les vendeurs ne peuvent vendre du sel ou du tabac à tout autre qu'aux habitans de la paroisse dans laquelle ils ſont établis, ſous les peines portées contre les faux-ſauniers & faux-tabatiers.

Pour éviter toutes ſurpriſes, le prépoſé du Fermier à Cambrai, ſera tenu, lors de la remiſe des rôles de chaque année, d'en fournir aux vendeurs, aux frais du Fermier, une copie certifiée, & autant de bulletins en petit cahier imprimé, couvert de parchemin, qu'il y aura d'articles ou de chefs de famille portés ſur les rôles de chaque paroiſſe.

Sur un côté des bulletins, qui ſera vigneté, le Receveur portera le nom de la paroiſſe & celui de chaque chef de famille, à qui il doit être remis par le vendeur, toutes les fois que le chef de famille voudra lever du ſel ou du tabac; le vendeur, ſur le côté du bulletin reſté en blanc, fera note du ſel ou du tabac par lui livré, ainſi qu'à la marge de la copie du rôle, vis-à-vis chaque article, dans le blanc qui y ſera réſervé à cet effet.

15.° Chaque vendeur ne peut avoir qu'un ſeul magaſin, ni dans ce magaſin une plus grande quantité de ſel & de tabac à la fois que celle néceſſaire pour la proviſion de ſa paroiſſe pendant trois mois, à peine de confiſcation de l'excédant, de 100 livres d'amende & de révocation de ſa commiſſion.

16.° Les États doivent faire faire, tous les trois mois, une viſite chez les Marchands vendeurs, pour examiner leur geſtion & ſe faire rendre compte par les Curés &

Gens de loi, de ce qui, depuis la précédente visite, pourroit s'être passé de contraire aux règlemens.

17.° Les Commis & Employés des fermes, peuvent aussi, quand bon leur semble, se transporter chez les vendeurs, pour examiner les quantités de sel & de tabac livrées & notées en marge des rôles jusqu'au jour de leur visite; ils doivent se faire assister d'un Mayeur ou Homme de loi, à moins qu'ils ne soient accompagnés d'un Capitaine général ou du préposé des fermes à Cambrai, auquel cas ils peuvent faire leur visite sans l'assistance d'un Officier de justice.

18.° Il leur est pareillement permis de faire toutes visites domiciliaires, en quelqu'endroit que ce puisse être, dans l'étendue desdites trois lieues, pour la recherche des marchandises prohibées & de contrebande, ainsi que du sel & du tabac que les habitans pourroient avoir en leur possession au-delà de la provision qui leur est permise, en se faisant néanmoins accompagner, comme ci-dessus, dans lesdites visites. Il est enjoint aux Gens de loi, de se transporter aux lieux indiqués, à la première requisition des Commis; de leur donner toute aide, secours & assistance, à peine, en cas de refus ou de délais affectés, de 300 livres d'amende pour la première fois, & de 500 livres en cas de récidive, & d'interdiction, avec faculté auxdits Employés de procéder en ce cas auxdites visites, en se faisant accompagner par deux témoins.

19.° On ne doit point inquiéter les habitans du

Cambrefis, chez lefquels il ne fera trouvé du fel que pour la provifion de deux mois inclufivement; mais s'ils en ont une quantité excédante, le fel excédant fera confifqué, & l'habitant fera condamné à 100 livres d'amende pour la première fois, à 200 livres pour la feconde, & à 300 livres en cas de récidive, fi l'excédant eft au-deffous du double de la provifion; & dans le cas où il feroit au-deffus du double de la provifion permife, ce qui fera alors cenfé amas, il fera condamné à 500 livres d'amende pour la première fois, & à cinq ans de galères pour la deuxième à l'égard des hommes; & pour les femmes, au fouet & au banniffement à perpétuité de la province, conformément à l'article XXV du titre XVI de l'Ordonnance de 1680.

20.° Il eft défendu aux Commis d'abufer de la faculté qui leur eft accordée de vifiter les portes à col, gens à cheval, bêtes de charge & voitures roulantes, dans les trois lieues limitrophes, de les arrêter & décharger dans la campagne, d'y ouvrir aucune caiffe, balle, ballot, futaille, ou autre volume de marchandife ou denrée; il leur eft feulement permis de les palper, & même de fonder celles chargées de paille, de foin, de bois, de grains & légumes, de houblon, & autres denrées & marchandifes qui peuvent l'être fans dégât & fans interrompre la marche des conducteurs; fauf aux Commis, en cas de foupçon, à les accompagner jufqu'au lieu de leur deftination, fi elle eft dans les trois lieues, pour, en présence d'un des chefs de la communauté sur ce requis, ou, à son défaut, de deux témoins, procéder à la décharge & visite desdites voitures.

21.° Lorsque les voitures sont destinées à entrer dans l'étendue des Fermes, les Commis & Gardes sont autorisés à les conduire au plus prochain bureau de leur route; ils doivent empêcher que pendant la marche il n'en soit rien distrait, & assister à la visite qui doit en être faite à l'ordinaire après la déclaration fournie par les conducteurs & voituriers :

22.° Si les Commis & Gardes, à la première inspection par la sonde ou autrement, découvrent de la contrebande, du faux sel & du faux tabac, ils doivent en ce cas s'assurer des conducteurs & des voitures, les conduire, si la saisie est faite dans le Cambresis, au bureau des traites de Cambrai, ou au bureau, grenier ou entrepôt du ressort du lieu où la capture aura été faite, afin d'y faire la description du tout, & en dresser procès-verbal :

23.° La Déclaration réitère les défenses aux Hôteliers, Cabaretiers, Fermiers, Censiers & autres, de quelque qualité & condition qu'ils puissent être, de donner retraite, asile, secours ou assistance, de fournir des vivres, des boissons ou des fourrages, soit au dedans de leurs maisons, soit au dehors, à ceux qui porteront, conduiront, voitureront ou escorteront du sel ou du tabac en contravention au règlement, sous peine

peine de complicité, & d'encourir les mêmes amendes & peines; elle leur enjoint d'instruire sur le champ de leur passage les Mayeurs & Gens de loi pour prévenir toute entreprise de leur part, les obliger de se retirer, s'ils ne peuvent les saisir, donner avec diligence secours & main-forte aux Employés des Fermes, dans le cas d'attaque ou de poursuite, & même faire au besoin sonner le tocsin pour courir sur les contrebandiers, faux-sauniers ou faux-tabatiers attroupés:

24.° Les Mayeurs & Gens de loi doivent informer exactement & sur le champ le Secrétaire des États, des passages ou séjours des contrebandiers dans leur territoire, & de ce qu'ils auront fait pour s'y opposer, à peine d'interdiction :

25.° Il est défendu au Préposé, aux Receveur & Contrôleur des Fermes à Cambrai, aux Employés aux portes de ladite ville, & à ceux des brigades qui exerceront leurs fonctions dans le Cambresis, de rien exiger, soit des vendeurs, soit d'autres personnes pour les acquits à caution, visa desdits acquits, reconnoissance de la remise des rôles, & pour toutes autres opérations concernant leurs fonctions ou exercices, à peine de concussion :

26.° Il sera procédé à l'extraordinaire contre les contrevenans dans tous les cas d'attroupement, port d'armes, rébellion, excès commis ou mauvais traitement envers les Employés, ou crimes de faux.

27.° Les contraventions pour raison desquelles il

n'échoit de prononcer que des interdictions, révocations ou amendes non converſibles, ſont portées par-devant les Députés-Commiſſaires en la Chambre des États, pour y être jugées ſommairement à l'audience, ſans frais & en dernier reſſort, ſur les procès-verbaux des Commis des Fermes ou des Prépoſés des États pour les viſites : ces procès-verbaux, bien & dûment affirmés par-devant l'un des Commiſſaires députés aux États, ou l'un des Échevins de Cambrai, ou par-devant un des Baillis, Lieutenans ou autres Officiers de juſtice du Cambreſis, font foi juſqu'à l'inſcription de faux.

28.° Les contraventions qui entraînent des peines afflictives ou amendes converſibles, ou qui ſont de nature à exiger une procédure à l'extraordinaire, ſont portées par-devant les Échevins de Cambrai, pour les inſtruire & juger en dernier reſſort & ſans appel. La Déclaration leur permet de nommer l'un d'entr'eux, du nombre des Gradués, pour inſtruire & rendre ſeul les jugemens d'inſtruction, en appelant néanmoins, lors des règlemens à l'extraordinaire & des jugemens définitifs, au moins quatre autres Gradués d'entre les Échevins, leur attribuant toute Cour & Juridiction à cet effet, & l'interdiſant à toutes autres Cours & Juges.

29.° Les amendes ne pourront être modérées ſous quelque prétexte que ce ſoit, à peine de nullité des jugemens; le tiers appartiendra aux pauvres de la paroiſſe où la contravention aura été commiſe, les deux autres tiers au Fermier & à ceux des Commis du Fermier ou des Préposés aux visites par les États, qui auront dressé les procès-verbaux de contravention, & sur ces deux tiers doit être pris celui du dénonciateur, s'il y en a un.

On doit observer que par une décision du Conseil, contenue dans une lettre de M. le Contrôleur général, du 15 janvier 1748, il a été permis aux habitans des villages limitrophes à la Picardie, de prendre les sels nécessaires pour les salaisons extraordinaires chez les Revendeurs de leurs paroisses, au lieu de les lever à Cambrai, ainsi que l'ordonnoit la Déclaration du 8 septembre 1746, dont on vient de donner le détail; & comme il étoit nécessaire de prévenir les abus qui auroient pu s'introduire à cet égard, les Députés ordinaires des États de Cambrai y ont pourvu par un règlement du 25 septembre 1749, dont on va rappeler les dispositions.

Règlement des États de Cambrai, du 25 septembre 1749.

1.° La quantité de sel destinée aux salaisons extraordinaires & nécessaires pour la consommation des habitans des paroisses du Cambresis, déclarées limitrophes à la Picardie par les états arrêtés en conséquence de l'arrêt du Conseil de 1679, doit être reglée par les députés ordinaires des États, dans le mois de Décembre de chaque année, pour l'année suivante, sauf aux Députés à l'augmenter s'il y échoit, en connoissance de cause:

Arrêt du Conseil de 1679.

2.° Tous les revendeurs sont astreints à fournir une

caution réelle ou personnelle, jusqu'à concurrence de 300 livres pour sûreté des peines & amendes qu'ils pourroient encourir, en abusant de la faculté de vendre le sel pour salaisons extraordinaires, outre le cautionnement qu'ils auront donné pour vendre le sel pour salaisons ordinaires, & le tabac :

3.° Les revendeurs ne peuvent lever le sel pour salaisons extraordinaires que dans la ville de Cambrai, & ils ne lèveront à la fois que la quantité nécessaire dans leurs paroisses pour deux mois :

4.° Ils sont tenus avant de le faire sortir, de le représenter au bureau de l'agence, & de prendre des acquits à caution, conformément à la Déclaration de 1746 :

5.° Il leur est enjoint de tenir ce sel chez eux dans un magasin particulier, en sorte qu'il ne soit point confondu avec celui destiné pour les salaisons ordinaires des habitans :

6.° Ils ne peuvent délivrer de sel pour salaisons extraordinaires qu'aux habitans de la paroisse de leur établissement, suivant un certificat des Mayeur, Gens de loi, ou du Curé :

7.° Ils doivent écrire de suite & par ordre de dates, la quantité de sel qu'ils auront délivrée sur lesdits certificats, aux chefs de famille, sur un registre qui leur sera fourni *gratis* :

8.° Ils seront tenus de représenter leur registre, les certificats & le sel restant dans leur magasin, toutes ſes fois qu'ils en ſeront requis par les Employés des fermes pour faire les vérifications du ſel levé par eux, de ce qu'il leur reſtera en magaſin, & de ce qu'ils en auront vendu :

9.° Les habitans des paroiſſes limitrophes, à l'exception des Seigneurs, ne pourront prendre le ſel dont ils auront beſoin pour ſalaiſons extraordinaires que chez le revendeur de leur paroiſſe, en ſe conformant exactement aux diſpoſitions de la Déclaration du 8 ſeptembre 1746, & du préſent règlement, ſous les peines portées par la Déclaration :

10.° Pour prévenir & empêcher plus efficacement, les fraudes & les abus que les vendeurs pourroient faire du ſel par eux levé pour ſalaiſons extraordinaires, les Mayeurs de chacune des paroiſſes limitrophes & les Échevins, ſont autoriſés de faire la viſite, quand ils le jugeront à propos, du magaſin du revendeur, en ſe faiſant repréſenter ſon regiſtre & les certificats, en conſéquence deſquels il aura délivré du ſel pour ſalaiſons extraordinaires, à l'effet de vérifier s'il en a délivré ſans certificats, ou pour une plus grande quantité que celle qui y étoit portée, & ſi la quantité trouvée dans leurs magaſins, quadre avec celle qu'ils en auront levée à Cambrai ſur acquits à caution, déduction faite de ce qu'il en aura vendu & livré ſur certificats : les Mayeurs & Échevins informeront les députés ordinaires des États dans les vingt-quatre heures, des contraventions commiſes par les revendeurs, pour y être pourvu.

HAINAULT.

Le HAINAULT est une des provinces exemptes de la Gabelle; l'usage, le commerce, le transport & les amas de sel gris, sont défendus dans cette province aux exceptions dont on rendra compte dans un moment, à peine de confiscation & de 3 mille livres d'amende contre les contrevenans, même d'être punis comme faux-sauniers, si le cas y échoit, suivant l'arrêt du Conseil du 15 juillet 1679, & l'article VI de celui du 23 mars 1720.

Arrêt du Conseil du 15 juillet 1679.

Ces règlemens défendent pareillement aux habitans des paroisses situées dans les trois lieues limitrophes du pays de Gabelles, de faire aucun amas de sel blanc au-delà de ce qui est nécessaire pour l'usage & la dépense de leurs maisons pendant six mois, à raison de cent livres pesant pour sept personnes par an, à peine aussi de confiscation & de 3 mille livres d'amende; mais, ainsi qu'on l'a vu par la Déclaration du 9 avril 1743, dont les dispositions s'étendent à cette province, cette amende n'est plus la même.

Arrêt du Conseil du 23 mars 1720. Lettres patentes des 1.er janv. & 12 mars 1743.

L'article II de l'arrêt du 23 mars 1720, ainsi que l'arrêt & les lettres patentes des 1.er janvier & 12 mars 1743, permettent aux Négocians des villes fermées du Hainault, jusques & compris celles de Maubeuge, Landrecies & Avesne, de tirer des ports de Dunkerque, Calais, Boulogne, Étaples & Gravelines, tout le sel gris dont ils auront besoin pour leur commerce, & de le tenir en magasin chez eux, même de le transporter d'une ville à l'autre, du nombre de celles qui ſont permiſes; à la charge qu'il ne pourra être tranſporté que dans des ſacs qui ſeront plombés & bobinés, avec des acquits à caution qui ſeront pris dans les bureaux des villes de l'enlèvement, & dont la décharge ſera rapportée, certifiée des Receveurs & Contrôleurs des villes de la deſtination, dans le temps preſcrit, à peine de 3 mille livres d'amende contre les contrevenans; & dans le cas où quelques voituriers ou autres ſeroient convaincus d'avoir caché, détourné, ouvert ou falſifié les ſacs, ils ſeront réputés faux-ſauniers, & comme tels condamnés aux peines portées par les ordonnances.

Arrêt du Conſeil du 23 mars 1720.

Aux termes de l'article XIV de l'arrêt de 1720, il ne peut être tranſporté de ſel gris au-delà des trois villes qu'on vient de nommer, ſous quelque prétexte que ce ſoit, même pour la deſtination des villes de Mariembourg, Philippeville, Givet & autres, à peine de confiſcation & de 3 mille livres d'amende: cette défenſe eſt fondée ſur ce que la communication des villes de Maubeuge, Landrecies & Aveſne, à celles de Philippeville & Mariembourg, qui ſont de la même province, ne peut ſe faire qu'en traverſant une grande étendue de terres étrangères, enclavées dans le Hainault françois, & même contiguës à l'ancienne France.

Par l'article XII, il eſt permis aux Négocians de Valenciennes, d'envoyer du ſel gris à l'étranger; à la charge non-ſeulement de le faire ſortir par les bureaux de Saint-Amand, Mortagne, Condé & Blammiſſeron, mais encore de prendre un acquit de payement & à caution dans le lieu de l'enlèvement, & de le rapporter déchargé par les Commis du bureau de sortie, dans le temps qui aura été marqué, à peine de 3 mille livres d'amende.

Enfin, par l'article XV du même arrêt du 23 mars 1720, il est expressément défendu aux habitans, de griseler le sel blanc, sous les peines portées par les Ordonnances rendues contre les faux-sauniers.

Les règles qui doivent être suivies pour l'exercice des Commis des fermes, dans les trois lieues du Hainault, limitrophes du pays de Gabelles, sont prescrites par la Déclaration du Roi du 9 avril 1743, & par celle du 13 mai 1746: on les a rappelées en traitant ce qui concerne l'Artois.

FLANDRE. La FLANDRE est du nombre des provinces exemptes de la Gabelle, & comme elle peut communiquer à la Picardie par l'Artois & le Cambresis, voici les mesures qu'on a cru devoir prendre pour empêcher que le sel gris ne passât de la Flandre dans ces deux dernières provinces.

L'usage du sel gris est interdit tant pour les grosses que pour les menues salaisons; à l'exception de la pêche dans les villes maritimes, & l'on ne peut en faire amas, commerce ou transport que dans les villes fermées, & avec certaines précautions, le tout à peine de confiscation & de 3 mille livres d'amende, suivant l'arrêt du Conseil que l'on a déjà cité, du 23 mars 1720.

Il eſt cependant permis d'en tranſporter dans les villes ouvertes d'Honſcotte, Bailleul, Armentières & Saint-Amand, pour les rafineries qui y ſont établies; mais à ſon arrivée, on eſt obligé de le dépoſer dans les magaſins des Rafineurs; il faut que chaque magaſin ſoit fermé à deux clefs différentes, dont une doit être entre les mains du Rafineur, & l'autre en celles du Contrôleur du bureau des fermes établi dans chacune des quatre villes.

Enfin, on ne peut le tirer du magaſin que pour être mis ſur le champ, en préſence du Contrôleur, dans les poêles ou chaudières où il doit être converti en ſel blanc, conformément à l'article V du même arrêt.

On obſerve qu'Honſcotte, Bailleul, Armentières & Saint-Amand ſont les ſeules villes ouvertes où il peut y avoir des rafineries de ſel.

Le ſel gris deſtiné pour les villes fermées & pour les quatre villes ouvertes, ſe tire des ports de Dunkerque, Calais, Boulogne & Gravelines; mais il ne peut être conduit à ſa deſtination, ni tranſporté d'une ville à l'autre permiſe, qu'en rempliſſant les formalités preſcrites par les arrêts du Conſeil des 23 mars 1720 & 16 juin 1722.

Suivant l'article XII de l'arrêt du Conſeil du 23 mars 1720, il eſt libre aux négocians de Bergues, Lille & Douai, d'envoyer du ſel gris à l'étranger, à la charge non-ſeulement de le faire ſortir; ſavoir, pour celui de Bergues par le bureau d'Oſtcapel, pour celui de Lille par les bureaux du Pont-rouge, Halluin, Dunkart, Bezieux & Condé; & pour celui de Douai par les bureaux de Bereu & Mortagne; mais encore de prendre un acquit de payement & à caution dans le lieu de l'enlèvement, & de le rapporter déchargé par les Commis du bureau de sortie, dans le temps qui aura été marqué.

L'article XV du même arrêt, défend expressément aux habitans de griseler le sel blanc, sous les peines portées par les Ordonnances rendues contre les faux-sauniers.

Les détails dans lesquels on vient d'entrer, offrent un tableau exact de l'état des diverses provinces du royaume, relativement à la Gabelle ou impôt sur le sel.

On voit le principe & l'origine des différences qui subsistent à cet égard; on reconnoît que ces différences sont intimement liées aux constitutions & aux usages de chaque pays.

Lorsque l'on ne remonte point à la source des évènemens, & que l'on ne s'attache point à suivre la progression des faits, qui peuvent seuls mettre en état de juger sainement de notre administration, on est uniquement affecté des inconvéniens qui résultent de cette diversité dans la nature & la quotité des droits; on y voit une régie nécessairement dispendieuse, un appât continuel à la fraude, & les peines les plus sévères pour les réprimer; des provinces qui soumises au même maître, & sous les loix d'un seul & même gouvernement ne formant par leur poſition que le même pays, ſont traitées cependant comme étrangères les unes aux autres, & ſéparées par des barrières qui n'exiſtent que pour aſſurer la perception des droits tels qu'ils ſont établis. On a peine à concevoir qu'une adminiſtration éclairée laiſſe ſubſiſter de pareilles diſtinctions & ne puiſſe parvenir à les remplacer par une uniformité qui rétabliſſant l'égalité dans les charges, procureroit le ſoulagement des pays qui en ſupportent principalement le poids, feroit ceſſer les gênes qu'exige l'état actuel des choſes, rendroit à la culture des terres & à d'autres fonctions vraiment utiles à l'État, une infinité de citoyens qui en ſont détournés, & ſimplifiant la perception, mettroit à portée de diminuer conſidérablement les frais de régie.

Ce plan offre ſans doute les plus grands avantages; mais lorſqu'on le rapproche des faits dont on a rendu compte depuis l'établiſſement de la Gabelle, lorſqu'on voit les arrangemens qui ont été faits avec pluſieurs provinces, qui y ont été depuis toujours maintenues, lorſqu'on ſe rappelle les conditions ſous leſquelles d'autres ont été réunies à la Couronne, on ſent alors toutes les difficultés dans l'exécution d'un changement deſirable pour l'État, enviſagé ſous un point de vue général, mais auquel des circonſtances locales, des intérêts ou même des préjugés particuliers, des formes d'adminiſtration propres à certains pays & auxquelles ils ſont attachés, apporteroient inévitablement des obſtacles; la matière que nous traitons, en fournit par elle-même pluſieurs exemples.

On a cru devoir terminer ce Mémoire par ces réflexions; elles font ſentir la néceſſité d'enviſager les objets ſous tous les points de vue dont ils ſont ſuſceptibles, ſur-tout lorſqu'il eſt queſtion d'une branche des revenus de l'État auſſi importante que celle dont il s'agit, & dans un royaume qui n'eſt parvenu que ſucceſſivement & par degrés à la réunion de toutes les parties qui en avoient été ſi long-temps ſéparées.

CINQUIÈME MÉMOIRE.

AIDES ET DROITS Y JOINTS.

DROITS RÉTABLIS ET *CAISSE DE POISSY.*

LE mot d'*Aide*, dans sa première signification, comprenoit toutes sortes de subsides imposés sur les peuples, pour aider le Prince dans les différens besoins de l'État.

Origine & définition des Aides, anciennes Ordonnances & Règlemens à ce sujet.

On a déjà eu occasion d'exposer les évènemens qui, sous les derniers Rois de la seconde race, changèrent l'ordre général du royaume : la France, pendant près de trois cents ans, fut gouvernée comme un grand fief; des sujets qui, à la faveur des troubles, s'étoient rendus redoutables & presqu'entièrement indépendans, n'envisageoient plus le Souverain que comme le Chef de la seigneurie, & régloient, d'après cette qualité, l'obéissance qu'ils lui devoient, & qu'ils n'avoient pu totalement effacer; ainsi toutes ses démarches étoient dirigées & enchaînées, s'il est permis de s'exprimer ainsi, par les principes & les loix de la féodalité; nos Rois se conformoient aux usages établis en faveur des Seigneurs, & exigeoient des aides dans les mêmes cas qu'eux. On voit que Philippe-le-Bel, en

Mandemens de 1308 & 1313.

1308 & 1313, adressa des mandemens pour faire lever l'aide qui lui étoit dûe dans les deux cas, l'un pour le mariage de sa fille Isabelle avec le roi d'Angleterre, l'autre à cause de la Chevalerie qu'il avoit conférée à son fils.

On sait que le service militaire formoit l'obligation la plus essentielle des vassaux; quelquefois ce service étoit converti en argent, & dans ce dernier cas, il s'appeloit plus particulièrement Aide *auxilium* ou Subvention.

Rien ne fait mieux connoître l'état des choses à cet

Ordonnances & Instructions de 1302, 1303 & 1304.

égard, que les ordonnances & instructions données par Philippe-le-Bel, en 1302, 1303 & 1304, pour la subvention à cause de la guerre de Flandre.

Il est dit que l'ordonnance de 1302 a été faite avec les Prélats & Barons qui y étoient présens.

Cette subvention consistoit en une taxe de 20 livres par 100 livres tournois de revenu en terres ou en rentes, & de 25 livres pour 500 livres en meubles.

On devoit s'informer par gens loyaux, de la valeur

des héritages & des biens de chacun, & suivre raisonnablement la renommée de la richesse.

L'instruction donnée aux Commissaires envoyés dans les Sénéchaussées & Bailliages, pour la levée de cette subvention, leur enjoignoit d'appeler les plus suffisans d'une ville, ou de plusieurs ensemble, suivant le pays, & de leur faire diligemment entendre l'ordonnance selon la lettre, comment elle étoit *pitoyable* spécialement pour le menu peuple, & *courtoise* à ceux qui payeroient; car ils devoient être déportés & quittes de *l'ost* de cette saison & du retour de la monnoie pour tant qu'ils auroient payé, lesquelles choses leur seroient plus onéreuses, pour quoi ils devoient plutôt, & plus volontiers, & plus largement estimer leurs biens pour payer suivant leur valeur.

Il n'y avoit d'excepté & de franc de la subvention que les Nobles sans fraude, puissans de servir en armes & en chevaux, & les pupilles en faveur du bas âge.

Il y avoit aussi différentes taxes déterminées pour les Nobles qui voudroient être déportés d'aller à l'*ost*.

Les Commissaires étoient prévenus par leurs instructions, de ne point lever ces finances dans les terres des Barons contre leur volonté; il leur étoit recommandé de tenir leurs instructions secrettes, & sur-tout l'article concernant les terres des Barons; car il arriveroit (portent les instructions) grand dommage au Roi, s'ils le savoient, mais en toutes les bonnes manières qu'auront les Commissaires, ils amèneront les

Barons à souffrir ce que le Roi a ordonné: les Commissaires adresseront au Roi promptement les noms de ceux qui y seroient contraires, afin qu'il puisse les ramener; en tout les Commissaires les traiteront par belles paroles & si courtoisement qu'esclandre n'en puisse arriver.

Il paroît que pendant que dura la guerre de Flandre, Philippe-le-Bel, en conséquence des arrangemens faits avec les Prélats & les Barons, continua de se procurer différens secours à titre de subvention, en s'engageant toujours à remettre les monnoies, qui éprouvoient des variations & des altérations continuelles, sur le même pied & la même valeur que sous le règne de Saint-Louis: les provinces obtenoient en même temps des lettres en forme de chartes, pour faire cesser les différens griefs dont elles se plaignoient.

De ce genre furent celles obtenues en 1303 & 1304 par les Barons, les Nobles & les habitans du pays d'Auvergne.

Le Roi reconnoît par l'article VII de celle de 1304, que la dernière subvention, qui lui a été faite est de pure grâce, sans qu'ils y fussent tenus; veut & octroye que les autres subventions qu'ils ont faites ne leur fassent aucun préjudice ès choses desquelles ils n'étoient tenus.

Le mandement pour la subvention accordée le 9 juillet 1304, pour la guerre de Flandre, porte que ceux

ceux des Nobles qui ne voudroient ſervir en perſonne, ou qui par chaque cinq cents livres ou livrées de terres, ne pourroient fournir un gentilhomme armé & monté ſur un cheval de 50 livres tournois, payeroient dans les domaines du Roi, la ſomme de 100 livres par chaque cinq cents livrées de terres.

Et que, quant aux non-Nobles, ſoit qu'ils fuſſent dans les domaines du Roi ou dans ceux des Seigneurs, à moins qu'ils ne fuſſent conditionnés & abonnés, ils payeroient l'aide en entier ſuivant l'octroi :

Que les conditionnés & abonnés demeurant dans les domaines & les juſtices des Seigneurs, feroient aide, par chaque cent feux, de quatre hommes de pied :

Que les taillables haut & bas & à volonté, & les mendians, feroient déchargés de l'*oſt*, s'il plaiſoit à leur Seigneur.

Ordonnance du mois de mai 1315.

Au mois de mai 1315, Louis Hutin fils de Philippe-le-Bel, rendit une ordonnance pour faire ceſſer la ſubvention, & par laquelle il déclara que, pour cauſe de ladite ſubvention levée, nul nouveau droit ne lui étoit acquis pour le temps à venir, & que nul préjudice n'en pouvoit réſulter pour les gens de ſon royaume.

Commiſſion pour un Emprunt, du 4 juin 1315.

Mais en même temps que ce Prince fit ceſſer la ſubvention, il eut recours à des emprunts, ainſi qu'il ſe voit par une commiſſion donnée le 4 juin 1315, au Sénéchal de Lyon & à un Bourgeois de cette ville, par laquelle il leur donne pouvoir de recevoir à titre d'emprunt, en son nom, de quelques personnes que ce soit, églises, religieux, séculiers, nobles, non-nobles, villes, communautés & universités ; tenant quittes de venir à l'*ost* de Flandre, ceux qui feroient lesdits prêts, & en obligeant & affectant à leur payement, dans les termes qui feroient stipulés, les rentes, exploits, émolumens & revenus de ladite sénéchaussée & ressort, en quoi qu'ils pussent consister.

Dans la même année, ce Prince fit expédier ses lettres sur une aide de quatre cents hommes de cheval, & de deux cents hommes de pied, convenue avec la ville de Paris : il paroît que la solde étoit payée à ces troupes par la ville, de quinzaine en quinzaine ; que tous les habitans, sans exception, devoient y contribuer selon leurs facultés ; que le Prevôt de Paris devoit commettre des Prud'hommes pour faire la levée & répartition, & le payement aux troupes.

En 1318, les Nobles du Berri, assemblés à Bourges en conséquence des ordres de Philippe-le-Long, frère & successeur de Louis Hutin, pour leur requérir conseil & aide au sujet de la guerre de Flandre, accordèrent de leur pure volonté & libéralité, la quinzième partie de tous les fruits, levées & émolumens de leurs terres pendant une année, pour avoir gens d'armes, sous la condition que cette quinzième partie seroit levée & exploitée par plusieurs Prud'hommes d'entr'eux, qu'ils éliroient & députeroient à cet effet.

Le Roi donna en conféquence fes lettres le 17 novembre 1318, portant que cette libéralité ne pourroit leur être préjudiciable, ni à leurs fucceffeurs, ni lui acquérir aucun droit nouveau, & qu'il n'eût auparavant; & que fi la guerre n'avoit pas lieu, ce que chacun auroit payé lui feroit rendu.

Lettres de non-préjudice, du 17 novembre 1318.

Il paroît par une ordonnance de ce Prince du 25 février 1318, qu'il exiftoit déjà fous fon règne une Gabelle ou impôt fur le fel, & une impofition de Quatre deniers pour livre fur les denrées: il dit en effet dans le préambule de cette ordonnance, qu'étant venu à fa connoiffance que l'une & l'autre étoient fort défagréables au peuple, qui d'ailleurs fe plaignoit d'autres griefs qui font rappelés dans ce préambule; il avoit fait appeler devant lui à la Chandeleur les Prélats, Barons, Chapitres & bonnes villes du royaume, à l'effet de pourvoir, par leurs bons confeils, fur ces griefs, au foulagement du peuple; qu'il avoit fait expofer fes intentions en fa préfence, fur lefquelles, après une délibération de plufieurs jours, ils lui avoient fait une réponfe bonne & gracieufe.

Ordonnance du 25 février 1318.

Il déclare par cette ordonnance, que fon intention n'eft pas que lefdites Gabelles & impofitions durent toujours, & foient mifes dans fon domaine, mais que pour la déplaifance qu'elles font au peuple, il voudroit que, par bon confeil & avis, bonne & convenable voie fût trouvée, par laquelle l'on mît bonne provifion ſur le fait de la guerre, & leſdites Gabelles & impoſitions fuſſent ôtées à toujours.

Il remédie par pluſieurs autres diſpoſitions de la même ordonnance, à une partie des griefs qui lui avoient été déférés.

Charles IV, dit le Bel, ſon ſucceſſeur, ayant fait requérir les habitans de la ville de Paris, de l'aider pour la guerre qu'il avoit à ſoutenir contre Édouard II, roi d'Angleterre; ils offrirent deux cents hommes d'armes pour ſix mois ſi le Roi y alloit en perſonne, & pour quatre mois s'il n'y alloit pas: ce Prince par des lettres du mois de janvier 1324, leur octroya de lever une impoſition juſqu'à concurrence de la ſomme à laquelle monteroit la dépenſe de ces deux cents hommes d'armes, & pour en tenir lieu, d'un denier par livre dans les cas de vente des denrées & marchandiſes; que les ſommes qui en proviendroient ſeroient portées chaque mois au tréſor à Paris; que l'aide ceſſeroit dès qu'il y auroit trève ou paix; que l'impoſition ſeroit levée par les habitans qui en compteroient au Prevôt des Marchands & aux Échevins, appelés avec eux des bonnes gens de la ville, & que le Roi y mettroit un ou deux de ſes gens.

Lettres d'octroi du mois de janv. 1324.

Le Roi veut qu'aucun droit nouveau ne lui ſoit acquis ſur les habitans, & que cette aide ne leur faſſe aucun préjudice ni à leurs priviléges; il commande au Prevôt de Paris, que toutefois qu'ils le requerront, il leur donne un ou pluſieurs Sergens, & les aide en tant qu'il le pourra, dûement, à lever ladite imposition.

Les habitans de Paris ayant accordé à Philippe de Valois, une aide de quatre cents hommes à cheval pour la guerre de Flandre, il leur fit expédier le 11 juillet 1328, des lettres pareilles à celles de Charles-le-Bel que l'on vient de rappeler.

Lettres d'octroi du 11 juillet 1328.

La perte de la bataille de Creci, en 1346, obligea ce Prince à se procurer de nouveaux secours : c'est ce qui se voit par la commission qu'il adressa le 13 mai 1347, à l'évêque de Laon, à l'abbé de Saint-Denys, à celui de Marmoutiers, à Simon de Buci & Jacques la Roche, Chevaliers; elle porte que le Roi avoit ordonné que tous les habitans non Nobles du royaume, de quelqu'état & condition qu'ils fussent, lui feroient, selon leurs facultés, certaine aide de gens d'armes pour la défense du royaume, suivant les instructions qui avoient été arrêtées par grande délibération du Conseil; qu'il avoit en conséquence envoyé des Commissaires en plusieurs Sénéchaussées & Bailliages du royaume, qui avoient trouvé les habitans desdits lieux bien obéissans & courtoisement condescendans aux requêtes qui sur ce leur avoient été faites, & avoient octroyé certaine aide de gens d'armes par certains accords & convenances qui leur avoient été octroyés par lettres du Roi :

Commission pour lever l'Aide, du 13 mai 1347.

Que par importunité des requérans, il avoit été fait depuis, plusieurs grâces & octrois qui étoient contre lesdites promesses: le Roi députa par cette commission, ceux qui y sont dénommés, pour réparer ces infractions, qu'il déclare nulles & de nul effet.

En 1349, Philippe de Valois fit exposer de nouveau aux bourgeois & habitans de la ville de Paris, les grandes dépenses qu'il étoit obligé de soutenir pour le fait des guerres qu'il avoit pour la défense du royaume & de tout le peuple, contre le roi d'Angleterre & les alliés de ce Prince, & les fit requérir de lui faire subside & aide; sur quoi ils accordèrent qu'il fût levé & payé au Roi, pendant une année, une imposition sur toutes les marchandises & denrées qui seroient vendues dans la ville & fauxbourgs de Paris: la quotité & la forme de cette imposition furent réglées par des Lettres du Roi du 17 février 1349, qui contiennent le tarif des droits & le détail des denrées & marchandises sur lesquelles ils devoient être levés.

Lettres & Tarif pour la levée de l'Aide, du 17 février 1349.

Il est dit dans ces Lettres, qu'en cas de paix, l'imposition cesseroit, & que s'il n'y avoit qu'une simple trève, elle seroit mise en dépôt, pour servir en temps de guerre; que cette Aide ou Octroi ne porteroit aucun préjudice aux priviléges, libertés & franchises des habitans, le Roi le tenant à subside gracieux; que pendant qu'il auroit lieu, les bourgeois & habitans ne seroient tenus d'aller ni d'envoyer à l'*ost* pour arrière-ban ou autrement, si ce n'étoit en cas de nécessité évidente, ni de faire aide ou service pour cause de fiefs ou de tenure de fiefs, ni autre aide ou subvention pour cause de leurs héritages, en quelque juridiction ou bailliage qu'ils fussent situés :

Qu'en cas de contestation entre les Collecteurs députés à lever ladite imposition, & les habitans, les Prevôt & Échevins en pourroient ordonner, & en auroient cour & connoissance; que s'ils ne pouvoient les accorder, les Gens des Comptes, & non autres, en connoîtroient.

Le roi Jean, fils de Philippe de Valois & son successeur, se trouva, à son avènement à la Couronne, plongé dans les plus grands embarras; les finances étoient épuisées, & la guerre qu'il avoit à soutenir, exigeoit des dépenses très-considérables: sacré à Reims, le 26 septembre 1350, il convoqua à Paris, pour le 16 février suivant, que l'on comptoit encore 1350, les États généraux du royaume, savoir ceux de la Languedoc & de la Languedoil. Il paroît que les Députés des bonnes villes furent choisis dans des assemblées particulières, mais il n'y eut point de délibération générale & commune prise dans ces États, & il fut traité particulièrement avec les Députés des États des différentes provinces.

Lettres de convocation des États à Paris, du 26 septembre 1350.

Nous avons le procès-verbal de l'assemblée tenue à Pont-Audemer pour le duché de Normandie · on voit que le Roi, par des Lettres du 2 mars 1360, avoit commis Robert, évêque d'Évreux, & Simon de Bucy.

Commission du 2 mars 1350.

Ces Lettres portent qu'ayant convoqué à Paris les Prélats, Barons & autres Nobles, & les Communes des bonnes villes de Normandie, il avoit été mûrement délibéré ſur l'aide & ſubſide que les Prélats avoient octroyé; que le Roi avoit renvoyé les Nobles & les Communes chez eux, pour aſſurer davantage ce traité avec ceux de leur condition; que dans la vue de leur éviter les dépenſes auxquelles les expoſeroit la néceſſité de ſe rendre de nouveau auprès de lui, il avoit réglé que des Commiſſaires de ſon Conſeil, pleinement inſtruits de ſes intentions, ſeroient députés dans le duché de Normandie, avec un pouvoir ſuffiſant pour tout régler: il commet à cet effet l'évêque d'Évreux & Simon de Bucy, avec faculté d'appeler un Prud'homme, dans le cas où l'un d'eux ne pourroit pas vaquer à ſa commiſſion, pour ſe tranſporter au Pont-Audemer, y convoquer les Barons, autres Nobles, & les Communes des bonnes villes de tout le Duché; leur expoſer, conformément à leurs inſtructions, les intentions du Roi, & terminer avec eux le traité d'aide & ſubſide; régler la levée & recouvrement; accorder ſur ce les Lettres néceſſaires, que le Roi, lorſqu'il en ſera requis, promet de confirmer & ratifier par les ſiennes: il leur enjoint & les autoriſe à réparer les torts & oppreſſions que les habitans du Duché auroient pu ſouffrir par les Officiers-royaux ou tous autres.

L'évêque d'Évreux & Simon de Bucy s'étant tranſportés au Pont-Audemer, y aſſemblèrent les États de la Nobleſſe & des bonnes villes: là ſe trouvèrent les Députés des villes, des bailliages de Rouen, de Caen,

Caen, de Cotentin, de Caux & de Gifors; ils exposèrent que quoiqu'ils euffent été très-grévés par les guerres, par les mutations des monnoies, par les vexations des Sergens, par les diftractions de leurs refforts, auxquelles ils étoient continuellement livrés devant les Maîtres des requêtes des hôtels du Roi, de la Reine, de leurs enfans, les Maîtres des eaux & forêts, l'Amiral & fes Lieutenans, & autres Juges, & par femonces de Cour d'Églife, faites ou de l'autorité des Ordinaires ou par privilége & authentique de Cour de Rome: que quoiqu'ils payaffent déjà plufieurs impofitions, comme à Rouen & dans plufieurs autres villes, pour les clôtures & fortereffes; qu'ils euffent des priviléges fuivant lefquels ils n'étoient tenus de faire aucune aide ou fubfide, fi ce n'étoit dans le cas de l'arrière-ban; & que par ces différens motifs, ils puffent s'excufer fuffifamment des demandes qui leur étoient faites: defirant cependant, de tout leur cœur, être & demeurer perpétuellement en la bonne grâce & volonté du Roi, en expofant pour lui corps & biens, ils accordoient l'Aide, dont on régla dans cette affemblée, la quotité, les conditions & la perception.

Le comte d'Harcourt, les feigneurs de Briquebec, Préaux, Ferrière & plufieurs autres, comparurent à cette affemblée, ou en perfonne ou par leurs fondés de pouvoir: ils déclarèrent qu'ils octroyoient & accordoient que l'impofition fût levée fur leurs hommes jufticiables & fujets, & en toutes leurs terres & villes;

ſpécialement le duc d'Orléans, dans ſon comté de Beaumont-le-Roger, dans ſa terre de Pontorſon & dans toutes les autres qu'il pouvoit avoir en Normandie; le roi de Navarre, dans ſes comtés d'Évreux & de Longueville, & autres terres; Madame de Valois, dans ſa terre de Gaille-Fontaine & autres.

L'impoſition qui fut établie en conſéquence de cette aſſemblée, portoit ſur tout ce qui étoit vendu, ſoit meubles, ſoit conſommation, & il n'y avoit d'excepté que les ventes ou locations d'héritages.

Le droit levé ſur le prix, étoit de 6 deniers pour livre, de 4 deniers & maille pour 15 ſous, de 3 deniers pour 10 ſous, de trois mailles pour 5 ſous, & rien pour les ventes dont le prix étoit au-deſſous de 5 ſous.

L'impoſition devoit être donnée à ferme, par adjudication, au plus offrant, par villes & par membres, le plus profitablement que faire ſe pourroit; les adjudications devoient être faites devant les Vicomtes, entre les mains deſquels les Fermiers étoient également tenus de payer; l'impôt devoit durer un an, à compter du 1.er Mai, & ceſſer plus tôt en cas de paix.

Ordonnance du 5 avril 1350.

Le Roi, par ſon Ordonnance du 5 avril 1350, confirma ce qui avoit été fait par ſes Commiſſaires, ſoit relativement à l'Aide en queſtion, ſoit par rapport à la reformation de pluſieurs uſages que l'on regardoit comme abuſifs, & dont il eſt inutile de faire ici l'énumération.

La même forme qui avoit été employée pour la Normandie, fut mise en usage dans les autres provinces du royaume: les différentes lettres données à ce sujet par le roi Jean, sont rapportées dans le Recueil des Ordonnances, on en trouve du mois de mars 1350, pour le bailliage de Vermandois, qui avoit accordé également une aide de Six deniers par livre de toutes choses vendues, excepté les fonds d'héritages.

Lettres du mois de juin 1351.

Par des lettres du mois de juin 1351, le Roi confirma le traité d'aide passé entre ses Commissaires, qui étoient l'évêque de Lectoure & Fauvel de Vaudecourt, & les députés du bailliage d'Amiens.

Cette aide consistoit dans des droits fixes sur les marchandises rappelées dans le traité, & Quatre deniers pour livre du prix de la vente de toutes celles qui n'y étoient pas spécifiées.

Nous avons de pareilles lettres concernant l'imposition de Six deniers pour livre, pour les sénéchaussées d'Anjou & du Maine, & pour les bailliages de Senlis & de la province d'Auvergne: celles pour l'Auvergne, portent que le Receveur du Roi en Auvergne donnera l'imposition à ferme, & qu'il sera chargé de faire payer les Fermiers; que pour empêcher que le peuple ne reçoive aucun dommage, les Hauts-justiciers feront payer ce qui devra être reçu dans leurs justices par les Fermiers de l'imposition; que les poursuites qui se feront à ce sujet, seront faites par les Officiers des Hauts-justiciers, au nom du Roi qui leur en donne pouvoir & autorité, & que les conteſtations qui s'élèveront ſeront jugées ſommairement par les Hauts-juſticiers ; mais que s'ils ne font pas leur devoir, les Juges royaux en prendront connoiſſance: ainſi le Receveur du Roi donnoit l'impoſition à ferme, les Officiers des Hauts-juſticiers dans leurs juſtices; & en cas de négligence de leur part, les Officiers-royaux faiſoient payer ce qui étoit dû au Fermier, & le Receveur du Roi ce que devoit le Fermier.

Il eſt intéreſſant d'obſerver que lors de ces différens traités, les gens d'Égliſe & les Nobles, avoient grand ſoin d'y faire inſérer l'exemption de l'impoſition, à la vente qu'ils faiſoient des denrées du crû de leurs bénéfices ou terres.

Il y en a même où ils ſont déclarés n'être pas ſujets à l'impoſition, relativement à ce qu'ils achetoient pour leur conſommation, & non pour en faire commerce.

Quelquefois les Seigneurs n'accordoient leur conſentement qu'en ſtipulant qu'une portion du droit leur appartiendroit; c'eſt ainſi que le roi Jean, pour obtenir que l'aide fût levée ſur les terres qui avoient été aſſignées à la reine Jeanne d'Évreux, pour ſon douaire, fut obligé de conſentir que cette Princeſſe prît pour elle la moitié du ſubſide, qui fut pour cette raiſon affermé conjointement par les Officiers du Roi & de cette Princeſſe.

Il paroît que depuis 1350 juſqu'en 1355, le roi Jean, pour ſe procurer les ſecours que les conjonctures rendoient néceſſaires, ſuivit le plan des demandes particulières qu'il faiſoit faire aux différentes provinces du royaume, par les Commiſſaires qu'il en chargeoit; mais l'incertitude & le peu d'uniformité de ces ſecours, les inconvéniens ſans nombre qui réſultoient des conditions ſous leſquelles ils étoient accordés, lui firent penſer qu'il parviendroit plus ſûrement & plus convenablement, à pourvoir aux beſoins de ſon État, en aſſemblant les États généraux de la Languedoil qu'il convoqua à Paris au mois de novembre 1355.

Convocation des États à Paris, au mois de novembre 1355.

Ces États ſe tinrent dans la Chambre du Parlement, le mercredi après la Saint-André: Pierre de la Forêt, Chancelier de France, après leur avoir expoſé que le Roi ſe trouvoit engagé dans une guerre longue & diſpendieuſe, les requit de délibérer ſur l'aide qu'ils pourroient lui accorder pour le mettre en état de la ſoutenir.

Ils offrirent d'entretenir pendant une année trente mille hommes d'armes à leurs dépens; & pour ſubvenir à cette dépenſe, qui fut évaluée à la ſomme de 5 millions, ils conſentirent à la levée d'une impoſition qui fut une Gabelle ſur le ſel, & Huit deniers pour livre ſur toutes choſes qui ſeroient vendues, à l'exception des ventes d'héritages ſeulement.

Cette impoſition devoit être payée par le vendeur, & acquittée par toutes ſortes de perſonnes, Clercs, gens d'Égliſe, Hoſpitaliers, Nobles, non Nobles, Monnoyers & autres, ſans que nul pût s'en dire franc ou exempt, de quelqu'état, condition ou dignité qu'il fût ou de quelque privilége qu'il usât.

Le Roi, par l'ordonnance qui établit cette imposition, veut que lui même, la Reine, le duc de Normandie, ses autres enfans, & ceux de son lignage, contribuent auxdites Gabelles & impositions.

L'article II de cette ordonnance porte que les États généraux choisiront neuf personnes, à savoir, trois de chaque état, pour avoir dans toute la Languedoil l'inspection générale sur la levée de cette imposition, & pour être Superintendans, sur tous ceux qui en seront chargés, & des Commissaires ou députés particuliers dans les différentes provinces, lesquels auront l'inspection sur la levée de l'aide dans l'étendue de leurs départemens.

Il devoit y avoir deux Receveurs généraux, & des Receveurs particuliers dans les différens départemens.

L'article III veut que tous les contribuables, indistinctement, soient tenus d'obéir aux députés, tant généraux que particuliers; que les députés particuliers puissent user contr'eux de contraintes & ajourner les refusans par-devant les Généraux, qui sont autorisés à y pourvoir ainsi que bon leur semblera; & ce qui sera fait (dit cet article) & ordonné par lesdits Généraux députés, vaudra & tiendra comme arrêt du Parlement, sans qu'on en puisse appeler, ou que sous ombre d'appel, l'exécution de leurs sentences ou ordonnances soit retardée en aucune manière.

L'article V porte que la totalité du produit, sera employée & convertie entièrement au fait de la guerre, sans que le Roi, la Reine, le duc de Normandie, ceux du lignage, les Lieutenans, Connétable, Maréchaux, Amiraux, Maître des arbalêtriers, Trésoriers ou autres Officiers quelconques, en puissent prendre, lever, exiger ou demander aucunes choses, par quelque manière que ce soit, ni le faire tourner à autre destination qu'à la guerre.

La levée & la distribution des deniers ne doivent point être faites par les Gens du Roi, par ses Trésoriers, ni par ses Officiers, mais par des Gens ordonnés, commis & députés par les Trois-états qui feront serment, de ne délivrer les deniers qu'aux gens d'armes & pour le fait de la guerre seulement.

Les députés & Receveurs doivent même résister à ceux qui, sous prétexte de mandement contraire du Roi, qu'ils auroient surpris, s'efforceroient de s'emparer de quelque somme; ils sont autorisés à s'y opposer par voie de fait, & à demander même l'assistance des villes voisines.

Suivant cette ordonnance, les Généraux ne peuvent rien faire au fait de leur administration, s'ils ne sont tous ensemble d'accord; & en cas de sentiment contraire sur choses qui regardent leurs offices, il est dit que les Gens du Parlement les pourront accorder & ordonner du différend.

Il fut ordonné que conformément à la résolution

prise dans les États, ils se rassembleroient au 1.er mars suivant, que l'on comptoit aussi 1355, pour entendre les comptes des deniers qui auroient été levés, & que là, en présence des Gens du Conseil, les députés des Trois-états déclareroient à quelle somme auroit monté la Gabelle de l'imposition, afin que si ce fonds étoit reconnu n'être pas suffisant pour fournir aux dépenses de la guerre, on pût ou augmenter la Gabelle ou y pourvoir par quelqu'autre imposition, mais d'un commun consentement, & sans que deux états, s'ils étoient du même avis, pussent lier le troisième.

Il fut également ordonné que l'imposition ne dureroit qu'un an, & que d'autres États se tiendroient à Paris à la Saint-André 1356.

L'assemblée indiquée se tint effectivement au 1.er mars : il se trouva que les premiers impôts étoient insuffisans; plusieurs communautés avoient refusé de s'y soumettre; on substitua à la gabelle & à l'impôt de Huit deniers par livre, une espèce de taxe personnelle ou capitation, payable par toutes sortes de personnes indistinctement, même par les Ecclésiastiques, & dans la proportion du revenu de chaque individu.

L'ordonnance que donna le Roi Jean, d'après la résolution prise dans les États, est du 12 mars 1355.

Instruction des Commissaires aux Employés, du 20 mars 1355.

Il existe une instruction donnée le 20 mars 1355, par les Commissaires députés pour la levée du subside dans la ville & diocèse de Paris aux Commis qu'ils envoyoient dans les paroisses de ce diocèse.

Cette

Cette instruction règle le taux de l'imposition, eu égard au montant du revenu ou à la valeur même des meubles, dont 1000 livres devoient payer sur le pied de 10 livres de revenu : elle prescrit la conduite à tenir pour parvenir à la fixation & au payement des taxes de chaque Contribuable.

Les Commis devoient se transporter sans délai dans chaque paroisse, choisir avec le conseil du Curé, trois ou quatre notables habitans, aller avec eux dans toutes les maisons & ménages de la paroisse, requérir les Seigneurs & les Maîtres des hôtels & ménages, de quelqu'état & condition qu'ils fussent, Clercs, gens d'Église, Religieux ou Religieuses, Exempts ou non Exempts, Nobles & autres quelconques, de déclarer leur état & facultés, & de toutes les personnes de leur ménage & demeurans avec eux, enfans, serviteurs ou autres; ils devoient de leur côté se procurer les renseignemens nécessaires à ce sujet, & former un registre du tout.

Requérir ensuite & faire commandement aux contribuables, de payer l'aide selon l'ordonnance, mettre par écrit ce qu'ils diroient & payeroient, & s'ils ne répondoient pas ou ne comparoissoient pas, les ajourner par-devant lesdits députés.

Ils étoient autorisés à mettre un ou plusieurs Sergens chez les contribuables, qui, quoique riches & solvables, refuseroient de payer; & quant aux Clercs ils doivent les faire contraindre par leur Juge ordinaire, par sentence d'excommunication; & s'ils ne se mettoient pas en règle dans la huitaine, par saisie de leur temporel.

A l'égard de ceux qui étoient hors d'état de satisfaire promptement, ils devoient leur faire commandement de payer à la mi-carême la moitié de leur taxe, & étoient autorisés à leur accorder pour l'autre moitié tel terme que bon leur sembleroit.

Enfin l'instruction ou mandement indiquoit le Receveur de la ville & diocèse de Paris, auquel ils devoient remettre la totalité de leur recouvrement, ainsi que le rôle ou registre sur lequel il auroit été fait, & ce registre devoit être signé par le Curé qui devoit y mettre de sa main le montant du taux de la paroisse.

Ordonnance du 26 mai 1356.

Il y eut encore le 8 mai de la même année une nouvelle assemblée des États à Paris, dans laquelle on accorda deux nouveaux subsides semblables à celui que l'on vient de rappeler, payables, l'un à la Saint Jean-Baptiste, & l'autre à la Notre-Dame d'août; il est dit dans l'ordonnance qui fut rendue le 26 mai 1356, que ces subsides seroient payés par toutes sortes de personnes de quelqu'état & condition qu'elles fussent, excepté les gens d'Église payant décimes; que les francs qui n'étoient pas taillables haut & bas à volonté, c'est-à-dire, qui ne devoient qu'une Taille fixe, que le Seigneur ne pouvoit pas augmenter, payeroient la totalité, & que les serfs taillables haut & bas à volonté, ne payeroient que la moitié.

Dans l'intervalle qui s'écoula jusqu'à la Saint André 1356, temps auquel les États devoient se rassembler, les choses changèrent de face par la perte de la bataille donnée auprès de Poitiers le 19 septembre: le Roi fut pris par les Anglois, une partie de la Noblesse périt dans cette fatale journée; Charles Dauphin & duc de Normandie, n'avoit alors que dix-neuf ans, étant né le 21 janvier 1337; il assembla dans la Chambre du Parlement les États de la Languedoil; l'ouverture s'en fit le 17 octobre 1356; les trois ordres formoient une assemblée de plus de huit cents personnes: les États, dont le roi Jean avoit augmenté considérablement l'autorité, profitèrent du malheur des conjonctures pour accroître leur pouvoir; ils firent des demandes exhorbitantes, proposèrent la délivrance du roi de Navarre, la destitution des principaux Ministres & Officiers du Roi: le duc de Normandie prit le parti de dissimuler, il trouva le moyen de séparer les États; mais rien ne fut accordé, il fut donc obligé d'envoyer des Commissaires dans les différens bailliages du royaume pour demander une aide aux bonnes villes en particulier.

Assemblée des États, du 17 octobre 1356.

Rien ne fait connoître le succès qu'eurent ces Commissaires dans l'exécution des ordres dont ils étoient chargés; on trouve seulement le compte d'un ſubſide accordé par les États particuliers d'Auvergne, tenus vers la fin du mois de décembre 1356, en préſence du Bailli de cette province : ces États nommèrent des Élus généraux pour veiller à l'adminiſtration & à l'emploi des deniers provenans de ce ſubſide, qui conſiſtoit, pour les Eccléſiaſtiques & les Nobles, de quelqu'état & condition qu'ils fuſſent, dans la moitié d'un dixième & demi de leur revenu.

Quant aux communautés, elles devoient payer par deux cents feux, 15 écus par an pour l'entretien d'un homme d'arme pendant un mois; c'étoit les habitans qui devoient faire l'impoſition, commettre à leurs dépens un Collecteur pour la lever, & en porter les deniers au Receveur.

Les hommes taillables à volonté, devoient payer par quatre cents feux le même ſubſide de 15 écus.

Il devoit être établi trois Receveurs particuliers qui remettroient entre les mains du Receveur général à Clermont, les deniers reçus dans les villes & dans les paroiſſes de leur département.

Dans le même temps que ſe tenoient à Paris les États de la Languedoil, ceux de la Languedoc s'étoient aſſemblés à Toulouſe en conſéquence des ordres du comte d'Armagnac, Lieutenant du Roi dans le pays: ces États furent très-ſoumis & marquèrent beaucoup de zèle pour le Roi & pour ſa délivrance; ils ordonnèrent la levée de cinq mille hommes d'armes & d'un ſubſide ſuffiſant pour les entretenir.

Le Dauphin alla trouver à Metz l'Empereur Charles IV son oncle, pour lui demander conseil, il revint à Paris le 22 janvier, & manda les États pour qu'ils s'assemblassent de nouveau le 5 février que l'on comptoit encore 1356, les excès furent encore portés plus loin dans cette assemblée que dans la précédente; les États osèrent exiger du Dauphin, qu'il destituât les meilleurs serviteurs & les principaux Officiers du Roi au nombre de vingt-deux, & mirent cette condition à l'aide qu'ils accordèrent avec la permission de se rassembler dans la quinzaine de Pâques.

Cette assemblée fut différée & ne se tint que le 7 novembre 1357, & le 8 du même mois le roi de Navarre qui étoit détenu au château d'Arleux en Cambresis, fut délivré malgré le Dauphin, qui fut même obligé de lui envoyer un sauf-conduit pour se rendre à Paris.

Les États n'ayant pu s'accorder, furent prorogés: le Dauphin qui étoit sorti de Paris les transféra à Compiegne: il se tint aussi par ses ordres, ou en sa présence, différens États particuliers pendant les années 1357 & 1358, qui accordèrent des aides ou subsides qui tous étoient limités au terme d'une année. *Tenue des États de 1357 & 1358.*

Étienne Marcel Prevôt des Marchands & chef de la faction, ayant été tué au mois de juillet 1358, par un bourgeois nommé Maillard, la ville de Paris rentra entièrement dans l'obéissance; le Dauphin y fut reçu aux acclamations du peuple, & ne trouva plus d'obstacles aux vues dont il étoit occupé pour procurer la liberté au Roi & la paix à tout le royaume: il convoqua l'assemblée des États à Paris, où ils se tinrent au mois de mai 1359, & donna en la Chambre du Parlement des lettres en date du 27 mai, par lesquelles il rétablit solennellement dans leurs charges & fonctions, ceux qu'il avoit été forcé de destituer, & annulla tout ce qu'il avoit précédemment fait à ce sujet.

Conclusion de paix de 1360.

Le roi d'Angleterre ayant fait à Bretigny près de Chartres des propositions de paix, elle y fut conclue en 1360; le roi Jean revint dans son royaume vers la fin d'octobre de cette année, & il s'occupa de réparer les désordres que la guerre, tant étrangère que civile & sa captivité, y avoient causés.

M. Secousse observe qu'il se trouve dans quelques ordonnances, des traces d'États assemblés pendant l'année 1360, mais qui ne sont pas suffisantes pour déterminer quand ils ont été tenus.

Il n'est point fait mention des États dans l'ordonnance de ce Prince, du 5 décembre 1360, dont on va rappeler les dispositions.

Il expose, dans le préambule de cette ordonnance, les évènemens de la guerre qu'il avoit soutenue contre les Anglois, la paix conclue à Bretigny, par laquelle il avoit cédé au roi d'Angleterre plusieurs grandes & nobles terres, possessions & héritages, déjà payé 400 mille écus, & étoit encore tenu de fournir chaque année, pendant six ans, des sommes considérables: il retrace la triſte ſituation du royaume par les diviſions, rébellions, pillages, occupations de biens, violences, oppreſſions, extorſions, exactions, juſtice mal gardée, pluſieurs nouveaux péages, coutumes, redevances, ſubſides, tant par eau que par terre, levés & mis en divers lieux du royaume, indépendamment des anciens & accoutumés, & par leſquels les vivres & marchandiſes étoient exceſſivement chargés; les priſes & rançonnemens qui avoient fait ceſſer le labourage, les mutations & affoibliſſement des monnoies.

Il promet de faire bonne & loyale juſtice; il ordonne que tous péages, pontonnages, ſubſides & charges miſes de nouveau, ceſſeront, & que toutes marchandiſes, bêtes & denrées paſſeront franchement & quittement, tant par terre que par eau, en payant ſeulement les anciens péages & coutumes.

Il s'engage à faire faire bonne & forte monnoie d'or & d'argent & monnoie noire, avec laquelle on pourra plus aiſément faire l'aumône aux pauvres gens.

Il conſidère les grands profits qui s'enſuivront par l'accompliſſement de la paix, & les maux que le renouvellement de la guerre occaſionneroit.

Il expoſe que pour remplir les conditions du traité & chaſſer du royaume les compagnies & les pillards qui détenoient encore pluſieurs fortereſſes, il a beſoin d'être aidé & ſecouru par ſon peuple, d'autant plus qu'il ne compte tirer aucun profit de la monnoie.

Il ordonne qu'il prendra & aura dans la Languedoil,

ſur le peuple qui ne ſera pas tant grévé qu'il le ſeroit par la mutation de la monnoie, c'eſt à ſavoir;

Douze deniers pour livre de toutes marchandiſes & denrées qui ſeront vendues, leſquels douze deniers ſeront payés par le Vendeur:

Le Cinquième ſur le ſel:

Le Treizième ſur les vins & autres breuvages:

Que ces impôts ſeront levés & cueillis de la manière qu'il ordonnera, au moindre grief du peuple, ainſi qu'il ſera porté par les inſtructions de ceux qu'il députera dans les parties de la Languedoil, de laquelle aide il ſe tiendra pour content, & elle ſera levée ſeulement juſqu'à la perfection & entérinement de la paix:

Il règle enſuite le prix auquel la monnoie aura cours:

Il ordonne que les prevôtés, tabellionnages & clergeries ne ſeront plus données à ferme, mais à perſonnes ſuffiſantes & convenables qui ſauront les gouverner ſans gréver le peuple.

Il révoque tous Sergens des ſénéchauſſées, bailliages, prevôtés & autres juridictions, qui ne ſont pas des ordonnances anciennes.

On trouve à la ſuite de cette ordonnance les inſtructions données ſur la levée & la régie de ces impoſitions; elles ſont intitulées: Inſtructions faites par le Grand-Conſeil du Roi étant à Paris, ſur la manière

manière de lever l'aide ordonnée pour la délivrance dudit Seigneur & pour la perfection de la paix.

Il y est dit que l'imposition de Douze deniers pour livre sur toutes les marchandises & denrées qui seront vendues, excepté le sel, le vin & les autres breuvages, sera donnée à ferme, comme ont été autrefois les autres impositions levées audit royaume, les cautions prises & les deniers reçus de mois en mois par les Élus & députés en chaque cité, pour toute la cité & diocèse ou évêché :

Que sur les vins & sur tous autres breuvages, on levera la treizième partie du prix ; l'instruction prescrit la manière dont cette perception sera faite, & les différens prix des vins d'après lesquels le treizième doit être perçu.

Il doit y avoir dans chaque cité, pour la cité & le diocèse, deux personnes notables pour gouverner le fait desdites impositions, les donner à ferme, prendre ou faire prendre les cautions, faire recevoir à la fin de chaque mois les deniers desdites fermes par les Receveurs qu'elles établiront.

Ces deniers doivent être déposés dans un coffre à trois clefs ; chaque Élu en aura une & le Receveur la troisième.

Ils doivent envoyer à Paris de deux mois en deux mois, aux Trésoriers généraux ordonnés pour le fait de l'aide, tous les deniers qu'ils auront en caisse.

L'ordonnance qui établit les impositions que l'on

vient de rappeler, ne fait mention que de la partie du royaume appelé la *Languedoil:* il y en eut sans doute une pareille pour la Languedoc, puisqu'au mois de mai 1361, le roi Jean ordonna qu'au moyen des offres faites par les habitans des sénéchaussées de Beaucaire & de Nîmes, de payer une somme de 75 mille florins d'or, les impositions en question ne seroient point levées dans ces sénéchaussées.

Il paroît cependant que le roi Jean s'y étant transporté au commencement de 1363, & y ayant assemblé les États, auxquels il fit représenter la nécessité de mettre le pays de Languedoc, à couvert de l'invasion des compagnies qui se diposoient à y faire une irruption, on décida que la Gabelle y seroit levée: l'ordonnance que ce Prince rendit le 20 avril 1363, en conséquence de la résolution prise dans les États, contient un règlement sur cette perception dont l'administration, ainsi que celle des deniers qui en proviendroient, devoit être faite par les États.

Ordonnance du 20 avril 1363.

On voit aussi que différentes provinces de la Languedoil, s'exemptèrent de l'établissement des impositions dont il s'agit, moyennant les offres qu'elles firent, & qui furent acceptées, de payer différentes sommes; ainsi les États de l'Artois, du Boulonnois & du comté de Saint-Pol, ayant offert à Charles V, une aide payable en deux termes, ce Prince, par son ordonnance du 27 août 1365, leur accorda que durant cette aide qui étoit pour un an, tous subsides,

Ordonnance du 27 août 1365.

impositions, treizième du vin, le quint du sel & toute autre subvention, n'auroient point lieu dans les pays qui contribuoient au payement de cette aide; cet abonnement fut continué depuis, & l'on trouve chaque année des ordonnances semblables à celle que l'on vient de rappeler.

Ces impositions qui n'avoient été annoncées que comme momentanées, & ne devant avoir lieu que jusqu'à l'entier payement de la rançon du roi Jean, & à l'accomplissement total de la paix, subsistèrent pendant tout le règne de Charles V.

Il est vrai que l'administration sage & éclairée de ce Prince, répara les maux dont le royaume étoit accablé lorsqu'il parvint à la Couronne: il y fut de nouveau plongé sous le règne malheureux de Charles VI; ce règne commença par la révolte des peuples contre les impôts; ce Prince cédant aux conjonctures, par une ordonnance du 16 novembre 1380, quitta, remit, annulla & mit au néant tous aides & subsides quelconques qui, pour le fait des guerres, avoient été imposés depuis le roi Philippe-le-Bel, jusqu'au jour de cette ordonnance, fouages, impositions, Gabelles, treizième, quatrième & autres de quelque genre qu'ils fussent, voulant que ses sujets en demeurassent francs & quittes comme ils l'étoient avant le temps de Philippe-le-Bel, & que ce qu'ils en avoient payé ne tournât point à leur préjudice ni à celui de leurs successeurs, & ne pût être tiré à conséquence pour l'avenir.

Ordonnance du 16 novembre 1380.

Les tentatives qui furent faites immédiatement après cette ordonnance, pour le rétablissement des impôts, excitèrent les plus grands désordres, & le peuple de Paris se livra à des excès affreux; mais Charles VI, ayant défait à la bataille de Rosebecque les Flamands qui s'étoient révoltés contre leur comte, il revint à Paris avec son armée victorieuse, fit arrêter & punir les principaux chefs de la sédition, & ordonna de nouveau la levée des impôts qui subsistèrent toujours depuis cette époque.

Lettres du 26 janvier 1382.

Par des lettres du 26 janvier 1382, il régla le pouvoir, l'autorité & la juridiction des Généraux-Conseillers sur le fait des Aides.

Il les commet, ordonne & établit ses Généraux-Conseillers pour lesdites Aides gouverner & maintenir, leur donne plein-pouvoir, autorité & mandement spécial d'établir & destituer, toutes les fois que le cas le requerra, les Élus, Receveurs, Grenetiers, Contrôleurs, Commissaires, Sergens & autres Officiers dans toutes les cités, villes, diocèses & pays du royaume où les Aides ont & auront cours:

De commettre Visiteurs généraux ou particuliers:

De faire faire la levée & recette des deniers qui en proviendront:

De les faire apporter au Receveur général à Paris, pour être employés au fait de ladite recette, ou autrement, du commandement & ordonnance du Roi:

De taxer gages raiſonnables & ſuffiſans auxdits Officiers:

De donner à ferme ou à régie leſdites Aides:

D'accorder répit & délai aux Fermiers :

De taxer les gages, ſalaires & frais de ceux qui apporteront ou conduiront les deniers à la recette:

De faire payer par le Receveur général ou par les Receveurs particuliers tous les frais, dépenſes & autres choſes néceſſaires ou profitables, qui ſeront par eux ordonnés ou par quatre ou trois d'entr'eux:

D'avoir entièrement l'ordonnance & connoiſſance du fait des Aides, circonſtances & dépendances:

De commander, faire ſigner & paſſer les lettres néceſſaires par les Notaires du Roi & ſous le grand ſceau.

Aucune lettre touchant le fait des Aides, n'aura d'exécution ſi elle n'eſt ſignée par quatre ou trois d'entr'eux.

Nulles ordonnances, mandemens, quittances ou décharges de deniers, ne ſeront pareillement allouées dans les comptes des Receveurs ou Commis, ſans une pareille ſignature.

A eux ſeuls appartient la correction, punition des Élus, Receveurs, Grenetiers, Contrôleurs & Officiers, & aucun autre Juge ne doit s'en entremetre.

Tous gages & ſalaires des Élus, Receveurs, Notaires, Clercs, Viſiteurs & Commiſſaires quelconques ſur ledit fait, taxés ou à taxer, tous répis & délais, ou compositions ordonnés par trois au moins d'entr'eux, toutes mises & dépenses qui seront payées de leur commandement, & tout ce qui sera par eux fait, tiendra, vaudra & aura son plein effet, & sera passé en la Chambre des Comptes, comme si le Roi en personne l'eût fait & ordonné; sans que par les Gens du Parlement, de la Chambre des Comptes, Réformateurs, Commissaires ou autres Juges & Officiers quelconques, présens ou à venir, aucunes choses puissent être dites, ordonnées ou faites au contraire.

Tout ce qui sera par deux au moins d'entre lesdits Conseillers, quant au fait de justice, sentencié ou jugé, tiendra & vaudra entièrement, ainsi & de même que ce qui est fait ou jugé par arrêt du Parlement.

Ce qui aura été ainsi mal fait par inadvertance, erreur ou autrement, sera par eux, & non par autres, réparé comme bon leur semblera à faire selon raison, appelés avec eux plusieurs du Conseil au nombre de six ou quatre au moins.

Le Roi mande aux Gens du Parlement & de la Chambre des Comptes, à tous Réformateurs, Commissaires, & autres Justiciers & Officiers quelconques, que tout ce qui sera par lesdits Généraux-Conseillers, au nombre de deux au moins, fait, ordonné, jugé & sentencié, ils tiennent & fassent tenir ferme & stable, sans enfreindre, ni rien attenter au contraire; & aux Gens des Comptes, que tous gages, salaires & dépenses de tous Élus, Receveurs, Notaires, Clercs, Officiers

& Commis, taxés & ordonnés par lesdits Généraux, Conseillers ou trois d'entr'eux, ils allouent dans les comptes sans contredit ni difficulté.

Toutes les lettres patentes ou commissions données postérieurement à celles que l'on vient de rappeler sous le règne de Charles VI, renferment à peu-près les mêmes dispositions, en distinguant néanmoins le fait de justice, de celui de l'administration & distribution des finances, & nommant ceux d'entre les Généraux qui devoient, à l'exclusion des autres, avoir la direction de ces derniers objets: c'est ce que l'on reconnoît dans les lettres du dernier février 1388; il y est dit que Philippe de Moulins évêque de Noyon, Nicolas de Fontenay, Nicolas de Plancy & Jean de Vaudetar, ayant instamment requis le Roi, de les décharger du gouvernement des Aides & Finances pour le fait des guerres: ce Prince inclinant à leur requête, institue en leur lieu & place Guillaume de Dormans, évêque de Meaux, fils de Guillaume de Dormans, Chancelier de France, François Chanteprime, Guillaume Brunel, Guy Chrétien & Pierre Desmer. *Lettres du dernier fév. 1388.*

Son intention n'étant point que l'évêque de Meaux, Chanteprime & Brunel, s'entremissent aucunement de la distribution des finances desdites Aides, si ce n'étoit dans le cas touchant le fait de justice, ni qu'ils pussent donner aucun délai ou répit pour lesdites finances; mais il en charge Guy Chrétien, Jean Lallemant & Pierre Desmer, seuls & pour le tout.

Les factions qui, sous le règne de Charles VI, déchirèrent le royaume, s'emparèrent successivement de l'administration & du maniement des finances : Charles sire d'Albret, fut commis par lettres du 8 novembre 1401, pour présider au fait & gouvernement des Aides, sans que les Généraux pussent rien ordonner, ni distribuer sans son ordonnance & consentement.

Lettres de commission du 8 octobre 1401.

Le duc d'Orléans, frère de Charles VI, eut, par des lettres du 18 avril 1402, le titre de Souverain-gouverneur de toutes les finances venant des Aides, ordonnées & à ordonner pour le fait de la guerre.

Le duc de Bourgogne le remplaca par des lettres du 24 juin suivant, & ensuite cette administration fut partagée entre le duc d'Orléans, le duc de Berri & le duc de Bourgogne : cet arrangement ne subsista pas long-temps, & par des lettres du 19 mai 1403, l'administration des finances retourna aux Généraux qui, par ces lettres, furent fixés & réduits au nombre de trois.

On vit depuis Jean de Montaigu & Pierre des Essarts, occuper, l'un après l'autre, la place de Souverain-gouverneur des finances des Aides.

Lettres patentes du 21 janvier 1382.

On voit par des lettres patentes du 21 janvier 1382, que ce fut au 1.er février suivant, que fut fixée l'époque à laquelle devoit recommencer la levée des impôts dont Charles VI avoit ordonné le rétablissement; ces

ces lettres patentes contiennent la nature & la quotité des droits qui devoient être perçus, ſavoir;

1.° Douze deniers pour livre dans tous les cas de ventes ou d'échanges de toutes denrées & marchandiſes, ainſi que des vins & autres breuvages vendus en gros :

2.° La huitième partie, payable par le vendeur, du prix du vin ou d'autres breuvages qui ſeront vendus en détail.

Lettres patentes du mois de fév. 1383.

Dans des lettres patentes du mois de février 1383, ce n'eſt plus le huitième, mais le quatrième du prix des vins vendus en détail.

En 1388, le droit de Douze deniers pour livre fut augmenté de Six deniers, mais cette crûe ne ſubſiſta que pendant une année.

Ordonnance du 28 mars 1395.

Une trève conclue avec l'Angleterre, à l'occaſion du mariage d'Iſabelle de France, fille aînée du Roi, avec le roi d'Angleterre, donna lieu à une diminution d'impôts. Par une ordonnance du 28 mars 1395, le quatrième des vins & autres breuvages vendus en détail dans le royaume, fut ramené au huitième; il fut dit que cette réduction commenceroit en Languedoil le 1.er février, & en Languedoc le 1.er ſeptembre, termes auxquels les fermes des Aides s'adjugeoient dans leſdits pays.

Mais par la même ordonnance pour le payement de la dot d'Iſabelle de France ſa fille, & des dépenſes à faire à l'occaſion de ce mariage, Charles VI ordonna, ainſi qu'il étoit de droit, de raiſon, & de coutume en pareil cas, la levée d'une aide par manière de taille, payable en deux termes, les deux tiers à la mi-août, & le ſurplus au mois de novembre ſuivant.

Toutes perſonnes, de quelqu'état & condition qu'elles fuſſent, devoient contribuer à cette Taille: les Officiers du Roi, ſes Oncles & Frères, & ceux du Sang:

Il n'y avoit d'excepté que les Nobles, extraits de noble lignée, non commerçans, ni tenant fermes & marchés, mais fréquentant les armes ou qui les avoient fréquentées au temps paſſé, & ne le pouvoient plus par bleſſures, maladies ou grand âge, les Gens d'égliſe, bénéficiers, pauvres mendians.

La réduction qui avoit été accordée des droits de détails, du quatrième au huitième, ſubſiſta très-peu de temps; & l'on voit par des lettres patentes du 2 août 1398, que Charles VI, ſur le fondement des grandes dépenſes qu'il avoit à ſupporter pour la garde & la défenſe du royaume, rétablit le quatrième.

Lettres patentes du 2 août 1398.

Par ces lettres le Roi ordonne que les Aides auront cours par tout le royaume pour l'année commençant au 1.er octobre ſuivant, ſavoir, l'impoſition de toute denrée ou marchandiſe vendue ou échangée, l'impoſition des vins & autres breuvages vendus en gros, le quatrième du vin & autres breuvages vendus en détail, l'impoſition foraine & la Gabelle du ſel; & qu'auxdites Aides toutes perſonnes contribueront tant Gens d'églife, comme autres de quelqu'état & condition qu'ils foient, attendu qu'à ce ont confenti lefdits Prélats & autres Gens d'églife.

Ce qui fe paffa fur ce dernier objet eft rappelé dans des lettres du même jour; il y eft dit que le Roi a fait expofer aux Prélats & Gens d'églife, qui étoient affemblés repréfentant l'églife du royaume, les grandes charges, frais & dépenfes qu'il avoit à fupporter pour la défenfe & le gouvernement du royaume, & auxquels il ne pourroit fubvenir des revenus de fon domaine fans l'aide de fes fujets; que précédemment par congé & licence des Papes, les Gens d'églife du royaume avoient contribué aux aides qui avoient eu cours quant aux impofitions, quatrième & Gabelles; qu'à préfent, attendu la déclaration par lui faite & par l'églife de France, de fe départir de l'obéiffance de Benoit XIII, il ne devoit, ni ne vouloit avoir recours à lui, pour quoi, il avoit prié & requis les Prélats & le Clergé qu'ils vouluffent confentir & accorder, que pendant le cours & efpace de trois années, eux & les Gens d'églife des pays & lieux auxquels au temps paffé les Aides avoient eu cours, y contribuaffent; que les Prélats & Clergé, comme repréfentant l'églife du royaume, par grande & mûre délibération, pour les caufes fufdites, avoient confenti & accordé, pourvu que ce fût fans préjudice des libertés & franchifes des églifes & des perfonnes Eccléfiaftiques, & fans tirer à conféquence pour l'avenir, comme auffi que les exécutions qui se feroient pour le payement des Aides sur les personnes d'église, seroient faites par personnes d'église, cessant toute contrainte de justice laïque, & qu'ils ne seroient tenus de payer d'autre Aide pendant ce temps, pour quoi le Roi ayant considéré que les provisions sur ce requises par les Gens d'église sont raisonnables, il accepte l'octroi & consentement desdits Prélats & Clergé, dans la forme & manière qu'ils l'ont consenti & accordé, & leur octroie que ce soit sans préjudice de leurs libertés & franchises, comme aussi de ses droits; que les exécutions soient faites de l'autorité & par personnes d'église qui, à ce, seront nommées par chaque Prélat en son diocèse, lesquelles seront instituées par des Prélats à ce députés & ordonnés par l'église de France, & prendront du Roi les gages accoutumés, cessant toute contrainte de juridiction temporelle, & que pendant lesdites trois années les Gens d'église ne seront tenus de payer aucune autre Aide au profit du Roi.

Précis de l'ancienne administration & juridiction des Aides.

Les différens règlemens & instructions faits, sous les règnes de Charles V & de Charles VI, font connoître la manière dont les Aides étoient régies & administrées.

On a déjà rendu compte de ce qui concernoit les Généraux & les fonctions qui leur étoient attribuées.

Les Généraux sur le fait de la distribution des finances, sont chargés par les règlemens, de faire des tournées pour s'enquérir du fait des Aides, notamment comment les Élus donnent les fermes, s'ils font bien leur devoir, s'ils ne reçoivent point de préſens des Fermiers, ſi les fermes ſont adjugées à un prix convenable ; & en cas qu'elles ne le ſoient pas, ils doivent les faire régir pour le compte du Roi, mettre ordre à toutes les fraudes qu'ils découvrent, & pourvoir aux différens cas, ainſi que le bien du ſervice l'exige.

Les Généraux ſur le fait de la juſtice, doivent expédier les affaires ſouverainement de plein, ſans long procès & le plus brièvement que faire ſe pourra, & veiller à ce qu'il en ſoit uſé de même par les Élus, en chaque élection.

Il devoit y avoir dans la Chambre des Généraux, un Greffier & quatre Secrétaires.

Comme le nombre des Élus s'étoit multiplié, un règlement de 1388, porte que dans les plus grands diocèſes il n'y aura qu'un Élu du Corps du Clergé, & deux Élus laïques, & un ſeul dans les recettes où il n'y a point d'évêché. *Règlement de 1388.*

Ce même règlement porte qu'il n'y aura qu'un Receveur général, chargé de recevoir entièrement le fait des Aides, que tout paſſera par ſa main, afin que l'on puiſſe voir l'état des choſes toutes les fois qu'on le voudra.

Suivant le règlement de 1383, les Élus doivent faire fournir aux Receveurs particuliers, un cautionnement de 1000 livres, & l'envoyer à la Cour des Aides pour y être enregiſtré, à peine d'en être reſponſables.

Les Élus & Receveurs doivent faire ferment d'exercer leurs offices en perfonne.

Ce règlement prefcrit les difpofitions qui doivent être fuivies dans l'adjudication des fermes des Aides.

Il porte que les Aides feront données à ferme & délivrées à la chandelle éteinte, au plus offrant & dernier enchériffeur, & que fi les enchères ne font pas portées à un prix fuffifant, les Élus feront régir celles qui refteroient à adjuger, par des perfonnes qui en puiffent répondre & rendre bon compte, de la manière la plus profitable pour le Roi, & aux moindres frais qu'il fera poffible.

Les fermes doivent être adjugées dans les villes & cités en particulier, & diftinctement par villes & par paroiffes, & pour le terme d'une année.

Le prix de l'adjudication doit être payable de mois en mois dans les bonnes villes, & de deux mois en deux mois dans les villes du plat-pays.

Dès que le terme fera échu, les Receveurs doivent s'en faire payer, fans accorder aucun délai.

Les Élus qui auront adjugé les fermes, doivent, à l'inftant de l'adjudication, donner aux Receveurs les noms des Fermiers & de leurs cautions, avec le montant des adjudications & les conditions, afin que les Receveurs les enregiftrent & puiffent fe faire payer dans les termes portés par l'adjudication.

Les Élus doivent délivrer aux Fermiers les lettres de bail pour lefquelles leurs taxations font fixées à

12 deniers, sans qu'ils puissent exiger davantage, sous peine de perte de leurs offices & d'amende arbitraire.

Les Receveurs ne doivent prendre de chaque quittance qu'ils délivreront aux Fermiers, que 4 deniers parisis, & ils sont tenus de fournir gratuitement la quittance totale à la fin de l'année.

Il est fait défenses d'admettre aux enchères aucun Officier du Roi ni des Seigneurs hauts-justiciers, dans l'étendue de leurs justices, les Gens d'église, les Nobles ni ceux qui doivent au Roi de quelque manière que ce soit.

Le surplus de ce règlement s'explique sur les cautions que doivent fournir les Fermiers, avant qu'on leur délivre les lettres de bail sur les folles enchères, tiercemens & doublemens.

Il attribue aux Élus la connoissance des contestations concernant l'exécution des baux & le payement des droits, il leur enjoint de faire droit sommairement & de plein, & sans figure de jugement.

L'appel des Élus doit être porté devant les Généraux & relevé dans les deux mois, à peine de déchéance & de 20 livres d'amende : on peut y renoncer dans la huitaine en payant l'amende de 60 sous parisis : mais si l'appelant poursuit son appel, & que les Généraux jugent qu'il a été bien jugé & mal appelé, l'amende sera de 20 livres parisis.

Plusieurs Élus, Receveurs, Grenetiers, Contrôleurs & autres, s'étant pourvus devant les Généraux des

Aides, en interprétation de plusieurs articles des instructions qui servoient de règlement, à quoi leur pouvoir ne s'étendoit pas; Charles VI, par des lettres patentes du 13 avril 1383, autorisa les Généraux, en appelant avec eux quelques personnes de son Conseil, à interpréter, augmenter ou diminuer lesdites instructions.

Lettres patentes du 13 avril 1383.

Instructions du 11 mars 1388.

On voit dans les instructions données par Charles VI le 11 mars 1388, aux Généraux sur le fait des aides, tant sur la distribution de la finance, comme sur le fait de la justice, les inconvéniens de quelques exemptions qui avoient été accordées aux Universités & aux Hôpitaux : il y est dit que suivant le contenu des premières instructions données sur les Aides, chacun devoit les acquitter, ce qui rendroit, si cela étoit observé, les produits plus considérables, sur-tout avec les abus qui se commettoient, qui faisoient que ce qui devoit valoir 20 deniers n'en valoit pas 10, & viendroit bientôt à rien s'il n'y étoit pourvu; que suivant les premières ordonnances nul n'en étoit exempt, excepté les vrais Étudians des universités de Paris, d'Orléans & d'Angers; mais que présentement plusieurs Prélats, Abbés, Prieurs, Ordres mendians, Avocats, Procureurs & autres se faisoient desdites Universités, quoiqu'ils n'y vinssent qu'une fois ou deux l'année, & avoient un certificat du Recteur comme ils étoient étudians, & par-là le Roi étoit privé de ses droits; que plusieurs transportoient leurs vignes à leurs enfans demeurans dans lesdites Universités & en faisoient vendre

vendre le vin à taverne au nom desdits enfans; que ceux qui gouvernoient les Hôpitaux & autres Maisons privilégiées, se livroient aussi à des fraudes de toutes espèces, ce qui empêchoit de trouver des Fermiers. Le Roi ordonne aux Généraux d'y pourvoir, & par d'autres instructions du 4 janvier 1392, il leur ordonne, ainsi qu'aux Élus, de condamner à de fortes amendes les pères ou autres transportant leurs vins, vignes ou autres biens à des étudians.

Instructions du 4 janvier 1392.

Les exempts du droit de Gros étoient, le Connétable, le Chancelier & les Généraux des Aides.

Les Nobles issus de noble race, vivant noblement & portant les armes, ou qui pour de justes causes n'étoient plus en état de les porter; mais ils n'étoient exempts que pour les vins de leur crû, & étoient assujettis au payement du droit de Quatrième en cas de vente en détail.

Le Seigneur usant du droit de banvin, pouvoit vendre en détail en exemption durant le ban, le vin crû en son héritage; mais s'il en vendoit ou faisoit vendre d'autre que le sien, il étoit privé de l'exemption & franchise, & condamné à de grosses amendes.

Les Pourvoyeurs des maisons du Roi, de la Reine, des ducs de Berri, de Bourgogne, d'Orléans & de Bourbon, de celles des Princesses leurs femmes; de la Reine Blanche de Navarre, veuve de Philippe de Valois; & de Blanche de France, fille de Charles-le-Bel, & veuve de Philippe d'Orléans, frère du roi

Jean, étoient aussi exempts du droit de Gros pour les provisions de ces maisons, sur les certificats des Maîtres-d'hôtel.

Lettres de privilége & d'exemption pour les Officiers du Parlement, du 14 mars 1397.

En 1397, par lettres du 14 mars, les Officiers du Parlement obtinrent pour les vins de leur crû la même exemption du droit de Gros, dont avoient toujours joui les Généraux des Aides depuis leur institution, & un an après ce privilége fut étendu aux Huissiers de cette Cour.

Lettres de privilége & d'exemption pour les Officiers & Domestiques du Roi, & les Hopitaux & autres, de 1402.

En 1402, les Officiers & domestiques du Roi, demeurant dans son château & bâtiment du Louvre à Paris, obtinrent le même privilége: on exempta aussi les Hôpitaux, les Membres de l'université de Paris, & les Chevaliers de l'ordre de Saint-Jean de Jérusalem, pour tous les vins recueillis dans leurs fonds; les Officiers de la Chambre des Comptes & les Trésoriers de France, n'obtinrent le même privilége qu'en 1415.

Époque à laquelle les Aides ont commencé à devenir des Impositions ordinaires & fixes.

Ce que l'on doit principalement remarquer sous le règne de Charles VI, c'est que les Aides une fois établies, ce Prince & ceux qui gouvernèrent sous son nom, en demandèrent la continuation & même de nouveaux secours, avec beaucoup plus d'autorité & de confiance; bientôt après leur institution, les Généraux des Aides furent nommés par le Roi, & furent par cette circonstance bien plus devoués à son service: le Souverain d'ailleurs étant chargé à ce titre de la défense de l'État, qui avoit été le motif de l'établissement des Aides qui étoient régies & adminiſtrées par ſes Officiers, fit valoir avec avantage la conſidération des ſecours que les circonſtances exigeoient; l'autorité & le pouvoir qui étoient entre ſes mains reprirent ſucceſſivement tous les droits que l'Anarchie féodale avoit preſque entièrement effacés.

Deux exemples que l'on va rappeler, feront connoître, l'un les principes d'après leſquels les Aides avoient été établies, & l'autre l'étendue de la juridiction qui avoit été confiée aux Généraux des Aides.

Pluſieurs Gens d'égliſe, Nobles & bonnes villes du pays de Languedoc, ayant adreſſé leurs plaintes à Charles VI, de ce que la comteſſe de Valentinois & pluſieurs autres Barons & Nobles, à la ſuggeſtion de leurs hommes & juſticiables, & ſous l'allégation qu'ils avoient des Rois prédéceſſeurs, le privilége que les hommes taillables deſdits pays, étoient exempts de payer toutes charges ou ſubventions, avoient appelé à lui & à ſa Cour de Parlement ou ailleurs, afin que les Aides n'euſſent pas cours en leurs terres, qu'ils en fuſſent exempts, ou au moins que le payement en fût différé; Charles VI, conſidérant que les Aides avoient été accordées pour la garde & défenſe des taillables & non taillables, & de tous autres de quelqu'état ou condition qu'ils fuſſent, demeurant & habitant dans le royaume; qu'elles n'étoient pas par manière de fouage, mais par manière d'impoſition & de gabelle, de laquelle toutes ſortes de gens qui vendoient ou achetoient étoient tenus, ſans que ceux du Sang & lignage ou autres en fuſſent exceptés; qu'à l'époque des priviléges en queſtion il n'y avoit point de guerre, & qu'il feroit dur que ceux qui ſont francs, c'eſt-à-dire, non ſujets à payer la taille à leur Seigneur, fuſſent de pire condition que les autres; ce Prince par des lettres patentes du 24 octobre 1383, ordonna qu'aucunes perſonnes taillables ou autres de quelqu'état ou condition qu'elles fuſſent, ne feroient quittes ou exemptes des Aides, tant qu'elles auroient cours par toutes les cités, villes fermées ou non fermées & terres dudit pays, & feroient levées & exigées des appelans comme s'ils n'euſſent pas appelé.

Lettres patentes du 24 octobre 1383.

Voici l'autre fait arrivé en 1391 :

Il s'étoit élevé au Parlement de Paris, une conteſtation entre l'archevêque de Reims, Pair de France; le Procureur du Roi & le Commis au meſurage du grenier à ſel, établi par ordre du Roi dans cette ville: l'archevêque prétendant être en poſſeſſion de donner le meſurage & d'y mettre les meſures, le Procureur du Roi & le Meſureur, ſoutenant au contraire que c'étoit au Roi, qui en avoit ainſi uſé à Reims & ailleurs depuis l'établiſſement des Aides pour la guerre, & de la Gabelle du ſel.

Le Parlement avoit donné la proviſion au Meſureur & appointé à informer, l'enquête avoit été faite & reçue.

Charles VI adressa le 15 mars 1391, ses lettres au Parlement, dans lesquelles il rappelle qu'avant le commencement du procès il avoit, à cause de sa souveraineté, établi les Aides & le fait de la gabelle, pour la tuition & défense de son royaume & de tous ses sujets, & tout le bien de la chose publique, qu'il avoit ordonné & commis des Conseillers généraux sur ledit fait, auxquels il avoit donné plein-pouvoir, autorité & mandement special, de mettre & instituer ou destituer tous Officiers en tous les faits & États desdites Aides, comme bon leur sembleroit, & généralement leur avoit donné charge, & commis tout le fait des Aides, de tous les Officiers & de toutes les circonstances & dépendances; qu'il avoit exempté ledit fait de toutes juridictions ordinaires, interdit & défendu aux Gens du Parlement, & à tous les autres Officiers & Justiciers du royaume, que par voie directe ou oblique, ils n'en prissent connoissance, voulant que si de ce fait ils connoissoient, tout fût nul & mis au néant, ainsi qu'il étoit contenu plus au long dans les lettres de leurs pouvoirs, publiées en la Cour de Parlement; que par certaines & justes considérations qui à ce l'avoient mû, & par une ordonnance & délibération de son Grand-Conseil & de ses Généraux-Conseillers, il avoit mis & ordonné ledit Mesureur & fait mesurer à ses mesures, ajustées à celles de Paris, non pas seulement au grenier de Reims, mais à Langres, Laon, Beauvais, Châlons, Noyon & ailleurs, dans

Lettres au Parlement du 15 mars 1391.

des cas & touchant des perſonnes auſſi & plus privilégiées que pouvoit être ledit archevêque de Reims; par quoi il lui étoit grande merveille, quelle difficulté ils y faiſoient & comment ils en avoient pris & retenu la connoiſſance; il veut & leur mande qu'incontinent ces lettres vues & ſans délai ou difficulté, ils envoyent ladite cauſe & procès en l'état qu'ils ſont, par-devers les Généraux-Conſeillers, pour être jugé par eux & en être ordonné ſelon leurs inſtructions, & les ordonnances, ainſi qu'ils verront qu'il ſera à faire; & lui-même y renvoye par ces lettres ladite cauſe & procès, leur en défend le jugement & toute connoiſſance pour conſidération des choſes ſuſdites, nonobſtant ordonnances ou lettres ſubreptices à ce contraires.

Une réflexion importante & que les faits développeront ſuffiſamment dans la ſuite de ce Mémoire, c'eſt que dans l'origine même des Aides, la perception des droits qui les compoſoient ne fut point établie dans toutes les provinces du royaume; pluſieurs furent admiſes à des rachats ou abonnemens pour s'exempter de la perception: on remarque déjà dans les ordonnances de Charles V & de Charles VI, la diſtinction entre les provinces où les Aides avoient cours, & celles où elles ne l'avoient pas, entre les provinces qui avoient compoſé & celles dans leſquelles les droits étoient levés: le défaut d'uniformité eſt ſans contredit le vice le plus eſſentiel dans l'adminiſtration, il en réſulte les plus grands inconvéniens; les queſtions & les frais dans la perception ſe multiplient, & c'eſt malheureuſement ce qui eſt arrivé dans la plus grande partie des droits qui ont été ſucceſſivement établis: un État tel que la France a des beſoins étendus & toujours renaiſſans; on ne conſulte même que trop ſouvent le moment du beſoin qui eſt toujours inſtant; on trouve dans le moment actuel une reſſource plus conſidérable, en ſe prêtant à des arrangemens qui procurent un ſecours préſent; on cherche auſſi à éviter des difficultés qui retarderoient néceſſairement la rentrée des fonds que les conjonctures font enviſager comme indiſpenſables; mais la conſéquence qui en réſulte, c'eſt que définitivement une partie du royaume ſupporte des charges auxquelles l'autre partie n'eſt point aſſujettie, ou du moins ne l'eſt pas dans la proportion de l'égalité que le Prince doit maintenir entre tous ſes ſujets; un ſeul & même État en forme pluſieurs dans la régie & perception des droits: telle eſt la véritable cauſe des maux dont on ſe plaint, & c'eſt ce que le travail dont on eſt occupé démontre de la manière la plus ſenſible, en même temps qu'il fait connoître la difficulté des remèdes que l'on voudroit y apporter.

C'eſt ici le lieu de remarquer qu'indépendamment des droits établis ſur les vins & autres boiſſons, on payoit encore une autre eſpèce d'impôt plus ancien que les Aides, & qu'il ne faut pas confondre avec elles: ce ſont les droits attachés à titre de ſalaires, aux différens offices de police, que nos Rois avoient créés; tels étoient, par exemple, ceux des Jaugeurs dont il eſt fait mention dans une ordonnance du Prevôt de Paris de 1303, ceux des quatre-vingts Courtiers des vins que l'on voit en fonctions dans une ordonnance de Charles-le-Bel, du 12 mars 1321, & ceux des Jurés-vendeurs, des Jurés-courtiers & des Jurés-déchargeurs de vins, créés par ordonnance du roi Jean, du 30 janvier 1350.

Ordonnances des 12 mars 1321 & 30 janvier 1350.

Droits généraux.

Ancien Sou pour livre.

ON a vu que les droits d'Aides conſiſtoient dans le Vingtième ou Sou pour livre du prix de la vente en gros des boiſſons, denrées & marchandiſes, & dans le quatrième à la vente en détail des vins & autres boiſſons.

Édit du mois d'août 1465. Déclaration de 1467.

Par édit du mois d'août 1465, & par une Déclaration de 1467, Louis XI ſupprima l'impoſition du ſou pour livre ſur toutes les marchandiſes, à l'exception du vin, du poiſſon, du bétail à pied-fourché, des draps & de la bûche, & c'eſt ce qui fut appelé les cinq eſpèces réſervées.

Édit du mois de novembre 1668.

Cet arrangement n'eut pas une pleine & entière exécution, & le ſou pour livre continua à être perçu ſur quelques parties; mais par un édit du mois de novembre 1668, toutes les variations qui avoient ſubſiſté à cet égard, ont été détruites, & cet ancien droit de Gros ou ſou pour livre n'a été conſervé que ſur les

les boiſſons, le poiſſon de mer frais, ſec & ſalé, le bétail à pied-fourché & le bois, ce qui forme les quatre eſpèces réſervées, ſur leſquelles le droit de Sou pour livre eſt dû : il a toujours continué depuis à être perçu ſur les boiſſons à chaque vente & revente, ſous le nom de *droit de Gros*.

Droit de Gros qui repréſente l'ancien Sou pour livre.

Il eſt à obſerver que lorſqu'en 1680, on s'occupa à raſſembler toutes les diſpoſitions des règlemens antérieurs, en un ſeul corps d'ordonnance, différens uſages pratiqués dans le reſſort de la Cour des Aides de Rouen, néceſſitèrent la confection d'une ordonnance particulière pour la Normandie, en ſorte qu'il exiſte actuellement deux ordonnances du même mois de juin 1680, l'une pour la Cour des Aides de Paris, & l'autre pour la Cour des Aides de Rouen.

Dans le cas où les diſpoſitions de ces deux ordonnances feront différentes, on aura ſoin de les citer ſéparément.

Ordonnance des Aides, du mois de juin 1680.

Tarifs des Aides, des 18 février 1687 & 15 mai 1688.

L'ordonnance des Aides de Paris, du mois de juin 1680, les tarifs des 18 février 1687 & 15 mai 1688, ſont les principaux règlemens qui déterminent les pays & lieux où le droit de Gros a cours : il ſe perçoit dans les généralités de Paris, Soiſſons, Amiens & Châlons, & dans quelques autres élections & villes du royaume, rappelées dans l'ordonnance de 1680, article II du titre des droits de Gros & Augmentation.

L'ordonnance des Aides de Normandie ne rappelle comme aſſujettie au droit de Gros que la ville de Rouen, ſes fauxbourgs & banlieue, & ces lieux ſont les ſeuls de tout le reſſort où ces droits ſe perçoivent.

Les pays qui, quoique pays d'Aides, ne ſont pas ſujets au droit de Gros, ou ont été admis à en faire le rachat lors de l'établiſſement, ou en ont été affranchis depuis, ſoit par des priviléges particuliers & locaux, ſoit par des équivalens.

HUITIÈME.

Lettres patentes du 3 août 1465.

Par des lettres patentes du 3 août 1465, Louis XI, réduiſit au Huitième le Quatrième qui avoit été établi ſur tous les vins & autres boiſſons vendus en détail: cette réduction dura peu par rapport à certaines provinces, ainſi qu'il eſt facile de le reconnoître par la Déclaration de Louis XII, du 16 août 1498, qui aſſujettit les Nobles au Huitième & au Quatrième pour tout le vin de leur crû qu'ils vendront en détail, ſinon pour celui qu'ils feront débiter aux portes de leurs hôtels & châteaux ſeulement, à pot, & non à aſſiette; c'eſt le premier règlement où il ſoit fait diſtinction de la vente à pot, c'eſt-à-dire, en pots ou bouteilles, avec celle à aſſiette, c'eſt-à-dire, en fourniſſant tables, ſiéges, pain & viande.

Déclaration du 16 août 1498.

Le droit de Huitième a été fixé à un plus haut prix, à l'égard de ces derniers, parce qu'on a ſuppoſé qu'ils vendoient leurs boiſſons plus cher que ceux qui ne débitent qu'à pot.

L'ordonnance de 1680, en réglant la quotité des droits de Huitième, a fait cette diſtinction dans la fixation qu'elle a faite des droits de huitième.

Le Huitième se perçoit dans l'étendue des généralités de Bourges, Châlons, la Rochelle, Limoges, Lyon, Moulins, Orléans, Paris, Poitiers, Soissons, Tours, dans les élections de Mâcon & Auxerre, & dans partie de la généralité d'Amiens; mais il y a dans ce nombre quantité de lieux où le huitième a été modéré à cause de la modicité des vins ou par d'autres considérations: ces fixations particulières sont établies, soit par l'ordonnance des Aides, soit par les tarifs de 1687 & 1688.

QUATRIÈME.

Dans les trois généralités de Rouen, Caen & Alençon, qui forment le ressort de la Cour des Aides de Rouen, ainsi que dans l'élection de Bar-sur-Seine, & dans une partie de la généralité d'Amiens, qui sont du ressort de la Cour des Aides de Paris, & dans une partie de l'élection de Pontoise, c'est le Quatrième qui a cours à la vente en détail, il n'a pas été possible d'en régler la perception, ainsi qu'il avoit été fait pour le Huitième, parce que le droit étant le double, une fixation établie dans ce rapport, & dans laquelle on n'eût pu admettre de différence entre les boissons de haute & basse qualité, auroit été nécessairement trop foible pour les unes & trop forte pour les autres, en sorte que ce droit est toujours en proportion du prix de la vente; mais l'ordonnance des Aides accorde la déduction du cinquième sur le montant des droits, ce qui réduit le quatrième au cinquième sur le vin, le cidre & le poiré.

Quelques villes de la Normandie jouissent en conséquence de leurs priviléges, de l'exemption en partie ou de la modération des droits de détail: plusieurs lieux dépendans de la généralité d'Amiens, sont exempts, tant du Quatrième que du Huitième, & ne sont sujets qu'au payement du Sou pour pot de vin, qui est un droit particulier à cette province.

Lettres de confirmation de la Cour des Aides perpétuelle à Rouen, de 1483.

En 1483, Charles VIII confirma & rendit perpétuelle à Rouen la Cour des Aides qui y avoit été établie par Louis XI; & comme en 1500, la plupart de ces Cours étoient instituées, le Roi Louis XII, par un règlement général, ordonna que toutes les matières concernant le fait des Aides, Tailles & Gabelles, seroient portées en première instance devant les Officiers des Élections, & par appel aux Cours des Aides, sans que les Parlemens ni autres Juges en pussent jamais prendre connoissance.

Lettres patentes de 1534, enregistrées à la Cour des Aides de Paris le 3 juillet suivant.

En 1534, François I.er par des Lettres patentes enregistrées en la Cour des Aides de Paris le 3 juillet, autorisa les visites des Commis des Aides dans les caves, magasins & pressoirs; ordonna qu'il seroit fait inventaire des vins, & qu'ils ne pourroient être transportés sans un congé du Commis.

Édit de 1543.

En 1543, les droits étoient encore les mêmes: on payoit le Huitième ou Quatrième dans certains endroits, & le Vingtième, puisque François I.er créa des offices de Clercs, Commissaires & Contrôleurs de ces droits de Huitième & Vingtième; mais ces offices ne furent pas de longue durée.

Par édit du 30 janvier 1551, on imposa, au profit de la ville de Paris, 2 sous 6 deniers par muid de vin entrant dans cette ville, pour la mettre en état de subvenir au payement des intérêts au denier Douze de la somme de 180 mille livres qu'elle fut autorisée à emprunter pour sa quote-part des 12 cents mille livres qui devoient être levées sur les villes du royaume pour la solde de cinquante mille hommes destinés à défendre les frontières de Picardie & de Champagne dans la guerre contre l'Empereur. *Édit du 30 janvier 1551.*

Dix autres deniers furent établis par lettres patentes des 7 février 1554 & 8 avril 1556, pour un pareil emprunt de 180 mille livres. *Lettres patentes des 7 février 1554 & 8 avril 1556.*

Enfin 10 deniers furent octroyés à la ville par édit du mois d'août 1569, pour parvenir à l'emprunt de 100 mille livres destinées à l'entretien de quatre mille Suisses. *Édit du mois d'août 1569.*

Charles IX, immédiatement après son avènement à la Couronne, avoit convoqué à Pontoise, l'assemblée des États pour y délibérer sur les moyens de subvenir au payement des dettes de l'État : il fut créé en conséquence, par édit du 22 septembre 1561, un droit de 5 sous par muid de vin & vendange, suivant la réduction à raison de deux muids de vin pour trois muids de vendange, payable à l'entrée de toutes les villes closes & faubourgs, tant par eau que par terre, *Anciens & nouveaux 5 sous.* *Édit du 22 septembre 1561.*

par toutes sortes de personnes sans exception, y compris les privilégiés des autres droits.

Déclarations des 1.er avril & 8 juillet 1573, dernier août 1579, 26 octobre 1585 & 7 février 1593.

Cette imposition qui avoit été établie pour six années, fut prorogée par des Déclarations des 1.er avril & 8 juillet 1573, dernier août 1579, 28 octobre 1585 & 7 février 1593, elle subsiste encore aujourd'hui sous le nom des *Anciens cinq sous.*

Le royaume livré, sous le règne d'Henri III, aux guerres intestines & étrangères, eut besoin de nouveaux secours : l'aliénation d'une partie du Domaine & des Aides & Gabelles engagés pendant ces troubles, privoit l'État de ses premières ressources.

Lettres patentes du 18 juillet 1581.

Henri III, par des Lettres patentes du 18 juillet 1581, ajouta aux 5 sous créés sous Charles IX, une augmentation de 15 sous par muid, dont le produit, ainsi que celui des anciens 5 sous, devoit être employé au rachat des Domaines aliénés ; mais sur les représentations qu'excita cette augmentation, elle fut réduite à 5 sous par de nouvelles Lettres patentes du 18 décembre de la même année.

Louis XIII ajouta à ces 10 sous d'anciens & nouveaux 5 sous, une augmentation de 4 sous, ce qui compose au total les 14 sous, en ce compris l'augmentation, auxquels sont fixés ces droits par les ordonnances de 1680.

Leur perception ordonnée d'abord pour le temps du rachat des Domaines & revenus aliénés, fut prorogée par des Déclarations des 28 février 1612 ;

19 novembre 1616, 4 décembre 1619 & 12 août 1625, ils furent compris dans les baux des cinq grosses fermes, depuis 1599, jusqu'en 1668, qu'ils en furent distraits pour être joints à la ferme des Aides & perçus avec les anciens 5 sous.

Déclarations des 28 février 1612, 19 novembre 1616, 4 decembre 1619 & 12 août 1625.

Les anciens & nouveaux sous, suivant les titres de leur création, devoient être établis dans toute l'étendue du royaume; les provinces où les Aides n'ont point cours furent taxées à des sommes qui tinrent lieu de la perception: une partie même de celles sujètes aux Aides se rédimèrent, les unes des anciens & nouveaux 5 sous, & les autres seulement des nouveaux.

Les pays d'Aides exempts, tant des anciens que des nouveaux 5 sous, sont les généralités de Bourges, la Rochelle, Moulins & Poitiers, & les élections d'Auxerre, Bar-sur-Seine, Mâcon, Angoulême & Bourganeuf.

Les pays d'Aides qui n'ont pas été exempts, & dans l'étendue desquels se fait la perception, soit des anciens & nouveaux 5 sous, soit des anciens 5 sous seulement, sont pour les anciens & nouveaux 5 sous, Paris, Amiens, Soissons, Châlons, Rouen, Caen, Alençon, & pour les anciens 5 sous seulement, Orléans, Tours & Lyon.

Cette distinction se trouve dans les deux états qui ont été arrêtés au Conseil des finances le 11 mars 1681, & annexés à une Déclaration du 27 mai de la

Déclaration du 27 mai 1681. même année, enregiſtrée en la Cour des Aides de Paris : il y a eu une Déclaration particulière pour la Cour des Aides de Rouen.

Les articles I.er & II de l'ordonnance de 1680, au titre des anciens & nouveaux 5 ſous ſur le vin, en ordonnoient la perception à l'entrée des villes, fauxbourgs, bourgs & paroiſſes, qui ſeroient compris dans les états qui en ſeroient arrêtés au Conſeil, & ces articles ajoutoient, *hameaux & écarts en dépendans.*

Cette dernière diſpoſition, concernant les hameaux & écarts, fit naître beaucoup de conteſtations par la difficulté de déterminer ceux qui devoient être aſſujettis au payement des droits, ces conteſtations donnèrent lieu à la Déclaration du 4 mai 1688, qui ordonna qu'il feroit dreſſé par les Intendans des provinces, des états deſdits hameaux & écarts; ces états furent dreſſés, mais comme il s'y étoit gliſſé nombre d'erreurs, une Déclaration du 10 avril 1714, donnée en interprétation de celle de 1688, a réglé que les droits en queſtion, ſeroient levés dans les hameaux & écarts dépendans des lieux ſujets qui n'en étoient ſéparés que par des rues, chemins, ponts, rivières, foſſés, chauſſées & ruiſſeaux, & que la décharge ou exemption portée par la Déclaration de 1688, n'auroit lieu qu'à l'égard des hameaux & écarts entièrement détachés des lieux ſujets à ces droits.

Déclaration du mois de mai 1688.

Déclaration du 10 avril 1714.

Nonobſtant cette Déclaration, il s'éleva encore de nouvelles difficultés; pour les faire ceſſer, un arrêt du Conſeil

Conseil du 5 septembre 1716, ordonna qu'il seroit procédé par les Intendans à la révision des états dressés en exécution de la Déclaration de 1688 : cet arrêt est resté sans exécution jusqu'en 1727, qu'un nouvel arrêt du Conseil du 2 septembre de la même année, en fit revivre les dispositions, en conséquence desquelles chaque Intendant fit dans sa généralité, dresser de nouveaux états qui règlent les limites des lieux sujets aux droits; ces états, homologués par des arrêts du Conseil, ont été jusqu'à présent la base de la perception des droits d'entrées dans les hameaux & écarts dépendans des lieux sujets.

Arrêt du Conseil du 5 septemb. 1716.

Arrêt du Conseil du 2 septemb. 1727.

Ce fut le droit de cinq sous par muid, qui étant difficilement perçu dans les petits endroits, rendit nécessaire les visites & inventaires, auxquels les Fermiers & Receveurs des Aides furent autorisés de procéder une fois l'an, & au mois d'Octobre, dans toutes les villes, bourgs, bourgades où il n'y auroit point de Justice royale ressortissant nuement au Parlement; la Déclaration qui autorise ces visites est d'Henri III, & du 28 août 1574.

Déclaration du 28 août 1574.

ANNUEL.

Par édit d'Henri III, du mois de mars 1577, il fut défendu de tenir hôtellerie, taverne ou cabaret sans lettres ou permission du Roi, pour l'obtention desquelles il fut en même temps fixé une finance : cet édit fut enregistré au Parlement sur des lettres de jussion.

La Déclaration du 30 décembre 1582, rendue en

Déclaration du 30 décembre 1582.

interprétation de cet édit, porte que les marchands de vin en gros, feroient dorénavant affujettis à la même loi.

Édits de janvier 1627 & de 1632.

L'édit de janvier 1627, attribua l'hérédité à ces fortes de permiffions, en payant la finance fixée par cet édit; mais il fut révoqué par celui de 1632, qui ordonna qu'au lieu de ces taxes il feroit payé annuellement par tous ceux qui faifoient le commerce de vin, foit en gros foit en détail, favoir, 6 livres dans les villes; 5 livres dans les bourgs & villages fur les grandes routes; & 4 livres dans les autres villages & hameaux, & c'eft ce qui fut appelé le *Droit annuel.*

Règlement du 12 août 1637.

La perception de ce droit fut fixée par le règlement du 12 août 1637.

L'ordonnance de 1680, article I.er du titre du droit Annuel des vendans vin, a retranché la dernière des trois fixations, par la difficulté de diftinguer les lieux qui devoient être de la feconde ou de la troifième claffe, & pour faire ceffer les conteftations fréquentes qui en étoient les fuites.

L'ordonnance a porté les deux fixations en y comprenant les parifis, fou & fix deniers pour livre ou augmentation, dont on parlera dans la fuite, à 8 livres par an dans les villes; & à 6 livres 10 fous dans les autres lieux.

Ce droit, fuivant l'article IV du même titre, doit être acquitté en un feul payement après le 15 février de chaque année, & fans répétition de la part de ceux qui quitteroient le commerce dans le cours de l'année : ceux qui commencent à vendre dans le courant de l'année, ſont auſſi tenus de payer le droit entier dès le commencement de leur débit.

Le droit Annuel ſe perçoit dans toute l'étendue des pays d'Aides, ſans diſtinction de ceux exempts de gros, d'avec ceux qui y ſont ſujets.

Il ſe lève ſur le pied des fixations ci-deſſus, quelle que ſoit l'eſpèce de boiſſon qui forme l'objet du commerce, ſoit eau-de-vie, vin, cidre, poiré & bière : la ſeule exception eſt pour le Revendeur de bière, qui n'eſt aſſujetti qu'au demi-droit, mais le Braſſeur paye le droit entier.

L'annuel eſt dû par les Marchands & Bouilleurs d'eau-de-vie, Marchands & Braſſeurs de bière, Marchands en gros, de vin ou autres boiſſons, par les Hôteliers, Taverniers, Cabaretiers, même par les Suiſſes & Marchands privilégiés ſuivant la Cour, Loueurs de chambres garnies, Aubergiſtes, Traiteurs, & par tous autres qui font trafic de boiſſons en gros ou en détail.

Ce droit eſt perceptible pour chaque genre de fabrication ou de commerce, & pour la vente de chaque eſpèce de boiſſon; ainſi les marchands ou autres qui vendent en même temps en gros & en détail, doivent un Annuel pour la vente en gros, & un autre pour celle en détail, & en outre autant d'Annuels qu'ils tiennent de caves ouvertes hors de leurs maiſons pour cette vente.

Arrêt & Lettres patentes du 24 août 1728.

Celui qui fait en même temps commerce en gros d'eau-de-vie, de vin, cidre & poiré, & de bière, doit trois Annuels, ſavoir, un pour l'eau-de-vie, un pour le vin, cidre & poiré, dont le commerce réuni ne peut jamais opérer qu'un ſeul droit annuel, & un pour la bière, avec la diſtinction cependant que ce dernier eſt réduit à moitié ſi le Vendeur ne l'a point fait fabriquer, & s'il vend à la fois les mêmes boiſſons en détail, il eſt encore ſujet à pareil droit comme vendant en détail.

L'annuel eſt également dû par tous particuliers, quoique non marchands de profeſſion, lorſque des quantités qu'ils ont achetées pour leur proviſion, ils en vendent pendant l'année au-delà de trois muids de vin, & de ſix muids de cidre & poiré.

Tous autres particuliers qui n'ont point chez eux des boiſſons d'achat, peuvent vendre en gros & en détail, en exemption du droit annuel, les vins, cidres & poirés provenans des héritages ou preſſoirs qu'ils font valoir par leurs mains & dont ils ſont propriétaires, uſufruitiers & preneurs à longues années, ils peuvent auſſi vendre, ſans payer le droit annuel, mais ſeulement en gros, les boiſſons de pareille eſpèce provenant des vignes, dixmes & preſſoirs qu'ils tiennent à ferme.

Il n'y a, quant à l'eau-de-vie, d'autre exemption

que pour un propriétaire qui, dans son domicile & non ailleurs, en fait fabriquer pour sa consommation un demi-muid & au-dessous.

Droit d'augmentation ou parisis, Sou & Six deniers pour livre.

Le droit d'Augmentation forme la réunion du parisis, sou & six deniers pour livre dont voici le détail :

Le Parisis étoit de 5 sous pour livre du droit principal : il tire son nom d'une monnoie appelée *parisis* qui se fabriquoit à Paris, & dont la valeur étoit d'un quart plus forte que celle des tournois qui se fabriquoient à Tours.

Comme les droits ont toujours été imposés sur le pied de la livre tournois, la nouvelle augmentation de 5 sous parisis, en les augmentant d'un quart, les mit dans la même proportion que s'ils eussent été établis sur le pied de la livre parisis, c'est ce qui fit donner le nom de *parisis* à cette augmentation.

Le parisis est composé de 6 deniers qui avoient été attribués aux offices de conservateurs des fermes, créés dans chaque grenier à sel, dans chaque élection & dans chaque bureau des fermes par édit de décembre 1633 :

Édit de décembre 1633.

De 6 deniers attribués aux offices de Lieutenans des Conservateurs, créés par autre édit de novembre 1639 :

Édit de novembre 1639.

De 12 deniers d'augmentation par un arrêt du Conseil du 25 février 1643, & une Déclaration du 19 décembre suivant, portant suppression de ces

Arrêt du Conseil & Déclaration.

du 25 février & 17 décembre 1643. offices, avec réserve au profit du Roi des 12 autres deniers qui leur avoient été attribués :

De 24 deniers de nouvelle augmentation, par une Déclaration du mois de septembre 1645 : *Déclaration de septembre 1645.*

Enfin d'une dernière augmentation de 12 deniers par un édit du mois de mars 1654. *Édit de mars 1654.*

C'est ce qui forma les 5 sous pour livre qu'on appelle encore aujourd'hui *Parisis*, & qui furent établis sur les droits des fermes aliénés ou non aliénés.

Voici maintenant ce qui concerne le sou pour livre joint au parisis.

Édit de février 1657. On rétablit par l'édit du mois de février 1657, les offices de Conservateurs & Lieutenans des fermes, avec la même attribution de 12 deniers pour livre, à prendre, non-seulement sur tous les droits des fermes, mais encore sur le parisis desdits droits : ces offices ne furent point levés, l'arrêt du Conseil du 24 mars de la même année, ordonna la perception de ces 12 deniers pour livre qui furent appelés les *Douze deniers des Conservateurs*. *Arrêt du Conseil du 24 mars 1657.*

Édit d'avril 1658. Enfin il fut créé par édit du mois d'avril 1658, quatre Trésoriers généraux des fermes, quatre Contrôleurs & quatre Commis principaux, anciens, alternatifs, triennaux & quatriennaux, en chacune des fermes, avec attribution de 6 deniers pour livre sur le produit de tous les droits, même du parisis & du sou pour livre : ces offices ne furent point non plus levés, & la perception des 6 deniers pour livre des Trésoriers fut ordonnée au profit du Roi, par arrêt du Conseil du 10 avril 1658.

Arrêt du Conseil du 10 avril 1658.

Ces différentes parties ont formé ce qu'on appelle aujourd'hui parisis, sou & 6 deniers, autrement *droit d'Augmentation.*

Gros & augmentation.

Déclaration du 16 avril 1663.

Ordonnance de Paris de 1680.

Ordonnance de Rouen de 1680.

Le droit d'augmentation a été, par la Déclaration du 16 avril 1663, fixé à 16 sous 3 deniers sur le Gros, & cette fixation a été suivie par l'ordonnance de 1680, pour le ressort de la Cour des Aides de Paris.

Par l'ordonnance rendue pour le ressort de la Cour des Aides de Rouen, cette fixation n'a lieu dans la ville & la banlieue (seuls lieux de la Normandie où le Gros ait cours) que pendant les trois foires franches de Rouen, dans tout autre temps l'augmentation se perçoit à raison du parisis, sous & 6 deniers pour livre du Gros.

Les droits de Gros & Augmentation se lèvent sur les boissons, à l'entrée, à la vente, aux inventaires, à l'arrivée, à la sortie & aux passages : l'ordonnance de 1680, & les règlemens indiquent les cas dans lesquels ces différentes perceptions doivent avoir lieu : on parlera uniquement de celui qui concerne la perception aux inventaires, & auquel on a donné le nom de Gros manquant.

Gros manquant.

Pour assurer le payement des droits de Gros & augmentation lors de la vente, les Commis procèdent à la marque & aux inventaires des vins dans le délai

Déclaration du 4 mai 1688.

fixé par la Déclaration du 4 mai 1688, ſavoir, ſix ſemaines après l'ouverture des vendanges dans les bourgs, villages & lieux, même dans les villes & fauxbourgs, qui ne ſont point fermés : ils peuvent même faire des viſites dans les caves, preſſoirs & celliers.

Chaque inventaire doit ſe faire par deux Commis en préſence du propriétaire du vin & du Syndic, ou de l'un des Marguilliers de la paroiſſe, & en cas d'abſence il doit être paſſé outre, attendu que les publications d'inventaires qui ſe font, dans chaque paroiſſe trois jours avant d'y procéder, tiennent lieu de ſommation.

Le vin qui n'a pas été déclaré par le propriétaire lors de l'inventaire eſt confiſqué.

L'inventaire de la récolte ſuivante ſert de récollement à celui de l'année précédente : on connoît par ce moyen les quantités de vins, qui ont été conſommées pendant le cours de l'année chez chaque particulier : on déduit ſur ces quantités celles qui ſont accordées par les règlemens, ſoit pour la boiſſon des propriétaires, ſoit pour les lies, coulages & remplages, le redevable doit juſtifier du payement des droits, pour ce qui a été conſommé au-delà de ces déductions ou les payer comme Gros manquant.

Il eſt ouvert un compte à chaque particulier, pour y porter d'une part les vins inventoriés, & de l'autre les déductions & les quantités dont les droits ont été acquittés lors de la vente.

C'eſt ſur ce compte rapproché des quittances des droits

droits acquittés à mesure des déclarations de ventes, que ceux à payer pour le manquant sont établis.

Celui qui ne recueille que trois muids de vin, n'en doit aucun compte.

Celui qui a recueilli six muids, qui n'a payé aucuns droits, & chez lequel il ne se trouve plus de vin au temps de l'inventaire de la récolte suivante, doit les droits à titre de manquant d'un muid & demi, le surplus est appliqué à sa consommation: si la récolte est de douze muids, les droits sont dûs pour six.

Le particulier qui a une ou plusieurs charrues, doit jouir en outre de la déduction de trois muids par chaque charrue.

Celui qui a recueilli six muids & qui a une charrue ne doit rien; celui qui en a recueilli douze ne devroit rien s'il avoit deux charrues.

Il résulte de cet exposé, que sans parler de la déduction de trois muids accordés par chaque charrue, on passe à chaque particulier, pour la consommation de sa maison, & pour les lies, coulages & remplages, depuis trois jusqu'à six muids, la moitié de l'excédant des trois premiers muids de sa récolte; depuis six jusqu'à douze, le tiers; depuis douze jusqu'à vingt-quatre, le quart; & depuis vingt-quatre jusqu'à quarante & au-dessus, le cinquième de ce qui excède pareillement les trois premiers muids, qui ne sont point sujets au Gros manquant.

Subvention générale. *Édit de novembre 1640.* Il fut créé sur la fin du règne de Louis XIII, par l'édit de novembre 1640, pour subvenir aux dépenses de la guerre, une nouvelle imposition à l'instar de l'ancien sou pour livre sur toutes les marchandises vendues, revendues & échangées, sous le nom de *subvention générale du Vingtième:* la Déclaration du 8 janvier suivant, *Déclaration du 8 janvier 1641.* changea cette perception & ordonna que le nouveau droit seroit payé à l'entrée suivant des tarifs d'évaluation.

Les difficultés & les frais de régie qu'occasionnoit l'établissement de ce droit, donnèrent lieu à la conversion qui en fut ordonnée par arrêt & déclaration *Arrêt & Déclaration du 25 février 1643.* du 25 février 1643, en une taxe de 15 cents mille livres qui furent imposées sur toutes les villes & lieux du royaume; mais les boissons ne furent point comprises dans cet arrangement, & continuèrent, dans tous les pays sujets aux Aides, d'être assujetties à la subvention qui fut fixée par la même Déclaration, savoir, le vin, à 20 sous par muid; le cidre & la bière, à 10 sous; le poiré, à 5 sous; & la barrique d'eau-de-vie, à 40 sous.

La levée de ces droits payables aux lieux du crû, étoit difficile & dispendieuse: il fut ordonné par arrêt *Arrêt & Lettres patentes des 18 novembre & 19 décemb. 1643.* du 18 novembre 1643 & lettres patentes du 19 décembre suivant, que ce droit seroit perçu à l'entrée des villes & bourgs du pays où les Aides avoient cours, sur toutes sortes de personnes, sans aucune exception.

La perception en fut réglée par les Déclarations des 23 septembre 1644, 1.er mai 1647, 15 mars & 22 juin 1655, qui ordonnèrent qu'elle seroit faite dans tous les lieux compris dans tous les états dressés par les Intendans, même dans tous ceux sujets aux anciens & nouveaux 5 sous, ou dans ceux où il y auroit élection, grenier ou chambre à sel, ou enfin dans ceux qui seroient composés de cent cinquante feux dans l'élection de Paris, & de cent vingt feux dans les autres Élections, ainsi que dans les hameaux & écarts dépendans desdits lieux.

Déclarations des 23 septembre 1644, 1.er mai 1647, 15 mars & 22 juin 1655.

Par les deux Déclarations des 14 juin & 20 juillet 1656, la subvention qui se percevoit à l'entrée dans toute l'étendue des pays sujets aux Aides, fut convertie au détail dans tous les lieux sujets au Huitième, & ne fut conservée à l'entrée, que dans ceux dans lesquels le droit de Quatrième a cours. La province de Normandie étoit dans ce dernier cas; mais cette province ayant représenté que cette perception dans tous les lieux indistinctement & sans exception, étoit extrêmement onéreuse aux habitans de la campagne, le feu Roi ordonna par une Déclaration du 8 août 1658, que la subvention à l'entrée seroit convertie en pareil droit au détail dans tous les villages, hameaux & écarts de l'étendue de cette province, & que pour compenser la différence de produit que ce changement de perception auroit pu occasionner, la subvention au détail seroit en outre perçue dans toutes

Subvention à l'entrée & au détail.

Déclarations du 14 juin & 20 juillet 1656.

Déclaration du 8 août 1658.

les villes & bourgs de la province, sans préjudice de la subvention qui s'y levoit à l'entrée.

Ordonnance de 1680.

L'ordonnance de 1680, au titre du droit de subvention dans le ressort de la Cour des Aides de Paris, où le Quatrième a cours, article II, ordonne que ce droit sera payé à l'entrée du lieu de la destination dans les villes, fauxbourgs, bourgs, & généralement dans toutes les paroisses qui se trouveront composées au moins de cent feux; cette consistance a été fixée par des états arrêtés en 1689.

États arrêtés en 1689.

La subvention au détail qui a été établie d'après les règlemens ci-dessus énoncés, dans tous les pays où le Huitième réglé a cours, & en outre dans la province de Normandie sujette au Quatrième, se perçoit en conséquence, conjointement avec le Huitième, dans les généralités d'Alençon, Bourges, Caen, Châlons, la Rochelle, Limoges, Lyon, Moulins, Orléans, Paris, Poitiers, Rouen, Soissons & Tours.

Mais dans cette étendue il y a différentes exceptions, telles que dans la généralité de Lyon où la seule élection de Roane est sujette à la subvention au détail; le surplus des lieux dépendans de cette généralité ayant été déclaré exempt, attendu le rachat qu'elle avoit fait de ce droit lors de son établissement.

Les élections d'Auxerre, Bar-sur-Seine & Mâcon, s'en étoient pareillement rachetées, & enfin celles de Vézelai, Tonnerre & Joigny, en furent aussi affranchies à cauſe de l'établiſſement du droit du pont de Joigny dont on parlera dans la ſuite.

Il y a auſſi des exceptions d'un autre genre, en ce que différens lieux ſitués en pays de Huitième réglé, ne ſont point ſujets à la ſubvention au détail, attendu qu'il a été arrêté qu'elle s'y percevroit à l'entrée: l'élection de Pontoiſe ſujette à la ſubvention à l'entrée, l'eſt encore à la ſubvention au détail, parce que cette élection, quoique de la Cour des Aides de Paris, fait partie de la province de Normandie où la ſubvention ſe perçoit au détail, dans les lieux où elle ſe perçoit à l'entrée.

Enfin il ſe trouve dans le nombre des généralités ci-deſſus, quantités d'endroits dans leſquels la perception du droit de ſubvention au détail, a été modérée par différentes conſidérations.

Subvention par doublement.

Quoique le droit de Subvention par doublement ne faſſe point partie de la ferme des Aides, mais des cinq groſſes fermes comme droit d'entrée & de ſortie, cependant comme ce ſont les mêmes Déclarations qui en 1656, ont commué en pareil droit au détail dans les pays ſujets au Huitième réglé la ſubvention qui étoit, antérieurement à ces Déclarations, perçue à l'entrée dans tous les pays d'Aides, qui ont en même temps établi la ſubvention par doublement, & que d'ailleurs l'ordonnance de 1680, en a réglé la quotité & les différens cas de cette perception, on croit devoir placer ici ce qui concerne cet objet.

Elle doit, aux termes de l'ordonnance, être levée ſur le vin & autres boiſſons qui ſortent du royaume ou qui y entrent, ſur ce qui ſort des provinces où les Aides ont cours pour entrer dans celles qui n'y ſont point ſujettes, comme auſſi ſur ce qui eſt tranſporté des provinces où les Aides n'ont point cours dans celles qui ſont ſujettes aux droits de ſubvention au détail.

Il a été fait à cette diſpoſition générale des changemens, exceptions ou modérations qu'il eſt néceſſaire de rappeler.

La Subvention par doublement n'eſt point perçue à ce titre ſur les vins tranſportés hors du royaume par les provinces de Champagne, Picardie & Soiſſonnois, elle a été compriſe pour ces provinces dans la fixation des droits de ſortie.

Les vins de la province de Bourgogne, deſtinés pour les généralités ou élections ſujettes aux Aides, ont été déchargés de la ſubvention par doublement, ſans préjudice du droit du pont de Joigny, qu'ils doivent acquitter lorſqu'ils y paſſent & qui forme le même objet que la ſubvention par doublement.

L'ordonnance a réglé au-deſſous de la fixation générale celle du droit en queſtion, relativement aux vins & eaux-de-vie de l'Anjou, du Maine, de Beaumont, de Thouars & de la châtellenie de Chantoceaux, deſtinés pour les provinces de Bretagne : l'objet de ces modérations a été de favoriser le débouché de ces vins qui sont de médiocre qualité.

Les boissons de toute espèce passant dans l'étendue de la ferme de Charente, Marans & Poitou, pour sortir du royaume, sont exemptes de la subvention par doublement qui a été convertie en un droit de 8 livres par muid de sel passant dans l'étendue de cette ferme.

Les eaux-de-vie que les Négocians de Calais & de Boulogne, tirent du Bordelois & des autres provinces réputées étrangères, & qui sont entreposées dans ces villes, pour quelque destination que ce soit, ont été déchargées de la subvention par doublement, tant à l'entrée qu'à la sortie desdites villes.

Enfin les habitans de Charleville, Pont-de-l'Arche, Mouzon, Rocroy & Sedan, ont pareillement été déchargés de ce droit, sur les vins & eaux-de-vie qu'ils tirent du royaume pour leur consommation.

Droit du pont de Joigni.

Déclaration du 20 juillet 1656.

Lorsque la Déclaration du 20 juillet 1656, commua le droit de subvention à l'entrée en pareil droit au détail dans les lieux sujets au Huitième, les six élections d'Auxerre, Mâcon, Bar-sur-Seine, Joigny, Tonnerre & Vézelay, situées au-delà du pont de Joigny, furent déchargées de la subvention au détail au moyen du même droit par doublement, qui fut établi sur les vins qui seroient enlevés de ces six élections & autres lieux, & qui passeroient dessus ou dessous le pont de Joigny, ou qui seroient chargés au port du Follet, situé à une demi-lieue au-dessous de cette ville : c'étoit alors les passages les plus usités pour le transport de ces vins, relativement à leurs débouchés les plus ordinaires; & au moyen de cet établissement la subvention ne tomboit point sur les vins consommés dans ces élections, mais seulement sur ceux qui en sortoient.

Arrêt & Lettres patentes du 21 novembre 1752.

L'ordonnance de 1680, a fixé la quotité de ce droit; & cette ordonnance, ainsi que l'arrêt du Conseil & les lettres patentes du 21 novembre 1752, enregistrées à la Cour des Aides de Paris le 31 mai 1754, contiennent les dispositions relatives à sa perception; voici les principales:

Le droit est dû sur le vin qui passe dessus ou dessous le pont de Joigny, ou qui, sans y passer, est chargé au port du Follet :

Sur celui qui est enlevé des six élections, pour être conduit par eau à Paris ou pour être transporté, soit par eau, soit par terre dans les villes de Joigny, Villeneuve-le-Roi, Sens, Pont-sur-Yonne, Montereau, Moret, Melun & Corbeil, quoiqu'il ne passe ni dessus ni dessous le pont de Joigny:

Et enfin sur celui pareillement enlevé des mêmes élections, & voituré par terre pour quelque destination que ce soit, lorsque les conducteurs suivent le cours de la rivière d'Yonne, au lieu de passer sur le pont: cette disposition qui est portée par les lettres patentes du 21 novembre 1752, a eu pour objet de faire cesser la fraude des voituriers qui, au lieu de suivre leur route naturelle

naturelle en paſſant ſur le pont, s'en détournoient & ſuivoient le cours de la rivière d'Yonne pour la paſſer plus loin à gué.

On a parlé à l'article du Gros, de l'origine de l'ancien ſou pour livre établi ſur toutes les marchandiſes, boiſſons & denrées à la vente, revente ou échange: on a obſervé que Louis XI n'en avoit conſervé, par l'édit de 1465, la perception que ſur cinq eſpèces, & avoit ſupprimé le ſurplus; que malgré cette ſuppreſſion il avoit continué d'être levé dans pluſieurs villes du royaume, ſur toutes ſortes de marchandiſes, ce qui avoit donné lieu à l'édit du 8 novembre 1668, par lequel le feu Roi l'avoit ſupprimé de nouveau, & ne l'avoit laiſſé ſubſiſter que ſur les quatre eſpèces, ſavoir, les vins & autres boiſſons, le poiſſon de mer, le bétail à pied-fourché & le bois.

Sou pour livre ſur les quatre eſpèces réſervées.

Il a, ainſi qu'on l'a vu, continué d'être perçu, ſur les boiſſons à la vente & revente, ſous la dénomination de droit de Gros.

A l'égard des trois autres eſpèces, il fut ordonné par des arrêts du Conſeil des 31 mars & 1.er juillet 1670 & 9 ſeptembre 1673, qu'il ſeroit levé aux entrées des villes & lieux déſignés dans ces arrêts, ſuivant les tarifs d'évaluation dreſſés par les Officiers des élections.

Arrêts du Conſeil des 31 mars & 1.er juillet 1670, & 9 ſeptemb. 1673.

C'eſt ce droit qui ſe lève aujourd'hui ſous la dénomination de Sou pour livre aux entrées: l'ordonnance des Aides de 1680, en contient un titre particulier;

cette perception se fait à l'entrée de plusieurs villes & bourgs, des généralités d'Amiens, Bourges, Châlons, Orléans, Paris, Poitiers, Soissons & Tours, qui sont dénommées dans l'article I.er de ce titre de l'ordonnance qui, en même temps, fait défense, par l'article II du même titre, de le lever sur le prix de la vente ou revente qui en sera faite dans les mêmes lieux.

La quotité de ce droit est fixée par les tarifs d'évaluation qui furent dressés, ainsi qu'on vient de l'observer, par les Élus de chaque lieu, relativement à la valeur qu'avoient alors les marchandises & denrées.

Le bétail, & le bois du crû des bourgeois, qu'ils font entrer pour leur consommation, sont exempts des droits de sou pour livre & d'augmentation, sous la condition néanmoins, en cas de vente, d'en faire la déclaration & de payer les droits.

Les habitans sont maintenus dans les franchises des foires & marchés dont ils sont en possession paisible; le sou pour livre ne doit point en conséquence être levé sur le bois, le poisson & le bétail qui sont conduits dans ces lieux, pendant la tenue des foires & marchés francs, soit par les habitans, soit par les forains, ils ne sont sujets qu'aux droits d'augmentation, suivant la fixation portée par les tarifs, & ce dernier assujettissement est fondé sur ce que l'augmentation a été établie postérieurement, à la concession du privilége & exemption de l'ancien droit.

Enfin, quelques villes de la généralité d'Amiens,

jouissent de l'exemption du sou pour livre, en vertu des anciens priviléges qui leur ont été accordés, & l'ordonnance de 1680, les y a maintenus, à la charge de payer l'augmentation suivant la fixation portée par le tarif.

Il paroît que par édit du mois d'août 1527, François Ier pour faire cesser les fraudes qui se commettoient dans les mesures des futailles & tonneaux des vins appelés & distingués alors, *vins François* & *vins de Bourgogne*, ordonna que ceux qui viendroient par les rivières de Seine, Yonne, Marne, Oise & pays des environs, & ceux du crû autour de Paris & au-dessous, seroient jaugés & mesurés à la mesure françoise. Jauge & courtage. *Édit d'août 1527.*

Par édit du mois d'octobre 1550, Henri II créa dans chacune des villes étant situées sur les rivières que l'on vient de rappeler, des offices de Jaugeurs de vin, en tel nombre que les Juges des présidiaux, appelés avec eux plusieurs notables bourgeois & marchands, jugeroient nécessaire pour jauger, mesurer & marquer les futailles & tonneaux qui passeroient par lesdites rivières : il attribua à ces offices les mêmes droits & prérogatives dont jouissoient les Jaugeurs de la ville de Paris. *Édit d'octobre 1550.*

Leur nombre fut fixé & leurs fonctions réglées de nouveau par différens édits & règlemens successivement rendus depuis 1578 jusqu'à l'année 1629.

Les premiers offices de Courtiers furent créés par

Édit de juin 1572. édit du mois de juin 1572, pour le courtage de toutes sortes de denrées & marchandises.

Ces offices, tant de Jaugeurs que de Courtiers, furent supprimés par édit de janvier 1632, rétablis par autre édit du mois de juillet 1656, & supprimés de nouveau par arrêt du Conseil du 11 décembre 1658; leurs droits continuèrent d'être perçus au profit du Roi, sous le nom de *Jauge & Courtage.*

Édit de janv. 1632. Édit de juillet 1656. Arrêt du Conseil du 11 décemb. 1658.

Ces mêmes offices furent encore une fois rétablis par édit du mois de février 1674, sous le titre de *Jaugeurs de futailles* & de *Courtiers de vin*, cidre, eau-de-vie, bière, huile & autres boissons & liqueurs, pour en être établi tel nombre qui seroit jugé nécessaire par le Conseil dans toutes les villes & lieux du royaume.

Édit de fév. 1674.

L'édit attribuoit pour le courtage 10 sous par muid mesure de Paris, pour les boissons & liqueurs, & pour une pièce d'eau-de-vie dans la proportion de trois pièces de vin; & pour la jauge 5 sous par muid, & pour les autres vaisseaux à proportion.

Arrêt du Conseil du 1.er décembre 1674.

Un arrêt du Conseil du 1.er décembre de la même année, ordonna que ces droits seroient perçus avec ceux du Gros lors de la vente dans les généralités, villes & lieux où le Gros a cours, & qu'ils seroient payés à la vente en détail dans les lieux exempts du Gros.

Ces offices, ainsi que les droits qui leur étoient

attribués, furent supprimés par arrêt du Conseil du 19 septembre 1679.

Arrêt du Conseil du 19 septembre. 1679.

Enfin la Déclaration du 10 octobre 1689, rendue lors de la guerre qui avoit commencé en 1688, & qui ne fut terminée qu'en 1697 par la paix de Riswick, rétablit les droits de Jauge & Courtage, & cette Déclaration forme encore le titre de la perception actuelle.

L'ordonnance des Aides de 1680, ne fait aucune mention de ces droits, parce qu'elle fut rendue dans l'intervalle de leur suppression.

Ces droits sont fixés sur le pied qu'ils se perçoivent aujourd'hui par la Déclaration de 1689; ils ont lieu dans tous les pays d'Aides : le droit de Jauge une fois seulement à la première vente, & le droit de Courtage autant de fois que les boissons sont vendues & revendues.

Déclaration de 1689.

Ils se lèvent sur les boissons venant d'un pays exempt d'Aides, ou des pays étrangers dans un pays d'Aides.

Enfin sur celles qui sont transportées d'un pays exempt d'Aides dans un autre pays pareillement exempt passant dans un pays sujet, ou d'un pays d'Aides dans un autre pays où elles ont également cours passant par un pays exempt, lorsque dans ces deux cas elles empruntent le passage dans un espace de plus de trois lieues communes du pays.

Pour ne point interrompre l'ordre progressif que

nous nous sommes proposé de suivre dans les détails concernant les Aides, nous croyons devoir placer ici ce qui a rapport à la réunion de la première moitié des octrois des villes.

Première moitié des Octrois des villes.

On sait que leurs revenus sont de deux sortes.

Le produit des biens-fonds dont elles ont ou la propriété ou l'usufruit perpétuel & usage, ce qui constitue leurs biens patrimoniaux.

Lorsque ce produit ne s'est pas trouvé suffisant pour subvenir à l'acquittement des charges dont les villes étoient tenues, elles ont demandé au Souverain, sans l'autorité & la permission duquel il ne peut être fait aucune levée de deniers dans le royaume, de les autoriser à lever sur elles-mêmes certains droits dont elles le supplioient d'ordonner l'imposition, & c'est ce qui a été appelé *octrois*.

Dans des temps plus reculés & lorsque nos Rois faisoient demander des Aides à différentes villes, ils accordoient souvent qu'une portion du produit resteroit entre les mains des Officiers municipaux pour être employée aux nécessités urgentes de la communauté. Il en fut usé ainsi sous le roi Jean en 1350 à l'égard de la ville d'Amiens, & c'est l'origine d'une partie des anciens octrois concédés aux communautés.

On sent aisément que ces octrois ont été établis suivant la faculté, le commerce, les productions & le territoire de chaque ville : il y en a presque autant d'espèces différentes qu'il y a de villes qui jouissent de pareilles conceſſions. Ils diffèrent, non-ſeulement par rapport aux marchands qui y ſont aſſujettis, mais auſſi quant à la nature des droits & à la forme de la perception. Dans certains lieux ils ſe lèvent à l'entrée; dans pluſieurs à la vente en gros, & dans d'autres enfin à la vente en détail. Ils diffèrent encore, quant aux dénominations ſous leſquelles ils ſont perçus.

La plupart des octrois ſont d'une ſi grande ancienneté, qu'il en eſt peu dont l'établiſſement ſoit bien connu, & en général leur perception n'eſt réglée que par les baux précédens & par l'uſage.

La longue guerre qui fut terminée en 1648 par la paix de Weſtphalie, exigeoit ſans ceſſe de nouveaux efforts : la négociation, quoiqu'avancée, ne pouvoit finir avantageuſement qu'en conſervant cette ſupériorité ſi favorable aux négociateurs. Ce fut dans ces conjonctures qu'une Déclaration du 21 décembre 1647, ordonna que tous les deniers communs d'octrois & autres qui ſe levoient au profit des villes & des communautés, ſeroient portés à l'épargne, & permit la levée par doublement des mêmes droits & octrois dans leſdites villes & communautés.

Déclaration du 21 décemb. 1647.

L'exécution de cette Déclaration fut quelque temps ſuſpendue par les troubles de Paris, & ordonnée de nouveau après la ceſſation de ces troubles, mais avec des modifications : enfin l'édit de décembre 1663, & l'ordonnance du 22 juillet 1681, réglèrent, qu'au lieu du produit total qui devoit être porté à l'épargne, il

Édit de décembre 1663.

Ordonnance du 22 juillet 1681.

feroit feulement levé au profit du Roi, à perpétuité, la première moitié de tous les octrois, dons, conceffions, deniers communs, tant anciens que nouveaux, & autres impofitions qui fe levoient fur les habitans des villes, bourgs & communautés du royaume, fans y comprendre néanmoins les deniers patrimoniaux :

Que toutes les dettes & charges, tant générales que particulières, des villes & communautés, feroient prifes fur l'autre moitié, dont la perception feroit continuée par les Officiers municipaux, auffi à perpétuité, quand même le temps porté par l'octroi feroit limité ou expiré, l'ordonnance leur tenant lieu à cet égard de lettres de confirmation & continuation.

Ainfi les octrois en général qui n'ont été autrefois, & antérieurement à l'ordonnance de 1681, accordés que pour des temps limités, font devenus perpétuels fuivant les difpofitions de cette ordonnance, que l'on vient de rappeler, favoir, la première moitié au profit du Roi, franche & fans aucune charge; & la feconde au profit des villes & communautés, fous la condition d'acquitter toutes les charges pour lefquelles les conceffions leur ont été faites.

Les octrois que les villes ont obtenus poftérieurement à l'ordonnance de 1681, ne font pas dans le cas du partage & fe lèvent en entier à leur profit.

De quelque manière que fe lèvent les octrois, foit à l'entrée, à la vente en gros ou à la vente en détail, ou autrement ils doivent être perçus & exercés pour la la partie appartenante au Roi, à l'inſtar des droits d'aides de même nature.

Les droits connus ſous la dénomination de *Courtiers-jaugeurs*, ſont les mêmes dans leur origine, que ceux appelés *Jauge & Courtage;* mais relativement aux différentes révolutions qui ſont ſurvenues, ils forment actuellement une ſeconde eſpèce de droits, dont la perception eſt entièrement diſtincte & ſéparée de ceux de jauge & courtage.

Courtiers-jaugeurs.

Les offices de Jaugeurs & de Courtiers, avoient été ſupprimés par l'arrêt du Conſeil du 19 ſeptembre 1679; les droits qui étoient attribués à ces offices, furent rétablis par la Déclaration du 10 octobre 1689, qui en fixa la levée ſous la dénomination de *Jauge & Courtage* dont il a été parlé.

Déclaration du 10 octobre 1689.

La guerre de 1688, qui dura juſqu'en 1697, avoit été la cauſe du rétabliſſement de ces droits.

Le même motif donna également lieu à la création de nouveaux offices de Courtiers & de Jaugeurs.

Ceux de Courtiers furent établis par édit du mois de juin 1691, pour avoir lieu dans toutes les villes, bourgs & lieux du royaume, avec attribution de pareils droits dont l'uſage, avant cet édit, faiſoit jouir les Courtiers, Commiſſionnaires & Gourmets, qui ſe mêloient de la vente des boiſſons dans tous les lieux où il y en avoit d'établis.

Édit de juin 1691.

Les offices de Jaugeurs, furent créés par édit d'avril 1696, & pareillement établis dans toutes les villes,

Édit d'avril 1696.

bourgs & autres lieux du royaume, à l'exception de la ville de Paris où il en exiſtoit déjà, & de la province d'Alſace, au moyen de l'abonnement qui fut accordé à cette province.

La quotité des droits qui leur étoient attribués ſur les boiſſons & liqueurs, fut fixée par le même édit : ces droits étoient payables par toutes ſortes de perſonnes, ſans diſtinction.

Déclaration du 4 ſeptemb. 1696.

Les offices & droits de Courtiers & ceux de Jaugeurs, furent réunis par la Déclaration du 4 ſeptembre 1696, pour être perçus dans tout le royaume, au profit du Roi, ſur les boiſſons & liqueurs; ſavoir, ceux de Courtiers au premier enlèvement & à chaque vente & revente, & ceux de Jaugeurs au premier enlèvement ſeulement.

On obſerve que par cette Déclaration, les droits de Courtiers furent réduits à moitié.

La même Déclaration ordonna qu'à l'égard des pays d'États, provinces, villes & lieux où les offices de Courtiers & Commiſſionnaires de vins, avoient été réunis & incorporés pour être ſupprimés, ceux de Jaugeurs ſeroient pareillement réunis, conformément à l'édit du mois d'avril précédent, en payant par les acquéreurs deſdits Courtiers & Commiſſionnaires, les ſommes auxquelles la finance des offices de Jaugeurs ſeroit taxée par les rôles qui ſeroient arrêtés au Conſeil, & les Deux ſous pour livre aux prépoſés à la vente deſdits offices de Jaugeurs.

Les droits de Courtiers-jaugeurs, furent supprimés, d'abord dans la généralité de Tours, par édit d'avril 1716, & ensuite dans les autres généralités par arrêt du Conseil du 24 février 1720.

Édit d'avril 1716.

Ils furent rétablis par arrêt du Conseil du 22 mars, & par une Déclaration du 15 mai 1722, pour avoir lieu au profit de Sa Majesté, sur le même pied qu'ils avoient été créés par les édits de juin 1691 & avril 1696, & que la perception en avoit été réglée par la Déclaration du 23 octobre 1708.

Arrêt & Déclaration des 22 mars & 15 mai 1722.

La durée de la perception de ces droits, devoit être alors de six années, ils ont été successivement prorogés par différentes Déclarations, & par celle du 8 janvier 1767, jusqu'au dernier septembre 1774.

Déclaration du 8 janvier 1767.

Quant à leur fixation, les droits des Jaugeurs qui, dans tous les temps où ils ont eu lieu, ont toujours été uniformément perçus dans toute l'étendue des pays d'Aides, sont fixés, savoir, par muid de vin à 4 sous; par muid de cidre, bière & poiré à 2 sous; & par muid d'eau-de-vie & liqueurs à 8 sous.

A l'égard des droits des Courtiers, comme ils ont été établis sur le pied de ce qui devoit être perçu, suivant l'usage des différens lieux où il y avoit des Courtiers & des Commissionnaires, & que cet usage varioit dans les différentes généralités & dans les différens lieux dépendans de chacune, la fixation de ces droits, qui ne pouvoit être uniforme, fut établie pour chaque généralité, par les tarifs arrêtés en conséquence

Déclarations du 4 septemb. 1696 & 23 octobre 1708.

des Déclarations du Roi des 4 septembre 1696 & 23 octobre 1708.

En général, l'objet des droits des Courtiers, est de quelque chose au-dessus de la fixation ci-dessus rappelée pour les Jaugeurs.

Ces droits dont personne n'est exempt, se perçoivent dans différens cas :

1.° A la vente en gros, sur toutes les boissons vendues, échangées ou données en payement, avec cette distinction cependant que les droits de Jaugeurs ne se payent qu'une seule fois, lors de la première vente ou échange ; & que ceux de Courtiers se payent autant de fois que les boissons sont vendues ou revendues.

Arrêt du Conseil du 30 août 1740.

On doit observer encore que pour opérer le droit, il suffit qu'il y ait translation de propriété, & qu'il est dû, quand bien même les boissons vendues ne seroient pas déplacées :

Arrêt du Conseil du 18 septembre 1696.

2.° A l'enlèvement sur les boissons enlevées, sans mutation de propriété du lieu où elles ont été façonnées, pour être transportées dans d'autres lieux, même dans la maison d'habitation des propriétaires & pour leur provision, mais ces mêmes boissons ayant, pour ce premier enlèvement, payé les droits de Jaugeurs, ainsi que ceux de Courtiers, ne sont plus assujetties, en cas de vente, qu'à ce dernier droit, & elles n'en doivent aucun dans le cas d'un simple déplacement itératif.

Il eſt une exception particulière à la province de Normandie, en faveur des cidres & poirés, provenant des fruits du crû, que les propriétaires peuvent faire tranſporter des preſſoirs dans leurs maiſons d'habitation, ſans être aſſujettis au payement des droits de Courtiers-jaugeurs; mais cette exemption n'eſt accordée qu'à des conditions détaillées dans l'arrêt de règlement rendu au Conſeil le 21 mai 1746, en interprétation de la Déclaration du 23 octobre 1708.

Une obſervation importante & générale pour tous les pays d'Aides; c'eſt que dans aucune circonſtance, même dans le cas où il ne feroit dû aucun droit, il ne peut être fait aucun tranſport ou déplacement de boiſſons de maiſon à autre, ſans qu'il en ait été préalablement fait déclaration, & qu'il ait été pris un congé de remuage.

Lettres patentes du 13 février 1723.

3.° A l'arrivée, ſur les vins & boiſſons tranſportés d'un pays exempt des droits d'Aides ou rédimé, dans un autre pays où ils ſont établis, le payement des droits doit être fait au premier bureau à l'arrivée des pays ſujets.

4.° Au paſſage ſur les boiſſons qui, tranſportées d'un pays exempt dans un autre pays exempt, empruntent le paſſage ſur un pays d'Aides, & ſur celles qui, voiturées en pays d'Aides, ſéjournent dans quelques lieux de paſſage plus de huit jours venant par eau, & au-delà de trois jours venant par terre, le lieu de paſſage étant alors réputé celui de la deſtination, les droits doivent être payés avant l'enlèvement.

Les mêmes circonſtances qui donnèrent lieu à l'établiſſement des droits de Courtiers - jaugeurs, firent établir ceux d'Inſpecteurs aux boiſſons & d'Inſpecteurs aux boucheries, que l'on va parcourir ſucceſſivement.

Inſpecteurs aux boiſſons.

La guerre terminée par la paix de Riſwick, en 1697, avoit épuiſé les finances; celle qui commença en 1700, à l'occaſion de la ſucceſſion d'Eſpagne, plongea dans de nouvelles dépenſes; il fallut multiplier, & le plus ſouvent, avec peu de ſuccès, les moyens d'y ſubvenir: dans ces conjonctures difficiles, & principalement depuis 1689, il fut créé une infinité d'offices dont la police étoit le prétexte, avec attribution de droits ſur les marchandiſes dont l'inſpection devoit être confiée à ces Officiers.

Ces offices qui avoient été établis dans tout le royaume, avoient paru la reſſource la plus facile, ſoit par la finance qu'ils produiſoient lorſqu'ils étoient levés, ſoit par les droits qui leur étoient attribués lorſque le Roi jugeoit à propos de les faire percevoir à ſon profit.

A la paix, on ſupprima preſque tous ces offices & les droits qui y étoient attachés, mais les conjonctures forcèrent depuis de les rétablir, & ceux d'Inſpecteurs aux boiſſons & aux boucheries furent dans ce dernier cas.

Édit d'octobre 1705.

Les offices d'Inſpecteurs aux boiſſons, furent créés par édit d'octobre 1705, les droits qui leur étoient attribués furent mis en ferme au profit du Roi : la perception en fut interompue par arrêt du Conseil du 24 février 1720, & rétablie par les arrêts du Conseil des 22 & 24 mars, 3 & 6 mai; & la Déclaration du 15 mai 1722, pour six années seulement; & depuis la perception de ces droits a été successivement prorogée par différentes Déclarations, & par celle du 8 janvier 1767, jusqu'au dernier septembre 1774.

Arrêt du Conseil du 24 février 1720.

Arrêts du Conseil des 22 & 24 mars, 3 & 6 mai 1722, & la Déclaration du 15 mai de la même année.

Déclaration du 8 janvier 1767.

Ils se perçoivent sur le pied de leur ancienne fixation établie par l'édit d'octobre 1705.

Ils avoient été rétablis dans toutes les provinces du royaume, sujettes ou non aux Aides; mais la difficulté & les frais qu'auroit occasionnés la perception dans les pays où les Aides n'ont point cours, engagèrent à accorder à ces provinces des abonnemens qui en tiennent lieu, & qui sont continués à chaque prorogation de ces droits: le montant de ces abonnemens est payé en conséquence d'année en année, entre les mains du Fermier général & de ses préposés, en sorte que la perception effective des droits d'Inspecteurs aux boissons, n'a lieu que dans l'étendue des pays où les Aides ont cours; ce fut par une Déclaration de 1725, que le prix de ces abonnemens fut fixé, ils comprennent les droits de Courtiers-jaugeurs, ceux d'Inspecteurs aux boissons & aux boucheries pour les pays d'États, & les provinces dans lesquelles les droits d'Aides n'ont pas cours: la Provence & l'Artois ne sont point comprises dans cette Déclaration, sans doute par des circonstances particulières à ces deux provinces.

Déclaration de 1725.

M. le duc d'Orléans jouit des droits d'Inſpecteurs aux boucheries, d'Inſpecteurs aux boiſſons & de Courtiers-jaugeurs dans les villes d'Orléans, Pithiviers & Chartres, en vertu d'un abonnement dont le prix a été fixé en 1725; il en jouit également dans les élections d'Orléans & de Pithiviers, dans les lieux qui ſont ſujets à ces droits.

Ils ſe lèvent ſur les différentes boiſſons à l'entrée de toutes les villes & bourgs, ainſi qu'à l'entrée de tous les lieux qui, ſans être qualifiés de villes ou bourgs, ſont ſujets aux anciens & nouveaux Cinq ſous & au droit de ſubvention.

Ils ſe perçoivent également à l'entrée, ainſi que les anciens & nouveaux Cinq ſous, dans les hameaux & écarts dépendans des lieux ſujets à ces derniers droits; & à l'égard des hameaux & écarts où la perception des anciens & nouveaux Cinq ſous n'a point lieu; celle des Inſpecteurs aux boiſſons ſe fait dans tous ceux ſujets à quelques droits d'entrée, ſoit d'Aides, ſoit d'octrois; ce dernier cas de perception ayant été réglé par l'arrêt du Conſeil du 30 mai 1744, intervenu ſur les conteſtations depuis long-temps élevées par les habitans de quantité d'écarts & de hameaux qui s'étoient, ſur différens motifs, prétendus exempts des droits d'Inſpecteurs aux boiſſons.

Arrêt du Conſeil du 30 mai 1744.

Ils ſe perçoivent encore, comme les anciens & nouveaux Cinq ſous, toutes les fois que les boiſſons ſont tranſportées d'un lieu qui y eſt ſujet, en un autre

de

de même qualité, pour y être vendues & consommées, & dans le cas où les boissons passant debout dans un lieu sujet, séjournent au-delà de trois jours, pour celles venant par terre, & de huit jours, pour celles venant par eau.

Enfin ils se lèvent sur les vendanges recueillies, sur le territoire d'un lieu où ils sont établis lorsqu'elles sont transportées dans un autre qui en est exempt.

Il est très-peu d'exemptions ou modérations locales de ces droits; ils doivent être payés par toutes sortes de personnes, exemptes ou non exemptes d'autres droits d'Aides, même par les Ecclésiastiques pour les boissons du crû de leur bénéfice, soit qu'ils fassent entrer leurs boissons dans les lieux sujets, soit qu'elles y soient transportées pour y être seulement façonnées.

Édit de fév. 1704.

Inspecteurs aux boucheries, rétablis en 1722.

Déclaration du 8 janvier 1767.

Les offices d'Inspecteurs aux boucheries avoient été créés dès le mois de février 1704, les droits qui leur avoient été attribués furent perçus au profit du Roi: ces droits furent, comme ceux d'Inspecteurs aux boissons, supprimés en 1720, rétablis en 1722, & ils ont été prorogés par différentes Déclarations, & en dernier lieu par celle du 8 janvier 1767, jusqu'au dernier septembre 1774.

Suivant l'édit de création, les droits d'Inspecteurs aux boucheries, ont été établis à l'entrée de toutes les villes & bourgs du royaume, & fixés, savoir, à 3 livres par bœuf ou vache; 12 sous par veau ou genisse; & 4 sous par mouton, brebis ou chèvre, à l'entrée des trente-une villes principales du royaume désignées par cet édit; & quant aux autres villes & bourgs, à 40 sous par bœuf ou vache, & les mêmes quotités que celles ci-dessus pour les autres espèces.

Ce droit se perçoit sur la viande de boucherie, à raison de 2 deniers par livre pesant, de toute viande de boucherie, indistinctement, suivant la fixation établie par l'arrêt du Conseil du 19 avril 1704.

Arrêt du Conseil du 19 avril 1704.

Ces droits ont été abonnés avec ceux d'Inspecteurs aux boissons, & de Courtiers-jaugeurs dans les provinces exemptes des droits d'Aides, à l'exception de la généralité de Metz & des provinces de Dauphiné & de Roussillon, dans lesquelles ils se perçoivent pour le compte du Roi, ainsi que dans les autres provinces où les Aides ont cours.

Ils se perçoivent sur le pied des fixations ci-dessus, à l'entrée de tous les lieux sujets, sur le bétail vif ou mort, entier ou par morceaux qui y est conduit ou apporté, soit par les bouchers, marchands forains ou autres pour y être consommé.

Il n'y a d'excepté de cette perception que les viandes destinées pour les hôpitaux, relativement à leur consommation, celles qui servent aux armemens, & enfin les viandes que les Étapiers distribuent effectivement aux Troupes.

Les droits de Courtiers-jaugeurs, des Inspecteurs aux boucheries & aux boissons, sont connus & désignés sous la dénomination de *Droits rétablis*.

La bière, indépendamment des différens droits auxquels elle est sujette ainsi que les autres boissons, l'est encore à des droits particuliers, tels que ceux de Contrôle & d'Essayeurs-visiteurs.

Droit de Contrôle sur la bière.

L'édit du mois de décembre 1625, enregistré dans les deux Cours des Aides de Paris & de Rouen, créa des offices de Contrôleurs & Visiteurs des bières dans les villes, bourgs & autres lieux du royaume, & leur attribua 6 sous par muid de bière; un édit du mois de février 1630, portant règlement pour la confection des bières, créa de nouveaux offices, avec pareille attribution de 6 sous par muid.

Édit de décembre 1625.

Ces différens offices furent supprimés par une Déclaration du 16 février 1635; cette Déclaration & celle du 15 décembre 1638, ordonnèrent la perception au profit du Roi des droits attribués à ces Officiers, & fixèrent les droits de Contrôle sur la bière à raison de 22 sous par muid.

Déclaration du 16 février 1635.

Les offices de Contrôleurs & Visiteurs furent réservés pour la ville & faubourgs de Paris, leur nombre même fut augmenté de six par édit du mois de mars 1646, avec une nouvelle attribution de 6 sous par muid de bière.

Édit de mars 1646.

La fixation du droit de Contrôle est déterminée par l'article I.er du titre des droits sur la bière, de l'ordonnance de 1680, en y comprenant le parisis, sou & six deniers pour livre, à 37 sous 7 deniers par muid pour la ville de Paris, à cause de l'augmentation

Ordonnance de 1680.

portée par l'édit de 1646; & à 30 sous par muid dans les autres villes, bourgs & paroisses; à l'exception de la ville de Dieppe, où ce droit de Contrôle & les autres droits d'Aides sur la bière, ont été modérés & fixés ensemble à 25 sous par gonne ou demi-muid.

Le droit de contrôle perceptible dans le ressort des Cours des Aides de Paris & de Rouen, c'est-à-dire, dans tous les pays d'Aides, se lève dans toutes les villes, bourgs & paroisses de cette étendue, à mesure que la bière y est façonnée.

Il est dû pour toutes les bières indistinctement, soit qu'elles aient été façonnées par des Brasseurs de profession pour les vendre, soit qu'elles l'aient été par toute autre personne que ce soit, particuliers, ecclésiastiques, nobles, communautés religieuses, séculières ou régulières, hôpitaux & tous privilégiés d'autres droits, même pour leur provision.

La régie de ce droit se fait en conséquence des règlemens faits pour les droits d'Aides qui se perçoivent sur le vin & qui sont communs pour la bière.

Droits d'Essayeurs-visiteurs des bières. *Édit d'août 1697.* *Édit de mars 1698.*

Par édit du mois d'août 1697, il avoit été créé, pour la ville de Paris, quarante offices d'Essayeurs-visiteurs de bière, avec attribution de 35 sous par chaque muid de bière: ces offices furent supprimés par édit du mois de mars 1698, qui ordonna en même temps que les droits seroient levés au profit du Roi, ce qui a toujours eu lieu depuis ce dernier édit.

Par une Déclaration du 3 mars 1705, il fut ordonné qu'il feroit levé & perçu 2 fous pour livre, par augmentation de tous les droits, tant des fermes générales qu'autres fermes particulières, pour fervir au payement des billets que les Fermiers généraux, les Receveurs généraux des finances & autres Employés dans le maniement des deniers du Roi, avoient faits pour fon fervice, ainfi qu'au payement des billets de Monnoie, & particulièrement au rembourfement des capitaux des Promeffes de la caiffe des emprunts & acquittement des intérêts defdites promeffes.

Quatre fous pour livre. *Déclaration du 3 mars 1705.*

Le feu Roi ayant depuis pourvu au payement, tant des billets faits pour fon fervice, que de ceux de la monnoie, & voulant affurer & procurer le plus promptement qu'il feroit poffible le rembourfement des principaux des Promeffes de la caiffe des emprunts, & le payement des intérêts defdites promeffes; il ordonna, par une Déclaration du 7 mai 1715, la continuation de la levée des Deux fous pour livre, & la perception de Deux nouveaux fous pour livre, pour être lefdits Quatre fous pour livre remis de mois en mois, par les Fermiers généraux, au Receveur général de la caiffe des emprunts & demeurer éteints & fupprimés, après l'entier rembourfement des principaux, & le payement total des intérêts defdites promeffes.

Déclaration du 7 mai 1715.

Ces Quatre fous pour livre furent fupprimés par une Déclaration du 13 février 1717, & rétablis par des lettres patentes du 5 mars 1718, la perception

Déclaration & Lettres patentes.

des 13 février 1717 & 5 mars 1718. en a toujours subsisté depuis, en conséquence de Déclarations successivement rendues pour les proroger.

Édit de septembre 1747. L'édit du mois de septembre 1747, a étendu la perception des Quatre sous pour livre au profit du Roi, à tous les droits qui se payent aux Officiers des quais, ports, halles & marchés de Paris, à la ville & aux hôpitaux, ainsi qu'aux droits rétablis par l'édit de décembre 1743.

De tous les droits d'Aides, il n'y a d'excepté de la perception des Quatre sous pour livre que les Courtiers-jaugeurs, les Inspecteurs aux boissons & aux boucheries: ces droits furent considérés comme des attributions faites aux offices qui avoient été créés, & ne faisant point partie des fermes du Roi.

Édit de janv. 1709. C'est par un édit particulier du mois de janvier 1709, qu'ont été créés les Deux sous pour livre, qui se lèvent en sus des droits d'Inspecteurs aux boissons & aux boucheries; les droits de Courtiers-jaugeurs ne sont sujets, ni aux Deux sous, ni aux Quatre sous pour livre.

Vingtième ou nouveau Sou pour livre. *Déclaration du 3 février 1760.* Les dépenses qu'exigeoit la continuation de la guerre, ont donné lieu à la Déclaration du 3 février 1760, portant établissement, à compter du 1.er mars suivant, jusqu'au dernier septembre 1770, d'un nouveau Vingtième ou Sou pour livre, en sus du principal de tous les droits des fermes, & de ceux précédemment cédés & aliénés, à l'exception de la vente du sel ordinaire dans le comté de Bourgogne, des gabelles d'Alſace, des droits ſur le papier & parchemin timbré; de la formule des Notaires de Paris, des droits des greffes, de ceux réſervés, qui faiſoient partie des droits attribués à des offices créés dans différentes Cours & Juridictions, de la vente excluſive du tabac, & enfin à l'exception du ſou pour livre des marchés de Sceaux & de Poiſſy.

Les différens droits qui compoſent la ferme des Aides, & qui ſont dans la main du Roi, ou cédés à titre d'apanages, dons, échanges, engagemens ou tel autre que ce ſoit, ſont ſpécialement aſſujettis par l'article III de cette Déclaration, à ce nouveau Sou pour livre, ainſi que ceux qui ſe lèvent ſur les ports, quais, chantiers, halles, foires & marchés de la ville de Paris, ſoit qu'ils ſoient perçus au profit de Sa Majeſté ou du Domaine de la ville, des hôpitaux ou des Officiers.

Enfin la même augmentation eſt pareillement impoſée ſur les droits, de quelque nature qu'ils ſoient, qui ſe perçoivent au profit des États, des villes, bourgs & communautés, ſoit qu'ils ſe lèvent à titre d'octroi & de tarif, ſoit qu'ils leur aient été engagés, cédés ou abonnés; à la ſeule exception des droits impoſés pour l'acquittement du don gratuit ordonné par édit du mois d'août 1758 & la Déclaration du 3 janvier 1759.

Édit d'août 1758.

Déclaration du 3 janvier 1759.

Sixième ſou pour livre.

Enfin la Déclaration du 21 novembre 1763, a ordonné la perception d'un nouveau Sou pour livre pour

Déclaration du 21 novembre 1763. avoir lieu jusqu'au dernier septembre 1770, il forme la même augmentation que le précédent, & porte sur tous les droits rappelés par la Déclaration du 3 février 1760.

Déclaration du 8 janvier 1767. La Déclaration du 8 janvier 1767, proroge jusqu'au dernier septembre 1774, les Deux sous pour livre, dont l'établissement avoit été ordonné par les Déclarations des 3 février 1760 & 21 novembre 1763, ainsi que les anciens Quatre sous pour livre.

Droits aux entrées de Paris. Tous les droits généraux d'Aides, dont on vient de faire le détail, furent successivement établis dans la ville de Paris comme ailleurs; mais leur quotité & la façon de les percevoir sont devenues différentes par la réunion de ces droits à d'autres particuliers à la ville de Paris, & par leur conversion en droits d'entrée.

Les différens droits qui se levoient anciennement aux entrées de Paris sur les boissons, formoient une perception difficile & compliquée: on sentit la nécessité de la simplifier: l'ordonnance des Aides de 1680, (titre I.er) réunit tous ces droits & les fixa en un seul sur chaque espèce de boissons: cette première fixation de ces droits réunis dura jusqu'en 1719.

Jusque-là les droits à la vente en gros, & ceux à la vente en détail, des boissons, continuèrent d'être perçus dans la ville & les faubourgs de Paris, ainsi que dans les autres lieux sujets à ces droits; mais on sentit l'impossibilité de détruire la fraude & celle de suivre

ſuivre & d'exercer le grand nombre de marchands faiſant le commerce de boiſſons, en gros & en détail; ce qui jetoit dans une régie plus diſpendieuſe qu'utile; & ces conſidérations déterminèrent à ſupprimer dans Paris les droits de vente en gros & de vente en détail, & à les convertir en un droit d'entrée, en les réuniſſant à ceux déjà fixés par l'ordonnance des Aides.

C'eſt ſur le pied de cette ſeconde fixation, ordonnée par arrêt du Conſeil & lettres patentes du 10 octobre 1719, que ſe perçoivent les droits ſur les boiſſons aux entrées de la ville & fauxbourgs de Paris, qui, comme on le voit, ſont compoſés des anciens droits d'Entrée, des droits de Gros & des droits de Détail.

Arrêt & Lettres patentes du 10 octobre 1719.

On n'entrera point ici dans le détail de tous les droits ſucceſſivement établis, dont ceux d'entrées ont été formés, ni de ceux qui ſe perçoivent, ſoit au profit des hôpitaux, ſoit au profit de la ville ou à titre d'octrois, ou au moyen des réunions qu'elle a faites des offices auxquels ces droits avoient été attribués, ſoit au profit des Officiers établis ſur les quais, & dans les halles & marchés de Paris; ce ſeroit ſe jeter dans des énumérations faſtidieuſes & peu utiles; c'eſt aſſez, après avoir traité, ainſi qu'on l'a fait, les droits Généraux d'Aides, de retracer les principaux droits Locaux, & enſuite quelques droits qui n'ont d'analogie avec les Aides que celle d'avoir été joints à cette ferme.

On terminera ce Mémoire par rendre compte de ce qui concerne les droits qui se perçoivent dans la ville de Paris, au profit du Roi, sous la dénomination de *Droits rétablis*, ainsi que de l'établissement qui a été formé, & qui subsiste sous le nom de *Caisse de Poissy*, relativement à la vente des bestiaux qui sont conduits pour l'approvisionnement de Paris, aux marchés de Sceaux & de Poissy.

DROITS LOCAUX.

Droit de Cloison d'Angers.

NOUS commencerons par le droit de Cloison d'Angers.

Louis duc d'Anjou, second fils du roi Jean, entreprit vers le milieu du quatorzième siècle, d'achever le projet qu'avoit commencé, à la fin du douzième siècle, Jean sans Terre roi d'Angleterre, sur lequel Philippe-Auguste avoit confisqué la province d'Anjou, pour crime de félonie : ce projet étoit la construction d'une place forte du côté de l'Occident, qui devoit servir de barrière ou cloison pour fermer le passage de la Loire ; on appela *droit de Cloison*, le subside établi pour les dépenses de cette construction.

Lettres patentes de 1474.

Ce droit fut ensuite concédé par forme d'octroi à la ville d'Angers ; la jouissance en fut confirmée à cette ville, par des Lettres-patentes données sous Louis XI, en 1474.

Il fut doublé par d'autres Lettres patentes du 23

juin 1477; & le 5 décembre 1500, il fut arrêté par les Échevins & Notables, une pancarte ou tarif de la simple & double Cloison.

Lettres patentes du 23 juin 1477.

La Déclaration du 24 juillet 1638, ordonna la levée de la triple Cloison.

Déclaration du 24 juillet 1638.

Un arrêt du Conseil du 14 juillet 1663, laissa à la ville d'Angers la simple Cloison, & déchargea les droits de Cloison du parisis, sou & six deniers pour livre; la double & triple Cloison fut réunie à perpétuité à la ferme de la première moitié des octrois.

Arrêt du Conseil du 14 juillet 1663.

Il avoit été arrêté, en 1657, une nouvelle pancarte des droits de simple, double & triple Cloison : c'est sur ce tarif que fut fait le partage de la simple, qui continua d'être perçue pour la ville d'Angers, d'avec la double & la triple qui s'est levée depuis au profit du Roi, en conséquence de l'arrêt de 1663, & dont l'exécution a été ordonnée par une Déclaration du 3 mars 1705.

Déclaration du 3 mars 1705.

Les droits de double & triple Cloison, se perçoivent en conséquence de ce tarif sur toutes les marchandises & denrées entrant, sortant ou passant par la ville & banlieue d'Angers, & par les fins & mettes d'entre le port d'Ingrande, le pont de Cé & le port de la Ville-l'évêque, soit par eau, soit par terre, ainsi que sur celles montant, descendant ou traversant par l'une des rivières de Loire, Mayenne & du Loir.

Les seules exceptions sont pour l'entrée de différentes

choses destinées pour la provision des habitans de la ville d'Angers, pour les vins qui entrent dans cette ville pour y être vendus & consommés ; enfin pour les eaux-de-vie sortant de la province d'Anjou, tant par eau que par terre.

Arrêt du 21 octobre 1679.

Un arrêt du Conseil du 21 octobre 1679, porte modération de différens autres droits, tant des Aides que des Cinq grosses fermes, sur les mêmes boissons sortant de la province d'Anjou : ces modérations ont été jugées nécessaires, relativement aux droits Locaux & autres qui se perçoivent dans la même province.

Vingt-quatrième d'Angoulême sur le vin.

Lettres patentes de 1591 & 1691.

Le Vingt-quatrième d'Angoulême sur le vin, étoit originairement un droit d'Octroi perceptible à la vente en détail : il fut établi par Lettres patentes de 1591, & confirmé par d'autres Lettres du mois de juillet 1691, le produit en devoit être spécialement employé au payement des gages des Officiers du présidial d'Angoulême, & aux réparations de cette ville : il fut réuni à la ferme générale des Aides par arrêt du Conseil du 18 juin 1678, le Roi se réservant de fournir aux dépenses pour lesquelles il étoit destiné.

Arrêt du Conseil du 18 juin 1678.

Arrêt du Conseil du 16 juin 1682.

Il se perçoit dans la ville & élection d'Angoulême, & dans les paroisses, autrefois de la même élection, & qui en ont été distraites par l'arrêt du Conseil du 16 juin 1682, pour former celle de Cognac : on suit pour la régie de ce droit les mêmes règlemens que pour les droits d'Aides au détail.

Édit du mois de janvier 1583.

Par édit du mois de janvier 1583, il fut créé des

offices de Jurés-vendeurs de poiſſon de mer frais, ſec & ſalé, dans tous les lieux où il s'en faiſoit commerce, à l'inſtar de pareils offices qui avoient été établis dans les villes de Paris, Rouen, Orléans, Meaux & Senlis, avec attribution du ſou pour livre de la valeur du poiſſon dont ils feroient la vente, & dont ils avanceroient le prix aux Marchands & Mariniers qui les chargeroient volontairement de cette vente.

Sou pour livre des vendeurs de poiſſon, ſur les côtes de Normandie & de Picardie.

Les abus qui ſe commettoient dans ce commerce, & la mauvaiſe police qui y étoit obſervée, furent les motifs énoncés dans l'édit de création de ces offices.

Ils furent ſupprimés par une Déclaration du 13 février 1635, dans tous les lieux où ils étoient établis, excepté dans Paris, & il fut ordonné que leurs droits continueroient d'être levés au profit du Roi.

Déclaration du 13 février 1635.

Une partie de ces offices n'ayant pu être rembourſée, la jouiſſance du ſou pour livre fut laiſſée dans pluſieurs lieux aux titulaires, & engagée dans d'autres à ceux qui firent les rembourſemens.

Par édit du mois de janvier 1651, il fut créé deux cents vingt Officiers avec des gages fixes, pour faire, au profit du Roi, la recette du ſou pour livre dans les lieux où ce droit avoit été engagé: ces offices n'ayant point été levés, il fut ordonné par des arrêts du Conſeil des 8 juillet 1651 & 6 novembre 1652, que les engagiſtes ſeroient rembourſés ſur le produit du droit, qui continueroit d'être perçu au profit du Roi, ce qui

Édit du mois de janvier 1651.

Arrêts du Conſeil des 8 juillet 1651 & 6 novembre 1652.

fut confirmé par plusieurs arrêts du Conseil & par la Déclaration du mois de juin 1654.

Déclaration du mois de juin 1654.

Ce droit n'a point été compris dans l'ordonnance de 1680, ni dans celle de 1681, & ce n'est qu'en cette dernière année qu'il a été réuni à la ferme des Aides.

Arrêt du 16 avril 1680.

Il a été rendu le 16 avril 1680, un arrêt du Conseil, & depuis plusieurs autres, concernant la perception de ce droit qui se lève dans les ports, villes & autres lieux, le long des côtes des provinces de Normandie & de Picardie, sur tout le poisson de mer frais, sec & salé qui y est apporté de la mer, & le droit doit être payé sur le prix de la première vente aux Commis du Fermier, chargés de faire les fonctions & exercices des Jurés-vendeurs.

Il est quelques exceptions à cette perception, telles que pour le poisson frais que les Pêcheurs ou Mariniers ont pêché, & qu'il leur est permis de vendre eux-mêmes sans payer le Sou pour livre, ainsi que pour tout le poisson salé qui arrive sur les côtes de Normandie & de Picardie, par le retour des vaisseaux expédiés dans les ports de ces provinces, pourvu que la vente en soit faite par les Armateurs, leurs associés, par les Matelots ou autres gens de l'équipage desdits vaisseaux.

Droit de 9 livres 18 sous par tonneau de vin en Picardie.

En 1596, Henri IV convoqua à Rouen, une assemblée de Notables à l'effet de délibérer sur les moyens de pourvoir aux dépenses nécessaires pour l'entretien des armées & la défense des frontières: il fut établi en conséquence par édit du mois de mars 1597, un nouveau droit sur toutes les marchandises & denrées à l'entrée des villes, bourgs & bourgades du royaume, ou à la vente dans les foires & marchés, à raison du Sou pour livre de leur valeur, suivant un tarif d'évaluation annexé à cet édit: cette imposition établie pour trois années, fut prorogée par une Déclaration du 3 août 1599, pour trois autres années, & supprimée par édit de novembre 1602.

Édit du mois de mars 1597.

Déclaration du 3 août 1599.

Cette suppression du Sou pour livre portoit sur toutes les marchandises & denrées, à l'exception du vin qui continua d'y être assujetti dans les provinces de Picardie & de Champagne, & dans la généralité de Rouen, à raison de 3 livres par muid, suivant la fixation du tarif de 1597.

Ce droit de 3 livres par muid fut converti dans la province de Picardie, en un droit de Sou pour pot, payable au détail; on en parlera dans un moment; mais à l'égard du vin transporté hors du royaume, il fut ordonné que les 3 livres par muid seroient perçues à la sortie: ce sont ces 3 livres qui se lèvent encore aujourd'hui à la sortie des généralités d'Amiens, Soissons & Châlons, & qui, par l'ordonnance du 22 juillet 1681, ont été réunis avec les droits des Cinq grosses fermes & la subvention par doublement, & fixés par l'article I.er du titre des droits de sortie, sur les vins transportés hors du royaume, par les provinces de Champagne

& de Picardie, à 13 livres 10 sous par muid de vin mesure de Paris.

Quant à la généralité de Rouen, le même droit de 3 livres par muid a continué de s'y percevoir, sous la dénomination du *Droit de neuf livres par tonneau.*

La suppression faite en 1602 du Sou pour livre, sur toutes les marchandises & denrées, ne procura point en Picardie une diminution réelle de droits, comme dans les autres provinces; ces droits sur toutes les marchandises & denrées (autres que le vin qui ne fut pas compris dans cette conversion) avoient été commués dans la province de Picardie, par des Lettres patentes des 22 janvier, 9 décembre 1598 & 20 janvier 1599, en un droit de Trois livres six sous, payables par muid de vin, aux entrées; cette perception a continué depuis, & subsiste encore, & c'est en quoi consiste le droit de Neuf livres dix-huit sous par tonneau de vin, le tonneau étant composé de trois muids qui, à 3 livres 6 sous par muid, revient à la même somme.

Lettres patentes des 22 janvier, 9 décembre 1598 & 20 janvier 1599.

L'ordonnance de 1680, a fixé ce droit (article I.er du titre des 9 livres 18 sous par tonneau de vin, & du sou pour pot) à 4 livres 4 sous 6 deniers par muid, en y comprenant le parisis, sou & 6 deniers pour livre.

Ce droit avoit été établi à l'entrée de toutes les villes, bourgs & bourgades de la Picardie, mais pour faire cesser toutes matières à contestations, l'ordonnance, dans

dans le même article a rappelé les lieux qui devoient y être assujettis.

Il se perçoit en conséquence, ainsi qu'en conformité des tarifs arrêtés au Conseil en 1687 & 1688, sur tous les vins ordinaires & de liqueurs entrant dans la généralité d'Amiens, & destinés pour les lieux énoncés dans l'ordonnance: les vins destinés pour d'autres lieux de la généralité en sont exempts.

Tarifs de 1687 & 1688.

Il est payable à l'entrée, & ne se lève qu'une première fois seulement, en quelque lieu de la généralité que le vin soit voituré & quoiqu'il passe d'une élection dans une autre.

Nul n'est exempt des 9 livres 18 sous par tonneau, pas même les Ecclésiastiques pour le vin du crû de leur bénéfice, ni les Gouverneurs des places pour celui destiné pour leur provision ou celle de leur garnison.

On a rappelé, en parlant des 9 livres 18 sous par tonneau, l'origine du droit de Sou pour pot qui est la même: c'est en ce dernier droit, payable au détail dans la Picardie, que fut converti par Lettres patentes du 20 janvier 1599, le droit de 3 livres par muid de vin qui se levoit aux entrées, conformément au tarif de 1597.

Sou pour pot sur le vin en Picardie.

Lettres patentes du 20 janvier 1599.

L'ordonnance des Aides de 1680, a établi la fixation du sou pour pot, y compris le parisis, sou & six deniers pour livre, à 6 livres 17 sous par muid de vin ordinaire ou de liqueur, vendu en détail, soit à pot ou à assiette.

Ce droit se lève dans les villes, fauxbourgs & bourgs de la généralité d'Amiens, désignés par l'ordonnance des Aides pour la perception des 9 livres 18 sous par tonneau.

Il doit être payé par toutes sortes de personnes qui débitent des vins ou en font débiter, sans aucune exception ni privilége.

Droit de 9 livres par tonneau de vin dans la généralité de Rouen.

L'origine du droit de 9 livres par tonneau de vin dans la généralité de Rouen, est la même que celle des 9 livres 18 sous par tonneau de vin en Picardie.

Le droit de 3 livres par muid de vin, qui se percevoit à l'entrée des villes & bourgs, ne fut conservé, ainsi qu'il a été dit, que dans les provinces de Picardie & de Champagne, où il fut depuis rendu perceptible à la sortie & joint aux droits des Cinq grosses fermes.

Il continua depuis son établissement dans la généralité de Rouen, de se lever à l'entrée, & en voici le motif.

Lors de la suppression, en 1602, du sou pour livre, créé sur toutes les marchandises & denrées par l'édit de mars 1597, l'État eut besoin d'un nouveau fonds de 400 mille livres, qui fut réparti par forme de remplacement du droit supprimé sur les villes & bourgs francs de taille ou abonnés : la généralité de Rouen fut imposée pour sa quote-part à 120 mille livres ; la Déclaration du 27 février 1603, ordonna que pour remplir cette somme, les droits de 9 livres par tonneau ou 3 livres par muid de vin, & de 20 sous par tonneau d'autres breuvages, établis par l'édit de mars 1597, continueroient d'être perçus dans les villes de Rouen, Dieppe & le Havre.

Déclaration du 27 février 1603.

Il fut ensuite nécessaire de les établir dans les autres ports de cette généralité, afin de conserver la balance du commerce entre ces villes.

Comme le cidre n'étoit sujet, quoique d'une valeur plus forte que le poiré, qu'aux mêmes droits de 20 sous par tonneau, il fut ordonné par une Déclaration du 27 février 1603, que pour conserver une proportion convenable entre ces boissons, il seroit payé 40 sous par tonneau de cidre, & 20 sous par tonneau de poiré aux entrées des villes de Rouen, Dieppe & le Havre seulement : c'est ainsi que l'ordonnance a fixé ces droits sur lesquels se tire l'augmentation du Parisis, sou & six deniers pour livre.

Les 9 livres par tonneau de vin, droit également connu sous le nom de *4 livres 9 deniers par muid*, à quoi il a été fixé à cause du parisis, sou & six deniers pour livre, se lèvent dans les villes de Rouen, du Havre & Dieppe, & le faubourg du Pollet, Caudebec, Quillebeuf, Harfleur, Fécamp, Saint-Valleri-en-Caux, Tréport & autres ports circonvoisins & faubourgs desdites villes.

Ce droit est dû sur les vins de toute espèce qui sont amenés dans les lieux ci-dessus, soit par eau, soit par terre, pour y être consommés ou vendus, ou même pour passer debout, mais dans toutes les circonstances il n'est exigible qu'une seule fois.

Il se lève sur le vin déchargé de rivière à terre depuis l'embouchure de la rivière d'Andelle, qui est environ à deux lieues au-dessous du Pont-de-l'Arche, jusques & compris la banlieue de Rouen, ou qui remonte les rivières d'Andelle & d'Eure, & sur celui pareillement déchargé de rivière à terre depuis Vernon jusqu'au Pont-de-l'Arche, pendant la durée des foires de Rouen & quinze jours avant & après ces foires.

Il n'y a aucune exemption personnelle de ce droit.

Droits du pont de Meulan.

Les droits qui se perçoivent sous le pont de Meulan, paroissent avoir été établis avant l'année 1596; ils faisoient partie du bail de Jacques Barberé, passé le 25 septembre 1630 : leur quotité originairement fixée à 15 sous par cent de plâtre, & à 6 livres par bateau chargé de marchandises, a été portée, à cause du parisis, sou & 6 deniers pour livre, à 20 sous 3 deniers par cent de plâtre, & à 8 livres 1 sou 6 deniers par bateau chargé de marchandises passant sous le pont de Meulan, le tout conformément à un arrêt du Conseil du 13 octobre 1685.

Arrêt du 13 octobre 1685.

Péage de Pont-sur-Yonne.

Le Péage de Pont-sur-Yonne, dont on ne peut fixer avec précision l'origine, faisoit anciennement partie d'un octroi accordé à la ville de Sens, pour le payement de la Taille & des dettes de cette ville: il fut compris dans le bail du 25 septembre 1630, pour être levé avec d'autres droits de Péage au profit du Roi; & en conséquence de ce bail, la perception qui s'en faisoit à Sens, se fit à Pont-sur-Yonne: la moitié en fut accordée depuis à la Princesse de Melckelbourg; & ensuite réunie au Domaine.

Ce Péage ne se perçoit qu'à raison de 4 sous par muid de vin, au lieu de 8 sous 10 deniers qui se payoient anciennement; on ignore le temps & le motif de cette réduction.

Il se lève sur tous les vins, qui passent dessus & dessous le Pont-sur-Yonne, à l'exception de ceux destinés pour les habitans de la ville de Sens.

Droits de Péages ou de Rivières.

Il est sensible, & c'est un fait reconnu depuis long-temps, que la plus grande gêne pour le commerce intérieur & pour la navigation, résulte des Péages établis sur les rivières, au profit des Communautés, Seigneurs particuliers & autres: ces considérations donnèrent lieu à la Déclaration du 12 janvier 1633, qui supprima tous les Péages établis sur la rivière de Seine & autres y affluentes, & ordonna que pour tenir lieu à Sa Majesté, des sommes qui seroient employées au remboursement des propriétaires des Péages, il seroit perçu un droit de 45 sous par muid de vin, qui seroit conduit sur ces rivières depuis leur source jusqu'à Rouen, & un autre droit sur les Eaux-de-vie qui seroient pareillement voiturées, mais dont la quotité étoit

Déclaration du 12 janvier 1633.

différente, relativement aux diverses destinations de cette liqueur.

Les Marchands & les Voituriers trouvèrent, dans cet arrangement, le double avantage, que les nouveaux droits étoient moindres que ceux de Péages dont ils tenoient lieu, & qu'ils se percevoient en une seule fois & dans des lieux commodes pour le garage des bateaux; au moyen de quoi la navigation n'étoit plus interrompue.

Droit de 45 sous des rivières, perceptible sur le vin. *Ordonnance de 1680.*

Le droit des Rivières, perceptible sur le vin, a été fixé par l'article I.er du titre des 45 sous des rivières de l'ordonnance de 1680, à 3 livres par muid, à cause du parisis, sou & 6 deniers pour livre.

Il doit, aux termes de cet article, être perçu sur les vins de toute espèce, voiturés, soit en descendant, soit en montant par la Seine, & les autres rivières y affluentes, tant au-dessus qu'au-dessous de Paris, depuis les endroits où elles sont navigables, jusqu'au pont de Rouen.

Les rivières affluentes, suivant l'article II du même titre, sont celles d'Yonne, Beuvron, Cure, Cousin, Armanson, Loing, Marne, Étampes, Oise, Aisne & Eure, le droit est exigible sur le vin chargé & voituré sur l'une de ces rivières, encore qu'il n'entre pas dans celle de Seine.

Il ne se perçoit qu'une première fois, quoiqu'il soit voituré par différentes rivières & qu'il passe par différens bureaux, & ne doit être acquitté qu'au lieu de la destination, si ce n'est sur le vin arrivant à Paris, pour y être consommé ou pour passer ailleurs, pour lequel le droit doit être payé confusément avec les autres droits d'entrée, conformément à l'article III du même titre de l'ordonnance, & sur le vin venant par eau de Rouen à Paris, dont le droit, suivant l'article IV, doit être acquitté au lieu du départ.

Les droits de 3 livres & 45 sous, sont deux droits différens, que l'ordonnance de 1680, a réunis en un seul : ils ont deux origines distinctes.

Droits de 3 livres & 45 sous par charroi.

Les 3 livres ont été établis par l'édit du mois de septembre 1594, & par la Déclaration du 16 mai 1595, pour l'entretien des troupes sur la frontière de Picardie & en Bretagne.

Édit de septembre 1594, & Déclaration du 16 mai 1595.

Les 45 sous, par la Déclaration du 12 janvier 1633, dont on a ci-devant parlé.

Déclaration du 12 janvier 1633.

L'ordonnance de 1680 a réuni ces deux droits, & les a fixés à 7 livres par chaque muid de vin mesure de Paris, elle en ordonne la perception sur le vin du crû des villes & paroisses comprises dans les huit lieues des environs des rivières de Seine, Andelle, Eure & Itton, qui sera transporté des provinces de l'île de France & de Normandie, par charroi, dans celle de Picardie.

Ordonnance de 1680.

Le droit de 5 livres par muid d'eau-de-vie, a la même origine que les 45 sous sur le vin, des rivières.

Droit de 5 livres par muid d'eau-de-vie.

La Déclaration du 2 janvier 1633, ordonnoit qu'il

Déclaration du 2 janvier 1633.

feroit payé pour l'eau-de-vie qui entreroit, pafferoit ou defcendroit dans la ville de Paris, 18 livres par muid; à Conflans, 21 livres; celle qui pafferoit, entreroit ou defcendroit à Rouen, 24 livres; & enfin les mêmes droits fur l'eau-de-vie qui feroit déchargée en d'autres lieux, felon le bureau le plus prochain où elle feroit déchargée, & dans lequel il devroit être acquitté.

Sur les remontrances des Marchands qui repréfentoient que ce droit, par fa quotité, portoit préjudice à la balance du commerce, il fut commué par le bail paffé le 16 octobre 1641, en un droit de 5 livres par muid, indiftinctement pour toutes les deftinations ci-deffus; à la charge qu'il feroit également payé pour les eaux-de-vie qui ne feroient que traverfer les rivières fur les ponts & bacs, & par les endroits guéables.

Ce droit, y compris l'augmentation du parifis, fou & 6 deniers pour livre, eft fixé par l'article IX du titre des droits fur l'Eau-de-vie de l'ordonnance de 1680, à 6 livres 15 fous par muid mefure de Paris.

Il fe perçoit en conféquence dans le reffort des Cours des Aides de Paris & de Rouen, fur les eaux-de-vie montant ou defcendant la Seine & autres rivières y affluentes, fur celles tranfportées par charroi, lorfqu'elles paffent ces rivières, tant fur les ponts & bacs que par les endroits guéables, & fur celles entrant par mer, par les rivières ou par charroi, dans le reffort ressort de la Cour des Aides de Rouen, soit pour y être consommées ou pour passer debout.

Il faut excepter de ces différens cas de perception, les eaux-de-vie façonnées dans le ressort de la Cour des Aides de Rouen, qui consistent en eau-de-vie de cidre & poiré, à moins qu'elles ne soient destinées pour les villes, faubourgs & banlieue de Rouen, du Havre & de Dieppe: le droit de 6 livres 15 sous s'y perçoit à l'entrée pour toutes les eaux-de-vie sans distinction, qui y arrivent tant par eau que par terre, soit pour y être consommées ou pour passer debout.

Ce droit ne peut être payé qu'une seule fois, pour le transport des eaux-de-vie à chaque destination, quoiqu'elles passent par différens bureaux de perception établis sur la route.

On ne connoît point l'époque de l'établissement du pied-fourché du Cotentin. Pied-fourché du Cotentin.

Le titre le plus ancien dont on ait connoissance est un arrêt du Conseil du 3 juillet 1633, & une pancarte arrêtée en conséquence le 9 novembre suivant, au Bureau des finances de Caen, par laquelle il a été fixé à 3 sous par cheval ou jument, à 2 sous par bœuf ou vache, à 11 sous par porc, & à 6 deniers par chaque bête à laine. *Arrêt du 3 juillet 1633.*

Le droit est dû dans les foires & marchés qui se tiennent dans l'étendue & ancien ressort du bailliage de Cotentin, à raison des fixations ci-dessus pour les beſtiaux qui y ſont amenés & expoſés en vente, ſoit qu'ils y ſoient vendus ou non.

Subvention & ſubſiſtance des villes.

Il ſe perçoit ſous la dénomination de *Subvention & ſubſiſtance* des villes, des droits particuliers dans les villes de Reims, Caen, Troies, Châlons, Bourges, le Havre, Amiens, Angers & quelques autres, ils y ont été établis pour tenir lieu des taxes impoſées en différens temps ſur les villes, pour ſubvenir à l'entretien & ſubſiſtance des troupes: ils ont été continués dans celles que l'on vient de rappeler, pour ſervir à l'acquittement de leurs dettes ou à l'entretien des fortifications: la Déclaration du mois de décembre 1647, avoit compris le montant du produit de la ſubvention & ſubſiſtance des villes, avec tous les deniers communs d'octrois & autres, qui devoient en conſéquence être portés à l'épargne.

Déclaration de décembre 1647.

Il a été fixé, pour chacune des villes où la ſubvention & ſubſiſtance ont été établies & conſervées, une ſomme par évaluation pour tenir lieu au Roi du produit de ces droits, & ces ſommes ſont payées en conſéquence à la ferme des Aides.

Droits du tarif d'Alençon

Arrêt du 1.er juin 1658.

Les droits du Tarif d'Alençon ont été établis par arrêt du Conſeil du 1.er juin 1658, par forme d'octroi, pour ſubvenir dans cette ville au payement de la taille, taillon & autres impoſitions du même genre: la perception en eſt faite conformément au tarif arrêté au Conſeil, ſur toutes les marchandiſes & denrées qui entrent dans cette ville, pour y être consommées ou vendues.

Ces droits furent réunis à la ferme des Aides par arrêt du Conseil du 13 mai 1665, qui décharge la ville d'Alençon de la Taille pour toujours.

Arrêt du 13 mai 1665.

Il y a plusieurs autres villes, dans les différentes généralités du royaume, dans lesquelles la Taille a été pareillement commuée en droits d'entrées sur les denrées & marchandises; mais ces droits ne sont point partie des Aides, & ils composent dans chaque lieu des fermes particulières au profit des villes où ils sont établis.

Entrées de Saint-Denys.

Les entrées de la ville de Saint-Denys, consistent dans un droit qui se perçoit sur le vin, la bière, le cidre & le poiré, indépendamment des autres droits d'entrée qui s'y lèvent comme dans les autres villes.

Lettres patentes du 17 août 1704.

Arrêt du 24 septembre 1712.

Il avoit été établi par Lettres patentes du 17 août 1704, pour y tenir lieu de la Taille, Taillon, subsistance, quartier d'hiver & autres pareilles impositions: il a été réuni à la ferme des Aides par arrêt du Conseil du 24 septembre 1712, & le Fermier est chargé en conséquence de payer à la décharge de cette ville, au Receveur général des finances de la généralité de Paris, en exercice, 17 mille 90 livres, & au Receveur des octrois 1600 livres.

Il se perçoit à raison de 12 livres par chaque muid de vin, & de 6 livres par chaque muid de bière, cidre & poiré entrant dans la ville de Saint-Denys, pour y être consommé, & dans les moulins, hameaux & écarts compris dans les rôles des Tailles de cette ville.

Droit sur le vin étranger à l'entrée de Lyon.

La principale ressource des habitans des provinces du Lyonnois & du Beaujolois, est la récolte des vins.

Pour en favoriser la consommation, il fut ordonné par différens arrêts du Conseil, que les vins de Bourgogne, du Mâconnois & autres vins étrangers, entrant dans la ville de Lyon, payeroient le quadruple des droits d'octrois qui se percevoient sur les vins du pays.

Cette augmentation ne se trouva pas suffisante pour empêcher la préférence qu'avoient sur les vins du Lyonnois, ceux de Bourgogne & du Mâconnois, qui sont d'une qualité supérieure & peuvent être donnés à un moindre prix, attendu leur abondance, & que les charges que supportent ces dernières provinces sont moins considérables.

Arrêt & Lettres patentes des 19 août, 7 & 25 novembre 1721.

Ces considérations engagèrent à établir, par des arrêts du Conseil des 19 août & 7 novembre 1721, & des Lettres patentes du 25 du même mois, un nouveau droit de 3 livres par ânée ou charge d'âne, revenant au tiers du muid de Paris, sur tous les vins étrangers entrant dans les provinces de Lyonnois & Beaujolois, & autres lieux du gouvernement Lyonnois pour y être consommés.

On sentit l'inconvénient de la dépense qu'occasionnoient les frais de régie, par la nécessité de garder tous les passages du Mâconnois & du Beaujolois, il fut ordonné par arrêt du Conseil du 5 avril 1723, que les 3 livres par ânée seroient perçus aux entrées de la ville de Lyon, sur tous les vins étrangers destinés pour la consommation de cette ville, & que ce droit seroit imputé & pris en déduction du quadruple, qui est perçu par le Fermier des octrois sur tous les vins étrangers qui entrent dans cette ville, ce droit de 3 livres fait partie de la ferme des Aides.

Arrêt du 5 avril 1723.

On croit devoir placer ici quelques détails relatifs à des droits Locaux qui se perçoivent au profit du Roi dans la ville de Paris, & qui font partie de la ferme des Aides.

Droits sur les cendres, soudes & gravelées aux entrées de Paris.

Le bois & les boissons étant du nombre des espèces réservées, qui furent exceptées de la suppression ordonnée en 1465, dans la ville de Paris, de l'ancien Sou pour livre, les cendres & gravelées, comme provenant de ces deux espèces, continuèrent d'y être assujetties jusqu'en 1602, que la perception en fut interrompue, parce qu'elles n'étoient point portées sur les nouveaux tarifs qui furent dressés alors; mais la levée en fut rétablie par un arrêt du Conseil de 1627, & d'autres règlemens subséquens.

Arrêt de 1627.

Un édit du mois de novembre 1644, créa huit offices de Contrôleurs-priseurs des cendres, soudes & gravelées, auxquels les droits dont on vient de parler furent attribués, & deux offices de Jurés-jaugeurs,

Édit de novembre 1644.

avec attribution de 5 sous par tonne, muid ou balle de ces marchandises.

Édit de mars 1647. Un nouvel édit du mois de mars 1647, créa encore un pareil nombre de Contrôleurs-priseurs, ce qui les porta à seize, avec attribution à tous ensemble, pour tous droits tant anciens que nouveaux, de 3 livres 5 sous par tonne de cendre, 50 sous par balle, & 7 livres par poinçon de soude & 6 livres par muid de gravelées: le même édit créa deux autres offices de Jurés-jaugeurs, avec attribution de 5 sous par tonne, muid ou balle, outre les 5 sous accordés à ceux de la première création.

Le tiers de ces droits, ainsi que tous les autres droits d'Aides qui avoient été aliénés à différens Officiers, leur fut retranché par arrêt du Conseil du 8 octobre 1680, pour être perçus au profit du Roi : ce tiers forma la quotité qui fut réglée sur ces espèces de marchandises par l'article I.er du titre du tiers retranché sur les cendres, soudes & gravelées de l'ordonnance du 22 juillet 1681, savoir, 2 livres par balle de soude du poids de deux cents cinquante livres, 2 livres 10 sous par tonne de cendre, & 4 livres par muid de gravelées.

Arrêt du 8 octobre 1680.

Les deux autres tiers qui avoient été laissés aux Officiers ayant été réunis à la ferme des Aides par les arrêts du Conseil des 9 juin 1682, 8 janvier & 20 mars 1683, ces droits entiers composèrent la fixation qui en fut faite à 4 livres 8 deniers par balle de soude,

Arrêts des 9 juin 1682, 8 janvier & 20 mars 1683.

5 livres 10 deniers par tonne de cendre, & 8 livres 4 sous par muid de gravelées, y compris le parisis, sou & six deniers pour livre.

Ces marchandises sont en outre assujetties aux domaine & barrage, doublement & poids-le-roi, qui se perçoivent au profit de Sa Majesté, aux droits des Officiers Gardes-nuits, Planchéeurs & au Vingtième de l'Hôpital.

Droits sur les suifs & chandelles dans Paris.

Dès le temps des règnes de Charles IX & d'Henri III, il y avoit des Officiers Prud'hommes pour la police des suifs : ils furent supprimés : il fut créé par édit d'avril 1693, douze offices de Contrôleurs-visiteurs des suifs. Le droit d'Un sou par livre pesant de suifs de toute nature qui leur étoit attribué, fut perçu au profit du Roi : un arrêt du Conseil du 26 juillet 1695, intervenu sur les contestations qu'avoit fait naître l'exécution de l'édit, régla les formalités qui devoient être remplies à cet égard par les Bouchers, Chandeliers & autres : les dispositions de cet arrêt furent confirmées par les Déclarations des 26 mars 1707 & 5 juin 1708, portant création d'un nouveau droit de sou pour livre.

Édit d'avril 1693.

Arrêt du 26 juillet 1695.

Déclarations des 26 mars 1707 & 5 juin 1708.

Ces 2 sous pour livre furent supprimés en même temps que les droits rétablis, par arrêt du Conseil du 19 septembre 1719 : il fut établi des Commis pour inspecter les Bouchers & Chandeliers, en conséquence de l'arrêt du Conseil du 9 août 1720, qui ordonna la

Arrêt du 19 septembre 1719.

perception d'un denier par livre pesant de suif pour fournir aux frais de cet établissement.

Arrêt du 11 mai 1721.

L'ancien sou pour livre pesant, fut rétabli par arrêt du Conseil du 11 mai 1721, & se perçoit encore sur le suif de toute nature, en pain ou en chandelles, soit qu'il provienne de l'abatis des bestiaux dans l'étendue de la ville & banlieue de Paris, soit qu'il soit apporté du dehors ou des pays étrangers.

Il se perçoit en outre sur les suifs aux entrées de Paris, les droits de domaine, barrage & doublement, celui de poids-le-roi, ceux des Officiers gardes-nuits & planchéeurs, le vingtième de l'Hôpital général, &c.

Droits de Domaine & Barrage.

Le droit de Domaine, tel qu'il se perçoit, est composé de la réunion de quantité de droits très-anciens qui se levoient chacun séparément: ils sont rappelés dans la Déclaration du 20 février 1651, par laquelle ils furent réunis & fixés pour être levés ensemble, & ne plus faire qu'un seul droit sous la dénomination de *droit Royal & domanial;* dans cette fixation fut compris le parisis, sou & six deniers pour livre.

1638.

Le barrage paroît avoir été établi en 1638, ce droit avoit originairement pour objet l'entretien du pavé de la ville & banlieue de Paris; il tire son nom de ce que dans les différens passages par lesquels arrivoient les marchandises, il y avoit des barres qui ne se levoient qu'après que le droit avoit été acquitté: il étoit divisé en ancien & nouveau; l'un & l'autre furent fixés par un un tarif qui fut dressé en conséquence d'une Déclaration du 1.er février 1640.

Déclaration de février 1640.

Plusieurs marchandises avoient été omises, soit dans ce tarif, soit dans celui de la Déclaration du 20 février 1651, concernant le Domaine, ce qui donnoit lieu à des contestations multipliées sur la perception de l'un & l'autre droit: ce fut pour les faire cesser, que par une Déclaration du 17 septembre 1692, il fut arrêté un nouveau tarif, dans lequel la fixation des droits de Domaine & Barrage fut faite en une seule quotité, sur chacune des marchandises & denrées qui y sont assujetties, y compris l'augmentation du parisis, sou & six deniers pour livre.

Déclaration du 20 février 1651.

Déclaration du 17 septembre 1692.

On suit encore aujourd'hui ce tarif, & on perçoit les droits en question par doublement, ce doublement ayant été ordonné par la Déclaration du 7 juillet 1705, & par plusieurs autres qui l'ont prorogé ; il l'a été par la Déclaration du 8 janvier 1767 jusqu'au dernier septembre 1774.

Déclaration du 7 juillet 1705.

Déclaration du 8 janvier 1767.

Ces droits se lèvent aux entrées de Paris, sur la plus grande partie des marchandises & denrées qui y sont amenées & qui sont spécifiées dans le tarif; les boissons ni le pied-fourché n'y sont point compris, les droits de Domaine & de Barrage faisant partie de la fixation qui a été réglée par l'ordonnance de 1680, des droits d'entrée sur les boissons; à l'égard du pied-fourché, le Domaine & Barrage est perçu suivant la Déclaration du 3 mars 1693, rendue expressément pour cette espèce.

Droit de Poids-le-roi.

Le droit de Poids-le-roi eſt fort ancien, il ſe perçoit pour la peſée qui eſt faite ou cenſée ſe faire à la Romaine ou au Poids-le-roi, des marchandiſes d'œuvre de poids, à l'effet d'aſſurer la fidélité des ventes ou des tranſports.

Le Poids-le-roi avoit été aliéné au chapitre de Notre-Dame de Paris, ainſi qu'il paroît par un arrêt du Parlement de Paris, qui ordonna que le bail qu'en avoit fait ce Chapitre pour neuf ans, à commencer du 11 août 1663, feroit, ainſi que le tarif du 22 ſeptembre 1660, enregiſtré au greffe de cette Cour, mais il a été réuni au Domaine par arrêt du Conſeil du 24 juillet 1691.

Arrêt du 24 juillet 1691.

Arrêt du 23 ſeptembre 1692.

L'arrêt du 23 ſeptembre 1692, en déclarant ce droit Domanial, fit défenſes à toutes perſonnes dans la ville & les fauxbourgs de Paris, d'avoir des fléaux, balances & poids au-deſſus de vingt-cinq livres, & de vendre ni débiter aucunes marchandiſes ſans avoir été peſées au poids-le-roi.

Le droit de Poids-le-roi ſe percevoit dans tous les cas, tant à l'entrée qu'à la ſortie, à raiſon de 18 deniers par quintal des marchandiſes d'œuvre de poids; il fut rendu le 16 juin 1693, un arrêt du Conſeil contenant tarif des droits qui devoient être perçus.

Arrêt du 16 juin 1693.

Il devoit être payé ſuivant ce tarif 10 ſous 5 deniers du cent peſant de toutes les marchandiſes compriſes dans le tarif de 1664, ſous le nom de *drogueries* & *épiceries* entrant dans la ville & fauxbourgs de Paris, &

3 sous par cent pesant de toutes autres marchandises d'œuvre de poids, entrant dans la même ville & fauxbourgs; au moyen de quoi il ne devoit être payé aucun droit de Sortie de toutes sortes de marchandises voiturées au poids hors la ville & faubourgs de Paris, mais seulement 18 deniers pour cent des hardes & bagages qui seroient voiturés par les Messagers, Rouliers, Coches & Carrosses.

Les marchandises passant debout par la ville & faubourgs de Paris, par eau ou par terre, sont déclarées exemptes du poids-le-roi, pourvu qu'elles ne séjournent que trois jours francs; & à la charge par les Marchands de faire à l'entrée leur déclaration, de représenter leurs lettres de voitures, & de rapporter un certificat de la sortie; & faute par eux de les faire sortir dans les trois jours, elles sont déclarées sujettes au droit de Poids.

Le même arrêt permet aux communautés des marchands & artisans de la ville de Paris, d'avoir chez eux des poids & balances au-dessus de 25 livres, pour peser leurs marchandises seulement, & non celles des autres; à la charge par chaque Maître qui voudra avoir des poids & balances, d'en faire sa déclaration au bureau du Poids-le-roi au 1.er janvier de chaque année, & d'y payer en même temps la redevance annuelle contenue au tarif arrêté au Conseil le même jour 16 juin 1693.

Les marchandises, hardes, bagages, balles & ballots, qui sortent de la ville & faubourgs de Paris, tant par eau que par terre, ont été déchargées des droits de Poids-le-roi par les Lettres patentes du 31 août 1700, & les communautés des marchands & artisans par l'édit du mois de janvier 1704, de la redevance annuelle à laquelle ils avoient été assujettis par l'arrêt du 16 juin 1693.

Lettres patentes du 31 août 1700. Édit de janvier 1704.

Le doublement du Poids-le-roi a été ordonné en même temps que celui du Domaine & Barrage, par la Déclaration du 7 juillet 1705, & prorogé par plusieurs autres Déclarations postérieures, la dernière est du 8 janvier 1767, & proroge le doublement jusqu'au dernier septembre 1774.

Déclaration du 7 juillet 1705. Déclaration du 8 janvier 1767.

Les marchandises qui ne sont que du poids de vingt-quatre livres & au-dessous, ne doivent point le droit, conformément à la Déclaration du 12 août 1721; mais les Trois sous & leur doublement se lèvent sur celles du poids de vingt-cinq livres & au-dessus, jusqu'à cent livres, comme si les cent livres pesant étoient complètes.

Celles dont le poids ne va que jusqu'à cent vingt-quatre livres, ne payent que comme cent livres; celles de cent vingt-cinq livres comme pour deux cents livres; & ainsi des quantités plus fortes.

A l'égard des drogueries & épiceries, les droits en sont dûs, aussi à l'entrée, sur toutes les marchandises comprises sous ce titre dans le tarif de 1664, à raison de 20 sous 10 deniers par quintal, y compris le doublement, conformément aux arrêts des 16 juin 1693, dernier mai 1701, arrêts & lettres patentes du 22 juin suivant.

Droits d'Aides dans la ville de Versailles. 1674.

Les droits d'Aides dans la ville de Versailles, furent détachés de la ferme des Aides & mis en régie en 1674, lorsque le feu Roi commença à faire son habitation dans ce séjour : c'est le Bailli de Versailles qui arrête les comptes de cette régie sous les ordres du Gouverneur, & le produit, ainsi que celui des domaines & bois de Versailles & de Marli, est spécialement affecté aux dépenses de ces Châteaux & au payement des Officiers gardes-chasses, Suisses & autres Domestiques qui y sont employés.

Édit d'août 1745.

Un édit du mois d'août 1745, a établi de nouveaux droits à l'entrée de la ville de Versailles, & les a fixés conjointement avec les anciens.

Ces droits se perçoivent sur les denrées qui entrent dans cette ville pour y être consommées, & doivent être payés par toutes sortes de personnes, sans exception, même sur les denrées du crû des domaines du Roi, & destinés pour l'usage de sa maison.

Les droits de Gros, Augmentation, Jauge & Courtage, & Courtiers-jaugeurs, soit à la vente ou à l'arrivée, se perçoivent à Versailles comme dans les autres lieux sujets à ces droits.

Arrêt du 17 septembre 1686.

Quant aux droits de Détail, qui sont le Huitième & la Subvention, ils ont été fixés, par arrêt du Conseil du 17 septembre 1686, à 8 sous 4 deniers par muid de vin, 4 livres par muid de cidre & poiré, & 3 livres

10 ſous par muid de bière, le tout ſans diſtinction de vente à pot ou à aſſiette, afin de faire ceſſer toutes les conteſtations & difficultés que faiſoit naître auparavant cette diſtinction.

L'énumération que l'on vient de faire des différens droits d'Aides, tant généraux que locaux, en fait connoître la progreſſion & la multiplicité : on voit que ces droits ont pris ſucceſſivement leur ſource dans la néceſſité des circonſtances, elles exigeoient des reſſources, & les objets de conſommation ont paru les plus propres à les procurer. Il faut avouer que les droits qui portent ſur ces objets, ſont ceux qui par leur nature ſe proportionnent le plus aux facultés des redevables; auſſi a-t-on vu dans les différens détails qui ont été mis ſous les yeux de la commiſſion, relativement aux différens États qui partagent l'Europe; que ces États, dans le ſyſtème de l'adminiſtration de leurs finances, ont fait porter principalement le poids des impoſitions ſur les conſommations, & il eſt même peu de ces États où la régie des droits qui y ſont établis, ne ſoit infiniment plus onéreuſe que dans le royaume. La perception des principaux droits d'Aides ſur les vins & les autres boiſſons, a été fixée ou à l'entrée ou à la vente, ſoit en gros, ſoit en détail; les droits ſur la vente en détail, forment la portion la plus conſidérable du produit des Aides. La ſûreté de la perception exige à cet égard une ſuite & des exercices journaliers de la part des Fermiers ou Régiſſeurs : c'eſt le vendant vins qui eſt aſſujetti à ces exercices, & c'eſt dans le fait le Conſommateur qui acquitte le droit, & comme ces conſommations ſont ſucceſſives & ſe diviſent à l'infini, les droits ſont preſque inſenſibles pour chacun des Conſommateurs pris en particulier.

Les droits de Gros, dans les pays où ils ont cours, ne ſont exigibles que lors de la vente : c'eſt le temps où le vendeur, qui eſt chargé de les acquitter, reçoit le prix de ſa denrée; ainſi l'exigibilité du droit ne peut être fixée à des époques où l'acquittement en ſoit moins onéreux ni plus facile aux redevables.

Il eſt vrai que la facilité qu'ils ont de ſe ſouſtraire au payement des droits d'Aides, exige une ſurveillance active & continuelle: il a fallu oppoſer ſans ceſſe de nouveaux règlemens & de nouvelles précautions, à la fraude qui fait ſe reproduire ſous des formes ſi différentes: d'ailleurs les différens cas de la perception qui n'ont pas été le plus ſouvent ſuffiſamment développés ni prévus lors de l'établiſſement des droits, ont jeté d'abord de l'incertitude dans les déciſions, & quelquefois de la diverſité, ce qui a obligé à des interprétations réitérées des loix primitives : on a pu reconnoître dans les détails qui ont été faits de l'origine des droits ſucceſſivement établis, que leur établiſſement n'a été ni général ni uniforme; on a vu ces droits ſe multiplier depuis le règne de François I.er & juſqu'en 1604; les droits d'Aides étoient diviſés en fermes particulières qui s'adjugeoient tous les ans, & qui étoient régies chacune par des principes différens : ce fut en cette dernière année qu'ils furent réunis en une ferme générale & adjugés pour plusieurs années, mais la perception n'avoit encore aucune base fixe & certaine, & la diversité des règlemens servoit de prétexte aux vexations que l'on exerçoit contre les redevables: les baux jusqu'en 1663, ne portoient que la simple énumération des droits qui en faisoient l'objet, & ne contenoient que des clauses générales: le bail passé à Rouvelin en 1663, est le premier où les droits aient été divisés par nature & placés dans un nouvel ordre; on y fixa la quotité des droits, les cas de perception & les formalités de la régie; enfin M. Colbert s'occupa entièrement de l'objet important de régler les maximes & les droits de toutes les fermes, les Magistrats les plus instruits & les plus éclairés, travaillèrent sous ses yeux à concilier & réunir en un corps d'ordonnances, une infinité de règlemens dispersés & souvent contraires les uns aux autres: les ordonnances de 1680 & 1681, qui furent le fruit de ce travail, simplifièrent la perception par la réunion en un seul de plusieurs droits, prescrivirent les règles qui devoient être observées dans cette perception, assignèrent les différens cas dans lesquels elle devoit avoir lieu, s'expliquèrent sur les exemptions & les assujettissemens, règlerent les formes de la régie, fixèrent la quotité des droits & établirent des maximes certaines, pour servir de base aux

aux décisions des tribunaux auxquels la connoissance de ces matières est attribuée; mais la loi la mieux combinée & la plus réfléchie présente presque toujours, dans son exécution, des inconvéniens & des difficultés qu'il n'a pas été possible de prévoir; la fraude en matière de droits marche du même pas que la législation; il a fallu changer, modifier, étendre ou interpréter plusieurs des dispositions des ordonnances dont on vient de parler: de-là une infinité de nouveaux règlemens généraux & particuliers; d'ailleurs les guerres de 1688 & de 1700, ont donné l'existence à un grand nombre de nouveaux droits dont, à la vérité, on a cherché à assimiler les règles de la perception à celles des droits déjà existans; mais cette parité même que l'on a eu pour objet d'établir a fait naître une infinité de questions; & elles ont toujours été terminées par de nouveaux règlemens, en sorte que ce qui s'est passé depuis les ordonnances de 1680 & 1681, exigeroit peut-être aujourd'hui le même travail que celui qui avoit précédé la rédaction de ces ordonnances, pour réunir encore une fois, en un seul & même corps tous ces nouveaux règlemens qui sont dispersés, en rapprocher & concilier les dispositions, en rendre, autant qu'il seroit possible, l'exécution plus simple & plus facile, sans entreprendre néanmoins de changer la nature des droits, parce que c'est une illusion de prétendre de les remplacer & de procurer à l'État les mêmes secours qui lui sont indispensables par tout autre établiſſement; telles ſont les ſeules réflexions que paroît préſenter la matière que l'on vient de traiter: il ne reſte plus qu'à rendre compte de quelques droits qui ſont partie de la ferme des Aides.

DROITS unis à la Ferme des Aides.

Droit de Marque des Fers.

POUR développer l'origine du droit de Marque des Fers, il eſt néceſſaire de rappeler quelques faits hiſtoriques.

M. le Fevre de la Planche, prétend dans ſon Traité du Domaine, que le principe que, ce qui n'a point de maître appartient dans les États policés, à celui qui exerce la puiſſance publique, auquel ont été transférés les droits offerts par la Nature au premier occupant, devroit recevoir ſon application aux mines qu'elle a cachée dans les entrailles de la terre, & qu'elle ſemble n'avoir pas voulu laiſſer à la diſpoſition des particuliers.

Il obſerve cependant qu'elles n'ont jamais été regardées comme appartenantes au Souverain, ſans doute par le motif qu'on ne pouvoit réputer biens vacans, ce qui dans la réalité faiſoit partie d'un fonds appartenant à un propriétaire certain.

Il cite différentes loix qui font connoître que dans l'ancien droit Romain, les mines appartenoient au propriétaire de l'héritage où elles ſe trouvoient; qu'il en diſpoſoit librement comme des autres émolumens de sa terre, que celui qui en faisoit la découverte n'y pouvoit rien prétendre, à moins qu'il n'eût trouvé ces mines dans des terres désertes & abandonnées.

Il ajoute que les Empereurs changèrent cette jurisprudence, & s'attribuèrent des droits sur les mines en quelque lieu que la découverte en eût été faite, suivant les différens usages des lieux, *pro varietate provinciarum.*

L'auteur du Traité Historique de la Souveraineté, avance qu'indépendamment des terres que les Romains approprièrent à l'État, après la conquête des Gaules, ils attribuèrent encore à son Domaine les métaux, & toutes les matières profitables qui pouvoient se tirer du sein de la terre, non-seulement dans l'étendue des fonds dont l'État avoit la propriété, mais aussi dans ceux des sujets dont la jouissance fut restreinte à la superficie.

Que le droit fut ensuite fixé à Dix pour cent, sur ce qui se tiroit des carrières de marbre & de pierre, dans les terres dépendantes du Domaine; savoir, Cinq pour cent comme tréfoncier; & Cinq pour cent pour droit de Souveraineté; ainsi dans les fonds appartenans en propriété aux sujets, il ne fut perçu au profit de l'État, que Cinq pour cent, sur les carrières de marbre & de pierre seulement; mais l'État se réserva entièrement les mines d'or, d'argent & autres métaux: il employoit pour la fouille de ces mines des criminels, condamnés à ces travaux regardés avec raison comme un genre de supplice.

Sans se jeter ici dans plusieurs traits que rapportent les différens Historiens, pour établir les droits que nos Rois, de la première & de la seconde race, levoient sur le produit des mines, il suffira de se reporter aux Lettres patentes données par Charles VI, le 30 mai 1413.

Lettres patentes du 30 mai 1413.

Plusieurs Seigneurs, tant ecclésiastiques que séculiers, prétendoient s'attribuer le Dixième sur les mines situées dans l'étendue de leurs juridictions, & troubloient, sous différens prétextes, les travaux des ouvriers qui y étoient employés. Charles VI, voulant réprimer ces entreprises comme contraires aux droits & prééminences de la Couronne, déclara qu'à lui seul, & pour le tout, appartenoit la dixième partie des métaux tirés des mines, & que nul Seigneur spirituel ou temporel, de quelqu'état, dignité, prééminence, condition ou autorité qu'il fût dans le royaume, n'y pouvoit rien prétendre.

Les Lettres patentes que l'on vient de rappeler, permettent aux Ouvriers, Mineurs & autres de chercher mines par-tout où ils en pourront trouver, y travailler & fondre, en payant au Roi le Dixième franc, avec injonction aux Seigneurs, hauts & bas-justiciers, de bailler & délivrer aux Ouvriers, Marchands & Maîtres des mines, (en payant par eux juste & raisonnable prix) chemins & voies, entrées, issues par leurs terres, bois, pays & rivières, & autres choses nécessaires.

Ces Lettres patentes ont été suivies & confirmées

par les édits de Charles VIII, des mois de février & de novembre 1483; par les Lettres patentes de François I.er, des 29 décembre 1519 & 18 octobre 1521; de François II, du 29 juillet 1560; & par la Déclation de Charles IX, du 26 mai 1563.

Édits de février & novembre 1483.

Lettres patentes des 29 décembre 1519 & 18 octobre 1521, 29 juillet 1560.

Déclaration du 26 mai 1563.

Ces différens titres portent qu'il ne pourra, sans permission du Roi, être ouvert aucune mine d'or, d'argent, de cuivre, acier, fer, étain, plomb, azur d'acre, azur commun, verdet ou naturel, antimoine, ocre, orpiment, soufre, calamite, boliarmeni, sel ammoniac, vitriol, alun, gomme terrestre, pétrole, charbon terrestre, houille, sel gemme, sel nitre, salpêtre, couperose, jayet, jaspe, ambre, agate, cristal, calcédoine, marbre, pierres fines ou communes, ou autres substances terrestres de mines.

La France, dit M. de Thou, outre l'avantage d'un terroir très-fertile, a encore celui que la Nature accorde quelquefois, par manière de compensation à des terres ingrates & stériles, c'est-à-dire, des mines de différens métaux.

On donna sous Henri IV, avis au gouvernement, de quelques mines d'or, d'argent, de cuivre & d'étain, qu'on faisoit plus abondantes qu'elles n'étoient: ce Prince, par un édit du mois de juin 1601, confirma à son profit le droit de Dixième sur les mines & minières; mais il en excepta celles de soufre, salpêtre, fer, ocre, pétrole, charbon de terre, ardoise, plâtre, craie & autres sortes de pierres pour bâtimens &

Édit de juin 1601.

meules de moulins: il les exemptoit, disoit ce Prince, dans cet édit, par grâce spéciale en faveur de sa Noblesse & de ses bons sujets propriétaires des lieux.

Il créa par le même édit un Grand-maître superintendant & réformateur général des mines & minières de France, sur les commissions duquel se feroit l'ouverture des mines, un Lieutenant général qui, en l'absence du Grand-maître, auroit le même pouvoir que lui, un Contrôleur général, un Greffier, & un Fondeur-essayeur & Affineur général.

Le même édit attribua aux Seigneurs hauts-justiciers & fonciers des lieux où les mines seroient ouvertes, un droit de Quarantième denier, pour tous droits fonciers & de Seigneurs, qui leur seroit payé par l'Entrepreneur après le droit du Dixième du Roi; sous la condition néanmoins qu'ils n'auroient point ce Quarantième, sur les mines où le Roi ne percevroit point le Dixième, c'est-à-dire, sur celles exceptées.

Édit d'août 1636. *Édit de mars 1644.*

Louis XIII créa un nouvel office de Grand-maître, par édit du mois d'août 1636, il fut supprimé par un autre édit du mois de mars 1644, portant création de deux autres offices de Grands-maîtres surintendans des mines de France, pour être exercés par ceux qui en seroient pourvus, alternativement avec celui créé en 1601.

On a vu que par l'édit du mois de juin 1601, les mines de fer étoient du nombre de celles qui avoient été exemptées, par grâce, du Dixième appartenant au

Roi; mais comme le fer forgé est du plus grand usage dans une infinité d'ouvrages, & qu'il arrivoit des accidens fréquens par l'emploi que l'on faisoit dans ces ouvrages du fer aigre, les Commissaires établis par Henri IV pour le rétablissement du commerce & des manufactures, avoient représenté dès 1608, dans un avis qu'ils donnèrent le 16 mars, que la fabrication des fers très-négligée, tant qu'avoient duré les guerres civiles, continuoit à dépérir; que l'on ne cessoit de porter des plaintes de la substitution qui avoit été faite de l'usage du fer aigre à celui du fer doux; que la France qui fournissoit précédemment la quincaillerie aux étrangers, étoit réduite à celle qu'ils lui apportoient: ces Commissaires proposoient de faire distinguer par des marques les fers doux & aigres qui seroient fabriqués dans le royaume ou qui y seroient importés, & d'ajouter aux droits qui se percevoient déjà sur les fers aigres amenés de l'étranger, un nouveau droit qui n'auroit pas lieu ni sur les fers doux importés ni sur les fers aigres exportés.

On prétend que cet avis, qui ne fut alors suivi d'aucune résolution, fut un des motifs de l'édit qui fut donné depuis au mois de février 1626 : cet édit eut encore, selon les apparences, une autre cause qui peut même être considérée comme la principale: la seconde des guerres de religion qui ont troublé le règne de Louis XIII, venoit de commencer, & le cardinal de Richelieu, qui méditoit déjà le siége de la Rochelle, étoit dans des circonſtances à ménager à l'État les reſſources néceſſaires pour une augmentation de revenu. On avoit pour prétexte des droits en queſtion, l'exiſtence du droit Domanial, du Dixième des mines & l'intérêt du commerce, & des productions du royaume, d'après les détails que l'on vient de rappeler. Ce furent ces conſidérations qui déterminèrent l'édit du mois de février 1626, par lequel Louis XIII créa un Contrôleur-viſiteur & deux Maîtres experts dans chaque bailliage & ſénéchauſſée, & un Contrôleur-viſiteur général pour chaque province, à l'effet de veiller à la fabrication des ouvrages de fer, rétablir l'uſage du fer doux pour tous les ouvrages de quincaillerie, coutellerie, ſerrurerie, &c. ne permettre l'emploi du fer aigre que dans les gros ouvrages, dont la rupture n'avoit aucun inconvénient dangereux, & marquer à cet effet le fer doux & aigre de lettres différentes au ſortir des forges ou à l'entrée du royaume.

Édit de février 1626.

Le même édit ordonna qu'il ſeroit perçu 10 ſous par quintal de fer doux ou aigre, dont 2 ſous furent attribués aux Contrôleurs & Maîtres experts pour leurs gages & émolumens, & 20 ſous par quintal d'acier; que les mêmes droits ſeroient levés ſur le fer doux & l'acier venant des pays étrangers, & qu'il ſeroit perçu 12 ſous par quintal de fer aigre venant deſdits pays.

En 1628, on mit en queſtion ſi les ouvrages de fer

fer & d'acier, venant de l'étranger, devoient supporter la nouvelle impoſition : l'édit de 1626 ne faiſoit mention que des fer & acier, ou fabriqués dans le royaume ou qui y ſeroient importés. On en tiroit la conſéquence que cet édit ne parlant que de barres & de billes, ſes diſpoſitions ne pouvoient être appliquées aux matières ouvrées ; il fut décidé, avec raiſon par un règlement du Conſeil du 18 avril 1628, que les ouvrages apportés des pays étrangers, demeureroient aſſujettis au payement des droits.

Règlement du 18 avril 1628.

Dans le même temps les marchands d'acier du Nivernois & du pays de Donzy, ſe plaignirent que leurs aciers, fort inférieurs à ceux des pays étrangers, ne pouvoient ſupporter un droit de Vingt ſous par quintal : le Conſeil eut égard à leurs repréſentations ; le droit ſur les Aciers de leurs fabriques fut réduit à moitié par arrêt du 22 décembre 1629, & leur commerce encouragé encore par d'autres facilités.

Arrêt du 22 décembre 1629.

L'édit de 1626, n'avoit parlé que du fer conduit à ſa perfection : il étoit juſte d'impoſer les gueuſes & les fontes, mais en même temps de n'en pas régler l'impoſition ſur le même pied que celle du fer épuré ; des arrêts du Conſeil des 20 juin 1631 & 16 mai 1635, la réglèrent à 6 ſous 8 deniers par quintal, & autoriſèrent le Fermier à lever ſon droit ſur les gueuſes même, à condition que le fer qui en proviendroit demeureroit affranchi.

Arrêts des 20 juin 1631 & 16 mai 1635.

On n'avoit point impoſé les mines, & ce ſilence

laiſſant toute liberté de les exporter à l'étranger, étoit également préjudiciable & aux revenus de l'État, & au commerce de la Nation, la ſortie en fut défendue ou ne fut du moins permiſe, qu'au moyen du payement d'un droit ſur la quotité duquel il n'exiſte aucun renſeignement bien certain.

Au ſurplus les droits de la marque des Fers ont été, de même que la plupart des autres droits des Fermes, aſſujettis au pariſis, ſou & ſix deniers, à meſure que ces impoſitions acceſſoires ont été établies; quelques Maîtres de forges eſſayèrent de s'y ſouſtraire, mais ils furent déclarés ſujets à les payer par arrêt du Conſeil du 26 octobre 1675.

Arrêt du 26 octobre 1675.

C'eſt d'après les différens règlemens que l'on vient de rappeler, qu'a été rédigé le titre de l'ordonnance des Aides de 1680, des droits de Marque ſur les fers, aciers & mine de fer.

Ordonnance de 1680.

Par l'article I.er de ce titre, le droit doit être levé:

1.° A raiſon de 13 ſous 6 deniers par quintal de fer:

2.° De 18 ſous par quintal de quincaillerie, groſſe ou menue:

3.° De 20 ſous par quintal d'acier:

4.° De 3 ſous 4 deniers par quintal de mine de fer:

Chaque quintal de 100 livres poids de marc.

On obſerve que dans la fixation portée par cet article, on a compris pour le fer la quincaillerie & la mine de fer, le droit d'Augmentation ou Parisis, sou & six deniers pour livre; mais le quintal d'acier a été fixé sur le même pied que les droits avoient été imposés par l'édit de 1626.

L'article II du même titre de l'ordonnance, porte qu'il sera au choix du Fermier de se faire payer par quintal de fer, suivant l'article précédent ou par quintal de gueuse; & dans ce dernier cas les droits par quintal de gueuse, sont fixés à 8 sous 9 deniers.

La première fonte de la mine produit des gueuses, & les gueuses produisent du fer forgé, en les travaillant & les passant à l'affinerie où elles se refondent de nouveau.

L'article III enjoint aux Maîtres de forges de couler les gueuses en des moules numérotés, en sorte qu'elles soient marquées *1, 2, 3,* & ainsi consécutivement jusqu'à la fin d'un même ouvrage, tant que le premier feu durera, pour être ensuite par eux pesés, desquels nombres & poids ils doivent tenir registre qu'ils représenteront aux Commis, lorsqu'ils feront leur visite, le tout à peine de confiscation & de 100 livres d'amende.

L'article IV leur défend de marquer d'un même nombre, deux ou plusieurs gueuses d'un même feu & ouvrage, à peine de confiscation des gueuses qui se trouveront marquées doubles, & de 100 livres d'amende.

Aux termes de l'article V, les Maîtres de forges, à

chacun des ouvrages du fourneau & au changement de feu, doivent reprendre le même ordre dans les numéro & les marques, & mettre les nouvelles gueuses dans un lieu séparé de celles qui resteront du feu précédent, à peine de confiscation & de 100 livres d'amende.

L'article VI leur fait défense de mettre le fourneau en feu, sans avoir averti par écrit les Commis, du jour & de l'heure, à peine de confiscation des gueuses qui en seroient provenues jusqu'au jour de l'avertissement, & de 100 livres d'amende.

L'article VII enjoint aux Commis, de vérifier le nombre & le poids des gueuses, dont sera fait mention sur les livres; & en cas de fraude d'en dresser des procès-verbaux, de faire les poursuites, visites, exercices & inventaires, décerner & faire exécuter les contraintes, le tout ainsi que pour les droits d'Aides de détail sur le vin.

L'article VIII rend les propriétaires des forges & fourneaux, solidairement responsables, avec les Maîtres des forges de ce qui sera dû des droits, pour les derniers trois mois précédant la sortie des Maîtres de forges, sauf au Fermier des droits du Roi, qui aura négligé de se faire payer, à se pourvoir pour le surplus contre les Maîtres de forges seulement.

L'article IX enjoint à ceux qui auront des mines de fer dans leurs fonds, à la première sommation qui leur sera faite par le propriétaire des fourneaux voisins, d'y établir des fourneaux pour convertir la matière en fer; sinon, permet aux propriétaires du plus prochain fourneau, & à son refus aux autres propriétaires des fourneaux, de proche en proche, & à ceux qui les font valoir, de faire ouvrir la terre & en tirer la mine de fer, en payant aux propriétaires des fonds, pour tout dédommagement, Un sou pour chaque tonneau de mine de 500 livres pesant.

Cet article exige quelques observations; par les Lettres patentes de Charles VI, que l'on a rappelées, il étoit permis à tous Mineurs & autres, de chercher & travailler les mines dans tous les lieux où ils en trouveroient.

L'article I.er de l'édit de 1626, enjoignoit aux propriétaires ou Fermiers des terres où les mines se trouveroient, de les ouvrir; ou permettre, après la première réquisition, que l'ouverture en fût faite.

Enfin l'arrêt du Conseil du 20 juin 1631, autorisoit les Maîtres de forges à extraire les mines dans tous les lieux & endroits où ils en trouveroient, en dédommageant les propriétaires suivant l'estimation.

L'article de l'ordonnance de 1680, que l'on vient de rappeler, a fixé ce dédommagement.

Ces différens règlemens avoient été faits pour procurer l'abondance des matières dans le royaume, en en facilitant l'extraction, mais les établissemens de fourneaux, forges, martinets & verreries, s'étoient tellement multipliés, qu'une partie considérable des bois destinée au chauffage, étoit consommée par ces nouveaux établissemens, que l'administration regardoit comme ne devant être mis en usage que pour la consommation des bois qui n'étoient pas à portée des rivières navigables & qui, par leur situation, ne pouvoient servir ni aux constructions ni au chauffage.

Ces considérations fixèrent l'attention du Conseil, & déterminèrent l'arrêt du 9 août 1723, qui fait défense d'établir à l'avenir aucuns fourneaux, forges, martinets & verreries, augmentation de feux & de marteaux, sinon en vertu de Lettres patentes bien & dûement vérifiées, à peine de 3 mille livres d'amende, de démolition des fourneaux, forges, martinets & verreries, & de confiscation des bois, charbons, mines & ustensiles servant à leur usage.

Suivant l'article X du même titre de l'ordonnance de 1680, les mêmes droits doivent être levés sur les fer, fonte & acier, qui seroient transportés des pays étrangers ou des provinces du royaume dans lesquelles ces droits ne sont point établis, & qui entreront dans celles qui y seront sujètes.

L'article XI fait défenses à tous Marchands, tant étrangers qu'autres, qui amèneront du fer doux ou aigre, fonte & acier ouvrés & non ouvrés, des pays étrangers ou des provinces non sujètes aux droits, dans celles où ils ont cours, de dépasser les premiers bureaux sans faire leur déclaration, & sans payer les droits, à peine de confiscation & de 500 livres d'amende.

L'article XII déclare sujettes au payement des droits les quincailleries grosses & menues, même celles passant sous le titre de merceries, qui seront amenées des pays étrangers dans l'étendue de la ferme, sous les peines contenues en l'article précédent.

L'article XIII défend d'exiger aucuns droits sur la grosse & menue quincaillerie, fabriquée dans l'étendue de la ferme & sur celle venant des provinces où les droits n'ont point cours, à peine de concussion.

Cette dernière avoit été assujettie au payement des droits par l'arrêt du Conseil du 20 août 1659, mais l'ordonnance l'en a déclaré, ainsi qu'on vient de le voir, exempte, parce que le fer & l'acier dont elle étoit composée, venoient ou des forges du royaume ou des pays étrangers; & qu'en l'un & l'autre cas les droits en avoient été ou dû être payés.

L'article XIV assujettit au payement des droits les mines de fer, qui seront transportées dans les pays étrangers ou dans les provinces où les droits n'ont pas cours; fait défenses aux Marchands & Voituriers, de dépasser les premiers Bureaux de leur route sans en faire déclaration, & sans payer les droits, à peine de confiscation & de 500 livres d'amende.

Aux termes de l'article XV, les Fermiers du Domaine & les propriétaires des forges, de quelque qualité qu'ils soient, sont sujets au payement des droits, même les Ecclésiastiques pour celles qui sont du temporel de leur bénéfice, quoiqu'ils les faſſent valoir par les mains de leurs domeſtiques.

On obſerve qu'on ne peut pas prétendre que le droit de la marque des Fers, ait été porté au-deſſus de la valeur de l'ancien Dixième des mines, dont ce droit eſt en quelque ſorte repréſentatif; les 13 ſous 6 deniers impoſés par quintal de fer, en y ajoutant les anciens Quatre ſous & les Deux nouveaux ſous pour livre, ne montent qu'à 17 ſous 7 deniers; & le quintal du moindre fer, pris à la forge, s'achette plus de 10 livres; le quintal du moindre acier, c'eſt-à-dire, par exemple, de l'acièr du Nivernois, qui n'eſt à proprement parler, que du bon fer & ne ſe vend pas la moitié des aciers étrangers, vaut au moins 13 à 14 livres, & la totalité des droits de Marque auxquels il eſt ſujet n'eſt que d'une livre 6 ſous.

Il eſt intervenu depuis l'ordonnance de 1680, différens règlemens, ſoit par rapport à la perception des droits de marque ſur les Fers, ſoit relativement à leur régie. On ſe bornera à rappeler les principaux pour procurer une connoiſſance plus parfaite de la nature de ces droits, & des meſures qui ont été priſes pour en aſſurer le recouvrement.

Arrêts des 15 novembre 1707 & 9 janvier 1712.

Des arrêts du Conſeil des 15 novembre 1707 & 9 janvier 1712, avoient preſcrit différentes diſpoſitions pour arrêter les fraudes qui ſe commettoient journellement contre les droits de Marque, & principalement ſur les fers, aciers & quincaillerie tranſportés de de la province de Dauphiné, dans laquelle les droits n'ont pas été établis à la fabrication, dans le Forès & le Lyonnois, pays sujets aux droits d'Aides, & à l'entrée desquels les droits de Marque sont dûs; comme aussi pour prévenir les enlèvemens des fers, aciers & mine de fer; du Dauphiné pour la Savoie, la Provence ou le Languedoc, ou de la Savoie pour le Dauphiné, sans payer les droits en question; mais les précautions prises par ces deux arrêts ayant été reconnues n'être pas suffisantes, il en fut rendu un nouveau le 12 septembre 1724, sur lequel il fut expédié des Lettres patentes enregistrées en la Cour des Aides de Paris le 18 décembre suivant.

Arrêt & Lettres patentes des 12 septembre & 18 décembre 1724.

Cet arrêt ordonne que le droit de Marque sera perçu sur les fers & aciers, quincaillerie & mine de fer, venant des États de Savoie & autres pays étrangers, ou réputés étrangers, en la province de Dauphiné, & sur ceux qui seront enlevés de cette province pour la Savoie, la Provence, le Languedoc, le Vivarais & autres pays où les Aides n'ont pas cours; comme aussi sur ceux qui seront destinés pour le Forès, le Lyonnois & autres lieux sujets aux Aides.

Enjoint aux Marchands, Voituriers & Conducteurs des fers, aciers, quincaillerie & mine de fer, de faire leur déclaration & d'acquitter les droits; savoir, pour ceux venant du dehors de la province de Dauphiné, dans les premiers bureaux à l'entrée de cette province; & pour ceux qui seront destinés pour en sortir, soit pour les pays étrangers & reputés étrangers, ou pour les provinces sujettes aux droits d'Aides, dans les bureaux qui seront établis dans l'intérieur de la même province de Dauphiné, & avant l'enlèvement, le tout à peine de confiscation & de 500 livres d'amende.

Ordonne qu'à la diligence du Fermier, il sera établi des bureaux, tant à l'entrée du Dauphiné, sur les routes principales que dans l'intérieur, & à la proximité, autant qu'il se pourra, des forges, fourneaux, martinets & atteliers, en sorte que les Marchands & autres, n'aient au plus qu'une lieue de chemin pour aller faire leur déclaration & acquitter les droits; qu'il sera à cet effet dressé par l'Intendant de la province, un état des forges, martinets & autres atteliers qui devront répondre à chacun de ces bureaux; que cet état sera déposé au greffe du Juge de la marque des fers, & à son défaut aux greffes des Juges des traites.

Enjoint, sous les mêmes peines, aux Maîtres de forges, Marchands & à toutes autres personnes qui voudroient faire transporter d'un lieu à un autre, dans l'étendue de la province de Dauphiné, des fers, aciers & quincaillerie, d'en faire avant l'enlèvement, leur déclaration au prochain bureau d'arrondissement, & d'en prendre un acquit à caution, contenant soumission de rapporter dans le temps qui sera réglé par la soumission, eu égard à la distance des lieux, certificat en bonne forme signé des Commis & Gardes des fermes, de la descente & déchargement au lieu de la destination, ou de payer le quadruple des droits, dont ils donneront caution qui fera sa soumission sur le registre, si mieux ils n'aiment consigner les droits, lesquels leur seront rendus en rapportant le certificat de décharge.

Déclare nuls les acquits de payement de droits & acquits à caution, qui pourroient être rapportés d'autres bureaux que de ceux de chaque arrondissement, conformément à l'état qui doit être dressé.

Fait défense, sous les mêmes peines, aux Maîtres de forges & martinets, qui seront situés près le lieu de la Chapelle-de-Bar, & à tous autres d'enlever aucuns fers, aciers & mines du lieu d'Arvillard en Savoie & autres lieux, ni d'y en transporter en Dauphiné, sans en avoir payé les droits; & à toutes personnes de faire des magasins & entrepôts, dans les quatre lieues près les limites de la province, à peine de confiscation & de 500 livres d'amende.

Fait défense au Fermier des droits d'Aides de la généralité de Lyon & à ses Commis, à peine de concussion, de percevoir à l'entrée de cette généralité le droit de Marque sur les fers, aciers & quincaillerie, qui y entreront du Dauphiné, en justifiant du payement qui en aura été fait dans les bureaux de cette dernière province, l'autorise néanmoins à faire la saisie de tous les fers, aciers & quincaillerie qui ne seront pas accompagnés d'acquits & passavans faisant foi que les droits en ont été payés dans les bureaux de Dauphiné.

Permet au Fermier, de continuer la perception du

droit de Marque à l'entrée de la généralité de Lyon sur les fers, aciers & quincaillerie venant de Languedoc, Vivarais & autres lieux où les droits ne sont pas établis, & de conserver, tant aux entrées de la ville de Lyon que sur les frontières de cette généralité, les bureaux existans, même d'en établir de nouveaux pour la représentation des acquits des droits qui auront dû être payés en Dauphiné.

Arrêts des 5 janvier 1715. & 12 mai 1716.

Les arrêts du Conseil des 5 janvier 1715 & 12 mai 1716, déclarent sujettes au payement des droits de Marque, les différentes fournitures faites pour le service du Roi & de ses armées.

Un arrêt du 21 juillet 1716, prescrit les formalités qui doivent être observées pour la régie & exercice des fourneaux & la perception des droits : il enjoint aux Maîtres des fourneaux & forges, de fournir aux Commis du Fermier les romaines & autres outils, & les hommes nécessaires pour faire la vérification des gueuses.

Il leur prescrit de tenir des registres cotés & paraphés par le Juge de la marque des fers, & en cas d'éloignement, par le Juge royal du lieu, & sans frais, pour y inscrire le nombre & le poids des gueuses qu'ils couleront, à peine de confiscation & de 100 livres d'amende, & de représenter aux Commis ces registres à toutes réquisitions.

Il paroît qu'il s'étoit élevé des difficultés de différens genres dans la régie & exercices des fourneaux des Maîtres de forges, le préambule de l'arrêt du Conseil du 7 mars 1747, revêtu de Lettres patentes enregistrées en la Cour des Aides de Paris le 14 avril suivant, fait connoître que plusieurs Maîtres de forges refusoient de peser ou faire peser en présence de ces Commis, les fontes, tant en gueuses que marchandes, jets, pièces défectueuses & fontes de boccages, & de leur en déclarer le nombre & le poids, pour être portées sur le champ sur leur registre, quoique cet usage fût établi dans la plupart des provinces du royaume; qu'ils s'opposoient pareillement aux vérifications des Commis & Contrôleurs ambulans; qu'ils transportoient de la moulerie à la râperie des fontes marchandes avant d'être pesées, sous prétexte du sable dont elles étoient chargées, & des ébarbures qu'il en falloit détacher, & qu'elles devoient être râpées avant d'en constater le poids; ce qui leur donnoit la facilité d'en soustraire une partie & de substituer de petites pièces à de grandes qu'ils confondoient avec les ouvrages des précédens fondages, au moyen de quoi ils éludoient le payement de la plus grande partie des droits; que cependant les chaudières, marmites, réchauds, poêles ronds & leurs bonnets avoient seuls besoin d'être râpés pour acquérir le degré de perfection qui en facilitoit le débit; que les Maîtres de forges vendoient ces matières à un prix presqu'aussi considérable que le fer tiré & parfait, & qu'ils n'en payoient les droits que sur le pied de fontes en gueuses;

Arrêt & Lettres patentes du 7 mars 1747.

que ces Maîtres de forges qui étoient dans l'usage de faire les jets de leurs fontes marchandes de dix-huit & vingt livres pesant, & plus, prétendoient n'en point devoir les droits, non plus que des pièces défectueuses & fontes de boccages, sous prétexte qu'ils ne pouvoient que les rejeter dans le fourneau pour y être fondues, quoiqu'il fût constant que ces jets, pièces défectueuses & fontes de boccages, pouvoient se convertir sur le champ en fer.

Lettres patentes du 7 mars 1747.

Les dispositions de l'arrêt du Conseil & des Lettres patentes du 7 mars 1747, ont pour objet de remédier à ces différentes fraudes, & elles ordonnent en conséquence ce qui suit :

1.° Il est enjoint aux Maîtres de forges & fourneaux, de peser ou faire peser les fontes en gueuses, gueusets, boccages, & généralement toute nature de fontes provenant de leurs fourneaux, en présence des Commis aux exercices, immédiatement après le refroidissement de ces matières, & de leur en déclarer ou faire déclarer le poids par celui qui aura fait la pesée, pour être par eux porté sur le registre d'exercice, à peine de confiscation & de 500 livres d'amende.

La déclaration doit être signée sur le registre des Commis par le Maître de forge, Facteur ou principal Ouvrier qui l'aura faite, conjointement avec les Commis, sans préjudice de l'enregistrement prescrit par l'ordonnance sur le registre des Maîtres de forges, du nombre & poids des gueuses :

2.° Les Maîtres de forges qui feront couler, soit dans des chassis ou en fosses dans des moules de terre cuite, soit autrement, des fontes appelées communément *Fontes marchandes*, telles que sont les contre-cœurs de cheminées, plaques unies ou figurées, chaudières, pots, marmites, fourneaux, tuyaux, bombes, boulets, & généralement toutes autres sortes de fontes marchandes, seront tenus immédiatement après chaque coulaison, & avant que les matières soient refondues, de déclarer les quantité & qualité des marchandises jetées aux moules, en les désignant, savoir; les marmites & chaudières, par le nombre de points ou numéros; les contre-cœurs de cheminées ou plaques unies ou figurées, par les largeur, longueur & ornemens; les bombes & boulets, par les diamètres; les tuyaux, par les longueur & diamètre, & les autres marchandises par quelques marques distinctives, afin que les Commis en puissent faire préliminairement l'enregistrement sur leur registre d'exercice qui sera signé, ainsi qu'il est prescrit par l'article précédent, & porté pareillement sur le registre des Maîtres de forges, le tout à peine de confiscation & de 500 livres d'amende :

3.° Les Maîtres de forges, doivent, sous les mêmes peines, représenter aux Commis aux exercices, toutes les pièces de fontes provenant de chaque coulaison, contenues dans leur enregistrement préliminaire, & en faire la pesée en leur présence, aussitôt après le déboulage & qu'elles feront refroidies, ou du moins dans l'intervalle d'une coulaifon à l'autre, dans le même lieu où elles auront été coulées, ou en cas d'impoffibilité, dans le lieu le plus proche, autre néanmoins que la râperie & le magafin : ils font tenus d'en déclarer le poids aux Commis qui, dans l'inftant, le porteront fur leur regiftre d'exercice, par un nouvel acte à la fuite de celui de leur enregiftrement préliminaire : il fera figné par les Maîtres de forges, leurs Commis ou principaux Ouvriers, & le poids defdites fontes porté pareillement fur le regiftre des Maîtres de forges, à peine de confifcation & de 100 livres d'amende :

4.° Les Commis aux exercices & les Maîtres de forges, ne peuvent refpectivement exiger que la pefée, tant des fontes en gueufes que des fontes marchandes foit faite pendant la nuit :

5.° Il eft défendu, à peine de confifcation & de 500 livres d'amende, aux Maîtres de forges d'enlever, échanger, ni tranfporter à leur râperie ou dans leurs magafins, le tout ou partie, tant des fontes en gueufes que des fontes marchandes provenant de chaque coulaifon, ni de mêler celles d'une coulée avec l'autre, qu'elles n'aient été préalablement vues & examinées par les Commis aux exercices, pefées par les Maîtres de forges, le poids déclaré aux Commis, & l'enregiftrement fait :

6.° Pour tenir lieu d'indemnité aux Maîtres de forges, par

par rapport aux ébarbures & au sable qui se trouve attaché sur les chaudières, marmites, réchauds, poêles ronds & leurs couvercles seulement, qui ne peut être détaché que par le moyen de la lime ou de la râpe, il leur sera fait une diminution de Cinq pour cent sur le poids desdites fontes :

7.° Si les Commis jugent la pesée & la déclaration suspecte & veulent en faire la vérification, ils doivent le déclarer incontinent après à celui qui a fait la déclaration, & faire sur le champ la nouvelle pesée, & en cas de fraude, en dresser leur procès-verbal, autrement ils n'y seront pas recevables, sauf au Contrôleur ambulant, lorsqu'il se transportera sur les lieux, de faire peser en sa présence celles des gueuses ou fontes marchandes, existantes, qu'il jugera convenable, & de procéder à la saisie si le cas y échoit.

Il est défendu aux Maîtres de forges, d'enlever ni divertir aucunes des fontes dont les Commis auroient déclaré vouloir vérifier le poids, que la vérification n'ait été faite : il leur est enjoint de leur fournir à cet effet les poids, romaines, balances & ouvriers nécessaires, le tout à peine de confiscation & de 500 livres d'amende.

8.° Il est pareillement défendu aux Maîtres de forges, d'enlever ni divertir aucuns jets, provenant des fontes marchandes: ils sont tenus de les faire peser dans le même lieu & dans le même temps de la pesée des fontes, en présence des Commis, & de leur en déclarer le poids pour être porté ſur leur regiſtre, ainſi que celui des fontes; s'ils ne veulent ou ne peuvent pas convertir en fer tiré & parfait le tout ou partie des jets, ainſi que les pièces défectueuſes ou caſſées, & qu'il leur ſoit plus convenable de les jeter dans leur fourneau pour y être refondues, la peſée en doit pareillement être faite en préſence des Commis, qui feront mention du poids ſur leur regiſtre, après qu'ils auront vu rejeter dans le fourneau leſdites matières, dont il ſera tenu compte aux Maîtres de forges à la fin de chaque quartier ou de chaque feu.

9.° Enfin le neuvième & dernier article ordonne l'exécution des règlemens précédens, ſur le fait de la régie & perception des droits de Marque des fers, dans les diſpoſitions qui ne ſont point contraires au préſent règlement.

Les diſpoſitions que l'on vient de rappeler de l'ordonnance de 1680 & des règlemens poſtérieurs, font connoître qu'il y a en France des provinces où les droits de Marque ont cours, & d'autres qui n'y ſont pas ſujettes.

L'édit de 1626, paroiſſoit annoncer que ce droit, comme Domanial & comme repréſentatif du Dixième des mines, feroit perçu dans tout le royaume, mais cet édit n'a point été enregiſtré dans toutes les Cours, & les droits n'ont pas même lieu à la fabrication dans le reſſort de tous les Parlemens dans leſquels il a été enregiſtré.

Il l'a été dans les Parlemens de Paris, Dijon, Metz, Toulouſe & Grenoble, mais le droit n'a point été établi à la fabrication dans tout le reſſort du Parlement de Toulouſe, ni dans celui de Grenoble.

Le Languedoc en a été déchargé par Lettres patentes du mois de décembre 1659, ſur les repréſentations des États de la province : le droit perceptible dans le reſſort du Parlement de Touloufe, n'y ſubſiſte par conſéquent plus qu'aux entrées du Languedoc, & dans le comté de Foix & pays adjacens.

Lettres patentes de décembre 1659.

Le comté de Foix, le Quercy, l'Armagnac, le comté de Bigorre & les autres pays dépendans du Parlement de Toulouſe, jouiſſent d'un traitement à peu - près auſſi favorable que le Languedoc, quoiqu'ils n'aient ucun privilége à cet égard.

La différence de travail des forges de ces provinces où le fer ne ſe coule point en gueuſes, & ſe façonne au contraire en petites parties à la ſortie du fourneau, eût rendu la perception des droits très - difficile & tellement diſpendieuſe, qu'il eût été à craindre que les frais de régie n'euſſent excédé les produits.

On s'eſt contenté de percevoir les droits à l'arrivée ſur les fers & aciers, importés de l'étranger ou des provinces non ſujettes, & au paſſage ſur ce qui ſort du canton où ſont ſitués les principales mines & uſines aſſujetties.

Il eſt d'ailleurs à remarquer que la fixation des droits a éprouvé dans ces pays une ſorte d'altération : on l'a accommodée aux usages locaux, un arrêt du Conseil du 18 octobre 1681, a porté le droit du quintal de fer, à 15 sous, & a réduit celui des mines, à 2 sous par quintal ou 5 sous par charge; ainsi le droit des Fers dans les provinces dont il s'agit, est d'Un sou 6 deniers plus fort que celui réglé par l'ordonnance de 1680, mais en revanche celui des mines est plus foible d'Un sou 4 deniers, & cette compensation est entièrement à l'avantage du redevable : il sort autant de mine que de fer, & au lieu que 18 deniers ne font qu'environ un dixième ajouté au droit des Fers, 16 deniers sont plus qu'un tiers retranché du droit des Mines.

On peut attribuer aux mêmes motifs, la décharge que l'on a également laissé subsister dans le Dauphiné.

L'édit de décembre 1654, avoit ordonné la perception du droit de Marque dans la Normandie, mais elle en a été déchargée par un autre édit du mois de décembre 1660, & l'on se contenta pour lors du payement d'une somme fixe destinée à indemniser l'adjudicataire auquel on avoit affermé les droits supprimés.

Édit de décembre 1660.

Le Précis que l'on va rassembler dans un même tableau, rendra plus sensible ce qui vient d'être exposé des différens pays où le droit de la Marque des fers a cours, & des diversités qui ont lieu dans sa perception :

DÉSIGNATION des Pays où le droit de Marque des Fers a cours.	NATURE des Perceptions établies dans chacun desdits Pays.
Tout le ressort du Parlement de Paris, à l'exception du pays d'Aunis, Tout le ressort du Parlement de Dijon, Tout le ressort du Parlement de Metz,	à la fabrication & à l'arrivée sur ce qui vient de l'étranger ou des provinces du royaume, non assujetties.
Tout le ressort du Parlement de Grenoble,	à l'entrée sur ce qui vient de l'étranger, & à la sortie sur ce qui, ayant été fabriqué dans le ressort, passe à l'étranger ou dans les autres provinces du royaume, sujettes ou non sujettes.
Tout le ressort du Parlement de Toulouse,	à l'entrée sur ce qui vient de l'étranger ou des provinces non sujettes, & au passage sur ce qui sort des mines & usines établies dans les provinces, autres que le Languedoc.
Tout le ressort du Parlement de Normandie,	à l'entrée sur ce qui vient de l'étranger.

Immédiatement après l'ordonnance du mois de juin 1680, le droit de Marque des fers fut uni à la ferme générale des Aides; il en fut fait ensuite une ferme particulière, ce qui a subsisté jusqu'en 1720, que toutes les fermes du Roi furent mises en régie sous le nom de *Charles Cordier;* & depuis qu'à cette régie le bail en ferme a succédé, ce droit a toujours fait partie de la ferme des Aides; si l'on fait attention à l'origine qu'on a cherché à lui donner, il peut être regardé comme Domanial; si l'on considère la forme de sa perception, il est devenu un droit d'Imposition exigible aux entrées & aux sorties, & à la fabrication; envisagé comme dû aux entrées & sorties, il rentre dans la classe des droits de Traites, & regardé comme dû à la fabrication & régie par exercice, il est analogue aux droits d'Aides.

Par l'article L du titre commun pour toutes les fermes, le Roi a déclaré que la connoissance des contestations pour tous ses droits, compris dans l'ordonnance du mois de juin 1680, appartenoit aux Officiers des élections en première instance, excepté seulement quelques-uns desdits droits pour lesquels Sa Majesté avoit établi ou commis d'autres Juges, à la charge en l'un & en l'autre cas, de l'appel aux Cours des Aides; cette exception reçoit particulièrement son application aux droits de Marque des fers, aciers & fontes de fer.

Il a été établi dans presque tous les départemens, des Juges particuliers, nommés *Juges de la marque des fers;* & dans les lieux où il n'y en a point d'établis, ce sont les Juges des traites qui en connoissent, en sorte qu'il y a peu d'élections qui aient cette connoissance.

Il a été rendu en France différentes Ordonnances & Déclarations, dont l'objet a été de prévenir la dissipation des matières d'or & d'argent en ouvrages purement de luxe : ces loix ont réglé le titre & le poids de la vaisselle d'argent & de tous autres ouvrages d'orfévrerie, elles ont ordonné l'établissement des Maîtres & Gardes des Orfévres, dans toutes les villes où il y a jurande, pour veiller à la bonté des ouvrages, & enfin elles ont imposé des droits dans la vue, en augmentant le prix des ouvrages, d'en diminuer la consommation, comme préjudiciable, non-seulement à la fabrique des monnoies, mais encore au commerce qui ne pouvoit s'entretenir que par l'abondance & le cours de l'argent monnoyé. Droit de Marque d'or & d'argent.

Nous avons un édit du mois de septembre 1579, donné par Henri III, qui contient un règlement sur les ouvrages d'orfévrerie, & porte en même temps création d'un droit appelé *droit de Remède*, qui fut ainsi nommé, parce qu'il devoit rendre à l'or & à l'argent dont les ouvrages étoient composés, le prix que leur ôtoit l'alliage ou remède que les Orfévres y mettoient, pour les rendre plus lians & les travailler plus facilement. *Édit de septembre 1579.*

Cet édit fut revoqué sous Louis XIII, par un autre édit du mois d'octobre 1631, qui substitua au droit de Remède, un autre droit de Trois sous par once d'orfévrerie, & autres ouvrages faits hors les monnoies, *Édit d'octobre 1631.*

Déclaration du 10 septembre 1636. & par sa Déclaration du 10 septembre 1636, ce Prince ordonna qu'il seroit payé 6 livres par chaque once d'or.

On appeloit alors *droits de Seigneuriage*, ceux qui se levoient sur les ouvrages d'or & d'argent, à l'instar de ceux qu'on prenoit à la fabrication des monnoies.

Édit d'avril 1642. Par édit du mois d'avril 1642, Louis XIII créa trois offices de Trésoriers-Receveurs généraux des droits concernant les ouvrages d'orfévrerie; mais ces offices & les droits dont la recette leur étoit attribuée, furent supprimés par édit du mois de mars 1643, & les choses restèrent en cet état jusqu'en 1672, que l'exécution des anciennes ordonnances qui limitoient le poids des ouvrages d'orfévrerie, fut renouvelée par une Déclaration du 31 mars de la même année, qui ordonna qu'à l'avenir il seroit levé dans tout le royaume un droit de Marque, de 20 sous par marc d'argent, & 30 sous par once d'or, qui seroient fabriqués & mis en œuvre par les Orfévres, Batteurs & Tireurs d'or, & autres Ouvriers travaillant en or & en argent, qui payeroient ces sommes aux Fermiers des monnoies; à l'effet de quoi il seroit établi un Commis au bureau commun des Orfévres, Batteurs & Tireurs d'or, qui contre-marqueroit les ouvrages d'un nouveau poinçon, portant la marque d'une fleur-de-lis avec la lettre de la monnoie au-dessous; il fut fait défenses à ces Ouvriers, d'exposer en vente aucuns ouvrages qu'ils n'eussent

Édit de mars 1643.

n'eussent été marqués, & le droit payé, à peine de confiscation & de 300 livres d'amende.

On observe que le marc d'or a toujours été estimé entre douze à treize fois plus que le marc d'argent, les droits établis par la Déclaration de 1672, sont dans cette proportion.

Ils furent doublés par la Déclaration du 17 février 1674, qui ordonna qu'il seroit levé 2 livres sur chaque marc d'argent, & 3 livres sur chaque once d'or, qui seroient mis en œuvre par les Orfévres & autres Ouvriers en or & en argent. *Déclaration du 17 février 1674.*

L'ordonnance du 22 juillet 1681, contient un titre exprès servant de règlement général pour la perception du droit de Marque sur l'or & l'argent, imposé par les Déclarations de 1672 & 1674.

Au mois d'août 1696, le Roi créa en titre d'offices dans tout le royaume, des Contrôleurs de la marque & visite de toutes sortes d'ouvrages d'or & d'argent, mis en œuvre hors des monnoies, & il aliéna à leur profit les droits antérieurement établis; à la charge qu'au lieu de 2 livres, il ne seroit levé que 20 sous par marc de l'argent trait, tiré, dégrossi & filé, par les Tireurs d'or & d'argent de la ville de Lyon: cet édit ordonne que dans les villes & lieux où il n'y avoit pas de corps de communautés d'Orfévres, ou d'autres Ouvriers travaillant en ouvrages d'or & d'argent, & où néanmoins plusieurs particuliers Orfévres ou autres s'étoient établis, y fabriquoient & faisoient *Édit d'août 1696.*

commerce de ces ouvrages, ils seroient tenus de se faire inscrire dans la plus prochaine ville du lieu où il y avoit maison commune & jurande de leur art & métier, & d'y envoyer leurs ouvrages pour y être essayés, visités, marqués, contre-marqués & les droits payés, à peine de confiscation & de 300 livres d'amende.

Immédiatement après la paix de Riswick, cette aliénation fut révoquée; les offices de Contrôleurs supprimés & le droit de Marque remis dans la main du Roi, comme avant l'édit de 1696.

Édits de janvier & juin 1705, novembre 1707 & janv. 1708.

La guerre ayant recommencé, des édits des mois de janvier & juin 1705, novembre 1707 & janvier 1708, créèrent des offices d'Essayeurs & Contrôleurs des ouvrages d'orfévrerie, tant à Paris que dans vingt-six autres villes principales du royaume, avec attribution de 16 sous par marc d'argent, & 24 sous par once d'or, de tous les ouvrages & matières sujets aux droits de la Ferme de la marque d'or & d'argent.

Édits d'août 1718 & mai 1723.

Ces offices furent depuis supprimés par édits des mois d'août 1718 & mai 1723; & les droits qui leur avoient été attribués, réunis à la ferme de la marque d'or & d'argent, pour être levés conjointement & dans la même forme.

Les différens droits que l'on a rappelés & qui sont réunis, montent pour chaque once d'or, à 4 livres 4 sous; & pour chaque marc d'argent, à 2 livres 16 sous, ces mêmes droits ont été depuis assujettis aux Quatre sous pour livre, par Lettres patentes du 7 octobre 1723, & aux Deux nouveaux sous pour livre établis par les Déclarations de 1760 & 1763; au moyen de quoi les droits se trouvent fixés par marc d'argent, à 3 livres 12 sous 11 deniers; & par once d'or, à 5 livres 9 sous 3 deniers.

Lettres patentes du 7 octobre 1723. Déclarations de 1760 & 1763.

On doit observer qu'il se perçoit dans Paris, le Vingtième des droits principaux au profit de l'Hôpital général.

La communauté des Orfévres a aussi obtenu un droit de 5 sous par marc d'argent, & de 10 sous par once d'or, sur tous les ouvrages fabriqués dans Paris, par les Orfévres seulement : ce droit s'appelle, *droit de Main-d'œuvre,* & a été accordé à la communauté des Orfévres pour les réparations de leur chapelle; la construction d'une nouvelle maison commune & l'acquittement des dettes de leur communauté.

Le droit de Marque sur les ouvrages d'or & d'argent est général dans tout le royaume, à la seule exception des provinces de Franche-comté, Alsace & autres pays conquis.

Le Fermier a un poinçon appelé de *Charge* pour marquer sans droits ni frais les ouvrages qui se commencent; un autre poinçon appelé de *Décharge* pour marquer les ouvrages entièrement finis & prêts à être livrés aux Acheteurs, & à l'apposition duquel le droit de Marque doit être payé, & un cachet particulier pour les mêmes ouvrages qui ne peuvent sans crainte de détérioration souffrir la marque des poinçons.

Ordonnance de 1681.

Suivant l'article VIII de l'ordonnance de 1681, les empreintes des poinçons & cachets doivent être insculpées sur une table de cuivre, & déposées au greffe de la Cour des monnoies de Paris, & en l'hôtel de la monnoie de Lyon.

Le même article défend à toutes personnes, de les contrefaire, à peine de 3 mille livres d'amende pécuniaire, d'amende honorable & des galères pour cinq ans; & en cas de récidive, des galères à perpétuité.

Déclaration du 4 janvier 1724.

La Déclaration du Roi, du 4 janvier 1724, prononce les mêmes peines que celles portées par les ordonnances contre les faux-monnoyeurs.

Suivant cette Déclaration, lorsque le poinçon de la maison commune des Orfévres, & celui du Fermier se trouvent contrefaits, & que le procès-verbal est dressé par les Commis du Fermier, la connoissance en appartient en première instance aux Officiers des élections & par appel aux Cours des Aides; mais s'il ne se trouve de falsifié que le poinçon de la maison commune, & que les Maîtres & Gardes de l'orfévrerie ou les Officiers des monnoies, fassent la saisie sans le concours des Commis de la Ferme, l'instruction doit être faite & jugée par les Cours des Monnoies.

Suivant les différens règlemens, les Orfévres & autres Ouvriers en or & en argent, sont tenus d'avoir un poinçon particulier & d'en marquer tous les ouvrages qu'ils commencent, tant aux pièces principales que d'applique & garnison.

Auſſitôt que ces ouvrages ſont dégroſſis, ils ſont obligés de les porter au bureau de la marque pour les faire marquer du poinçon de charge du Fermier, & faire leur ſoumiſſion de les rapporter au même bureau lorſqu'ils ſeront achevés & en état d'être livrés.

A l'inſtant que ce poinçon de charge eſt appoſé & les ſoumiſſions faites, ils doivent porter les mêmes ouvrages au bureau des Maîtres & Gardes de l'orfévrerie, pour être eſſayés & marqués du poinçon de la maiſon commune, s'ils ſont aux titres & poids portés par les ordonnances.

Après que les ouvrages ſont entièrement finis & polis, ils ſont tenus de les rapporter au bureau du Fermier, qui en recevant d'eux le droit de Marque, appoſe ſon poinçon de décharge, & en même temps décharge leur ſoumiſſion.

Un exemple rendra plus ſenſible ce que l'on vient d'expoſer.

Un Orfévre qui ſe propoſe de faire un gobelet, forge chez lui un morceau d'argent qu'il ne fait que dégroſſir : il en aplatit un petit coin de la largeur & épaiſſeur d'une pièce de douze ſous, il applique enſuite ſon poinçon particulier dont l'empreinte a été dépoſée au greffe des monnoies, lorſqu'il y a été reçu maître Orfévre & a prêté ſerment : il porte enſuite ce morceau d'argent au bureau du Fermier, où on le pèſe, & pendant qu'on le marque du poinçon de charge, cet Orfévre, ſoit par lui-même ou ſon fondé de procuration déposée au bureau, signe, sur un registre destiné à cet usage, un acte par lequel il reconnoît avoir ce, tel jour, fait marquer du poinçon de charge du Fermier, un morceau d'argent de tel poids, qu'il destine pour faire un gobelet, qu'il se soumet & s'oblige de rapporter au bureau, lorsqu'il sera fini, pour être pesé, en payer les droits & être marqué du poinçon de décharge du Fermier. Il signe cette déclaration sur le registre, & le Commis qui le tient lui délivre, de sa déclaration, une ampliation qu'il certifie véritable; l'Orfévre muni de cette ampliation fait de cette pièce un paquet sur lequel est son nom, sa qualité, sa demeure, il le porte dans le bureau de la maison commune des Orfévres.

Un des Gardes en charge prend cette pièce d'argent, coupe un petit morceau de l'endroit aplati dont il fait l'essai à la coupelle.

Si par l'épreuve, ce morceau d'argent se trouve au titre prescrit par les règlemens, le Garde en charge marque cette pièce en présence du Commis du Fermier, conformément à l'ordonnance de 1681 & aux Lettres patentes du 12 novembre 1733: l'Orfévre emporte alors la pièce chez lui, en forme le gobelet, & lorsqu'il est fini, il le rapporte au bureau du Fermier où on le pèse; il en paye les droits, le Fermier le marque du poinçon de décharge & quittance la soumission.

Lettres patentes du 12 novembre 1733.

Si au contraire cette pièce d'argent ne se trouve pas au titre, on n'y applique pas le poinçon de la maison commune ; l'Orfévre est obligé de la refondre pour l'affiner après avoir représenté cette même pièce au bureau du Fermier pour y faire biffer le poinçon de charge qui y avoit été apposé & faire annuller la soumission qu'il avoit signée.

Ce détail contient ce qui a lieu pour tous les ouvrages d'or & d'argent qui sont assez forts pour supporter la marque de charge & le poinçon de décharge.

Quant aux petits ouvrages d'or qui sont trop délicats, on se contente de les essayer aux touchaux après qu'ils sont finis, les Gardes y mettent un petit poinçon destiné à cet usage, & le Fermier y en appose un autre en percevant ses droits.

Édit de mars 1700. Déclaration du 23 novembre 1723.

Un Édit du mois de mars 1700, & une Déclaration du 23 novembre 1723, en fixant le poids des ouvrages d'or & d'argent, ont fait défenses à tous Orfévres & autres Ouvriers, d'en fabriquer qui excédassent ce poids, à peine de confiscation, de 3 mille livres d'amende, de perte de la maîtrise contre les Maîtres, & de ne pouvoir y être admis contre les Compagnons & Apprentis.

Ces mêmes règlemens font défenses aux Maîtres & Gardes des Orfévres, Essayeurs & Fermiers de la marque, d'apposer aucuns de leurs poinçons aux ouvrages d'un poids qui excéderoit la fixation, à peine d'être condamnés solidairement en 3 mille livres d'amende, & de déchéance de la maîtrise à l'égard des Maîtres & Gardes des Orfévres.

Arrêts des 1.er août 1733 & 20 juillet 1751.

Par des arrêts du Conseil des 1.er août 1733 & 20 juillet 1751, les droits de sortie du royaume sur les vaisselles d'or & d'argent, & tous autres ouvrages d'orfévrerie, fabriqués dans la ville de Paris seulement, & destinés pour les pays étrangers, ont été réduits au tiers des droits qui se payent sur ces ouvrages dans tous les autres cas; & à l'égard des droits de Marque & contrôle, & Vingtième ou Sou pour livre de ces droits pour l'Hôpital, il a été ordonné qu'ils seroient perçus à l'ordinaire, mais que les deux tiers en seroient restitués en la manière prescrite par l'arrêt de 1733; ce dernier arrêt ordonne que les ouvrages d'or & d'argent, déclarés pour la destination étrangère, seront portés au bureau de la Marque & Contrôle, pour y être marqués d'un poinçon de décharge particulier; qu'il sera fait mention sur un registre tenu à cet effet par le Fermier, & d'après la déclaration des Orfévres, Fourbisseurs & Horlogers, des poids & qualités desdits ouvrages, des noms & demeures de ceux auxquels ils seront adressés, avec soumission, de la part des déclarans, de faire sortir ces ouvrages dans les termes portés par l'acquit à caution, & par le dernier bureau de sortie désigné dans la soumission.

Les acquits à caution doivent être rapportés, déchargés au bureau de la Douane, dans le terme fixé par lesdits acquits, sous peine contre ceux qui auront fait les envois, d'être non-seulement privés de la restitution des deux tiers du droit de contrôle, mais encore

encore d'une amende du quadruple des droits de ſortie, leſquelles peines auront également lieu contre ceux qui rapporteront des acquits à caution, dont les décharges ne ſe trouveroient pas véritables.

Le Fermier eſt autoriſé à faire faire deux poinçons particuliers, pour marquer les vaiſſelles & ouvrages deſtinés pour l'étranger, l'un pour les ouvrages d'argent, l'autre pour les ouvrages d'or: ces poinçons doivent être inſculpés au greffe de l'élection de Paris ſeulement.

La réduction des droits de ſortie & la reſtitution des deux tiers des droits de contrôle, ont été étendues par un arrêt du 24 mai 1765, aux vaiſſelles d'or & d'argent, & à tous autres ouvrages d'orfévrerie deſtinés pour les Colonies. *Arrêt du 24 mai 1765.*

Aux termes des Déclarations des 3 février 1685 & 26 janvier 1749, les droits de marque & contrôle ſont dûs, non-ſeulement ſur toutes ſortes d'ouvrages neufs, mais encore ſur la vieille vaiſſelle & autres gros ouvrages, qui ſont revendus par les Marchands orfévres & autres traficans, & travaillans en or & en argent, autant de fois qu'ils en font la revente, quoique les ouvrages aient été déjà marqués & les droits payés lors de la première vente. *Déclarations des 3 février 1685 & 26 janvier 1749.*

L'article XVII de l'ordonnance de 1681, enjoint au Fermier de remettre à la fin de ſon bail, entre les mains de celui qui le remplace, les poinçons & cachets ſervans à la marque de l'or & de l'argent, à peine de 10 mille livres d'amende, qui eſt encourue après la première ſommation qui lui en aura été faite.

Cette diſpoſition a pour objet de prévenir l'abus qui pourroit être fait de ces poinçons & cachets ſi la négligence du Fermier ſortant, les faiſoit tomber dans des mains étrangères : le Fermier entrant, obtient ordinairement un arrêt du Conſeil qui l'autoriſe à faire briſer en préſence des Officiers de l'élection, les anciens poinçons & cachets, & à en faire fabriquer de nouveaux : en ce cas, les ouvrages qui ſont en la poſſeſſion des Orfévres, & autres Marchands & Ouvriers, & qui ont été marqués du poinçon de décharge du précédent Fermier, le ſont par le nouveau dans les délais & avec les formalités preſcrites par les Déclarations de 1685 & 1749, du poinçon de contre-marque deſtiné à cet uſage, ſans qu'il puiſſe pour raiſon de cette nouvelle marque exiger aucun droit ni frais.

L'article XI de l'ordonnance de 1681, autoriſe le Fermier à faire des viſites chez les Orfévres, Jouailliers & autres Ouvriers travaillans & vendans ouvrages d'or & d'argent, en ſe faiſant aſſiſter d'un Officier de l'élection du lieu où la viſite ſera faite.

Voici maintenant les détails qui concernent les Tireurs d'or & d'argent.

Ordonnance de 1681.

L'article XII de l'ordonnance de 1681, ordonne que dans les villes du royaume où il y aura des Tireurs d'or & d'argent, il n'y aura qu'un ſeul lieu où les forges & argues ſeront établies par le Fermier, dans lequel lieu les Commis feront la perception du droit de Marque.

L'article XIII lui permet de prendre à son profit les argues & outils qui s'y trouveront, appartenans aux particuliers chez lesquels les Tireurs d'or & d'argent portoient leurs ouvrages, en leur remboursant le prix suivant l'estimation.

L'article XIV ordonne que les Tireurs d'or & d'argent, seront tenus de porter les lingots aux forges & argues du Fermier, pour y être forgés, tirés & dégrossis, en payant les façons aux prix ordinaires qui ne pourroient être augmentés pour quelque cause que ce fût, à peine de concussion.

L'article XV fait défense aux Tireurs d'or & d'argent, d'en employer d'autres pour leurs ouvrages que ceux qui auront été tirés, forgés & dégrossis, dans les forges & argues du Fermier, à peine de confiscation des lingots & marchandises, & de 3 mille livres d'amende: il leur est en même temps défendu d'avoir chez eux aucuns fourneaux ni creusets propres à fondre les lingots, ni aucunes forges & argues propres à les dégrossir, sous les mêmes peines.

Il n'y a que deux argues dans le royaume; celle de Paris & celle de Lyon.

Il avoit été établi par édit du mois de janvier 1708, des Contrôleurs & Inspecteurs aux argues de Paris & de Lyon; ils furent supprimés par édit du mois d'août 1717.

Édit de janv. 1708.

Édit d'août 1717.

Édit de septembre 1705. Édit de janv. 1730.

Le Receveur desdites argues, créé par édit du mois de septembre 1705, fut de même supprimé par édit du mois de janvier 1730.

L'ordonnance de 1681, n'avoit rien statué sur ce qui concernoit les Affineurs & Départeurs d'or & d'argent: deux édits des mois de décembre 1692 & novembre 1693, créèrent en titre d'offices six Affineurs & Départeurs d'or & d'argent, savoir; quatre à Lyon, & deux à Paris, pour faire seuls & à l'exclusion de tous autres, dans les hôtels des monnoies de ces villes, & non ailleurs, toutes fontes, affinages & départs d'or & d'argent qu'il conviendroit, tant pour le service des monnoies que pour les Orfévres, Marchands, Tireurs, Écacheurs, Batteurs d'or & d'argent, & autres Ouvriers employans les matières affinées.

Édits de décembre 1692 & novembre 1693.

Ces offices furent supprimés par arrêt du Conseil & Lettres patentes du 9 décembre 1719, & les droits & émolumens qui leur étoient attribués furent réunis, ainsi que le bénéfice sur les monnoies l'avoit été par un arrêt précédent, à la Compagnie des Indes.

Arrêt & Lettres patentes du 9 décemb. 1719.

Le Roi reprit l'un & l'autre en 1721, & par édit du mois de décembre de la même année, il fit une nouvelle création de six offices d'affineurs & départeurs.

Édit de décembre 1721.

Ces offices ont encore été depuis supprimés & rétablis de nouveau par un édit du mois d'août 1757, qui modère leurs droits à 16 sous par marc d'argent affiné au lieu de 20 sous, à 8 livres par marc d'or au

Édit d'août 1757.

lieu de 10 livres; & à 2 livres 16 ſous pour le départ de l'or au lieu de 3 livres 10 ſous; & ordonne que tous droits établis ſur les affinages ſeront réduits d'un cinquième.

Aux termes des règlemens, les Tireurs d'or ne peuvent faire aucunes fontes, affinages ni départ d'or & d'argent: ils ne doivent avoir aucune filière ou argues en leur poſſeſſion, ni aucun fourneau ou affinoir; ils ſont tenus de faire paſſer les lingots affinés & marqués des poinçons des Affineurs & des Eſſayeurs, aux argues royales, pour y être tirés & dégroſſis; ils ne peuvent ſe ſervir pour leurs ouvrages d'autre or & argent que de ceux, ainſi tirés & dégroſſis aux argues royales, & enfin ils ne peuvent vendre leurs retailles d'or & d'argent qu'aux Affineurs ou aux Directeurs des monnoies de Paris & de Lyon.

Les Affineurs ſont tenus de marquer les lingots affinés, par numéros & par années, en recommençant chaque année le numéro & y joignant l'année, d'en tenir regiſtre où ils doivent porter la vente qu'ils en font, & d'en délivrer ſans frais, chaque mois, un extrait certifié d'eux au Fermier ou à ſes Commis & prépoſés.

Ils doivent écrire ſur leur regiſtre les ventes, échanges ou remiſes des retailles d'or & d'argent, qui leur ſont faites, avec les noms des Tireurs d'or, qui les leur ont vendues ou remiſes, & la date de la remiſe dont ils doivent délivrer ſans frais un extrait certifié d'eux, au Fermier ou Commis, de trois mois en trois mois.

Il eſt défendu aux Tireurs d'or, de vendre ou échanger des retailles d'or ou d'argent, de quelque qualité qu'elles ſoient, à d'autres qu'aux Affineurs ou aux Maîtres de la monnoie.

Il eſt enjoint à tous Marchands & autres, qui font venir des piaſtres, réaux & autres matières d'or & d'argent, d'en faire, après leur arrivée, leur déclaration détaillée au bureau du Fermier, de tenir regiſtre de l'emploi qu'ils en font, & de ceux entre les mains deſquels elles paſſent, & de repréſenter ces regiſtres aux Commis du Fermier lors de leurs viſites.

Ces différentes diſpoſitions ont pour objet de mettre le Fermier en état de ſuivre la deſtination & l'emploi des lingots, ainſi que des matières propres à les former, & de connoître s'ils ont été forgés & tirés dans les forges & argues royales.

Lorſqu'un Tireur d'or ſe propoſe d'employer un lingot, il eſt obligé de le prendre à l'affinage de Paris ou de Lyon, & d'en faire ſa déclaration au bureau du Fermier où ſont les argues; il y porte ce lingot, on le pèſe; on l'enregiſtre & l'on perçoit 20 ſous par marc, le Vingtième de l'Hôpital & les Six ſous pour livre.

Lorſque les droits ſont payés, on marque le lingot du poinçon deſtiné à cet uſage, & l'on délivre quittance.

On le porte ensuite à la forge dont le Forgeron est agréé du Fermier; il vérifie si le poinçon est apposé, après quoi il le forge de la grosseur du calibre de la filière d'apprêtage dont il a la mesure, & qui est au bureau du Fermier.

Le Tireur d'or porte ensuite ce lingot, au bureau du Fermier où on le fait passer par les premières filières d'apprêtages, jusqu'à ce qu'il ait acquis environ sept pieds de longueur.

Alors on coupe ce lingot en deux, on le marque du même poinçon qui y avoit été apposé, & le Tireur le remporte chez lui pour le dorer.

Il retourne ensuite au bureau de l'argue où les deux parties du lingot sont tirées, jusqu'à ce qu'elles soient réduites à la grosseur d'une plume, & dans cet état le Tireur d'or remporte chez lui le lingot, & est le maître de le réduire à sa volonté, & suivant l'usage qu'il se propose d'en faire.

Indépendamment des droits dont on a ci-dessus parlé, le Tireur paye 20 sous pour la façon de chaque lingot, & s'il se sert des filières du Fermier il paye en outre 30 sous, ce qui fait 50 sous au total par lingot: il peut avoir au bureau de l'argue des filières à lui appartenantes: ces filières sont enfermées dans une grande armoire à plusieurs guichets; chaque Tireur d'or à une clef du guichet où il met ses filières, & le Fermier seul à la clef de l'armoire.

Si la destination du lingot est d'être tiré en trait ou

fil d'argent, il n'eſt point ſujet aux droits de 20 ſous par marc; il ne paye que les 20 ſous de façon par lingot, & les 30 ſous ſi l'on ſe ſert des filières du Fermier, le tout conformément à l'édit du mois de décembre 1760, qui a ſupprimé les droits ſur les lingots deſtinés à être tirés en fil d'argent.

Les droits de la Marque d'or & d'argent, ont été joints au bail des fermes générales: ils ſont régis par exercice dans les villes de Paris, Lyon & Rouen.

Les Marchands & Ouvriers, en or & en argent, des autres villes du royaume, ſont abonnés à des ſommes qu'ils payent annuellement ou de ſix mois en ſix mois, au Fermier qui leur a paſſé ces abonnemens.

Formule ou Droits ſur le papier & parchemin timbrés.

Le mot *Formule,* pris dans ſa véritable ſignification, eſt un modèle d'acte contenant la ſubſtance & les principaux termes, dans leſquels il doit être conçu pour être conforme aux ordonnances & autres loix du pays.

On entend en matière de droits, ſous cette dénomination les *papiers & parchemins timbrés,* & voici ce qui y a donné lieu.

Édit de mars 1653.

Au mois de mars 1653, le feu Roi donna un édit portant établiſſement d'une marque ſur les papiers & parchemins, qui devoient ſervir à l'expédition de tous actes judiciaires, obligatoires & autres; mais cet édit demeura ſans exécution: par une Déclaration du 19 mars 1671, il fut ordonné que pour rendre la procédure uniforme dans toutes les Cours & juridictions du

Déclaration du 19 mars 1671.

du royaume, il feroit dreffé, conformément à ce qui avoit été prefcrit par les ordonnances de 1667, 1669 & 1670, des formules imprimées pour les actes de toute efpèce, & qu'il feroit arrêté un tarif des droits qui feroient perçus pour chaque nature d'acte.

Ce tarif fut effectivement arrêté le 22 avril fuivant.

Il étoit néceffaire pour l'exécution de cette Déclaration, de former & compiler des recueils de modèles, de les arrêter au Confeil, & de les envoyer enfuite dans les différentes Cours.

Déclaration du 2 juillet 1673.

Par une Déclaration donnée au camp de Maftricht, le 2 juillet 1673, il fut ordonné qu'en attendant que les formules fuffent perfectionnées, on délivreroit dans les bureaux établis pour la diftribution de la formule, le papier & le parchemin néceffaires pour tous les actes publics, marqués en tête d'une fleur-de-lis & timbrés de la qualité & fubftance des actes, avec mention du droit porté par le tarif du 22 avril précédent.

Arrêt de règlement du 3 avril 1674.

Il fut fait, par arrêt du Confeil du 3 avril 1674, un règlement général en vingt articles pour l'ufage & la diftribution des papiers & parchemins timbrés.

Les chofes changèrent de face dans le même mois d'avril: il fut donné un édit qui fupprimoit le droit établi fur les papier & parchemin timbrés, & le commuoit en un autre droit, à prendre généralement fur tout le papier & le parchemin qui fe fabriqueroit & fe confommeroit dans le royaume.

Le préjudice que ce nouveau droit portoit aux

manufactures de papiers établies dans le royaume, en fit d'abord suspendre la perception par arrêt du Conseil du 22 mai 1674, qui ordonna en même temps que le droit de Timbre seroit perçu comme auparavant, & ensuite un nouvel édit du mois d'août 1674, révoqua celui du mois d'avril précédent & supprima les droits portés par cet édit, il ordonna en même temps la continuation de l'usage des papiers & parchemins timbrés, & qu'au lieu de timbres différens pour chacun des actes, les Officiers & Ministres de justice, & autres personnes, assujetties à l'usage de la formule par les précédens règlemens, se serviroient de papier & parchemin marqués seulement d'une fleur-de-lis, & du nom de la généralité dans laquelle la consommation en devoit être faite, avec tel caractère particulier qui seroit jugé nécessaire par les Fermiers pour chaque généralité.

Arrêt du 22 mai 1674.

Édit du mois d'août 1674.

Cet Édit du mois d'août 1674, doit être considéré comme ayant fixé & déterminé l'établissement des papiers & parchemins timbrés, qui a retenu la dénomination de droit de Formule, quoique l'introduction de l'usage des formules soit demeurée sans exécution.

L'édit du mois d'août 1674, avoit fixé les droits relativement à la hauteur & à la largeur du papier, & il avoit ordonné que les droits sur le parchemin continueroient à être levés en conformité de la Déclaration du 2 juillet 1673.

L'ordonnance des Aides de 1680, au titre des

droits sur les papier & parchemin timbrés, apporta quelques changemens à la quotité des droits.

Les circonstances de la guerre donnèrent lieu à la Déclaration du 18 avril 1690, par laquelle ces droits furent augmentés d'un tiers, & les choses restèrent sur ce pied jusqu'à l'édit du mois de février 1748, dont l'article I.er en augmentant les droits, ordonne qu'ils seront perçus suivant le tarif attaché sous le contre-scel, & l'article XIII qu'il sera mis copie de ce tarif dans tous les bureaux de distribution & de recette des papiers & parchemins timbrés.

Déclaration du 18 avril 1690.

Voici dans l'état actuel des choses, quelle est la quotité des droits en y joignant les Quatre sous pour livre.

Le Papier.

Grand papier de quatorze pouces de haut sur dix-sept pouces de large	4l	
Moyen de douze pouces de haut sur seize de large . .	3.	
Petit de neuf pouces de haut sur treize pouces & demi de large	2.	
Demi-feuille	1.	3s
Quart	1.	

Le Parchemin.

Peau	2l	
Demi-peau	1.	10s
Feuille	1.	
Quart, Cinquième ou Sixième		12.
Pour chaque Rôle en cahier		10.

Et pour toutes ſortes de quittances 10 ſous, à l'exception de celles délivrées pour les rentes de l'hôtel-de-ville de Paris, pour leſquelles il n'eſt payé que 3 ſous.

Déclaration de 1760 & 1763. Par les Déclarations de 1760 & 1763, concernant la levée des Deux nouveaux ſous pour livre, les papiers & parchemins timbrés en ont été formellement exceptés.

Les Notaires de Paris, ſont aſſujettis ſur le papier & le parchemin timbré à une fixation particulière, qui tient lieu de contrôle des actes dont ils ont été déchargés par une Déclaration du 7 ſeptembre 1723; cette Déclaration entroit dans le détail des différentes ſortes d'actes qu'elle diviſoit en deux claſſes, & preſcrivoit des formules particulières à employer pour chaque nature d'actes, mais ces différentes formules ont été ſupprimées par une Déclaration du 3 décembre 1730, & elles ont été commuées en une formule uniforme, dont le droit de Marque en ſus du prix ordinaire du timbre des fermes, a été fixé par cette Déclaration, qui ordonne en même temps que cette formule ſera timbrée à côté du timbre ordinaire des fermes, & qu'il ſera mis ſur les papiers & parchemins le titre ou dénomination; *actes des Notaires de Paris.*

Déclaration du 7 ſeptemb. 1723.

Déclaration du 3 décemb. 1730.

Édit de fév. 1748. Le prix de ces formules a été augmenté par l'édit du mois de février 1748, & le montant en eſt actuellement, ſavoir:

Pour chaque feuille de papier . . . . 13[f]
Pour chaque feuille de parchemin . . . . 2[l] 5.
Pour chaque demi-feuille de parchemin . . . . 1. 7.

L'ordonnance de 1680, & les différens règlemens intervenus sur cette matière, ont détaillé les titres, registres, actes & expéditions, qui doivent être en papier & parchemin timbrés, & prononcé les peines qu'encourent ceux qui se trouvent en contravention ; on ne croit pas nécessaire d'en faire ici l'énumération. *Ordonnance de 1680.*

Les Fermiers sont tenus de timbrer gratuitement le papier qui leur sera fourni par les Officiers des bailliages, sénéchaussées & autres Justices royales ou subalternes, pour en composer des registres sur lesquels sont transcrits les Édits, Ordonnances, Déclarations & Lettres patentes qui sont envoyés par les Cours aux juridictions pour y être publiées & enregistrées; & si les Fermiers fournissent le papier, il doit leur être payé sur le pied du prix marchand seulement, sauf à eux à mettre sur le papier qui sera ainsi fourni, une légende qui en fixera l'usage aux seuls enregistremens.

Quant aux papiers & parchemins timbrés consommés par les Procureurs du Roi, dans les affaires de leur ministère, il leur en est accordé des indemnités qui jusqu'en 1740, étoient employées dans l'état des charges assignées sur la ferme générale des Aides, mais depuis les arrêts des 7 juin 1740 & 6 mai 1755, ces indemnités sont employées dans l'état des gages de ces Officiers ; & à l'égard des Procureurs du Roi *Arrêts des 7 juin 1740 & 6 mai 1755.*

qui n'ont point de gages, elles leur ſont payées par les Receveurs généraux des domaines & bois.

Les droits de timbre n'ont point lieu dans les ville & territoire de Bayonne, ni dans les pays de Labour & de Soule; il eſt accordé au Fermier une ſomme de 24 mille livres par an, pour la non-jouiſſance de ces droits.

Pluſieurs provinces qui, lors de leur réunion à la Couronne, ont conſervé leurs uſages & leurs priviléges, n'ont pas été aſſujetties à cette formalité qui n'y étoit pas établie auparavant, telles ſont la Flandre, l'Artois, Charleville, l'Alſace, le Rouſſillon & la Franche-comté: cet uſage n'eſt pas non plus introduit dans les principautés de Dombes, d'Orange & d'Enrichemont.

Les droits de Timbre ſur les papiers & parchemins furent compris dans le bail général des Aides, fait le 7 juin 1674, & dans le bail commençant au 1.er octobre 1680, des fermes générales des gabelles & Cinq groſſes fermes.

Lors de l'établiſſement de ces droits, le Fermier des Domaines qui n'avoit dans ſon bail que les Domaines proprement dits, n'avoit pas ſuffiſamment d'Employés pour faire la régie de la formule, ce qui engagea à joindre ces droits à la ferme des Aides: on prétend que depuis qu'on a joint à la ferme des Domaines différens droits établis dans tout le royaume, tels que ceux de contrôle des exploits, des actes, d'insinuations, de petit-scel, les droits réservés ou ceux de greffes, l'on auroit dû y joindre pareillement la formule; qu'il seroit plus convenable, autant qu'il seroit possible, de charger les Contrôleurs des actes ou des exploits, de la distribution des papiers & parchemins timbrés, comme plus capables & plus à portée par leurs emplois de découvrir les fraudes contre l'usage desdits papiers & parchemins, presque tout ce qui en est consommé devant passer par leurs mains.

Quoi qu'il en soit, on a distingué les pays où les Aides ont cours de ceux où elles n'ont point cours; en conséquence la formule fait partie de la régie des Aides par-tout où elles s'étendent, & de la régie des Domaines dans les pays où les Aides n'ont point cours.

On observe qu'en Bretagne où les Aides n'ont pas cours, & où il se perçoit sur les boissons d'autres droits qui en tiennent lieu, & qui sont connus sous le nom de *devoirs, impôts* & *billots*, par une suite de l'usage introduit dans les pays d'Aides, la formule étoit jointe aux impôts & billots: mais ces droits ayant été aliénés à la province en 1759, conjointement avec les Domaines & droits y joints, les États assemblés en 1760, ont reconnu que la formule ne pouvoit être bien régie que par les Employés des Domaines; ils l'ont en conséquence distraite des impôts & billots, & ils la font régir depuis le 1.er janvier 1761, par les Employés des Domaines, Contrôles & droits y joints.

Aliénation de divers droits à province de Bretagne en 1759.

Tous les actes faits dans un lieu où le timbre est en usage, doivent être sur du papier marqué du timbre du même lieu, & réciproquement si le timbre n'est pas établi dans le lieu de la passation de l'acte, il peut être fait sur du papier libre.

Règlement du 3 avril 1674.

L'usage du timbre avoit été limité pour chaque généralité par l'article XV du règlement du 3 avril 1674, il a été ordonné en conséquence par l'édit du mois d'août suivant, que le timbre désigneroit le nom de la généralité dans laquelle la consommation des papiers & parchemins timbrés devoit être faite.

L'article XX de l'ordonnance des Aides de 1680, fait défenses à toutes personnes de vendre & distribuer des papier & parchemin timbrés, sinon de l'ordre & pouvoir par écrit du Fermier, ses Procureurs & Commis, à peine de 300 livres d'amende pour la première fois, & de 1000 livres en cas de récidive, & autorise les Commis à faire leurs visites, dans les moulins & magasins à papier, pour découvrir les contraventions & en dresser des procès-verbaux.

Pour prévenir la falsification des papiers timbrés, chaque Fermier de la formule se sert d'un filigrame dont chaque feuille, demi-feuille ou quart de papier, doit entièrement porter l'empreinte: le Marchand de papier ne peut livrer qu'au Fermier & à ses Employés le papier qu'il a ainsi fabriqué: les visites dans les moulins & magasins, autorisées par l'ordonnance, ont pour objet de constater si le filigrame a été contrefait, ou ou s'il a été employé à d'autres papiers que ceux deſtinés pour la ferme.

Indépendamment de cette marque intérieure, il y a celle du timbre dont chaque Fermier peut, comme il lui plaît, changer l'empreinte; il peut même la varier ſelon les différentes eſpèces de papiers & parchemins: il eſt ſeulement aſſujetti d'y mettre le nom de la généralité & le prix principal du timbre; & ſuivant l'article XX de l'ordonnance des Aides que l'on a déjà rappelé, il eſt tenu de mettre au greffe de chaque élection une empreinte de ſa marque; il dépend au ſurplus de lui de faire pour la régie intérieure, relativement aux magaſins, entrepôts & bureaux de diſtribution, les arrangemens qu'il juge convenables, de manière que le public ne manque point des eſpèces de parchemins & de papiers qui lui ſont néceſſaires.

Les papiers & parchemins marqués du timbre d'un Fermier, ne ſervent que pendant le cours de ſon bail, à la ſeule exception des regiſtres cotés & paraphés par un Juge, qui ont été commencés avant l'expiration du bail & qui peuvent être continués dans le bail ſuivant, juſqu'à leur entière conſommation.

Au commencement de chaque bail, le nouveau Fermier obtient un arrêt du Conſeil qui l'autoriſe à renouveler les timbres des différentes généralités, & défend en même temps l'uſage des papiers & parchemins marqués de l'ancien timbre, ſans qu'il puiſſe être tenu de contre-timbrer *gratis*, reprendre ni changer les papiers & parchemins timbrés qui pourront lui être rapportés.

Édit de d'août 1674. Ordonnance de 1680.

L'édit du mois d'août 1674, & l'ordonnance de 1680, attribuent aux Officiers des élections en première instance, & aux Cours des Aides par appel, la connoissance des contestations concernant la formule, & l'interdisent à toutes autres Cours & Juges.

Dans les pays où il n'y a point d'élections, la connoissance en est attribuée par des arrêts particuliers du Conseil, à différentes juridictions qui ressortissent aux Cours des Aides, sinon au Parlement ou à la Chambre des Comptes qui réunit la Cour des Aides; ainsi dans les généralités de Toulouse & Montpellier, les contestations sont portées en première instance, devant les Visiteurs généraux des gabelles ou leurs Lieutenans; dans les diocèses de Mende & du Puy, devant les Juges royaux; & les appels de ces différens Juges sont portés à la Cour des Comptes, Aides & finances de Montpellier: ce sont dans les Trois-évêchés, les juges des traites foraines qui en connoissent en première instance.

C'est ici le lieu d'observer qu'il y a quelques exceptions à l'usage du papier timbré pour certains recouvremens, tels que la Capitation, les Dixième, Vingtièmes & autres Impositions extraordinaires; les acquits & quittances qui sont délivrés pour des droits dont le montant est au-dessous de 5 sous, peuvent aussi être mis sur papier non marqué.

On terminera ces détails, par obſerver qu'il avoit été établis d'autres droits, ſous la dénomination de *droits de Marque & Contrôle ſur le papier,* l'ordonnance des Aides de 1680, en contient un titre précis: ces droits tiroient leur origine d'un édit du mois de juin 1633, qui avoit créé des offices de Contrôleurs-marqueurs de papier, & d'une Déclaration du 16 février 1635, qui en ſupprimant ces offices, avoit ordonné la perception au profit du Roi, des droits qui leur étoient attribués, mais ces droits ne ſubſiſtent plus; & dans la vue de favoriſer cette branche de manufacture & de commerce, ils ont été ſupprimés par arrêt du Conſeil du 26 février 1720.

Édit de juin 1633.

Déclaration du 16 février 1635.

Arrêt du 26 février 1720.

Dans le nombre des offices ſur les quais, ports, chantiers, halles, foires, places & marchés de la ville de Paris, rétablis par l'édit du mois de juin 1630, ſe trouvent trente offices de Contrôleurs-viſiteurs-marqueurs de toutes ſortes de papiers & cartons, auxquels il eſt attribué des droits ſur les papiers & cartons, qui ſont fixés par le tarif annexé à cet édit; il s'en perçoit auſſi au profit du Roi, qui ſont partie des droits rétablis en 1743.

Autres Droits.

Pour ne rien omettre, relativement à la matière que nous traitons, nous croyons devoir encore retracer ici deux ſortes de perceptions qui ſe font au profit du Roi; l'une eſt celle qui a lieu ſous la dénomination de *droits rétablis dans Paris*, l'autre concerne l'établissement connu sous le nom de *Caisse de Poissy*.

Droits Rétablis.

Pour faire connoître en quoi consistent les Droits rétablis, il est nécessaire d'entrer dans quelques détails relativement aux offices sur les ports & marchés de Paris, qui sont partagés en différentes communautés: ces communautés d'Officiers, dont la plupart sont fort anciennes, ont essuyé bien des révolutions; leurs fonctions étant nécessaires pour la police des ports, halles & marchés de Paris, on a d'abord établi quelques personnes pour présider à ces fonctions: on leur a ensuite attribué des droits de salaires fixes; enfin on les a créés en titre d'offices, & exigé d'eux des finances; les besoins ont engagé à multiplier ces Officiers, à subdiviser leurs titres & augmenter leurs droits, pour en retirer plus de secours suivant que les conjonctures l'exigeoient: on a cherché dans des momens de paix & de tranquillité à les diminuer: en 1719, ils essuyèrent une suppression générale, & leurs fonctions furent confiées à de simples Commis; les remboursemens de ces différens Officiers n'ayant point été effectués, ils furent tous rétablis; savoir, deux communautés en 1727, & les autres par un édit du mois de juin 1730, l'exécution de ce dernier édit a donné lieu à beaucoup d'opérations de finances dont le détail seroit trop long; on observera seulement que malgré le grand nombre d'offices réunis après cet édit, par la ville de Paris, & dont il n'est point ici question, il reste encore

Édit de juin 1730.

vingt-deux communautés d'Officiers, dans lesquelles il y a douze cents soixante-onze offices en titre, sans compter un nombre très-considérable que ces communautés ont réunis elles-mêmes, & dont les finances remboursées au Roi, forment l'objet de la plus grande partie de leurs dettes.

Toutes ces communautés après avoir été supprimées par l'édit de septembre 1759, ont été rétablies par celui de mars 1760, mais à temps seulement, ne devant subsister, ainsi que leurs droits, que jusqu'au 1.er janvier 1782, & leurs créances, de même que les finances des Officiers, devant être remboursées successivement, à compter du 1.er janvier 1771.

Édits de septembre 1759 & mars 1760.

Comme il étoit entré toutes sortes d'effets dans l'acquisition de ces offices & dans les sommes payées par les communautés pour les diverses réunions par elles faites, cet édit, par l'article I.er réduit la finance & la fixe.

Quant aux rentes dûes par les communautés, le même édit en réduit les Capitaux au denier Vingt de la rente, avec la réserve seulement que les contrats constitués au denier Vingt & réduits après à un intérêt moins fort, subsisteroient en entier, nonobstant ces dernières réductions.

En rétablissant par l'édit du mois de juin 1730, les offices dont on vient de parler, on avoit attribué à ceux qui les acquerroient les trois quarts seulement, des droits dont jouiſſoient précédemment les anciens Officiers : le quart reſtant fut rétabli par un édit du mois de décembre 1743 & une Déclaration du 21 du même mois, pour être perçu au profit du Roi pendant quinze années, à commencer du 1.er janvier 1744, juſques & compris le dernier décembre 1758.

Édit de décembre 1743.

Ces droits portoient ſur les bois carrés, les bois à brûler, le déchirage des bateaux, l'étain, les papiers & cartons, les veaux, les porcs, les vins marchands, bourgeois & des communautés religieuſes, les eaux-de-vie doubles & eſprit-de-vin, les faïences & verreries, le tan & l'écorce, la volaille, le gibier, les œufs, les beurre & fromage, le charbon de bois, le poiſſon de mer frais, ſec & ſalé, le foin, la paille, l'avoine, les veſſes, graines & grenailles, les toiles, la bière, les matériaux qui entrent dans la ville, faubourgs & banlieue de Paris, pour y être conſommés ou qui paſſent debout.

La perception de ces droits fut prorogée par une Déclaration du 7 juillet 1756, pendant douze années, à commencer du 1.er janvier 1759, juſques & compris le dernier décembre 1770, ainſi que celle des Quatre ſous pour livre, qui en conſéquence de l'édit du mois de ſeptembre 1747, ſe percevoient tant ſur ces droits que ſur ceux qui ſe levoient, ſoit au profit des Officiers ſur les ports, quais, halles & marchés, ſoit au profit du Domaine de la ville & des Hôpitaux, ſoit enfin ſur le Sou pour livre du prix de la vente

Déclaration du 7 juillet 1756.

Édit de ſeptembre 1747.

des bestiaux, dans les marchés de Sceaux & de Poissy.

Ces différens objets furent affermés en conséquence d'un résultat du Conseil du 21 juin 1757, à Louis Parmentier, pour les douze années que cette Imposition devoit durer, à commencer la jouissance, à compter du 1.er janvier 1759, mais ce bail fut résilié, & ces droits furent compris dans une régie établie au mois de septembre 1759, sous le nom de *Somsoye*, auquel succéda bientôt après la régie de Valade qui, ayant été formée pour six années à commencer du 1.er avril 1760, devoit expirer au 1.er avril 1766, elle n'a dans le fait subsisté que jusqu'au 1.er avril 1765, & on lui a substitué la régie actuelle sous le nom d'*Alaterre*, dont la durée n'a été portée que jusqu'au dernier décembre 1770, ce qui la renferme dans un espace de cinq années neuf mois; sur quoi il est nécessaire d'observer qu'aux termes de l'article VI de l'édit du mois de mars 1760, à compter du 1.er janvier 1771, le produit des droits rétablis par l'édit du mois de décembre 1743 & la Déclaration du 21 du même mois, les Quatre sous pour livre de ces droits, & de ceux des Officiers imposés par l'édit du mois de septembre 1747, doivent être versés dans une caisse particulière pour être employés au remboursement, suivant l'ordre qui sera prescrit pour l'extinction successive des communautés d'Officiers, de façon que cette extinction & celle des Capitaux des rentes dûes par lesdites communautés, soient entièrement opérées au 1.er janvier 1782, sans que, sous quelque prétexte & pour quelque cause que ce soit, ce produit puisse être employé pendant ce temps à aucune autre destination.

Il a été sursis pendant six années à l'exécution de cette opération, par une Déclaration du 5 décembre 1768, enregistrée dans un Lit de justice, tenu à Versailles le 11 janvier 1769; cette Déclaration ordonne en conséquence la perception jusqu'au 1.er janvier 1788, des droits rétablis par l'édit de décembre 1743 & la Déclaration du 21 du même mois, & des Quatre sous pour livre établis par l'édit de septembre 1747, dont le produit sera employé, à compter du 1.er janvier 1777, conformément à l'article VI de l'édit du mois de mars 1760.

On perçoit en sus des droits des Officiers, de ceux de la ville & des hôpitaux, & des droits rétablis, les deux Vingtièmes ou Sou pour livre, dont la perception a été ordonnée par les Déclarations des 3 février 1760 & 21 novembre 1763, jusqu'au dernier décembre 1770; & prorogée par celle du 8 janvier 1767, jusqu'au dernier septembre 1774.

Caisse de Poissy.

Le commerce des bestiaux se faisoit avant 1690, avec la plus grande liberté; les Marchands & les Bouchers se concilioient pour le prix & pour les termes de payemens, comme ils jugeoient à propos.

Il avoit été créé avant cette époque des offices de Vendeurs de marée & de volaille, avec attribution de droits

droits ſur le prix de la vente, & à la charge d'avancer aux forains le prix de leur marchandiſe : ces établiſſemens, en aſſurant aux forains ce prix immédiatement après la vente, leur facilitoient le moyen de retourner ſur le champ, faire de nouveaux achats en province pour reparoître bientôt enſuite, à la halle & ſur le carreau de la valée : comme ils procuroient l'abondance & conſéquemment le bon marché, ils firent naître l'idée de former un établiſſement ſemblable, qui paroiſſoit ne vouloir que favoriſer le commerce des beſtiaux.

Louis XIV créa par édit du mois de janvier 1690, ſoixante offices de Jurés-vendeurs de beſtiaux, à l'inſtar des charges ſur la marée & la volaille ; mais ces offices furent ſupprimés par une Déclaration du 11 mars ſuivant, ſur les repréſentations faites au Roi par les Bouchers & les Marchands forains, que la perception du Sou pour livre ordonnée par cet édit étoit préjudiciable au commerce, & avoit cauſé une augmentation ſur le prix de la viande, le droit du Sou pour livre fut converti en un droit perceptible aux entrées de Paris.

Édit de janv. 1690.

Déclaration du 11 mars 1690.

Pluſieurs particuliers enviſageant du bénéfice, à faire aux Marchands forains, les avances auxquelles les ſoixante Officiers ſupprimés avoient été aſſujettis par l'édit de leur établiſſement, ſe préſentoient dans les marchés, avec des fonds qu'ils prêtoient aux Bouchers à des intérêts exorbitans ; quelquefois ils s'abſentoient des marchés, lorſqu'ils ſavoient que les Bouchers comptoient ſur leur ſecours, afin de ſe rendre plus néceſſaires, les abus les plus grands & la cherté de la viande furent les ſuites de ces monopoles.

Édit de 1707.

Pour y remédier, le feu Roi créa en 1707, cent offices de Tréſoriers de la bourſe dans les marchés de Sceaux & de Poiſſy.

L'édit de création contient trois diſpoſitions principales: la première aſſujettit les Officiers à faire aux Marchands forains dans l'inſtant de la vente, l'avance du prix des beſtiaux qu'ils vendront aux Bouchers & autres Marchands ſolvables.

Par la ſeconde, le droit de Sou pour livre du prix de la vente leur a été accordé, *encore bien*, porte l'édit *qu'ils n'en euſſent pas fait l'avance*.

La troiſième concerne la durée du crédit aux Bouchers & autres Marchands ſolvables, & le fixe à huit jours, pendant leſquels ils étoient tenus de rembourſer les ſommes payées pour eux par les Officiers.

Cet établiſſement ne ſubſiſta que pendant trois ans; ſa ſuppreſſion eut lieu parce que les Tréſoriers ne purent, par leur mauvaiſe régie, faire face à leurs engagemens.

Établiſſement de la Caiſſe de Poiſſy en 1743.

Les abus qui avoient engagé à créer ces charges en 1707, ſe renouvelèrent: la cherté des beſtiaux ayant augmenté depuis ſucceſſivement, ainſi que la diſette dans les marchés, le Roi ſe détermina, en 1743, à établir une caiſſe pour faire l'avance aux Marchands forains qui fréquenteroient les marchés de

Sceaux & de Poiſſy, du prix des marchandiſes qu'ils y vendroient aux Bouchers & autres Marchands ſolvables : cet édit ordonne la perception pendant quinze ans d'un Sou pour livre du prix des bœufs, vaches, veaux, porcs, moutons, brebis, chèvres & autres beſtiaux qui ſeroient vendus dans leſdits marchés, quoique la bourſe ne l'eût pas avancé ; & il accorde un délai de quinzaine aux Bouchers pour rendre les ſommes qui leur auront été avancées, au lieu des huit jours fixés par l'édit de 1707.

Le délai de quinzaine a été porté enſuite à trois ſemaines par une Déclaration du 21 décembre 1743, qui réduiſit en même temps à douze années la durée de la caiſſe.

En 1743, le droit de Sou pour livre réglé par cet édit fut donné à bail pour les douze années que devoit durer cette perception; le prix de ce bail, d'abord très-foible, fut porté enſuite à 400 mille livres par chacune des douze années.

Cet établiſſement fut continué pour douze autres années par une Déclaration du 16 mars 1755, & le bail en fut paſſé pour ces douze années commencées en 1756, moyennant 600 mille livres par an : le Parlement, en enregiſtrant cette Déclaration, s'eſt réſervé, par ſon arrêt du 18 août 1755, la connoiſſance des affaires de la caiſſe, en ce qui concerne la police de l'approviſionnement de Paris.

Déclaration du 16 mars 1755.

Arrêt du Parlement du 18 août 1755.

Il a été rendu une nouvelle Déclaration du 3 mai 1767,

qui, conformément à celle du 16 mars 1755, proroge pour douze autres années cette caisse de crédit; cette Déclaration a été enregistrée au Parlement de Paris le 19 janvier 1768, il a été passé un nouveau bail par résultat du Conseil du 18 juin 1766, pour les douze années qui ont commencé le 1.er mars 1768, & finiront au carême 1780; le prix de ce bail a été fixé à 600 mille livres par année, indépendamment de 150 mille livres pour les Quatre sous pour livre des droits de cette caisse, payables à la ferme générale.

Il paroît que les Magistrats chargés de veiller à ce que Paris soit abondamment fourni des denrées & marchandises nécessaires pour la subsistance de ses habitans, ont reconnu l'utilité de cette caisse.

En effet, avant cet établissement, les Marchands de bestiaux étoient exposés ou à des pertes vis-à-vis des Bouchers, ou au moins à des séjours dispendieux pour faire le recouvrement des sommes qui leur étoient dûes, ou enfin à payer des remises aux personnes qu'ils chargeoient de faire rentrer leurs fonds.

Ces Marchands au contraire, assurés maintenant de recevoir comptant & sans aucun retardement le prix de leurs marchandises, ne sont exposés à aucun de ces inconvéniens.

Les Bouchers étoient souvent forcés d'emprunter à de gros intérêts pour faire honneur à leurs engagemens aux échéances; de-là des banqueroutes fréquentes & plusieurs autres inconvéniens: maintenant au contraire les Bouchers intelligens & qui ont de l'ordre dans leurs affaires, sont sans aucune inquiétude sur leur commerce.

Le public enfin est toujours convenablement & suffisamment approvisionné, & n'est sujet ni au caprice, ni à l'avidité du Boucher pour le prix de la viande.

C'est M. le Lieutenant général de police qui règle, soit le temps des crédits, soit ceux des Bouchers à qui il doit en être fait; & quoique le délai soit fixé par la Déclaration à trois semaines, il est souvent prorogé jusqu'à quatre, cinq, six, sept, huit semaines & même au-delà. Les circonstances & la sûreté de l'approvisionnement exigent cette prorogation.

Le sou pour livre du prix de la vente est à la vérité un droit onéreux, puisqu'avec les Quatre sous pour livre il fait un objet de Six pour cent de la valeur des bestiaux vendus; mais on doit aussi considérer les avances considérables dans lesquelles les Fermiers sont obligés de se constituer, les risques inévitables auxquels ils sont exposés par ces avances, & il convient d'examiner si cet établissement pourroit se soutenir en réduisant le droit attribué par les Déclarations sur le prix des ventes à cette Caisse.

SIXIÈME MÉMOIRE.

DROITS DE TRAITES.

Définition & nature des droits de Traites.

Les droits de Traite ſont des droits qui ſe lèvent ſur toutes les marchandiſes & denrées à la ſortie du royaume, à ſon entrée & au paſſage dans différentes provinces. Ils doivent leur origine à un enchaînement de circonſtances qui ſeront développées par les faits que l'on ſe propoſe de retracer.

Il ſeroit à deſirer que l'établiſſement de ces droits, la manière de les percevoir, leur quotité puſſent toujours être dirigés ſous le point de vue d'accorder toute la faveur & tous les encouragemens poſſibles aux productions du ſol & de l'induſtrie des habitans du royaume, de faciliter l'exportation du ſuperflu des marchandiſes & denrées de l'intérieur, & de reſtreindre, autant que les beſoins peuvent le permettre, l'importation des marchandiſes & denrées étrangères ; mais la néceſſité de conſerver des produits dont les conjonctures & des dépenſes indiſpenſables, ne permettent pas de faire le ſacrifice, des arrangemens de convenance & de politique avec les Puiſſances étrangères, contrarient les vues qu'une adminiſtration éclairée peut former sur cet objet, ou du moins en suspendent l'exécution; & c'est ce qu'il sera facile de reconnoître par les détails que l'on se propose de mettre sous les yeux de la commission.

Les Romains connoissoient la nécessité de ne point permettre indistinctement l'importation de toutes sortes de denrées & marchandises; on trouve dans le Code la preuve que sous les Empereurs il existoit, sous la dénomination de *Comes Commerciorum*, un Magistrat qui remplissoit les fonctions d'Intendant du Commerce, & qui avoit seul la faculté de faire entrer dans l'Empire certaines productions étrangères.

De ce genre étoient, sous Théodose le Grand, les soies qui alors venoient du Levant; *comparandi serici facultatem, sicut jam prescriptum est, omnibus prœter comitem commerciorum jubemus auferri*, C. lib. IV, titre 40.

Les mêmes loix paroissent indiquer que les droits qui étoient perçus sur les marchandises & denrées de tous genres qui étoient importés dans l'empire, étoient uniformes, que ces droits revenoient au huitième du prix de ces marchandises & denrées, & qu'ils étoient acquittés par toutes sortes de personnes indistinctement, *ex prœstatione vectigalium nullius omnino nomine quidquam minuatur, quin octavas more solito constitutas omne hominum genus quod commerciis voluerit interesse, dependat; nullâ super hoc militarium personarum exceptione faciendâ*. Lib. IV, titre LXI, leg. 7; que toutes les marchandises dont l'exportation étoit permise & qui sortoient de l'empire pour paſſer à l'étranger, étoient exemptes de toute eſpèce d'impôts: *Quas vero ex romano ſolo (quæ ſunt tamen lege conceſſæ) ad propria gentes devotæ deferunt, has habeant à præſtatione immunes ac liberas,* Ibid. liv. VIII.

Origine & progreſſion ſucceſſive des Droits de Traites.

Règlemens relatifs à leur établiſſement & perception.

Les droits de Traites ou de Douane étoient auſſi connus dans les Gaules, lorſque dans les premières années du cinquième ſiècle elles devinrent le partage des Barbares: on ſait que chaque peuplade y forma un établiſſement, les Gots & les Bourguignons y ſubſiſtoient en Corps de nation, avant que les Francs vinſſent s'y établir, & ce fut ſans doute la diſtinction des territoires de ces peuples qui introduiſit les bureaux de Douane qui exiſtoient ſous la première & ſous la ſeconde race de nos Rois.

Ces bureaux excitoient des plaintes & des repréſentations de la part des peuples, ſoit parce que leur établiſſement avoit été multiplié, ſoit ſur la quotité des droits & la manière dont ils étoient exigés; l'on voit qu'en l'an 614, le Concile aſſemblé à Paris obtient de Clotaire II, un édit par lequel ce Prince fit des défenſes d'établir dans la ſuite d'autres Douanes ou Péages, que ceux qui exiſtoient ſous les Rois ſes prédéceſſeurs, *de teloneo ut per ea loca debeat exigi, vel de ſpeciebus ipſis de quibus præcedentium principum tempore eſt exactum.* Cap. Baluze, Tom. I.er page 23.

L'hiſtoire de Dagobert I.er fait connoître que ces droits étoient levés au nom du Roi, par des Officiers que

que l'on appeloit *actores Regii*, & qui étoient établis dans les différentes Douanes.

La même histoire nous apprend que Dagobert ayant donné à l'église de Saint-Denys, une rente de Cent sous d'or pour l'entretien du luminaire de cette église, il en assigna le payement sur le produit de la douane de Marseille, & qu'il chargea même les Officiers de cette Douane, d'employer chaque année ces Cent sous d'or, à l'achat des meilleures huiles: ces huiles devoient être chargées sur six voitures, & elles étoient affranchies de tous les droits qui se percevoient, soit en sortant de Marseille, soit dans les autres bureaux de la route, comme Valence, Lyon & autres, *præceptum que taliter, ut tam in ipsa Massilia, quam Valentia & Lugdunum, vel quocumque per reliqua loca transitus erat, omne teloneum de sex plaustris quibus hoc videbatur deferri, usque quo ad hanc Basilicam peraccederent omnimodis esset indultum.* De Gestis Dagoberti, cap. XVIII.

Ainsi il paroît certain que dès cette époque, il existoit à Marseille, à Valence, à Lyon & dans d'autres endroits, des Douanes dans lesquelles il étoit perçu des droits sur les marchandises & denrées qui y passoient, même lorsqu'elles provenoient de l'intérieur du royaume, puisque sans l'exemption qui fut accordée par le roi Dagobert, les huiles de Provence destinées pour l'entretien du luminaire de l'église de Saint-Denys auroient acquitté ces droits.

On retrouve ces droits de Douane ou Péage sous

les Rois de la feconde race, & l'on voit par une charte de Charles-le-Chauve, qu'il accorda l'exemption de ces droits aux religieux de l'abbaye de Saint-Maur-les-Foffés; *cunctis fidelibus noftris præfentibus & futuris jubemus ut ubi miffi prædicti abbatis & fucceſſorum ejus infra dictionem regni noftri negotiandi caufa directi fuerint nemo teloneum, nec quòd vulgo dicitur ripaticum neque Rotarium nec pontaticum, vel portaticum atque cefpitaticum nec non & falutaticum aut ullum cenfum, vel ullum occurfum aut ullam redhibitionem, ab illis exactare aut accipere præfumant.* Baluz. Tom. II, cap. III, page 1453.

Les révolutions qu'éprouva la maifon de Charlemagne ayant, pour ainfi dire, fubftitué à la puiffance publique, celle d'une multitude de Seigneurs qui fe regardoient prefque comme indépendans, ces Seigneurs s'emparèrent des droits qui avoient été établis par le Gouvernement dans l'étendue de leurs territoires; ils en établirent bientôt eux-mêmes de nouveaux, le commerce fut prefqu'entièrement interrompu, chaque province forma un État particulier, & elles devinrent, finon ennemies, du moins étrangères les unes aux autres.

A mefure que les troubles qui agitoient la France cefsèrent, & que nos Rois reprirent leur autorité, ils rendirent quelques Ordonnances en faveur du commerce; on voit par celle qui fut donnée en 1254, par Saint-Louis, à fon retour de la Terre-Sainte, que la traite de l'or, de l'argent, des joyaux de prix & des

Ordonnance de 1254.

munitions de guerre, telles que les chevaux, les armes & les harnois des chevaux, étoit conſtamment défendue.

A l'égard des denrées qui étoient néceſſaires à la vie, telles que le blé, le vin & les autres productions de ce genre, la faculté ou les défenſes de les exporter étoient ſubordonnées aux circonſtances, c'eſt-à-dire, au plus ou moins d'abondance, ou de beſoin; c'étoit aux Baillis & Sénéchaux qui, comme on ſait, réuniſſoient le commandement des armes & l'adminiſtration de la juſtice qu'appartenoit, chacun dans l'étendue de ſon reſſort, le droit de permettre ou de défendre la ſortie de ces denrées, mais les abus auxquels ils ſe livroient principalement, relativement à la traite des grains, ſoit en laiſſant leurs voiſins dans la diſette, ſoit en ne permettant la traite des blés qu'à quelques particuliers auxquels ils accordoient des permiſſions qui, le plus ſouvent, n'étoient pas gratuites, engagèrent Saint-Louis à ordonner par le règlement de 1254, que l'on vient de rappeler, que le tranſport des grains, d'une province à l'autre, ne pourroit être défendu par les Baillis & Sénéchaux, que dans le cas d'une néceſſité bien reconnue; & que lorſque les défenſes auroient été faites, perſonne ne pourroit en être excepté.

Ainſi l'on voit que de tout temps les ordonnances avoient prohibé le tranſport hors du royaume, de certaines denrées & marchandiſes, ſoit pour conſerver l'abondance, soit pour empêcher qu'on ne fournît des armes aux ennemis de l'État, & que l'exécution de ces règlemens qui ne formoit alors qu'un objet de police, étoit confiée aux Baillis & Sénéchaux.

En 1304, les Ouvriers en laine du royaume représentèrent que la faculté qui existoit alors de transporter hors du royaume, les laines & les autres matières propres à l'apprêt & à la teinture, étoit très-préjudiciable au progrès des manufactures; ils demandèrent que la traite ou exportation de ces matières premières, fût prohibée, & ils offrirent de payer un droit de Douze deniers sur chaque pièce de drap, de douze à treize aunes qui seroient vendues en gros, & de sept deniers pour celles qui seroient vendues en détail.

Philippe-le-Bel regarda cette circonstance comme un moyen propre à augmenter ses revenus, & au lieu de restreindre les défenses d'exporter, aux laines & aux matières premières, il les étendit au contraire, par une Ordonnance qu'il rendit le 1.er février 1304, à presque toutes les denrées, même aux marchandises fabriquées en France, mais il se réserva en même temps la faculté d'accorder telles permissions qu'il jugeroit à propos.

Ordonnance du 1.er février 1304.

Cette ordonnance contenoit les défenses les plus expresses de faire passer aux Étrangers de l'argent, des armes, des chevaux, des mulets, d'exporter le blé, l'orge, l'avoine & toutes les autres sortes de grains & légumes; les bestiaux, le vin, le miel, l'huile, le poivre, le gingembre, la canelle, le ſucre, le galanga & les amandes, le fer, l'acier, le cuivre, l'étain, le plomb, toutes ſortes de cuirs & de pelleteries préparées & non préparées, la ſoie, le coton, la laine, le lin & le chanvre filé ou non filé, les toiles, les draps & autres étoffes en blanc, crues & non teintes, toutes les graines propres à la teinture, la cire, le ſuif, le ſaindoux, les graiſſes & liqueurs graſſes.

Elle permettoit l'exportation des monnoies d'or & d'argent nouvellement fabriquées, & de quelques épiceries telles que le pignola & le cumin.

Le ſimple expoſé de ce règlement, fait ſentir tous les inconvéniens qui en auroient réſulté, s'il eût été littéralement exécuté, mais l'intention de Philippe-le-Bel étoit moins d'interdire abſolument toutes eſpèces de traites que de ſe procurer un bénéfice ſur les permiſſions qui ſeroient accordées; & ce fut par ce motif que par l'ordonnance du 1.er février 1304, il fut ordonné que les marchandiſes prohibées ne pourroient être tranſportées hors du royaume ſans ſa permiſſion, ou celle de ceux qui ſeroient prépoſés pour veiller à ſon exécution.

D'après cette ordonnance, & pour remplir les vues par leſquelles elle avoit été déterminée, Philippe-le-Bel fit expédier le 6 du même mois de février 1304, une commiſſion qui fut adreſſée à Geoffroi Coquatrix que l'on peut regarder comme le plus ancien maître des ports & paſſages de France.

Cette commiſſion portoit que cet Officier étant parfaitement inſtruit des beſoins du royaume, il y conſerveroit les choſes néceſſaires pour ſa conſommation, & qu'après y avoir pourvu abondamment, il règleroit ce qu'il conviendroit d'en laiſſer ſortir pour l'uſage des Alliés de l'État ſeulement.

La même commiſſion lui donna en conſéquence le droit d'établir des Gardes aux paſſages & frontières du royaume, de deſtituer & remplacer ceux qui pouvoient déjà y être établis, d'accorder les permiſſions pour tranſporter à l'Étranger les marchandiſes & denrées qu'il jugeroit convenable, & de prononcer, contre ceux qui contreviendroient, les peines que pourroit exiger leur déſobéiſſance.

Le Maître des ports & paſſages n'eut pas plutôt formé les établiſſemens des bureaux qu'il jugea néceſſaires, que Philippe-le-Bel adreſſa aux Gardes de ces bureaux, un mandement daté de Neubourg le 25 avril 1310, par lequel il leur fut enjoint de faire porter à ſes Tréſoriers à Paris, tout l'argent qui proviendroit des ports & paſſages, ce qui fait connoître que les permiſſions n'étoient accordées que moyennant les ſommes qui étoient payées par ceux qui les demandoient.

Mandement du 25 avril 1310.

Louis Hutin qui ſuccéda à Philippe-le-Bel apporta des adouciſſemens au commerce, il rendit en 1315, ſur les repréſentations des Négocians, une ordonnance par laquelle il permit d'exporter à l'étranger toutes

Ordonnance de 1315.

sortes de vivres, & même des toiles, sur les permissions qui seroient accordées par les Officiers-royaux, mais cette liberté ne fut pas de longue durée; en effet Philippe-le-Long fit revivre, dès le mois de février 1320, la prohibition d'exportation portée par l'ordonnance de 1304, & par un mandement du 17 mai 1321, en renouvelant les défenses qui avoient été précédemment faites, de laisser sortir aucune marchandise prohibée, *sans payer finance*, il ordonna que le montant de cette finance, qui jusqu'à cette époque avoit été laissé à la disposition & à l'arbitrage du Maître des ports, seroit réglé par la Chambre des Comptes de Paris.

Ordonnance de 1320.

Mandement du 17 mai 1321.

Cette Chambre nomma en conséquence trois Commissaires qui furent Pierre Chalon, Chanoine d'Autun; Guillaume de Marcilly, Chevalier; & le même Coquatrix, Maître des ports dont on vient de parler.

Suivant l'instruction qui fut donnée par la Chambre des Comptes à ce sujet, lorsque des Marchands vouloient faire la traite, ils commençoient par s'adresser à la Chambre des Comptes qui régloit d'abord avec eux la somme qu'ils devoient payer, le montant de cette somme qui, suivant les apparences, fut déterminé d'abord relativement à la quantité & à la qualité des marchandises qui devoient être exportées, fut converti dans la suite en un droit connu sous la dénomination de *haut-passage*, & qui revenoit ordinairement à Sept deniers pour livre du prix des marchandises & denrées.

Lorfque ce montant étoit fixé, la Chambre adreffoit aux Commiffaires un mandement, & ceux-ci ou l'un d'entr'eux, après avoir reçu le prix dont on étoit convenu, délivroit une permiffion à laquelle étoit jointe une copie en forme du mandement qui avoit été adreffé par la Chambre des Comptes, & qui contenoit, non-feulement le montant de la fomme qui avoit été payée, mais encore la quantité & la qualité des marchandifes, de manière qu'il n'étoit pas poffible d'exporter d'autres marchandifes, ni en plus grande quantité, que celles qui étoient énoncées dans cette permiffion.

Lorfque les marchandifes & ceux qui les conduifoient, étoient arrivés dans le port, ou au lieu du paffage par lequel la traite devoit en être faite, ils préfentoient la permiffion & la copie du mandement de la Chambre des Comptes au Garde qui infcrivoit dans un regiftre deftiné à cet effet, les noms des propriétaires de la marchandife, la quantité & la qualité de ces mêmes marchandifes, la marque des ballots & le temps auquel ils devoient partir, il appofoit même fon feing ou fa marque fur chaque ballot & il l'y laiffoit jufqu'au moment du départ.

On trouve dans les regiftres de la Chambre des Comptes, le détail des marchandifes dont l'exportation n'étoit accordée que moyennant une finance; ces marchandifes étoient les laines, les aignelins, tous les grains, les draps écrus, le lin, le chanvre, les fils, le brefil, l'alun, l'alun, les semences, les teintures, l'acier, l'or, l'argent en plate & le billon.

En 1324, Charles-le-Bel rétablit les choses dans leur ancien état, & se porta à interdire de nouveau le transport hors du royaume de toutes les marchandises en général. 1324.

Ces défenses allarmèrent les Étrangers qui étoient dans l'usage de commercer avec la France, & pour engager Charles-le-Bel à les révoquer, ils offrirent de payer 4 deniers pour livre du prix des marchandises qu'ils enlèveroient.

Ce Prince se porta en conséquence à excepter de la prohibition un certain nombre de marchandises & denrées, sous la condition que celui qui les achetteroit payeroit à la sortie du royaume un droit de Quatre deniers pour livre de leur valeur, ce droit fut établi sous la dénomination de *droit de Rêve,* qui signifioit recette: les marchandises qui n'étoient point comprises dans l'exception, & qui consistoient dans les armes, les harnois, les chevaux, le fer & l'acier, les draps blancs écrus & non teints, le fil de laine, les chardons à drapiers, les teintures, les laines, les bêtes à laine, le fil, le lin, le chanvre, les toiles & linges de table, continuèrent à être prohibées, mais bientôt après les Maîtres des ports recommencèrent à donner, moyennant de l'argent, des permissions particulieres, c'est-à-dire, à lever, sur les marchandises qui n'étoient point exceptées de la prohibition, outre le droit de Rêve, celui de Haut-passage.

On voit en effet qu'au mois de juillet 1331, trois particuliers qui résidoient dans l'étendue de la sénéchaussée de Carcassonne, offrirent à la Chambre des Comptes, de payer chaque année une somme de 6 mille livres tournois, tant qu'il plairoit au Roi de leur permettre l'exportation des marchandises & denrées de leur territoire, dont la traite n'étoit pas permise.

Il fut établi d'abord pour la perception de ces droits, des bureaux en Normandie & en Poitou du côté de la mer seulement; dans le Languedoc du côté de la mer & du Roussillon; dans le Lyonnois du côté de la Bresse & de la principauté de Dombes; dans la Picardie du côté du Hainault & du Cambresis; & dans la Champagne du côté du Hainault, du Luxembourg, de la Lorraine & de la Franche-comté; on ne put parvenir à en établir alors sur les autres frontières du royaume.

Depuis cette époque de 1331, jusqu'en 1386, il fut rendu un grand nombre de règlemens, soit pour prohiber l'exportation de certaines denrées & marchandises, soit pour régler les cas où cette exportation seroit permise, soit pour fixer les droits qui seroient acquittés.

La prohibition pour l'exportation des laïnes subsista jusqu'en 1341, mais l'exécution en fut éludée par une multitude de permissions particulières qui furent accordées, & qui étoient extrêmement onéreuses au commerce, par la fixation arbitraire des sommes qui étoient exigées de ceux qui les demandoient.

Ces permissions se multiplièrent au point que la Chambre des Comptes qui pouvoit à peine suffire à les expédier, prit enfin le parti dans la semaine Sainte de la même année 1341, de former un tarif des droits qui seroient payés à la sortie des laines; ce tarif fixoit ces droits sur chaque charge de laine d'Angleterre qui sortiroit du royaume, à 60 sous parisis; ceux sur chaque charge d'aignelins du même pays & de la Bourgogne, à 6 livres parisis; ce règlement fut rendu public le 5 avril 1342, il portoit que ceux qui voudroient transporter des laines hors du royaume, pourroient le faire en acquittant les droits fixés par le tarif.

Règlement de la Chambre des Comptes du 5 avril 1342.

On reconnut en 1349, que la permission indéfinie portée par le règlement de 1341, d'exporter les laines, étoit préjudiciable au commerce des foires de Champagne & de Brie, & il fut en conséquence sursis par une ordonnance du 6 août 1349, à l'exécution de ce règlement, mais cette surséance ne dura que pendant une année, & finit avec le règne de Philippe-de-Valois.

Ordonnance du 6 août 1349.

Sous le règne du roi Jean, la traite des laines fut permise, mais un règlement de 1353, en restreignit la sortie à certains ports & passages, & apporta des changemens dans le tarif des droits; ces droits furent encore changés en 1358 & 1361, & enfin fixés à un

Règlement de 1353.

droit égal & uniforme, qui revenoit à 4 florins par charge.

Les mêmes motifs portèrent en 1342, la Chambre des Comptes à faire les mêmes arrangemens pour les toiles & le fil, l'exportation en fut permise moyennant un droit de Six deniers pour livre pour ce qui en sortiroit par Aiguemorte, & à Sept deniers pour ce qui seroit exporté par les autres endroits du royaume.

On restreignit ensuite la sortie à certains ports, & l'ordonnance de 1383, fixa indistinctement le droit à Sept deniers par livre.

Règlemens de 1353, 1358, 1361, 1383, 1384 & 1386.

Plusieurs règlemens en 1353, 1358, 1361, 1383, 1384 & 1386, renouvelèrent les défenses d'exporter les armes, harnois & chevaux; mais ces règlemens accordoient en même temps au Maître & Visiteur général des ports & passages, la faculté d'accorder des permissions suivant l'exigence des cas, & celui de 1361 lui permettoit de composer pour raison de ces permissions suivant le plus ou le moins de valeur des choses qui seroient exportées.

L'exportation du fer & de l'acier non travaillés, fut pareillement prohibée, mais il fut de même permis au Maître des ports d'accorder des permissions pour le fer & l'acier qui ne seroient point fabriqués en armes, & le prix de ces permissions fut réglé par l'ordonnance de 1383, à 7 deniers d'argent ou à 12 deniers tournois par quintal de fer & d'acier.

Enfin le même règlement de 1383, fixa également

les droits pour les draps blancs & écrus, & les fils de laine qui feroient exportés, à 7 deniers pour livre ; pour les teintures, à 12 deniers pour livre ; pour le pastel & autres teintures de même genre, à 6 deniers pour livre ; & pour le tartre ou graie, à 4 sous tournois la charge.

Il résulte des détails qui viennent d'être rappelés, que les droits qui avoient été établis, d'abord à la sortie des marchandises & denrées, consistoient dans les droits de Haut-passage & de Rêve.

En 1360, le roi Jean, pour subvenir aux frais de sa rançon, ajouta à ces droits de Rêve & de Haut-passage un troisième droit de sortie, qui fut établi sous la dénomination d'*Imposition foraine*, & réglé à 12 deniers pour livre. 1360.

Ce Prince, pour s'indemniser du refus que faisoient quelques provinces de contribuer aux Aides, ordonna que ces provinces feroient regardées, à l'égard des droits de Traites, comme étant étrangères, & qu'elles acquitteroient les trois droits de sortie pour tout ce qu'elles tireroient de celles qui étoient sujettes aux Aides.

C'est d'après cette circonstance que furent formés successivement les bureaux des traites, savoir ; dans la Picardie du côté de l'Artois ; dans l'Anjou du côté de la Bretagne & du Maine ; dans le Poitou du côté de l'Angoumois ; dans le Berri du côté de la Marche ; dans le Bourbonnois du côté de la Marche, de l'Auvergne

& du Forès; & dans le Lyonnois & le Languedoc du côté de l'Auvergne.

Ainsi il se percevoit sur les marchandises & denrées qui sortoient, soit pour l'étranger, soit pour les provinces réputées étrangères, trois sortes de droits; celui de Haut-passage, celui de Rêve & l'Imposition foraine; mais le droit de Haut-passage n'étoit perçu que sur certaines espèces de marchandises.

Henri II, pour faire cesser cette diversité, substitua,
1551. en 1551, aux droits de Rêve & de Haut-passage, un nouveau droit auqel il donna la dénomination de *Domaine forain*, & qui indépendamment de l'imposition foraine, devoit être levé sur toutes les marchandises & denrées sans distinction, à raison de 8 deniers pour livre de leur valeur.

Il fut adressé des représentations de la part de quelques provinces, qui trouvoient le Domaine forain beaucoup plus onéreux que ne l'étoit la perception des droits de Rêve & de Haut-passage, & qui en conséquence demandèrent que ces droits fussent rétablis,
Édit de 1556. cette demande leur fut accordée par un édit de 1556, mais le Domaine forain continua d'être levé dans les autres provinces, conformément à l'édit de 1551.

Édit de 1577. Par un édit de 1577, Henri III déclara que la faculté de permettre la traite & le transport des marchandises & denrées du royaume à l'étranger, étoit un droit Royal & Domanial, il établit en conséquence sur les grains, les vins, les légumes, les toiles, le pastel

& les laines, un nouveau droit de ſortie auquel il donna la dénomination de *Traite Domaniale,* cet impôt fut depuis étendu à preſque toutes les autres marchandiſes & denrées.

On ne connoiſſoit avant Henri III d'autres droits à l'entrée des marchandiſes étrangères dans le royaume que ſur les drogueries & épiceries & les aluns; le droit ſur les épiceries & drogueries étoit fixé à Quatre pour cent & avoit été établi en 1549, celui ſur les aluns étoit d'un écu par quintal, & avoit été impoſé par Henri II en 1554.

Par un édit du 3 octobre 1581, Henri III établit à l'entrée de toutes les marchandiſes & denrées qui ſeroient tirées des pays étrangers, un droit de Deux pour cent de leur valeur; les provinces qui étoient réputées étrangères furent aſſujetties au payement de ce droit. *Édit du 3 octobre 1581.*

En 1621, un nouveau motif engagea Louis XIII à multiplier les bureaux des traites, ce Prince ayant reconnu qu'il n'en exiſtoit aucun dans quelques provinces frontières, ni du côté de l'étranger, ni du côté de l'intérieur du royaume, il ordonna qu'il en ſeroit établi de l'un des deux côtés, à leur choix. *1621.*

La Bourgogne ayant préféré la liberté de commerce qu'elle avoit avec les provinces de l'intérieur, les bureaux furent établis ſur ſes frontières du côté de la Franche-comté qui étoit étrangère alors.

Le Dauphiné au contraire, la Saintonge, le pays d'Aunis, la Guyenne, la Bretagne & le Maine, préférèrent de les laisser établir du côté du Languedoc, du Poitou & de la Normandie.

La Provence en laissa établir de tous les côtés.

Alors les bureaux qui existoient dans la Normandie, la Picardie, la Champagne, la Bourgogne, le Poitou, le Berri, le Bourbonnois & l'Anjou formèrent une chaîne continue, & l'enceinte qu'ils renfermèrent fut appelée l'*étendue des Cinq grosses fermes.*

Toutes les provinces extérieures furent réputées étrangères, sans en excepter même le Languedoc, le Lyonnois & la Provence, qui cependant se trouvoient dans des circonstances particulières.

Ordre dans lequel sont rappelés les différens droits de Traite.

Indépendamment des droits de Rêve, Haut-passage, Domaine forain, Traite domaniale & Imposition foraine; il existoit différens droits locaux & particuliers qui se divisent naturellement en deux classes, savoir; ceux qui ont été supprimés par l'édit & le tarif de 1664, dont on va bientôt rendre compte, & ceux qui ont continué & continuent d'être perçus.

On rappellera d'abord ceux qui ont été supprimés par l'édit de 1664.

Quant aux autres, on les rangera suivant l'ordre qu'ils doivent occuper dans les détails dans lesquels on se propose d'entrer, relativement aux provinces des Cinq grosses fermes, aux provinces qui sont réputées étrangères, & aux provinces qui sont traitées comme pays étranger.

Les

Les Droits qui ont été supprimés par l'édit de 1664, consistoient en Normandie:

Suppression de plusieurs Droits, & réunion en un seul par l'édit de 1664 & le tarif qui y est annexé.

1.° Dans un droit de Cinq sous par muid de vin qui avoit été établi en 1633, à titre d'octroi au profit de la ville de Rouen, aliéné par le Roi en 1655, & réuni à la ferme en 1660:

2.° Dans un droit d'un Écu par tonneau de mer, qui avoit été établi par une Déclaration du 23 janvier 1598, à la réquisition des Négocians de la province de Normandie, & dont le produit étoit destiné à équiper des vaisseaux qui protégeassent leur commerce.

Déclaration du 23 janvier

Ceux qui avoient lieu dans la province d'Anjou, consistoient:

Dans un droit de Vingt sous tournois, connu sous la dénomination de *Traite-foraine d'Anjou*, & qui se percevoit sur chaque pipe de vin qui sortoit de cette province:

2.° Dans la traite domaniale d'Anjou qui avoit été établie le 21 février 1581, pour être levée au bureau d'Ingrande, sur les cartes, papiers & pruneaux qui sortoient de ladite province:

3.° Dans le Trépas de Loire & nouvelle imposition d'Anjou.

Le Trépas de Loire, consistoit dans un droit qui se percevoit sur toutes les marchandises qui montoient, descendoient ou traversoient la Loire; ce droit fut établi en 1369, par Charles V, pour fournir aux Anglois 13 mille francs d'or que Bertrand du Guesclin

1369.

leur avoit promis, ſous la condition qu'ils évacueroient l'abbaye de Saint-Maur, ſituée entre Saumur & Angers.

Cet impôt qui ne devoit être que momentané, & que le temps avoit inſenſiblement fait diſparoître, fut remis en vigueur par une Déclaration d'Henri II, du 7 février 1554.

Déclaration du 7 février 1554.

12 août 1586.

Le 12 août 1586, Henri III engagea pour 150 mille livres la portion du Trépas de Loire qui ſe percevoit depuis le port de Candes juſqu'à Ancenis.

Lorſque par l'édit de 1664, cet impôt eut été ſupprimé, les marchands refusèrent de payer aux engagiſtes les droits pour la portion qui leur appartenoit; mais ils y furent condamnés, d'abord par un arrêt du Conſeil du 26 août 1665, & ils l'ont encore été depuis par un autre arrêt du Conſeil du 7 août 1744; & comme cette portion du Trépas de Loire, donnée à titre d'engagement, eſt réputée n'avoir reçu aucune atteinte par l'édit & le tarif de 1664, on a continué de percevoir ſur cette portion, au profit du Roi, les droits qui, depuis l'aliénation, ont été mis par augmentation avec le pariſis, ſou & ſix deniers pour livre.

On percevoit encore dans la province d'Anjou, un impôt ſur le vin qui traverſoit la Loire; cet impôt avoit
1593. été établi en 1593, par Henri IV, pour ſubvenir aux dépenſes du ſiége de Rochefort & de celui de Craon, & il ne devoit durer que pendant la guerre; mais loin de le ſupprimer à la paix, Henri IV, par une Déclaration

du 20 décembre 1599, l'étendit à une multitude d'autres marchandises, & le rendit perpétuel, sous la dénomination de *nouvelle imposition d'Anjou.* *Déclaration du 20 décembre 1599.*

Sous le règne de Louis XIII, cet impôt fut modéré par un arrêt du Conseil du 16 septembre 1610. *Arrêt du 16 septembre 1610.*

Il se percevoit enfin dans la province d'Anjou, un autre droit de Quinze sous par pipe de vin à l'entrée & à la sortie de la sénéchaussée de Saumur; on ne trouve nulle part l'époque de l'établissement de ce droit, & le titre le plus ancien qui en fasse mention, est le bail qui en fut passé à Simon Prevôt le 27 novembre 1627.

Ce droit, ainsi que la nouvelle imposition d'Anjou, ont été supprimés définitivement par l'édit de 1664. *1664.*

Les provinces de Bourgogne, Champagne, Berri, Bourbonnois, Picardie, Poitou, étoient pareillement assujetties à des droits particuliers & locaux qui avoient été augmentés successivement, & qui par leur multiplicité étoient d'autant plus préjudiciables au commerce, qu'ils étoient perçus, pour la plupart, à raison de la valeur des marchandises dont l'estimation occasionnoit presque toujours des contestations entre les préposés au recouvrement des droits, & les négocians & voituriers.

Pour prévenir ces contestations, François I.er fixa, par un édit du mois d'avril 1542, le prix des marchandises; cette estimation fut réformée par un édit donné par Henri III en 1581. *Édit de 1581.*

Enfin il fut fait en 1632, sous Louis XIII, une nouvelle réappréciation; mais ces règlemens, en laissant subsister la multiplicité & la diversité des droits, ne faisoient point cesser les abus, & n'apportoient aucun soulagement au commerce.

Dispositions de l'édit de 1664 & des règlemens subséquens.

Édit de septembre 1664.

On avoit reconnu depuis long-temps la nécessité dont il étoit de simplifier les droits & d'en régler, autant qu'il seroit possible, la perception par des principes uniformes; ce fut l'objet de l'édit qui fut donné au mois de septembre 1664, & dont il est indispensable de rappeler le préambule & les dispositions.

Le préambule porte que si les diminutions qui avoient été accordées successivement sur les Tailles, sur les Gabelles & sur quelques autres droits, avoient procuré quelque soulagement aux peuples; il avoit été reconnu en même temps que ce n'étoit qu'en s'occupant des moyens de rétablir le commerce qu'on pouvoit parvenir à faire renaître l'abondance:

Que pour remplir des vues aussi intéressantes, le Roi s'étoit fait représenter un état de tous les péages qui se percevoient sur les différentes rivières du royaume, & que sur le compte qui lui avoit été rendu des titres sur lesquels ils étoient fondés, il en avoit été supprimé une si grande quantité que la navigation en avoit été considérablement soulagée:

Que Sa Majesté avoit pareillement fait rétablir les ponts, chaussées, turcies & levées, & autres ouvrages publics dont le mauvais état empêchoit le transport des marchandises & denrées :

Qu'après avoir ainsi pourvu à tout ce qui pouvoit faciliter le rétablissement du commerce au dedans, Sa Majesté avoit donné son attention au rétablissement de la navigation & du commerce au dehors :

Qu'ayant reconnu que depuis très-long-temps les Étrangers s'étoient rendus maîtres du commerce par mer, & même de celui qui se faisoit de port en port au dedans du royaume, Sa Majesté auroit établi un droit de Cinquante sous par tonneau de fret sur tous les vaisseaux étrangers, & auroit déchargé de ce droit les vaisseaux nationaux, afin d'engager les Armateurs & Négocians à se servir de leurs vaisseaux, & à en faire construire un nombre suffisant pour faire leur commerce de port en port :

Qu'elle auroit pareillement établi un Conseil de commerce qui devoit se tenir tous les quinze jours en sa présence, & dans lequel on devoit examiner tous les moyens par lesquels on pourroit parvenir au rétablissement & à l'augmentation du commerce au dedans & au dehors :

Que l'un des objets les plus essentiels étant de pourvoir à la diminution, & à une nouvelle fixation des droits qui se levoient sur toutes les marchandises à l'entrée & à la sortie du royaume, Sa Majesté, sur le compte qu'Elle s'étoit fait rendre de l'origine & de l'établissement de ces droits, auroit reconnu qu'ils avoient été tellement multipliés & créés sous tant de dénominations différentes que leur perception ne pouvoit qu'être très-préjudiciable au commerce.

Ce préambule rappelle ensuite l'énumération de ces droits, soit généraux, soit particuliers pour quelques provinces, & les inconvéniens qui résultoient pour ces provinces & pour le commerce en général, de cette multiplicité & de cette variété.

L'édit contient en conséquence plusieurs dispositions principales qu'il est nécessaire de rappeler :

Par la première, concernant la sortie des marchandises & denrées sur les frontières des Cinq grosses fermes, les droits de Rêve ou Domaine-forain & ceux de Haut-passage, dont la perception avoit été ordonnée par les Édits & Déclarations de 1369, 1376, 1378, 1382, 1488, 1540, 1549 & 1581, la traite-domaniale d'Ingrande, l'imposition nouvelle d'Anjou créée en 1599, le Trépas de Loire, les 15 sous par pipe de vin qui se percevoient dans la sénéchaussée de Saumur, les réappréciations de ces droits qui avoient été faites en conséquence de la Déclaration de 1632, l'augmentation dont la levée avoit été ordonnée à la sortie de certaines marchandises & denrées dans les provinces de Normandie, Poitou & Anjou par trois Déclarations du mois de septembre 1638, le parisis, sou & 6 deniers desdits droits qui avoient été établis par les Édits & Déclarations des années 1643, 1645, 1654, 1657 & 1658, furent convertis dans les provinces de Normandie, Picardie, Champagne, Bourgogne, Berri, Bourbonnois, Poitou & Anjou, dans les duchés de Beaumont, de Thouars & châtellenie de Chantoceaux, en un ſeul droit de ſortie qui devoit être acquitté dans les premiers & plus prochains bureaux du chargement des marchandiſes & denrées, ſuivant & conformément au tarif qui fut annexé à l'édit:

Par une ſeconde diſpoſition relative aux entrées, les droits ſur les épiceries & drogueries dont la perception avoit été ordonnée par les édits de ſeptembre 1549 & janvier 1572, dans les ports & havres de Rouen & de la Rochelle, qui étoient les ſeuls par leſquels l'entrée de ces marchandiſes étoit permiſe du côté de l'Océan; les droits d'entrée établis ſur les aluns en 1554, les autres droits d'entrée dont la levée avoit été ordonnée en 1581, ſur les denrées & marchandiſes, le Trépas de Loire & la nouvelle impoſition qui étoient perçus à l'entrée de la province d'Anjou, l'écu par tonneau de mer qui avoit été établi en 1600, la réappréciation qui avoit été faite de ces droits en conſéquence de la Déclaration du mois d'août 1632, l'augmentation qui avoit été ordonnée ſur certaines marchandiſes & denrées dans les provinces de Normandie, Poitou & Anjou par trois Déclarations du mois de ſeptembre 1638, les autres augmentations qui avoient pareillement été ordonnées aux entrées de toutes ces provinces par les Déclarations des mois de juin 1644, ſeptembre 1647 & mars 1654, les droits qui, par un édit du mois de février 1656, avoient été diſtraits des octrois de la ville de Rouen ſur les ſucres, caſſonades, cires & petun, pour être levés à perpétuité aux entrées de la province de Normandie, les droits de Cinq pour cent qui ſe payoient aux entrées des provinces que l'on vient de rappeler ſur certaines marchandiſes, le pariſis, ſou & 6 deniers pour livre de tous ces droits qui avoient été établis par des Déclarations de 1643, 1645, 1654, 1657 & 1658, furent pareillement convertis en un ſeul droit d'entrée dont la perception devoit être faite, au premier & plus prochain bureau de la route & du paſſage ordinaire des Marchands & Voituriers, tant par eau que par terre :

Par une troiſième diſpoſition, l'édit ordonne la ſuppreſſion d'une multitude de droits locaux & particuliers, qui étoient perçus dans les provinces d'Anjou & de Normandie, dont les uns avoient été attribués à différens Officiers qui avoient été établis ſous le nom de Vendeurs, Contrôleurs, Eſſayeurs, Viſiteurs, Marqueurs, Prud'hommes, & les autres étoient connus ſous la dénomination de *droits de Maſſicault*, du nom de celui auquel le bail en avoit été paſſé lors de leur établiſſement en 1638.

Tarif de 1664.

Le tarif de 1664, avoit été projeté pour avoir lieu à toutes les entrée & ſortie du royaume : il fut en conſéquence propoſé à toutes les différentes provinces; mais pluſieurs préférèrent de s'en tenir à leurs anciens tarifs : celles qui acceptèrent le tarif de 1664, ſont connues

connues ſous la dénomination de *provinces des Cinq groſſes fermes;* celles qui s'y refusèrent furent appelées *Provinces réputées étrangères*, parce qu'elles étoient effectivement étrangères au tarif dont elles ne ſuivoient pas la loi.

Le tarif annexé à l'édit du mois de ſeptembre 1664, ſe diviſe en deux parties :

La première concerne le droit de ſortie; & la ſeconde le droit d'entrée, qui remplacent les différens droits qui ſont ſupprimés par un édit.

Il fut reconnu depuis ce tarif que les droits qu'il impoſoit à l'entrée ſur les marchandiſes principales de fabrique étrangère, & à la ſortie ſur quelques matières premières, étoient trop foibles, qu'il étoit intéreſſant d'écarter l'entrée de ces fabriques, & de conſerver ces matières, non-ſeulement dans l'étendue des provinces des Cinq groſſes fermes, mais même dans les provinces réputées étrangères: il fut rendu en conſéquence le 18 avril 1667, une Déclaration qui impoſa des droits conſidérables & uniformes, à toutes les entrée & ſortie du royaume ſur les eſpèces de marchandiſes qui y ſont ſpécifiées.

Ces marchandiſes ſont à l'entrée; la draperie, la bonneterie, les tapiſſeries, les cuirs fabriqués, les toiles, les ſucres, les huiles de poiſſon & de baleine, les dentelles, les glaces & le fer-blanc.

A la ſortie; les matières premières ſont les cuirs & peaux en poil, & le poil de chèvre.

Tarif de 1667.

Cette Déclaration est ce qu'on appelle le *tarif d 1667.*

Cette Déclaration décharge en même temps le Berri & le Bourbonnois du payement des droits portés par le tarif de 1664, pour les vins sortant de ces provinces, & les habitans des paroisses qui y sont enclavées, ainsi que ceux de l'Auvergne & de la Marche, des droits d'entrée & de sortie sur leurs bestiaux.

Tarif de 1671.

Les cessions faites à la France, par les traités des Pyrénées & d'Aix-la-Chapelle, donnèrent lieu à un tarif particulier qui fut arrêté en 1671, & qui ne reçoit d'application qu'aux pays cédés par ces traités, c'est-à-dire, la Flandre, le Hainault & l'Artois.

Les droits de ce tarif sont en général tirés sur le taux de Cinq pour cent de la valeur des marchandises.

Les matières premières sont pour la plupart tirées à *néant* à l'entrée, & les marchandises fabriquées aussi à *néant* à la sortie.

Les droits de ce tarif n'ont lieu qu'autant que les marchandises qui vont dans ces provinces, ou qui en empruntent le passage, ne sont pas destinées pour l'étendue des Cinq grosses fermes; si elles le sont, elles ne payent point à l'entrée des provinces de Flandre, Hainault & Artois, les droits du tarif de 1671, elles sont expédiées par acquits à caution, pour venir acquitter les droits d'entrée du tarif de 1664, au premier bureau d'entrée des Cinq grosses fermes.

Les marchandises qui sortent de l'étendue des Cinq

grosses fermes pour aller par la Flandre, le Hainault ou l'Artois, à l'étranger, payent les droits de sortie du tarif de 1664, & ne doivent point ceux du tarif de 1671, quoique traversant les provinces où ce tarif a lieu.

Les marchandises qui sont venues de l'étranger dans la Flandre, le Hainault ou l'Artois, avec destination pour l'une de ces trois provinces, & qui ont payé à l'entrée le droit du tarif de 1671, lorsqu'elles passent par une seconde destination dans l'étendue des Cinq grosses fermes, payent encore à l'entrée des Cinq grosses fermes les droits du tarif de 1664.

Et pareillement les marchandises qui sortent des Cinq grosses fermes pour aller dans l'une de ces trois provinces, payent les droits de sortie du tarif de 1664; & si ensuite elles en sortent pour passer à l'étranger, elles payent encore les droits du tarif de 1671.

Au surplus les droits généraux & uniformes dont on parlera dans un moment, & qui ont été établis à toutes les entrées & sorties du royaume, postérieurement au tarif de 1671, ont lieu dans les provinces de Flandre, Hainault & Artois, & s'y perçoivent à la place des droits du tarif de 1671.

La Franche-comté cédée à la France en 1678, par la paix de Nimègue, n'a point de tarif de droits qui lui soit particulier, elle n'est sujette qu'aux droits uniformes établis par les règlemens intervenus depuis 1664, il a été fait une collection de tous ces règlemens;

Traité de Nimègue de 1678.

& c'eſt cette collection que l'on appelle dans cette province le *tarif de Franche-comté;* mais toute marchandiſe qui n'a été, ni prohibée, ni impoſée à des droits généraux & uniformes à toutes les entrée & ſortie du royaume, vient librement de l'étranger, dans cette province, & en ſort de même à l'étranger, ſans avoir rien dans ce cas à payer, ni à l'entrée, ni à la ſortie.

On a cherché à concilier, autant que les circonſtances ont pu le permettre, la perception des droits de Traites, avec les égards que méritoient la culture des terres, les intérêts du commerce, les progrès des fabriques, & avec ceux qu'exigeoit notre poſition vis-à-vis les Puiſſances étrangères.

Le tarif de 1664, avoit été travaillé ſous ces différens points de vue, mais il n'avoit pu les remplir qu'imparfaitement: depuis ce tarif différens genres de cultures & de fabrication ſe ſont conſidérablement accrus; l'importation de l'étranger devenoit, par cette circonſtance, nuiſible à leur progrès, & l'exportation leur étoit néceſſaire; il a fallu oppoſer des obſtacles à l'une, & favoriſer l'autre: il s'eſt formé des compagnies de commerce, il a fallu les protéger, les commerces des Iſles & de Guinée ſe ſont élevés & ont exigé des facilités; la pêche a fait des progrès; il eſt devenu important d'exciter l'émulation par des encouragemens; les manufactures ſe ſont multipliées; il a fallu leur conſerver les matières néceſſaires à leur aliment, écarter les marchandiſes de fabrique étrangère,

& ouvrir la porte aux marchandiſes nationales, de façon à les mettre en état d'avoir chez l'étranger la concurrence, du moins dans le débit : ces différens objets n'ont pu être remplis que par des prohibitions ou par des droits plus ou moins forts, ſuivant l'exigence des cas, ou par des modérations, ou même des exemptions.

Ces différens arrangemens combinés d'après les intérêts de notre commerce & de nos productions, & notre poſition déterminée dans certains cas, vis-à-vis des Puiſſances étrangères, par des raiſons de politique, de convenance ou de réciprocité, n'ont pu être remplis que par un nombre infini de règlemens.

Les prohibitions & les droits ont été établis pour avoir lieu uniformément à toutes les entrée & ſortie du royaume ; il eſt cependant des villes, & même quelques provinces où ils n'ont pas lieu : ces droits s'appellent *droits des nouveaux arrêts.*

Diviſion des différentes provinces du royaume, en trois claſſes.

Ainſi le royaume ſe diviſe en trois ſortes de provinces, ſavoir :

Provinces des Cinq groſſes fermes :

Provinces réputées étrangères :

Provinces traitées comme pays étranger.

Avant d'entrer dans les détails qui ſont particuliers à chacune de ces trois claſſes de provinces, il eſt néceſſaire d'obſerver que la quotité des droits d'entrée & de ſortie ayant été réglée & déterminée par les différens tarifs dont on a rendu compte, il reſtoit à établir les principes par lesquels la perception devoit en être faite, ce fut l'objet de l'ordonnance du mois de février 1687, dont les dispositions, ainsi que l'annonce le préambule de cette ordonnance, ont été rédigées sur celles des anciennes ordonnances & des jugemens qui avoient été rendus depuis sur cette matière, & d'après les usages établis par ces jugemens & par les baux.

Ordonnance de février 1687.

On ne retracera point ces dispositions qui sont contenues dans les quatorze titres que renferme cette ordonnance, on en indiquera seulement l'objet:

Le premier titre règle les cas dans lesquels doivent être perçus les droits d'entrée & de sortie, & ceux des droits d'acquit de payement & à caution, & de certificats de descente:

Le second concerne l'entrée & sortie des marchandises, les déclarations, les visites & les acquits:

Le troisième détermine les lieux destinés pour l'entrée des drogueries, épiceries, des chevaux & des ouvrages de fil & soie venant des pays étrangers, ou des provinces réputées étrangères:

Le quatrième concerne la marque des toiles & autres étoffes dans les frontières des provinces de l'étendue de la ferme:

Le cinquième règle ce qui concerne le payement des droits sur les marchandises qui seront sauvées du naufrage:

Le sixième prescrit les formes concernant les acquits à caution :

Le septième règle ce qui concerne les inventaires & le transport des vins & eaux-de-vie dans les quatre lieues qui avoisinent les limites de la ferme dans les provinces d'Anjou, du Maine & du bas Poitou :

Le huitième traite des marchandises de contrebande, & de celles dont l'entrée ou la sortie du royaume est défendue :

Le neuvième concerne les magasins & entrepôts :

Le dixième prescrit les formalités à remplir pour les marchandises qui entrent dans Paris :

Le onzième concerne les saisies des marchandises :

Le douzième traite de la juridiction des Juges des traites :

Le treizième des amendes & confiscations :

Le quatorzième & dernier concerne la police générale de la ferme des droits d'entrée & sortie.

Il est nécessaire de parcourir maintenant les détails relatifs à la division que l'on a établie de toutes les provinces du royaume, en trois classes différentes.

Provinces des Cinq grosses fermes.

On a dit que les provinces des Cinq grosses fermes étoient celles qui avoient accepté le tarif de 1664.

L'article III du titre I.er de l'ordonnance de 1687, détermine les provinces qui sont dans ce cas, savoir ; la Normandie, la Picardie, la Champagne, la Bourgogne, la Bresse, le Bugey, le Bourbonnois, le Berri, le Poitou, le pays d'Aunis, l'Anjou & le Maine, &

celles qui y sont renfermées, comme le Soissonnois, l'île de France, la Beauce, la Touraine, le Perche, &c. le Beaujolois a été ajouté à ces provinces par un arrêt du 10 avril 1717.

Le même article de l'ordonnance porte que les autres provinces du royaume, sont réputées étrangères en ce qui concerne les droits de sortie & d'entrée, *jusqu'à ce qu'il en soit autrement ordonné.*

Il existe sur la frontière de toutes les provinces qui forment l'étendue des Cinq grosses fermes, une ligne de bureaux dans lesquels on perçoit les droits d'entrée & de sortie du tarif de 1664.

On perçoit dans les bureaux qui sont frontière de l'étranger, les droits du tarif de 1667, & ceux établis par des arrêts postérieurs, sur toutes les marchandises venant de l'étranger qui y sont sujettes, au lieu des droits du tarif de 1664.

Les droits des marchandises qui ne sont pas nommément comprises dans le tarif de 1664, qui, comme on l'a dit, a lieu dans les provinces des Cinq grosses fermes, doivent être payés à raison de Cinq pour cent de leur valeur; mais les marchandises de soie, or & argent, poil, fil, laine & autres de ce genre, provenant des manufactures étrangères, acquittent ces droits sur le pied de Dix pour cent de leur juste valeur.

Quant aux tarifs qui ont lieu dans les provinces réputées étrangères, les marchandises qui ne sont pas nommément

nommément comprises dans ces tarifs, acquittent les droits à la valeur, suivant le taux du tarif, c'est-à-dire, sur le pied de la fixation de celles qui y sont expressément rappelées.

Les marchandises qui viennent des provinces réputées étrangères dans l'étendue des Cinq grosses fermes, ne sont sujettes qu'aux droits fixés par le tarif de 1664.

Les marchandises qui ont obtenu des exemptions ou modérations de droits, en faveur de leur destination pour l'étranger, n'en jouissent point lorsque ces marchandises passent de l'étendue des Cinq grosses fermes dans les provinces réputées étrangères, mais seulement lorsqu'elles sont exportées à l'Étranger; & pour prévenir les fraudes & constater la sortie réelle & effective de ces marchandises, celui qui veut jouir du bénéfice de l'exemption ou modération de droits, est tenu de prendre des acquits à caution & de les rapporter déchargés des derniers bureaux de sortie du royaume.

Les marchandises qui sont sujettes aux droits établis par les arrêts intervenus depuis 1664, ne doivent ni les droits du tarif de 1664, ni les droits locaux des provinces réputées étrangères : il faut en excepter le chocolat, le thé, le cacao, le sorbec & la vanille qui, indépendamment des droits desdits tarifs, doivent encore ceux portés par un arrêt du Conseil du 12 mai 1693.

Les marchandises qui circulent dans l'étendue des

Cinq grosses fermes, ne doivent aucuns droits ni par mer ni par terre ; l'intérieur de ces provinces est libre, les marchandises qui vont d'une province des Cinq grosses fermes dans une autre province de la même étendue, en empruntant le passage par une province réputée étrangère, ne doivent pareillement aucuns droits ; mais elles doivent être accompagnées d'un acquit à caution pour prévenir la fraude.

Les marchandises qui vont des provinces réputées étrangères dans d'autres provinces de même nature, & qui empruntent le passage par une province de l'étendue des Cinq grosses fermes, doivent les droits d'entrée & de sortie du tarif de 1664.

On observe que par quelques arrêts intervenus depuis 1687, on a défendu l'entrée & la sortie de quelques marchandises par certains bureaux.

Les marchandises & denrées qui sortent des provinces sujettes au tarif de 1664, pour être transportées dans la ville de Lyon, sont exemptes des droits de sortie de ce tarif : les marchands & conducteurs sont tenus de prendre des acquits à caution pour assurer au bureau de Lyon les droits de la douane de cette ville, qui forment un droit local dont on rappellera les détails dans la suite.

Les marchandises & denrées qui sortent de cette ville, pour être transportées dans les provinces sujettes au tarif de 1664, sont pareillement exemptes des droits d'entrée de ce tarif ; à la charge par les marchands conducteurs, de rapporter un certificat de la sortie de Lyon, expédié par les Commis de l'adjudicataire, & sous les réserves & conditions portées par les arrêts du Conseil des 2 octobre 1736 & 6 août 1737.

Les marchandises qui sortent de la ville de Lyon, durant les foires, pour être transportées hors des provinces sujettes au tarif de 1664, sont exemptes du même tarif, pourvu qu'elles sortent des mêmes provinces avant la tenue de la foire suivante ; & à la charge par les conducteurs de rapporter des acquits de franchise des Commis préposés par l'hôtel-de-ville de Lyon, contrôlés par ceux de l'adjudicataire & visés par ceux des portes.

Cette exemption ne s'étend pas à la traite domaniale, que celles qui y sont sujettes doivent acquitter, si elles sont transportées dans les pays étrangers ou dans les provinces réputées étrangères, ainsi que tous les droits locaux des provinces où il y en a d'établis, soit dans l'intérieur ou aux extrémités du royaume.

Les marchandises qui sortent après le temps des foires de la ville de Lyon, pour être transportées hors de l'étendue des provinces sujettes au tarif de 1664, ne payent que la moitié des droits de ce tarif, parce qu'elles acquittent les droits de sortie sous la dénomination de *foraine de Lyon*, engagés par François I.er à cette ville par contrat de 1536; les conducteurs doivent représenter l'acquit des droits de foraine, certifié par les Commis de la douane de Lyon : les marchandiſes acquittent en outre la traite domaniale dont l'établiſſement eſt poſtérieur à l'engagement de la foraine.

Par le même principe, toutes les marchandiſes des pays étrangers & des provinces réputées étrangères, qui entrent par l'étendue des Cinq groſſes fermes pour Lyon, ne payent que le quart des droits d'entrée du tarif de 1664, parce qu'elles ont à payer le droit de la douane de Lyon; à l'effet de quoi elles ſont expédiées par acquit à caution pour en aſſurer l'arrivée à Lyon.

Les marchandiſes qui ſont impoſées à des droits uniformes à toutes les entrées du royaume par des arrêts poſtérieurs au tarif de 1664, payent ces droits en entier pour la deſtination de Lyon, ſoit qu'elles viennent par les provinces des Cinq groſſes fermes, ſoit qu'elles entrent par les provinces réputées étrangères; mais au moyen du payement en totalité de ce droit uniforme, elles ſont diſpenſées de payer les droits de la douane de Lyon.

Il devroit en être de même des droits impoſés par la Déclaration ou Tarif de 1667, ils devroient être payés en entier, & les marchandiſes diſpenſées en ce cas du payement des droits de la douane de Lyon; mais l'arrangement eſt différent : il n'eſt payé que moitié de ces droits aux termes de l'arrêt du 27 octobre 1667, & les marchandiſes ſont expédiées par acquit à caution pour aller à Lyon acquitter les droits de la Douane de cette ville.

Il résulte des différens détails dans lesquels on vient d'entrer sur ce qui concerne les provinces des Cinq grosses fermes, que le droit commun établi par tous les règlemens, est qu'il ne passe rien de ces provinces dans celles qui ne sont pas renfermées dans cette étendue, & de ces dernières dans celles qui en font partie, sans acquitter les droits d'entrée ou de sortie du tarif de 1664.

On ne peut se dispenser de remarquer ici, que si les droits d'entrée sur les marchandises qui viennent de l'Étranger, ceux de sortie sur celles qui y sont exportées, & la prohibition de l'importation de certaines marchandises, ont été sagement établis pour étendre ou restreindre le commerce étranger à ce qui peut nous être le plus avantageux; d'un autre côté les droits qui se lèvent sur les marchandises qui sortent des provinces des Cinq grosses fermes pour entrer dans les provinces réputées étrangères, & sur celles qui sortent de ces dernières provinces pour entrer dans celles de la ferme, apportent nécessairement des entraves & des gênes au commerce & à la circulation: on se propose de les faire cesser par le projet du nouveau tarif auquel on travaille actuellement, & dont on rendra compte à la fin de ce Mémoire.

Indépendamment des droits du tarif de 1664, il se perçoit dans quelques provinces de l'étendue des Cinq grosses fermes quelques droits particuliers & locaux dont voici le détail:

Tablier & Prevôté de la Rochelle.

1.° Toutes les marchandises qui sortent du port de la Rochelle, payent un droit connu sous la dénomination de *Tablier* & *Prevôté de la Rochelle*, & qui est fixé à raison de 4 deniers pour livre du prix de ces marchandises; ce droit avoit été accordé en 1536, à titre d'octroi à la ville de la Rochelle, il fut donné en 1633, au cardinal de Richelieu, & réuni au Domaine en 1666:

Péage de Péronne.

2.° On perçoit dans les bureaux des Cinq grosses fermes, depuis le pont d'Arches près Mezières, jusques & compris les ports & bureaux de Calais & Saint-Valery, un droit connu sous la dénomination de *Péage de Péronne;* ce droit est établi sur un ancien tarif qui est déposé au bureau des finances d'Amiens, & qui forme le titre le plus ancien que l'on connoisse à cet égard.

La perception de ce droit étoit tombée dans une telle confusion qu'elle se faisoit dans quelques bureaux d'une manière toute différente, & qu'elle étoit entièrement abandonnée dans d'autres.

Déclaration du 5 janvier 1723.

Par une Déclaration du Roi du 5 janvier 1723, il fut ordonné qu'à compter du jour de la publication de cette Déclaration, le droit de l'ancien péage de Péronne, ensemble le parisis, sou & six deniers pour livre, seroient & demeureroient fixés à un seul droit uniforme de Deux sous par cent pesant poids de marc,

& que ce droit feroit perçu fur toutes fortes de marchandifes & denrées indiftinctement, qui entreroient dans l'étendue des Cinq groffes fermes, ou qui en fortiroient depuis le pont d'Arches près de Mézières, jufques & compris les ports & bureaux de Calais & Saint-Valery, à l'exception néanmoins des beftiaux, bois, charbons & grains de toutes efpèces qui en feroient exempts.

Depuis & fur les repréfentations qui furent faites, foit fur l'excès du droit, relativement à certaines marchandifes, foit fur les difficultés qu'entraînoit la perception, telle qu'elle avoit lieu, il fut donné, le 5 décembre 1724, une nouvelle Déclaration par laquelle le droit de péage de Péronne a été fixé à raifon de 6 deniers pour livre des droits du tarif de 1664, & aux 4 fous pour livre de ces 6 deniers, tant que les 4 fous pour livre auroient lieu; les fels qui feroient voiturés de Calais, Boulogne & Étaples, dans l'Artois, la Flandre & autres provinces du pays conquis pour l'ufage des raffineries, ont été déchargés de ce droit.

Déclaration du 5 décemb. 1724.

Sa Majefté en a pareillement affranchi les marchandifes & denrées qui entrent ou qui fortent par mer dans les ports de Calais, Saint-Valery & autres, & n'y a affujetti que celles qui feroient voiturées par terre ou par les rivières ou canaux qui entrent dans les Cinq groffes fermes, ou qui en fortent par les bureaux de la même étendue : c'eft d'après cette Déclaration que fe fait la perception du droit de péage de Péronne.

Droits de traites sur le vin à l'entrée & à la sortie des villes de Calais, Boulogne & Étaples.

3.° On perçoit à l'entrée de Calais, Boulogne & Étaples, 19 livres 15 sous 6 deniers par tonneau de vin de trois muids mesure de Paris, qui y entre par mer.

Ce droit est formé, 1.° de 5 livres pour le droit d'entrée des Cinq grosses fermes suivant le tarif de 1664; 2.° de 2 livres 2 sous pour le droit des anciens & nouveaux Cinq sous établis par l'ordonnance des Aides de 1680; 3.° de 12 livres 13 sous 6 deniers pour le droit de 9 livres 18 sous établi par la même ordonnance.

Ordonnance des Aides de 1680.

Au moyen de l'acquittement de ce droit, les vins de Bordeaux & autres venus par mer, & sortant aussi par mer pour l'Étranger, ou pour les provinces réputées étrangères, sont déchargés du droit de 13 livres 10 sous par muid établi par l'ordonnance de 1681.

Ordonnance des Aides de 1681.

On y perçoit aussi un droit de 45 sous par tonneau de vin sortant desdites villes, pour être porté aux pays conquis ou hors le royaume.

Les vins de liqueurs entrant par mer dans lesdits ports, & qui ne sont point compris dans les arrêts des 8 novembre 1723, 25 avril 1724 & 6 mars 1725, continuent d'y payer les droits d'entrée & de sortie ordinaire suivant les anciens règlemens:

Droits sur le sel à l'entrée des ports de Calais, Boulogne & Étaples.

4.° Le sel du Poitou & des autres provinces de l'étendue des Cinq grosses fermes, qui entrent dans les ports de Calais, Boulogne & Étaples, acquittent un droit

droit local de 25 livres par rasière du poids de marc de 250 livres, suivant les arrêts du Conseil des 23 mars 1720 & 16 juin 1722:

5.° On perçoit sur le vin qui sort des généralités d'Amiens, Soissons & Châlons, pour entrer dans les pays étrangers, ou dans les provinces où les Aides n'ont pas cours, des droits de sortie, fixés à 13 livres 10 sous par muid, mesure de Paris, y compris les droits portés par le tarif de 1664; le vin qui sort de la généralité d'Amiens pour Calais, Ardres & dépendances, est excepté.

Droits sur le vin à la sortie des généralités d'Amiens, Soissons & Châlons.

Les vins de Bordeaux & autres arrivés par mer à Calais, Boulogne & Étaples, & qui en sortent par mer pour l'Étranger, ou pour les provinces réputées étrangères, sont exempts desdits droits de 13 livres 10 sous:

6.° On perçoit à Rouen, sur les sucres & sur les cires entrant dans la ville & banlieue, un droit de 50 sous par quintal, il est dû sur tous les sucres & cires, soit qu'ils viennent des îles & Colonies françoises, soit qu'ils arrivent dans cette ville de l'Étranger: ce droit avoit été créé en 1637, au profit de la ville de Rouen; il lui fut retiré par arrêt du 12 février 1665, & donné à la Compagnie des Indes occidentales: il a passé depuis entre les mains du Fermier du Domaine d'occident, avec tous les autres droits qui ont composé cette ferme, & c'est par ce motif qu'il a été regardé comme droit du Domaine d'occident: il a été réduit

Droit sur les sucres & cires à Rouen.

par arrêt du Conseil du 24 avril 1736, à 25 sous pour les sucres provenant des îles & Colonies françoises:

Droits d'entrée & de sortie de Rouen, sur les vins & eaux-de-vie.

7.° On perçoit pareillement à l'entrée & à la sortie de la ville & banlieue de Rouen, un droit de 12 livres par tonneau de vin, & un autre droit de 6 livres 15 sous par muid d'eau-de-vie; ces droits, quoique faisant partie de ceux connus sous la dénomination de *Massicault*, dont la suppression a été ordonnée par l'édit de 1664, ont été exceptés de cette suppression:

Droits attribués aux Officiers des traites d'Anjou.

Arrêts de 1679, 1681 & 1683.

8.° On perçoit dans la province d'Anjou des droits qui, anciennement, avoient été attribués aux Officiers des traites d'Anjou, & qui par arrêts du Conseil de 1679, 1681 & 1683, ont été réunis aux Cinq grosses fermes: ces droits, ainsi que le parisis, sou & 6 deniers pour livre, portent encore la dénomination de droits attribués aux Officiers des traites d'Anjou:

Parisis, sou & six deniers pour livre en Anjou.

Déclaration du 19 décemb. 1643. Édits de septembre 1645, mars 1654, février 1657 & avril 1658.

9.° On perçoit pareillement dans cette province le parisis, sou & 6 deniers pour livre, qui avoient été créés par la Déclaration du 19 décembre 1643 & par les Édits des mois de septembre 1645, mars 1654, février 1657 & avril 1658, en augmentation au profit du Roi, des droits aliénés, octroyés, accordés, attribués & concédés, qui se levoient sur la rivière de Loire, & les rivières y affluentes: ces augmentations ont subsisté toutes, quoique plusieurs des droits principaux aient été supprimés: des Édits des mois de mars 1655 & avril 1658, avoient ordonné l'aliénation de ce parisis, sou & 6 deniers pour livre, qui a depuis été réuni à la ferme générale des Aides par édit de décembre 1663, & joint ensuite aux Cinq grosses fermes; la perception en est faite conformément à un arrêt du Conseil du 20 février 1718 :

Anciens droits attribués aux Courtiers & prix du premier tonneau de fret à la Rochelle.

10.° On perçoit, à la Rochelle, des droits qui avoient été anciennement attribués aux offices de Courtiers, & qui depuis ont été réunis aux Cinq grosses fermes : on y perçoit pareillement un droit sous la dénomination de *prix du premier tonneau de fret*, sur tous les bâtimens de mer qui sont fretés au port & à la rade de cette ville, suivant l'arrêt du Conseil du 14 avril 1633, & les tarifs arrêtés en 1669 & 1672 :

Arrêt du 14 avril 1633.

Tarifs de 1669 & 1672.

Anciens droits des Courtiers-mesureurs & Contrôleurs à Marans.

11.° Les grains, légumes, noix, marrons & châtaignes qui sortent par la rivière de Marans, & le sel qui entre dans cette ville par la même rivière, acquittent des droits, qui anciennement avoient été attribués aux offices de Courtiers-mesureurs & Contrôleurs, ainsi que le parisis, sou & 6 deniers pour livre de ces droits, & qui depuis ont été unis aux Cinq grosses fermes :

Subvention par doublement.

12.° Les vins, les eaux-de-vie, les bières, les cidres & poirés qui sortent des provinces où les Aides ont cours pour être transportés dans celles où elles n'ont pas cours; les mêmes vins, eaux-de-vie, & autres liqueurs qui viennent des pays étrangers ou des provinces où les Aides n'ont pas cours dans celles où les Aides sont établies, acquittent les droits de subvention par doublement.

Mais les eaux-de-vie qui sont transportées hors du

royaume, font affranchies de ces droits par l'article IX de la Déclaration du mois de décembre 1686; ces droits ne font pareillement point dûs fur les vins du crû de la province de Bourgogne, qui font transportés dans les endroits où les Aides ont cours fuivant l'arrêt du Confeil du 11 novembre 1669, ni fur les eaux-de-vie qui viennent des provinces réputées étrangères, à Boulogne & Calais, fuivant les arrêts du Confeil des 12 août & 28 octobre 1727:

Déclaration du 9 décemb. 1686.

Arrêt du 11 novembre 1669.

Arrêts des 12 août & 28 octob. 1727.

Droits d'abord & de confommation.

13.° Les droits d'abord & de confommation fur le poiffon de mer frais, fec & falé, font perçus, favoir; celui *d'abord* dans tous les ports, havres, rades & plages des provinces & généralités où les Aides ont cours, à l'arrivée des navires, barques & vaiffeaux; on les perçoit pareillement fur le poiffon de même efpèce qui entre dans la province d'Anjou par la Loire ou par terre.

Les droits de confommation fe perçoivent fur le poiffon des mêmes qualités qui eft transporté par eau ou par terre des ports, havres, rades & plages de la province de Normandie & de la généralité d'Amiens, même fur celui qui entre dans la province d'Anjou, par la rivière de Loire ou par terre, pour y être confommé ou transporté ailleurs, le tout fuivant l'ordonnance du mois de juillet 1681, le tarif annexé & la Déclaration du 24 juillet 1691; les règlemens qui ordonnent la perception de ces droits, & le bail des fermes générales, contiennent quelques exceptions à cette perception:

Déclaration du 24 juillet 1691.

14.° On peut ajouter aux différens droits dont on vient de faire le détail, ceux de marque ou contrôle des toiles, futaines, basins, canevas, coupons, treillis & coutils qui entrent dans la ville & fauxbourgs de Paris, & dont la perception se fait conformément à l'ordonnance & au tarif de 1681.

Droits de Marque & Contrôle sur les toiles, futaines, &c. aux entrées de Paris.

Voici maintenant les provinces qui sont réputées étrangères.

Les provinces réputées étrangères sont celles qui n'ont point accepté le tarif de 1664, & qui ont préféré de conserver leurs anciens tarifs, loix & coutumes: on dit de ces provinces qu'elles sont réputées étrangères, parce qu'elles sont étrangères au tarif de 1664, & qu'elles ne font point partie des Cinq grosses fermes; elles sont au surplus soumises aux droits des nouveaux arrêts pour les marchandises qui leur viennent de l'Étranger ou qui y sont exportées: les marchandises qui circulent dans ces différentes provinces réputées étrangères, payent les droits des provinces dont elles sortent, de celles dont elles empruntent le passage, & de celles pour lesquelles elles sont destinées: ces provinces sont la Bretagne, la Saintonge, l'Angoumois, la Marche, le Périgord, l'Auvergne, la Guyenne, le Languedoc, la Provence, le Dauphiné: la Flandre, l'Artois, le Hainault & la Franche-comté, sont aussi considérés comme étant au nombre des provinces réputées étrangères; chacune de ces provinces est assujettie à des

Provinces réputées étrangères.

droits généraux, & à des droits particuliers que l'on va parcourir successivement :

1.° On a précédemment rappelé les principes & les règles que l'on suit dans la perception des droits d'entrée & de sortie des marchandises & denrées qui viennent par mer & par terre, tant des pays étrangers que des provinces de l'intérieur du royaume dans celles de Flandre, Cambresis, Hainault, pays conquis ou cédés, ou qui en sortent; mais la perception des droits reçoit plusieurs exceptions, eu égard aux franchises & au bénéfice du transit qui ont lieu dans certains cas dans ces provinces.

Les marchandises & denrées qui communiquent de Dunkerque à Ypres, Furnes & dépendances, ou de ces villes & lieux à Dunkerque, ne sont point sujettes aux droits d'entrée & de sortie ordinaires, elles doivent seulement Cinq pour cent de la valeur par forme de transit, & pour tenir lieu des droits d'entrée & de sortie; à l'exception néanmoins des sucres sortant de Dunkerque qui sont assujettis aux droits ordinaires, le tout conformément aux arrêts du Conseil des 28 mars 1711 & 13 octobre 1722.

Arrêts des 28 mars 1711 & 13 octobre 1722.

Le transit des rivières & canaux qui communiquent d'un lieu à l'autre, de la domination étrangère ou dont la rive emprunte les terres de France, à l'exception de la Meuse, est fixé au droit de 5 sous du cent pesant au lieu des droits d'entrée & de sortie ordinaires, mais cette fixation reçoit les exceptions ſuivantes.

Les bois de toutes ſortes, les charbons de bois, les cendres, pierres à bâtir ou à paver, les grais, briques, moëlons, parpins, tuiles & ardoiſes, les engrais & autres choſes groſſières & de vil prix, ne payent à l'adjudicataire pour droit de Tranſit, que Deux & demi pour cent de leur valeur.

Les ſels, 2 ſous 6 deniers du cent peſant; les grains, les droits d'entrée ordinaires du tarif de 1671.

Les tourbes, le droit de ſortie ordinaire de ce tarif.

Le charbon de terre paſſant de Mons à Tournai par Condé, ſur les rivières de Haine & de l'Eſcaut, 2 ſous 6 deniers par baril de trois cents livres poids de marc au bureau de Condé; & ſi ces charbons ſont enſuite voiturés par terre de Tournai à Lille & châtellenie, ſoit pour la conſommation de la Flandre françoiſe, ou pour les villes & lieux de la domination étrangère, ils payent en outre aux premiers bureaux d'entrée, 2 ſous 6 deniers par baril, conformément à l'arrêt du 8 novembre 1723. *Arrêt du 8 novembre 1723.*

Les marchandiſes étrangères qui paſſent ſur la Meuſe par Givet, ne payent qu'un ſeul droit par forme de Tranſit, ſavoir:

Le droit d'entrée du tarif de 1671, ſur les marchandiſes impoſées dans ce tarif à l'entrée & à la ſortie; & ſur celles impoſées à l'entrée & tirées à *néant* à la ſortie.

Le droit de fortie dudit tarif fur celles qui font impofées à la fortie & tirées à *néant* à l'entrée :

Cinq pour cent de la valeur fur celles qui font tirées à *néant* par le tarif à l'entrée & à la fortie.

On excepte les ardoifes étrangères qui continuent de payer les droits d'entrée & de fortie du tarif de 1671, le tout conformément à l'arrêt du Confeil du 9 août 1723.

Arrêt du 9 août 1723.

Il ne doit être perçu aucun droit fur les marchandifes & denrées étrangères qui empruntent le paffage des terres de France fur la frontière, par des enclaves qui ne peuvent être évitées, pour aller d'un lieu à un autre de la domination étrangère.

Il en doit être ufé de même pour toutes les denrées & fruits provenans des récoltes, & tout ce qui eft néceffaire pour la culture des terres limitrophes étrangères : cet arrangement eft fondé fur la réciprocité & fur les décifions & arrêts du Confeil donnés en conféquence.

Les Négocians & habitans des provinces de Flandre, Artois, Cambrefis & Hainault, ont la liberté du tranfit pour les marchandifes provenant de leurs manufactures, & pour les matières qu'ils y emploient entrant & fortant par les bureaux de Bayonne, Septeme, pont de Beauvoifin & Langres, fans payer aucuns droits d'entrée ni de fortie, ni autres droits locaux & de péages, de quelque nature qu'ils puiffent être.

Les marchandifes, pour jouir du bénéfice du tranfit en

en exemption de droits, doivent être conduites au bureau des fermes à Lille pour y être déclarées, vues & visitées, & accompagnées des certificats des Juges, Magistrats ou Officiers des lieux qui attestent celui de la fabrique; elles sont ensuite plombées & expédiées en transit, avec acquit à caution portant soumission de représenter dans six mois, au dos de l'acquit, le certificat de la sortie desdites marchandises, signé des Receveur & Contrôleur du bureau dénommé par l'acquit, le tout sous les peines portées par les ordonnances.

Les matières servant aux manufactures venant d'Espagne, du Levant, d'Italie & d'Allemagne, doivent être déclarées, visitées & plombées aux bureaux d'entrée ci-dessus désignés, avec l'acquit à caution portant obligation de rapporter dans un pareil délai de six mois au dos dudit acquit, le certificat signé des Receveur & Contrôleur du bureau de Lille, de l'arrivée desdites matières dans ladite ville.

Les marchandises & les matières servant à leur fabrication, expédiées en transit, ne peuvent entrer dans l'étendue des Cinq grosses fermes & en sortir que par le bureau de Péronne, où les acquits & certificats doivent être présentés & visés, & les plombs reconnus; & en cas de fraude il y a peine de confiscation & une amende de 1000 livres, conformément aux arrêts du Conseil des 15 juin 1688, 14 juin 1689, 20 juin 1713 & 15 février 1720.

Arrêts des 15 juin 1688, 14 juin 1689,

20 juin 1713, 15 février 1720. Les Négocians des mêmes provinces, jouissent aussi du bénéfice du transit des marchandises de leurs manufactures destinées pour le Portugal & la Biscaye, par les ports de Rouen & du Havre, conformément à l'arrêt du Conseil du 31 mai 1732.

Arrêt du 31 mai 1732.

L'objet de ce transit est devenu moins intéressant depuis qu'il a été accordé des exemptions de droits, en faveur des marchandises des principales manufactures du royaume, exportées à l'Étranger, telles qu'aux étoffes de toute espèce, toiles, bonneteries, tapisseries & chapeaux; & à l'importation aux principales matières premières, nécessaires à l'aliment de ces manufactures, telles qu'aux laines non parées, chanvres & lins en masse, poils de chèvres non filés, de chameaux & de chevreaux :

2.° Les droits qui se perçoivent dans la Bretagne, sont ceux de la prevôté de Nantes & ceux des ports & havres.

Droits de la prevôté de Nantes.

Les droits de la prevôté de Nantes se perçoivent dans l'étendue de la direction de Nantes, depuis cette ville jusqu'à la mer, ils portent sur différentes marchandises & sont de différentes espèces, tels que les droits d'ancienne coutume, le droit appelé *Senaige;* les différens droits de brieux, quillages, registres & congés sur les navires, vaisseaux, barques & autres bâtimens; tous ces droits sont réglés par un tarif ou pancarte du 25 juin 1565, des arrêts du Conseil des

Tarif du 25 juin 1565.

7 août 1703, 18 mars 1704, 22 janvier 1709 & autres règlemens intervenus depuis.

Arrêts des 7 août 1703, 18 mars 1704, 22 janvier 1709.

On perçoit aussi dans les ports & havres de Bretagne, sous la même dénomination de *droits de Prevôté*, des droits sur les drogueries & épiceries, & sur les marchandises des Colonies françoises de l'Amérique ; ces droits sont perçus en conséquence de Lettres patentes du mois d'avril 1717, d'un arrêt du Conseil du 16 décembre 1721 & d'autres règlemens intervenus depuis.

Lettres patentes d'avril 1717.

Arrêt du 16 décembre 1721.

Droits des ports & havres de Bretagne.

Les droits des ports & havres sont perçus dans les ports & havres de la Bretagne, & sont pareillement réglés par une autre pancarte du même jour 25 juin 1565; ils comprennent les droits d'ancienne coutume, d'imposition de rivage, de cellérage, de flûte, & les droits & devoirs de brieux & de quillage sur les navires, barques, vaisseaux & autres bâtimens.

Arrêt du 6 mars 1725.

Un arrêt du Conseil du 6 mars 1725, a ordonné que les droits de ports & havres énoncés dans la pancarte du 25 juin 1565, seroient perçus sur toutes les marchandises & denrées dénommées dans ce tarif ou pancarte, soit à l'entrée ou à la sortie : ces pancartes sont déposées à la Chambre des Comptes de Nantes qui en fait délivrer des extraits aux Fermiers.

Les marchandises étrangères qui entrent en Bretagne & qui y ont acquitté les droits fixés par les règlemens rendus depuis 1664, ne doivent aucuns droits à l'entrée des Cinq grosses fermes, lorsqu'elles ne séjournent point en Bretagne & qu'elles sont accompagnées d'un acquit; mais si elles séjournent en Bretagne, elles doivent à l'entrée des Cinq grosses fermes les droits du tarif de 1664:

Traite de Charente.

3.° Les droits de la traite de Charente, tant ancienne que domaniale & augmentation, qui reviennent à peu-près au vingtième du prix des marchandises, sont dûs sur les marchandises & denrées qui entrent dans la Saintonge ou qui en sortent par les rivières de Charente, Boutonne, Seudre & Gironde, & par les ports qui en dépendent; ils se perçoivent aussi sur les marchandises & denrées qui y sont sujettes & qui passent, soit par terre ou par eau, dans les bureaux de la Saintonge, de l'Aunis & du Poitou.

Ce droit est si ancien que l'origine en est inconnue, il appartenoit aux comtes de Saintonge, avant que François I.er eût réuni cette province à la Couronne; la perception de ce droit n'a été bien réglée qu'en 1681 par le bail de Fauconnet.

Dans les droits connus sous la dénomination de *Traite de Charente*, sont compris:

1.° Les 3 sous pour livre de tous les droits dûs sur les marchandises dans l'étendue de la traite de Charente, & qui ont été substitués aux 2 sous & aux 12 deniers pour livre, tant de principal que desdits 2 sous pour livre qui avoient été attribués aux Contrôleurs-conservateurs des fermes:

2.° Les droits de Courtage & Mesurage dont jouissoient les pourvus des offices de Courtiers-jaugeurs-contrôleurs de Charente, Marans, la Rochelle & pays adjacens:

3.° Les droits de Parisis, sou & six deniers qui se lèvent sur les droits de Courtage & Mesurage, sur les droits de coutume des Seigneurs de Tonnay-Charente, Rochefort & Soubise, sur les autres droits concédés, aliénés & attribués sur toutes les marchandises sujettes à la traite de Charente; & sur tous les droits qui se lèvent dans les bureaux de cette traite:

4.° Le tiers retranché des 20 sous par muid de vin passant à Taillebourg, qui se lève au bureau de Charente:

5.° Les 10 deniers 2 tiers par muid de sel, qui se lèvent dans les bureaux de Marennes, la Rochelle & autres en dépendans, & qui forment le tiers retranché des 2 sous 8 deniers qui avoient été aliénés au maréchal Foucault:

6.° Les 5 deniers & demi par muid de sel, qui se lèvent au bureau d'Ars dans l'île de Rhé, pour le tiers retranché des 16 deniers qui avoient été pareillement aliénés au maréchal Foucault:

7.° Les 10 deniers par muid de sel, qui se lèvent dans l'étendue des bureaux de Marennes, pour le tiers retranché des 2 sous 6 deniers qui avoient été attribués à l'office de Courtier-général, par chaque muid de sel enlevé des marais de Brouage pour l'Étranger :

Et enfin les droits d'acquits, visites & congés dans l'étendue de la traite de Charente :

4.° Dans l'étendue de la sénéchaussée de Bordeaux, il se perçoit de temps immémorial, à l'entrée & à la sortie des marchandises, un droit connu sous la dénomination de *Comptablie*.

Comptablie de Bordeaux.

Cet impôt se divise en deux autres droits qu'on nomme la *grande & la petite coutume*.

La ville de Bordeaux jouissoit dans l'origine, du droit de *grande Coutume*.

A l'égard de celui de *petite Coutume*, il avoit été

1041. donné en 1041, par Guillaume VIII, duc de Guyenne, à l'abbaye de Sainte-Croix ; mais les religieux de cette abbaye situés alors hors de la ville, & qui, pendant les guerres, craignoient les incursions de l'ennemi, firent cession de la petite coutume à la ville de Bordeaux, sous la condition que leur couvent seroit enclos dans les murailles de la ville.

1548. En 1548, Henri II réunit à son Domaine la grande & la petite coutume.

Au mois de juin 1563, Charles IX rendit une ordonnance portant règlement pour les droits de Comptablie.

Ordonnance de 1563.

Le vin, par cette ordonnance, est assujetti à un droit fixe à la sortie ; mais toutes les autres marchandises doivent acquitter les droits à la valeur.

Le taux est, à la sortie, de 12 deniers tournois pour

livre, faisant Cinq pour cent de la valeur des marchandises lorsqu'elles sortent pour compte étranger, & de 6 deniers tournois faisant Deux & demi pour cent lorsque c'est pour compte françois.

A l'entrée, les marchandises pour compte étranger, doivent 14 deniers obole pour livre, faisant Six pour cent de leur valeur, dont Cinq pour cent pour droit de grande coutume; & Un pour cent pour celui de petite coutume.

Lorsqu'elles entrent pour compte françois, elles ne doivent que 8 deniers obole pour livre, faisant Trois & demi pour cent de leur valeur, savoir; Deux & demi pour cent de grande coutume, & Un pour cent de petite coutume.

Cette distinction de François & d'Étranger n'a lieu que dans le port de Bordeaux.

Dans les autres ports de Bourg, Blaye & Libourne, le droit est de 12 deniers tournois pour livre, faisant Cinq pour cent de la valeur à l'entrée, il est le même à la sortie, & se paye indistinctement, soit pour françois, soit pour étranger.

Il est à observer qu'à Bordeaux & dans les autres ports, la marchandise qui sort pour le compte & au nom de celui pour qui elle est entrée, ne doit point le droit de sortie.

Par le règlement de 1563, le vin du crû de la sénéchaussée, dit *vin de ville*, sortant, soit par le port de Bordeaux, soit par les autres ports de la sénéchaussée, *Règlement de 1563.*

eſt impoſé par tonneau à un droit fixe de 21 ſous tournois, dont 20 ſous pour la grande coutume & Un ſou pour la petite.

Le vin du haut pays eſt fixé par tonneau à 26 ſous tournois, dont 25 ſous pour la grande & Un ſou pour la petite coutume.

Le règlement de 1563, accordoit aux Bourgeois de Bordeaux un privilége ſur les vins de ville qu'ils chargeoient pour leur compte.

Le droit, au lieu de 21 ſous par tonneau, étoit réduit à 11 ſous, ils étoient même exempts des 11 ſous lorſque le vin étoit de leur crû & chargé pour leur compte; mais l'état des choſes à cet égard a été changé par un arrêt du Conſeil du 15 novembre 1675, & ce changement a été confirmé par une Déclaration du 14 mars 1682.

Arrêt du 15 novembre 1675. Déclaration du 14 mars 1682.

Il y avoit encore une modération de droit ſur toutes les marchandiſes chargées dans les ports de la ſénéchauſſée pour compte anglois & ſur navires anglois; mais les conjonctures dans leſquelles la France s'eſt trouvée relativement au traitement qu'éprouvoient en Angleterre les marchandiſes du royaume, ont donné lieu de faire ceſſer cette modération.

Les droits ſur les marchandiſes étant, ainſi qu'on l'a dit, dûs à la valeur, & l'appréciation étant ſuſceptible de conteſtation, il avoit été ordonné par le règlement de 1563, que les Tréſoriers de France, comme Juges du Domaine & de l'appréciation, règleroient

règleroient le prix des marchandiſes, & que d'après ce prix les droits de grande & petite coutume ſeroient perçus ſuivant qu'ils ſeroient différemment dûs par les Regnicoles & les Étrangers.

Ces appréciations faites de gré entre les Marchands & les Commis, étant ſouvent arbitraires, donnoient lieu à des abus, & faiſoient naître des conteſtations qui, portées en juſtice, produiſoient des retardemens toujours préjudiciables aux intérêts du commerce.

Il fut fait un tarif d'appréciation, concerté entre les députés des corps & communautés des Marchands de Bordeaux & l'adjudicataire général des fermes.

Ce tarif fut arrêté le 22 ſeptembre 1688, par M. de Bezons, alors Intendant à Bordeaux, & revu depuis & arrêté de nouveau par M. de la Bourdonnaye auſſi Intendant, le 23 mai 1702.

Tarif du 22 ſeptembre 1688.

Toutes les marchandiſes dont l'évaluation eſt faite par ce tarif, payent les droits de Comptablie ſur le pied de cette évaluation.

A l'égard de celles qui ne ſont point évaluées, le Marchand eſt tenu de faire ſa déclaration de leur valeur, & les droits de Comptablie doivent être perçus ſur le pied de cette valeur déclarée. Si les Fermiers jugent la déclaration trop foible, les arrêts & les lettres patentes des 2 août 1740 & 27 ſeptembre 1747, leur donnent la liberté de retenir la marchandiſe pour la valeur déclarée, en payant le ſixième en ſus de cette valeur.

Déclaration des 2 août 1740 & 27 ſeptembre 1747.

Indépendamment de ce droit de comptablie ou de grande & petite coutume, qui forme un droit général, & qui porte sur presque toutes les marchandises, on perçoit encore sur certaines marchandises, à l'entrée & à la sortie, & sur d'autres à la sortie, un droit connu sous la dénomination de *Convoi de Bordeaux*.

Convoi de Bordeaux.

Les marchandises sur lesquelles il se lève à la sortie, sont les vinaigres, les eaux-de-vie, les noix, les châtaignes, la cire & la résine.

Celles sur lesquelles il est perçu à l'entrée & à la sortie, sont le vin, le miel, le sel & les prunes.

On ne connoît point l'origine du convoi de Bordeaux : suivant la chronique bordeloise, il fut établi
1586. en 1586, par le maréchal de Matignon, qui étoit alors Gouverneur de Guyenne, pour subvenir aux nécessités actuelles, & continué depuis pour fournir aux dépenses des guerres, soit étrangères, soit civiles qui ont désolé cette province.

Henri IV réunit cet impôt à la Couronne & le rendit perpétuel, mais il le diminua environ de moitié.

1613. En 1613, les habitans de Bordeaux obtinrent la permission de lever le même droit à leur profit pour entretenir des vaisseaux destinés à protéger le commerce; ce second convoi a été depuis réuni au premier pour ne former qu'un seul & même droit, & a été joint dans la suite aux Cinq grosses fermes. Le convoi de Bordeaux a été fixé par différens règlemens qui ſont intervenus ſucceſſivement pour chaque eſpèce de marchandiſe.

Les droits attribués aux Courtiers de Bordeaux, ont été réunis à la ferme de la comptablie & du convoi, par arrêt du Conſeil du 27 avril 1680, & la perception en a été réglée par une Déclaration du 14 mars 1682.

Arrêt du 27 avril 1680.

Déclaration du 14 mars 1682.

Les autres droits de traites qui ſe perçoivent dans la province de Guyenne, ſont la branche de Cyprès, les droits d'acquits, viſite & expédition, le quillage & le premier tonneau de fret.

Autres droits de traites dans la Guyenne.

Les uns ſe perçoivent à l'entrée & à la ſortie ſur les marchandiſes, les autres pareillement à l'entrée & à la ſortie ſur les navires & autres bâtimens.

La branche de Cyprès ſe perçoit au bureau de Blaye ſur chaque navire chargé, venant de Bourg, Libourne ou Bordeaux; il n'appartient au Roi que le tiers de cet impôt, les deux autres tiers ont été cédés à la maiſon de Saint-Simon.

Branche de Cyprès.

Quant à l'origine de cet impôt, la chronique bordeloiſe rapporte, qu'anciennement les Matelots qui venoient acheter des vins à Bordeaux, étoient dans l'uſage de remporter avec eux, comme une marque de triomphe, une branche de Cyprès dont ils ornoient leur vaiſſeau; ils étoient tellement attachés à cet uſage qu'on imagina inſenſiblement de leur faire payer un droit auquel ils ſe ſoumirent plutôt que d'y renoncer;

& c'eſt à cette circonſtance que l'on rapporte l'établiſſement de ce droit.

Quillage. Le quillage conſiſte dans un droit de 3 livres 4 ſous que paye chaque vaiſſeau qui entre pour la première fois dans les ports de Blaye, Bourg, Bordeaux ou Libourne; l'époque de l'établiſſement de ce droit n'eſt point connue.

Premier tonneau de fret. Le premier tonneau de fret conſiſte dans un droit que ſont obligés de payer les vaiſſeaux qui ſortent des mêmes ports par la Garonne; ceux qui partent pour la Rochelle, payent 6 livres; ceux qui vont en Bretagne ou dans les autres ports de France, 8 livres; ceux qui vont en pays Étranger, 10 livres:

Traite foraine d'Arſac. 5.° Les droits connus ſous la dénomination de *Traite foraine d'Arſac*, ſe payent ſur toutes les marchandiſes qui ſortent des pays des Lannes & de Chaloſſe pour Bayonne, le Béarn, la baſſe Navarre, le pays de Soule & les pays étrangers:

Coutume de Bayonne. 6.° La coutume de Bayonne eſt un droit local qui ſe lève ſur toutes les marchandiſes & denrées qui y ſont ſujettes à l'entrée & à la ſortie des bureaux de Bayonne & du pays de Labour; la moitié de ce droit dont l'origine n'eſt point connue, appartient à la maiſon de Gramont, à laquelle elle a été donnée en échange du comté de Blaye; l'autre moitié appartenoit anciennement à la ville de Bayonne, mais par un arrêt du Conſeil du 24 mai 1664, elle a été réunie aux fermes générales.

La coutume de Bayonne se paye à l'entrée & à la sortie, à raison de Trois & demi pour cent du prix des marchandises; cependant lorsque dans l'intervalle de l'entrée à la sortie elles n'ont point changé de main, elles ne payent à la sortie qu'Un & demi pour cent.

Les bourgeois de Bayonne & de Saint-Jean-de-Luz sont exempts de cet impôt pour toutes les marchandises destinées pour leur compte, les autres habitans du pays de Labour n'en sont exempts que pour celles qui sont destinées à leur usage.

Les 4 sous pour livre de la coutume de Bayonne, se lèvent en entier au profit du Roi, ainsi que les Deux nouveaux sous pour livre.

7.° Les douanes de Lyon & de Valence.

On va parcourir successivement ce qui les concerne, on commence par la douane de Lyon.

On ne trouve aucun renseignement précis sur l'époque de son établissement; mais il est certain qu'avant l'avènement de François I.er à la Couronne, les droits de la douane de Lyon ne portoient que sur les draps de soie, d'or & d'argent qui arrivoient de l'Étranger. Douane de Lyon.

En 1540, François I.er, par un édit dans lequel il fait mention d'autres ordonnances rendues par ses prédécesseurs & par lui, sans les dater ni en exprimer la teneur, étendit le droit de Douane aux matières premières, c'est-à-dire, aux soies teintes & cuites venant de l'Italie, de l'Espagne & du comtat Venaissin: l'édit *Édit de 1540.*

ordonnoit que toutes les manufactures de soieries venant de l'Étranger, seroient conduites à Lyon, soit qu'elles entrassent par Bayonne, Narbonne, Suze & Montelimart, les seules villes par lesquelles l'entrée en fût permise.

La ville de Suze étoit indiquée pour l'entrée des marchandises venant d'Italie, celles venant d'Avignon & du comtat Venaissin, devoient passer par la ville de Montelimart en Dauphiné; & enfin celles venant d'Espagne par les villes de Narbonne & de Bayonne.

Le droit qui devoit être payé à Lyon sur ces sortes de marchandises, n'est point exprimé dans l'édit de 1540; mais l'article IX renvoye à un tarif ou tableau qui est inséré à la suite de l'édit, & suivant lequel il paroît que ces marchandises devoient payer Cinq pour cent, lorsqu'elles étoient destinées à la consommation du royaume, & seulement Deux pour cent lorsqu'elles ne faisoient que le traverser pour aller à l'Étranger.

Les étoffes de même qualité, fabriquées en France, étoient libres; elles devoient être seulement plombées & accompagnées d'un certificat des Officiers du chef-lieu de chaque manufacture, afin de prévenir que sous ce prétexte, on n'en fit passer d'étrangères sans acquitter les droits.

On prétend, sans néanmoins que l'on puisse représenter les titres d'établissement, que ce fut en 1544,
1544. qu'il fut établi à Lyon un nouveau droit de Deux & demi

pour cent, qui portoit sur les marchandises mêmes qui jusqu'alors n'avoient pas été sujettes aux droits de Douane, & que les marchandises nationales & originaires furent assujetties au payement de ce droit, qui ne fut d'abord établi que pour quelques années & par forme d'octroi, en faveur de la ville de Lyon : il se trouve dans le recueil des ordonnances de la douane de Lyon, un petit tarif sans date placé à la suite du tarif de 1540, & dans lequel on taxe les soies crûes & les étoffes fabriquées à Tours.

En 1558, l'octroi accordé à la ville de Lyon, fut réuni au Domaine & aux anciens droits de la douane. 1558.

La ville du Suze ayant été cédée par vente au duc de Savoie, Charles IX substitua en 1564, à cette ville, le Pont-de-Beauvoisin pour l'entrée des marchandises d'Italie : la Déclaration donnée à ce sujet énonce, non-seulement les draps & autres tissures & ouvrages d'or, d'argent & de soie, comme devant être portés à Lyon ; elle comprend aussi toutes les autres marchandises venant d'Italie.

Elle parle des draps & étoffes de soie, fabriquées dans le royaume hors la ville de Lyon, comme étant dès-lors sujets à la douane de Lyon, ce qui confirme les faits que l'on a précédemment avancés.

En 1585, Henri III, en confirmant les règlemens précédens, y ajouta l'obligation de faire passer par la douane de Lyon pour y payer les droits, les balles de 1585.

ſoie, de poil de chèvre, de camelot & autres marchandiſes du Levant.

Il ne fut plus fait aucune diſtinction des matières premières, ou des étoffes; de la conſommation, ou du tranſit.

L'entrée des ſoies & étoffes d'Eſpagne fut reſtreinte à la ſeule ville de Narbonne.

Toutes les marchandiſes deſcendant par le Rhône & la Saône pour paſſer à Lyon & au-deſſous, enſemble celles de Flandre, d'Allemagne, d'Angleterre, deſtinées tant pour l'Italie que pour Marſeille, furent tenues d'aborder à Lyon & d'y payer le droit de la Douane.

Ces diſpoſitions qui aſſujettiſſoient les marchandiſes originaires du Languedoc, de la Provence & du Dauphiné, aux droits de la Douane, occaſionnèrent une conteſtation entre les Marchands de Valence & le Syndic du Dauphiné, d'une part; & de l'autre, le Fermier de la douane de Lyon.

Arrêt du 24 mars 1663. Elle fut terminée par un arrêt contradictoire du Conſeil du 24 mars 1663, qui ordonna que les marchandiſes originaires de ces provinces, pourroient être vendues, voiturées & portées de l'une à l'autre, ſans qu'on fût obligé de les faire paſſer en la ville de Lyon, ni d'acquitter les droits de la Douane; mais que lorſqu'elles ſeroient portées en Savoie, Dombes, Franche-comté, Genève, Suiſſe & Allemagne, on

ſeroit

seroit tenu de les faire passer à Lyon & d'y payer les droits.

Cet arrêt porte en même temps, qu'au surplus les anciennes ordonnances seroient exécutées concernant les marchandises du Levant, Italie & Espagne, qui ne pourroient être exposées en vente, ni débitées sans avoir été portées à Lyon, & sans avoir acquitté les droits de Douane.

Il est facile de juger du préjudice qu'occasionnoit au commerce l'obligation de faire passer par Lyon les marchandises qui entroient dans le royaume par les provinces que l'on vient de rappeler; on chercha à y remédier en permettant d'établir des bureaux dans le Lyonnois, le Dauphiné, le Languedoc & la Provence : ces bureaux s'y multiplièrent bientôt, mais insensiblement le Fermier de la douane de Lyon prétendit que ces bureaux n'étant que de simples conserves, ne dispensoit pas de la représentation des marchandises à Lyon. Des règlemens postérieurs ont accordé aux Négocians la facilité de payer les droits de la douane de Lyon à l'entrée du royaume : cette facilité n'a cependant pas lieu pour les soies qui doivent toujours être conduites à Lyon.

Les marchandises nationales, à l'exception des soies, ne sont point assujetties à passer par Lyon sans nécessité; mais comme c'est la route naturelle des marchandises originaires du Lyonnois, du Forès, du Languedoc & de la Provence qui sont destinées pour la Suisse, pour

Genève, pour l'Allemagne & la Franche-comté, elles sont obligées d'acquitter la Douane dans le lieu du chargement, dans la crainte qu'en passant par des chemins détournés, elles ne trouvent le moyen de se soustraire au payement de ces droits.

En 1632, sur le fondement que l'appréciation sur laquelle se percevoient les droits des marchandises à Lyon, étoit fort au-dessous de leur valeur intrinsèque, il fut fait une réappréciation des marchandises, & formé en conséquence un nouveau tarif.

Les marchandises & denrées étrangères, sont tirées dans ce tarif sur le taux de Cinq pour cent de leur valeur, & les marchandises & denrées originaires, Deux & demi pour cent.

Les drogueries & épiceries, indépendamment de l'ancien droit de Quatre pour cent pour l'entrée dans le royaume, sont encore assujetties au droit particulier de Douane de Deux & demi pour cent.

On pesoit anciennement au poids de marc, les marchandises étrangères, & l'on se servoit de celui de Lyon, plus foible de Seize pour cent, pour peser les denrées du royaume, ce qui a été réformé en 1725 : le poids de marc a été établi pour les marchandises originaires, & la quotité des droits a été fixée dans la proportion que produisoit cette différence.

Douane de Valence.

La douane de Valence, connue anciennement sous la dénomination de *douane de Vienne*, forme encore un autre droit qui se paye à l'entrée & à la sortie du Dauphiné.

Ces droits d'entrée & de sortie ne consistoient, dans l'origine, que dans un Péage que l'on exigeoit sur ce qui traversoit les villes de Vienne & de Sainte-Colombe.

Établissement du Péage de Vienne ou Douane de Valence.

Lettres patentes de confirmation, du 9 juillet 1595.

Ce péage fut établi sous le nom de *Péage de Vienne*, le 9 mai 1595, par le connétable de Montmorency, & confirmé le 9 juillet suivant par des Lettres patentes d'Henri IV, pour fournir une somme de 20 mille écus au comte d'Izimieu, Gouverneur de Vienne, & qui avoit rendu cette place au Roi.

Ce péage fut d'abord mis en régie, il en fut ensuite passé deux baux pendant lesquels le prix en fut fixé à 18 mille écus pour chacun : cet impôt fut supprimé en 1611; mais en 1621, à l'occasion des troubles, M. de Lesdiguières le rétablit sous la dénomination de *douane de Valence*, & avec beaucoup plus d'étendue, puisqu'il fut arrêté que le droit se leveroit sur toutes sortes de marchandises du Levant, d'Espagne, de Provence & de Languedoc, allant à Lyon par terre ou par eau, & entrant en Dauphiné par la Savoie & Genève, & sur toutes les denrées du Dauphiné, du Lyonnois, Beaujolois, Bresse, Bourgogne & autres provinces, qui seroient conduites en Languedoc, Provence, Piémont & autres lieux par terre ou par eau, les obligeant de passer par Valence pour y acquitter le droit.

Les bureaux de conserve furent répandus de tous côtés & poussés jusqu'aux extrémités du Dauphiné.

Le tarif de la douane de Vienne fut adopté.

Le préjudice que les habitans de ces différentes provinces, & sur-tout ceux de la ville de Lyon souffroient de cet établissement, les engagea à faire les plus vives représentations, & même des offres de remplir, par quelqu'autre voie, l'objet des assignations qui avoient été données sur cette nouvelle branche de revenus : il fut en conséquence convenu d'imposer, pendant un certain nombre d'années, une crûe de 7 sous sur chaque minot de sel qui se prendroit dans les greniers destinés à la fourniture du Dauphiné, de 20 sous sur chaque minot de sel vendu dans le grenier de Lyon, & de 5 sous par minot dans les autres greniers des Gabelles du Lyonnois; & d'après cet arrangement la douane de Valence fut supprimée par un arrêt du Conseil du 11 mai 1624, mais cette suppression ne fut pas de longue durée. Les grandes dépenses que Louis XIII étoit obligé de faire pour l'entretien de ses armées contre les Rebelles, engagèrent à la rétablir dès 1626, & la crûe qui avoit été mise sur le prix du sel fut continuée, sans doute par les mêmes motifs.

Déclaration du 9 mai 1640.

En 1640, le droit fut augmenté d'un tiers sur les sept premiers articles du tarif, par une Déclaration du 9 mai de cette année.

Les marchands pour se soustraire au payement de cet impôt, se frayèrent des routes détournées; on s'étudia à y remédier, en plaçant des bureaux aux différens passages dont il fut reconnu que l'on faisoit usage pour éluder le payement des droits. Il en avoit même été établi jusque dans le Forès, mais la suppression en fut ordonnée par deux arrêts du Conseil des 16 juillet 1644 & 15 février 1656.

Le tarif de la Douane ou péage de Vienne, qui a été remplacée par celle de Valence, distinguoit vingt classes de marchandises, non par nature & espèces de marchandises, mais à peu-près suivant leur prix & qu'elles devoient payer au poids. Il règne la plus grande disproportion dans la formation de ce tarif; elle n'a point été rectifiée, parce que dans les différens changemens qui ont été faits, la même forme a toujours été conservée; on s'est contenté d'augmenter les droits de chacune des classes : les sept premières sont les plus importantes; on a aussi marqué la proportion du quintal & de la livre.

Tarif du 15 janvier 1659.

Le dernier tarif pour cette Douane, est celui du 15 janvier 1659, il contient seulement dix-neuf articles; il y en a sept principaux dans lesquels sont rassemblées les principales espèces de marchandises.

Chaque article impose au poids le droit qui doit être perçu sur les espèces qui y sont dénommées.

L'article VIII comprend toutes les différentes espèces de bois qui, n'ayant pu de même être imposées au poids, le sont à raison de Deux & demi pour cent de leur valeur.

Après l'article VIII, il y en a dix autres qui tarifient d'une manière fixe & déterminée les différentes espèces de grains, les légumes, les vins & les bestiaux de différentes espèces.

L'article XIX qui est le dernier, porte que toutes autres sortes de marchandises, grains & bétails qui ne sont point spécifiés dans les articles précédens, payeront les droits suivant leurs qualité & valeur, à proportion desdits articles.

Ce dernier article a fait naître entre la Chambre du commerce de Lyon & les Fermiers généraux, la question de savoir si d'après la disposition que l'on vient de rappeler, les marchandises omises au tarif, devoient payer par assimilation aux autres articles du tarif ou à raison de Deux & demi pour cent de leur valeur.

La Chambre du commerce réclamoit contre l'usage qui s'étoit introduit, de les faire payer à raison de Deux & demi pour cent de leur valeur, au lieu de les assimiler à celles qui sont comprises dans l'un des sept articles du tarif auquel elles peuvent avoir rapport; elle soutenoit que c'étoit par extension que l'article VIII, qui ne devoit concerner que les bois, étoit appliqué aux autres espèces de marchandises; qu'au moyen de cette extension, celles omises, en acquittant la douane de Valence à raison de Deux & demi pour cent de leur valeur, payoient beaucoup plus que celles qui étoient comprises au premier article du tarif, quoique dans ces dernières il y en eût de plus précieuses & de plus considérables, telles, par exemple, que les dentelles.

Les Fermiers généraux convenoient que les marchandises omises, en payant Deux & demi pour cent de leur valeur, payoient plus que celles comprises aux sept premiers articles du tarif; ils observoient cependant que tous les tarifs avoient un principe d'imposition, les uns à Cinq pour cent, d'autres à Trois & demi, d'autres à Deux & demi, & qu'un article final dans chaque tarif, fixoit le taux auquel payeroient les marchandises omises, d'après le principe d'imposition du tarif; que celui de la douane de Valence paroissoit être de Deux & demi pour cent, à en juger par les bois qui étoient imposés sur ce pied, sans qu'on pût dire qu'il y eût aucun motif pour les assujettir à un droit plus fort que les autres espèces de marchandises.

Arrêt du 26 août 1760.

L'arrêt qui est intervenu sur cette contestation le 26 août 1760, ordonne qu'à l'avenir les marchandises qui ne sont point nommément comprises au tarif de la douane de Valence, en payeront les droits suivant les articles de celles comprises audit tarif, auxquelles, par leurs espèces & par leur nature, elles pourront être assimilées.

Le poids usité à cette douane étoit celui de table, plus foible de Quatorze pour cent que celui de marc; comme il en résultoit beaucoup de discussions, le poids de marc fut ordonné en 1724, & le droit accrû dans la proportion de la différence entre les deux poids:

Péage royal d'Aix, de 1237.

8.° On perçoit sur toutes les marchandises qui passent dans la ville & territoire d'Aix, un droit connu sous la dénomination de *Péage royal d'Aix*, & qui avoit été établi par les comtes de Provence plusieurs siècles avant que cette province eût été réunie à la Couronne; il en est déjà fait mention dans les lettres de Bérenger, comte de Provence de 1237.

Charles comte de Provence ayant fondé, dans la ville d'Aix, le monastère de Notre-Dame de Nazareth, qui se nomme actuellement *Saint-Barthélemi*, ordonna par son testament qu'il seroit remis, par le Trésorier général du pays, chaque année, 325 livres des deniers du péage d'Aix, entre les mains du Prieur de ce monastère qui en retiendroit une partie pour le couvent, & distribueroit le surplus aux religieux mendians de la ville d'Aix pour la rétribution des obits, messes & prières portées par le même testament.

Les Officiers de la Cour Souveraine, & les habitans de la ville d'Aix, furent les premiers exemptés de ce péage par des Lettres patentes de 1294, 1318 & 1387.

Les habitans de Toulon, Colmars, Beauvezet, Martigues & autres endroits, le furent ensuite pareillement, ainsi que plusieurs Marchands & Artisans, comme Merciers, Verriers & autres, tant Étrangers que Provençaux.

Toutes

Toutes ces exemptions réduisirent le péage en question à un si foible objet, qu'il n'étoit plus suffisant pour acquitter les 325 livres dont il étoit annuellement chargé: le Prieur du monastère, qui n'en pouvoit plus être payé, obtint en 1402, de nouvelles Lettres patentes, pour faire de nouveau publier le péage dont la perception avoit été plusieurs fois abandonnée, & pour l'affermer & en recevoir le prix.

En 1559, le Prieur & les religieux de Nazareth, le transportèrent aux Consuls de la ville d'Aix, qui sont Procureurs du pays, moyennant une pension annuelle de 300 livres, l'objet des Consuls étoit, selon les apparences, de libérer la province de ce péage, puisqu'on ne voit point que la perception en ait été continuée jusqu'en 1685, que les Fermiers du domaine en demandèrent la réunion comme n'ayant pu être aliéné aux Consuls d'Aix, par les religieux de Nazareth auxquels la propriété n'en appartenoit pas, & qui n'avoient qu'une simple rente à prendre sur le produit.

Réunion au Domaine du péage d'Aix, du 9 juillet 1686.

Cette réunion fut prononcée par un jugement des Commissaires du domaine en Provence, du 9 juillet 1686, en exécution duquel la levée de ce droit de Péage a été rétablie: le jugement de réunion en déclare exempts les habitans de la ville d'Aix.

Il ordonne que la levée en sera faite sur une ancienne pancarte déposée dans les archives de Provence, & que les taxes seront évaluées au quadruple, à cause de la différence des monnoies anciennes aux monnoies courantes.

Ce tarif ou pancarte ne rappelle qu'un petit nombre de marchandises, & porte, par une clause finale, qu'à l'égard de celles qui n'y sont point comprises, on en recèvra les droits à proportion des autres; & comme rien n'indique sur quel pied les marchandises contenues dans cette pancarte ont été taxées, il résulte souvent de cette dernière clause des difficultés dans la perception :

Denier Saint-André.

9.° Il se lève dans les bureaux établis sur le Rhône, depuis le passage de Roquemaurette en Vivarais, jusqu'au port de Caussade, inclusivement, un péage appelé le *denier Saint-André*, dont l'origine n'est point constatée, on croit qu'il a été établi pour construire le fort Saint-André, ou pour y entretenir une garnison; la perception se fait sur un tarif du 15 juillet 1634 :

Tarif du 15 juillet 1634.

Deux pour cent d'Arles.

Lettres patentes du 29 mars 1577.

10.° L'impôt connu sous la dénomination de *Deux pour cent d'Arles*, a été établi par des Lettres patentes du 29 mars 1577, qui permettent aux Consuls & habitans de la ville d'Arles, tant qu'il y auroit guerre en Provence & en Languedoc, de lever *en deniers, Deux pour cent du prix de l'estimation de toutes les marchandises & denrées* qui seroient portées en montant & descendant, ou passeroient par eau & par terre *devant la ville d'Arles* ou *le fort appelé* le Baron, pour être, le produit de ce droit, employé sur les ordonnances du Gouverneur ou des Consuls, au payement des troupes destinées pour la défense de l'île de la Camargue & du fort Baron.

Le 7 novembre 1581, ce droit fut prorogé pour trois années; & par des Lettres patentes du 17 octobre 1586, Henri III qui l'avoit laissé subsister depuis la prorogation expirée, déclara qu'il demeureroit éteint aussitôt qu'il auroit produit à la ville d'Arles, 12 mille écus, dont la situation de cette ville lui rendoit, selon les apparences, le secours nécessaire.

Lettres patentes du 17 octobre 1586.

Il paroît que la ville d'Arles, continua de se maintenir dans la jouissance de ce droit qui lui fut prorogée en 1600, par Henri IV pour dix années, pour servir à son agrandissement.

Par des Lettres patentes du 24 janvier 1631, Louis XIII restreignit ce don à 15 mille livres par année.

Lettres patentes du 24 janvier 1631.

Il y a apparence que la totalité du droit rentra dans la main du Roi; il passa ensuite par engagement au marquis de Saint-Jeurs qui, par convention du 12 mars 1652, en céda le quart à la ville: elle en jouit jusqu'en 1663, ainsi que le marquis de Saint-Jeurs du surplus; & à cette époque le droit fut réuni au Domaine.

Les Deux pour cent se lèvent sur toutes les marchandises & denrées qui passent sur le territoire de la ville d'Arles, & qui montent ou qui descendent le Rhône devant cette ville ou devant le château du Baron qui est sur la brassière du Rhône, conformément aux

Arrêt du 21 novembre 1724.

règlemens, & à un arrêt du Conseil du 21 novembre 1724.

A ce droit de Deux pour cent d'Arles, est toujours joint un autre droit connu sous la dénomination de *Liard du Baron*, & qui en est en quelque sorte l'accessoire, & qui n'a été ainsi nommé qu'à cause du fort Baron qui est situé près la ville d'Arles.

Liard du Baron.

Ce droit avoit été établi en 1601, & attribué à un Officier qui devoit contrôler toutes les marchandises qui passoient devant la ville d'Arles : cet Officier a été supprimé depuis, & le droit qui se perçoit à raison d'un liard par quintal, a été réuni au domaine.

Droits de foraine.

11.° Les droits de Foraine qui à Lyon subsistent encore, à cause de l'engagement qui en a été fait par François I.er à cette ville, & qui ont été aussi conservés dans la Provence & le Languedoc, pendant que dans les autres provinces, ils sont représentés par les droits du tarif de 1664, forment essentiellement & par leur institution, un droit de sortie qui se perçoit sur les marchandises qui passent dans les pays étrangers ou réputés tels, ou dans les provinces où les Aides n'ont pas cours.

La foraine se paye à la sortie de la Provence sur les marchandises qui passent en Dauphiné, parce que le Dauphiné n'est point sujet aux Aides; mais si ce sont des marchandises qui de Provence passent en Languedoc, la foraine n'est pas dûe en ce cas, parce que le

Languedoc est considéré comme pays d'Aides, relativement à l'équivalent qui y a lieu & qui en est la représentation :

Traite domaniale de Provence.

12.° La traite domaniale de Provence & l'augmentation qui y a été jointe, se perçoivent sur les marchandises & denrées qui y sont sujettes & qui sortent de Provence, de la ville & du comtat d'Avignon, & de la principauté d'Orange pour être transportées dans les pays étrangers ou à Marseille; ces droits au contraire ne sont point perçus sur les marchandises qui sortent de Provence pour être transportées dans le comtat d'Avignon qui, par des Lettres patentes du mois d'octobre 1571, a été déclaré faire partie de la Provence; mais celles qui passent du Comtat dans le Dauphiné doivent le droit de sortie qui, attendu qu'on ne peut établir des bureaux dans le Comtat, s'acquitte à l'entrée du Dauphiné :

Foraine & domaniale ou patente de Languedoc.

13.° La foraine & domaniale, autrement dite la patente de Languedoc, savoir; *les droits d'imposition, foraine, rêve, haut-passage & droits de réappréciation*, se perçoit sur les marchandises qui sortent par eau & par terre des territoires de Toulouse, Narbonne & Villeneuve-lès-Avignon, pour être exportées dans les pays étrangers, ou dans les provinces où les Aides n'ont pas cours, ensemble sur celles qui passent le détroit de Gibraltar & qui sortent du comté de Foix.

Provinces traitées comme pays Étranger.

IL s'agit maintenant de rendre compte de ce qui concerne les provinces qui ſont traitées comme pays étranger.

Les provinces traitées comme pays étranger, ſont celles qui ſont libres, qui ne ſont point fermées par les bureaux des traites, qui ne ſont ſujettes ni à des droits de tarif particulier, ni à ceux des nouveaux arrêts; enfin celles qui conſervent une libre communication avec l'Étranger, telles ſont l'Alſace, les Trois-évêchés, Dunkerque, Bayonne & Marſeille.

Il n'y a point de droits de traite dans l'Alſace & les Trois-évêchés; ces deux provinces ne connoiſſent ni les prohibitions ni les droits uniformes qui ont lieu dans les autres provinces du royaume; il n'exiſte point de barrière entr'elles & l'Étranger, elle eſt placée entre ces deux provinces & les provinces de l'intérieur: lorſque les marchandiſes que les provinces intérieures ont intérêt de conſerver, ſont tranſportées dans l'Alſace & les Trois-évêchés, elles acquittent les mêmes droits que ſi elles paſſoient effectivement à l'Étranger, auquel elles peuvent parvenir ſans obſtacle lorſqu'elles ſont arrivées dans ces deux provinces, & pareillement les marchandiſes qui viennent de l'Alſace & des Trois-évêchés dans l'intérieur du royaume, ſont traitées à l'entrée comme ſi elles venoient de l'Étranger, à la vérité, à quelques exceptions près pour certaines eſpèces qui sont justifiées reconnues pour être des fabriques de ces provinces, & qui par cette considération & la faveur qui y est attachée, sont traitées comme nationales.

Dunkerque est un port absolument franc. Louis XIV, par sa Déclaration du mois de novembre 1662, « maintient la ville de Dunkerque, port, havre & habitans d'icelle, en tous les droits, franchises, « exemptions & libertés dont ils jouissoient auparavant ; ordonne que tous marchands, négocians & « trafiquans, pourront aborder en toute sûreté, vendre « & débiter leurs marchandises, franchement & quittement, généralement de tous droits d'entrée, foraine, « domaniale & de tous autres de quelque nature & « qualité qu'ils soient, sans aucun excepter ni réserver; « comme aussi que lesdits Marchands & Négocians « pourront acheter & tirer de la ville toutes les marchandises que bon leur semblera, les charger & transporter sur leurs vaisseaux pareillement, franchement « & quittement de tous droits de sortie & autres ».

D'après ces dispositions, Dunkerque reçoit de l'Étranger & y envoie librement, sans formalités & sans droit, toutes les marchandises & denrées; & c'est pour cette raison que tout ce qui vient de Dunkerque & y est envoyé, est traité comme venant de l'Étranger ou passant à l'Étranger.

Il en est à peu près du port de Bayonne & du pays de Labour comme de la ville & port de Dunkerque, il y a cependant certaines marchandises qui y sont prohibées, & quelques autres qui font affujetties aux mêmes droits qu'aux autres entrées du royaume.

Il se perçoit d'ailleurs à Bayonne, un droit particulier, sous la dénomination de *Coutume de Bayonne* dont on a déjà fait le détail : mais comme en général Bayonne ne connoît que son droit de Coutume, qu'il reçoit de l'Étranger, à quelques exceptions près, toutes les marchandises sans être assujetties aux loix générales du royaume, ce qui y passe & ce qui en vient est traité comme ce qui passe à l'Étranger & ce qui en est apporté.

Marseille est dans le même cas que Bayonne: l'édit du mois de mars 1669, déclare le port & havre de cette ville, libre à tous Marchands & Négocians & pour toutes sortes de marchandises; il y a cependant quelques exceptions: il se perçoit dans l'intérieur de la ville un droit appelé *Poids & Casse* dont on fera le détail, & à l'entrée un droit de Vingt pour cent, sur les marchandises du Levant dont on se propose pareillement de parler; mais comme en général, & avec quelques restrictions seulement, cette ville a une communication libre avec l'Étranger, les marchandises qui y sont envoyées de l'intérieur, & celles qui en sont transportées dans le royaume, sont sujettes aux mêmes droits que si elles passoient à l'Étranger ou si elles en arrivoient.

Indépendamment de ces droits, il s'en perçoit de particuliers que l'on va rappeler.

1.° La

1.° La table de mer, est un ancien droit Domanial qui avoit été établi par les comtes de Provence, sur les marchandises & denrées que les Étrangers faisoient entrer & sortir du port de Marseille.

Table de mer.

Ce droit avoit été engagé moyennant une somme de 40 mille livres à la ville de Marseille; mais au mois de février 1577, cette ville qui avoit été assujettie au payement des droits imposés sur les drogueries & épiceries venant des pays étrangers, par édit d'Henri II du 10 septembre 1549, en obtint l'exemption pour celles qui appartiendroient aux originaires & citoyens de ladite ville seulement, & cette exemption ne fut accordée qu'en considération de la remise qu'elle fit au Roi, sans prétendre aucun remboursement des droits de Table de mer.

Édit du 10 septembre 1549.

La peste dont la ville de Marseille fut affligée en 1581, obligea les Négocians d'aller charger & décharger leurs marchandises dans les autres ports de la côte de Provence; mais des Lettres patentes du 24 août 1581, déclarèrent qu'ils continueroient d'être assujettis au payement de la table de mer.

Lettres patentes du 24 août 1581.

Ce droit, depuis qu'il étoit rentré dans la main du Roi, fut successivement engagé à différens aliénataires, notamment au cardinal de Richelieu, & ensuite à plusieurs autres qui en jouirent jusqu'à l'édit du mois de mars 1669, qui établit la franchise du port de Marseille; cet édit ordonna que la perception du droit de Table de mer, seroit continuée dans les autres ports de

Provence & dans les bureaux placés aux environs de Marſeille, & que les originaires de Marſeille & les habitans de Provence, continueroient d'en être exempts pour les marchandiſes qui entreroient & ſortiroient pour leur compte par mer ou par terre.

Il fut depuis reconnu que les habitans de Provence n'avoient ni titre ni poſſeſſion pour réclamer cette exemption, & par arrêt du Conſeil du 29 janvier 1678, elle fut reſtreinte aux ſeuls originaires & citadins de Marſeille.

Arrêt du 29 janvier 1678.

Les habitans de la ville d'Arles, ſont exempts des droits de table de mer pour les marchandiſes & denrées du crû de cette ville ſeulement, ſuivant leurs priviléges, confirmés par des Lettres patentes du mois de janvier 1717.

Lettres patentes de janvier 1717.

Cette perception a lieu ſur toutes ſortes de marchandiſes & denrées entrant ou ſortant par les ports ou havres de Provence dans les bureaux qui y ſont établis, ou dans ceux de terre aux environs de Marſeille, ſuivant un tarif arrêté avec les Échevins de cette ville en 1669, & conformément aux Déclarations & arrêts rendus à ce ſujet, & notamment à celui du 29 août 1724, & aux Lettres patentes du 4 ſeptembre de la même année :

Arrêt du 29 août 1724.

Lettres patentes du 4 ſeptembre 1724.

Poids & Caſſe.

2.° Le poids & caſſe eſt un ancien droit des comtes de Provence, dont l'origine n'eſt pas connue. On trouve dans les archives de la Chambre des Comptes d'Aix, un état du 15 avril 1537, qui contient les marchandiſes qui se vendent au poids à Marseille; cet état n'explique pas ce qu'elles doivent payer. *État du 15 avril 1537.*

En 1678, les Négocians de Marseille prétendirent que l'obligation de faire peser au poids du Roi, ne devoit point s'étendre à toutes sortes de marchandises, & que d'ailleurs celles qui se vendoient en détail n'y étoient point sujettes: un arrêt de la Chambre des Comptes & Cour des Aides de Provence, décida qu'il n'y auroit d'excepté que ce qui seroit au-dessous de trente-six livres pesant de même qualité de marchandises; & permit aux particuliers de se servir de leurs poids à cet égard seulement.

Les étoffes, la mercerie, la quincaillerie, l'huile d'olive & les marchandises qui se vendent à l'aune ou à la mesure, ne sont pas sujettes à ce droit, le charbon, le bois à brûler, le foin, la paille & le poisson de la pêche des Pêcheurs de Marseille en sont exempts, quoiqu'ils se vendent au poids; mais il est dû sur toutes les autres sortes de marchandises, drogueries & épiceries à chaque vente ou revente, tant par le vendeur que par l'acheteur.

On ne levoit anciennement qu'une obole pour chaque cent pesant de marchandises grossières, & 6 sous pour les drogueries, lorsque le vendeur & l'acheteur étoient de Marseille, & le double lorsqu'ils étoient Étrangers, ces droits furent doublés par la Déclaration du mois de mars 1669, ils ont été payés depuis au poids de table de mer net, c'est-à-dire, *Déclaration de mars 1669.*

ſans emballage, par les citadins ou originaires de Marſeille, à raiſon de 3 deniers par quintal pour les marchandiſes groſſières, de 12 ſous pour les marchandiſes fines ou réputées drogues; & de 6 ſous pour celles appelées *demi-drogues* ou *garbeau.*

Les Étrangers qui n'ont point acquis le droit de cité, payent 6 deniers par quintal des marchandiſes groſſières, 24 ſous pour les drogues, & 12 ſous pour le garbeau.

On ſe ſert au bureau du poids & caſſe, d'un état qui a toujours été ſuivi pour la diſtinction de ce qui eſt réputé drogue ou demi-drogue :

Vingt pour cent ſur les marchandiſes du Levant.

3.° Il ſe perçoit à l'entrée de Marſeille un droit de Vingt pour cent ſur les marchandiſes du Levant: ce droit n'eſt pas particulier pour Marſeille, il eſt général pour toutes les autres provinces du royaume, tant des Cinq groſſes fermes que réputées étrangères.

Ces Vingt pour cent ſont perçus indépendamment en ſus des droits d'entrée ordinaires.

Le droit n'eſt point dû à Marſeille ſur les marchandiſes apportées en droiture du Levant par des vaiſſeaux françois, à moins qu'ils n'aient relâché en pays étranger.

Il eſt dû dans les autres provinces du royaume ſur toutes les marchandiſes du Levant, ſoit qu'elles arrivent ſur des vaiſſeaux étrangers, ſoit qu'elles ſoient apportées ſur des vaiſſeaux françois, le motif de cette différence a été de conserver à la ville de Marseille, le privilége de ce commerce.

Les Vingt pour cent sur les marchandises qui entrent par Marseille ou par le Pont-de-Beauvoisin, se lèvent au profit de la Chambre de Commerce de cette ville, suivant l'arrêt du Conseil du 16 janvier 1706, & dans tous les autres bureaux du royaume au profit de la ferme générale:

Arrêt du 16 janvier 1706.

4.° Le vingtain de carenne étoit une espèce de droit de lods dû à raison de Cinq pour cent dans tous les ports de Provence, sur les bâtimens de mer ou sur les bois qui servoient à les construire: ce droit étoit dû par le vendeur & l'acheteur lorsque l'un d'eux n'étoit pas du lieu où la vente étoit faite, & il n'y avoit d'exceptées que les ventes qui se faisoient entre les habitans de la même ville; mais ce droit a été supprimé par arrêt du Conseil du 13 mai 1738:

5.° Il se perçoit à l'entrée de la Provence, du Languedoc, de la sénéchaussée de Bayonne & à Lyon, un droit de Quatre pour cent sur les drogueries & épiceries venant des pays étrangers; ce droit a été établi par édit d'Henri II du 10 septembre 1549.

Quatre pour cent sur les drogueries & épiceries venant de l'étranger.

Il se lève au poids de marc net, suivant le tarif dressé en conséquence de l'édit de 1549, & pour les drogueries & épiceries qui n'y sont pas comprises, à raison de Quatre pour cent de l'estimation, à l'instar des Quatre pour cent sur pareilles marchandises, qui avoient été établis par édit de François I.er du 25 mars

Édit de 1549.

Édit du 25 mars 1543.
Tarifs des 10 septembre 1549 & 27 octobre 1632.

1543, cette perception se fait sur les drogueries & épiceries entrant par la Méditerranée, suivant le tarif du 10 septembre 1549, & sur celles qui entrent par le Dauphiné suivant le tarif de la douane de Lyon du 27 octobre 1632, qui, aux Quatre pour cent, a ajouté Deux & demi pour cent.

On a rappelé les Lettres patentes du mois de février 1577, en vertu desquelles les citoyens & originaires de Marseille jouissent de l'exemption du droit en question sur les drogueries & épiceries, qui entrent par le port de Marseille pour leur compte, qu'ils peuvent en conséquence, sans acquitter ce droit, vendre & débiter dans le royaume: ils ont été confirmés dans cette exemption par d'autres Lettres patentes du 21 septembre 1577, par un édit d'Henri III du mois de mars 1584, & par un arrêt de règlement de la Chambre des Comptes & Cour des Aides de Provence, du 13 décembre de la même année 1584.

Domaine d'Occident.

6.° Un autre droit qui se perçoit à Marseille, ainsi que dans les autres ports auxquels le commerce des îles est permis, c'est celui de Trois pour cent du Domaine d'occident, sur quoi il paroît nécessaire d'entrer dans quelques détails, relativement aux droits connus sous la dénomination de *droits du Domaine d'occident:* cette dénomination leur a été donnée parce qu'ils avoient été concédés, à différentes compagnies auxquelles le privilége du commerce des îles avoit été attribué; ils ont depuis formé une ferme particulière ſous le titre de *ferme du Domaine d'occident*, & depuis 1732, ils ont fait partie des fermes générales, & ont été joints aux traites.

Les droits qui composent le Domaine d'occident, consiſtent :

1.° Dans un droit de Trois pour cent qui ſe perçoit, ſoit en nature, ſoit en valeur, ſur toutes les marchandiſes qui viennent des îles.

Trois pour cent ſur les marchandiſes venant des Iſles.

Ce droit qui, dans ſon principe, formoit un droit local & ſeigneurial dû dès la ſortie des îles, étoit fixé, avant 1671, à Cinq pour cent, c'eſt par un arrêt du Conſeil du 4 juin de la même année qu'il a été réduit à Trois pour cent.

Arrêt du 4 juin 1671.

On prétend qu'il eſt établi par pluſieurs titres anciens, qu'originairement ce droit ſe percevoit aux îles en nature de marchandiſes.

Il ſe lève pour la facilité du commerce à l'arrivée en France, non comme droit d'entrée, mais comme droit de ſortie des îles ; il a lieu en conſéquence ſur les marchandiſes, ſoit qu'elles ſoient deſtinées pour la conſommation du royaume, ſoit qu'elles ſoient envoyées à l'Étranger.

Suivant l'article XXV des Lettres patentes du mois d'avril 1717, portant règlement pour le commerce des Iſles & Colonies françoiſes de l'Amérique, le Fermier a la faculté de percevoir le droit, ſoit en nature, ſoit en argent ſur leur valeur, mais il s'acquitte toujours à raiſon

Lettres patentes d'avril 1717.

de la valeur des marchandises qui est constatée par un état qui s'arrête tous les six mois de concert entre les Députés du commerce & les Fermiers généraux, d'après les prix communs des principaux ports du royaume où se fait le commerce des îles:

Droits sur les sucres venant des Isles.

2.° Dans un droit de 33 sous 4 deniers & de 40 sous par quintal sur les sucres bruts, terrés & rafinés venant des Isles.

Toutes les marchandises des Isles & Colonies françoises, jouissent, à leur arrivée en France, de la faculté de l'entrepôt pendant un an : si pendant cet intervalle elles sortent pour aller à l'Étranger elles ne payent aucuns droits d'entrée; si elles sont destinées pour la consommation du royaume, elles acquittent les droits d'entrée fixés par l'article XIX des Lettres patentes de 1717; à l'exception néanmoins de celles qui sont destinées pour la Bretagne, & pour les villes de Marseille, Bayonne & Dunkerque.

Ces droits d'entrée, pour les sucres, sont de 50 sous par quintal sur les sucres bruts, de 8 livres par quintal sur les sucres terrés; & de 22 livres 10 sous sur les sucres rafinés en pain.

Lettres patentes de 1717.

Arrêt du 1.er septemb. 1699.

Dans ces 50 sous, il appartient au Fermier du Domaine d'occident, 33 sous 4 deniers; dans les 8 livres, 40 sous en conséquence des Lettres patentes de 1717; & dans les 22 livres 10 sous, aussi 40 sous en conséquence d'un arrêt du 1.er septembre 1699, le même droit

droit de 40 sous est dû au Fermier, sur les sucres étrangers provenans des prises.

Les sucres bruts & terrés, qui viennent des Isles dans le royaume, y sont admis à l'entrepôt; s'ils sortent de l'entrepôt pour aller à l'Étranger, ils ne sont point sujets aux droits de 50 sous & de 8 livres, qui ne sont dûs que lorsqu'ils sont destinés pour la consommation du royaume; & en ce cas, les 33 sous 4 deniers & les 40 sous ne sont point perçus.

Les sucres rafinés, au contraire, ne jouissent point de la faculté de l'entrepôt & ils doivent les droits de 22 livres 10 sous, dont 40 sous pour le Domaine d'occident; & 20 livres 10 sous pour les traites, soit qu'ils aillent à l'Étranger, soit qu'ils soient destinés pour la consommation du royaume.

Le motif de cette distinction a été d'exciter la culture dans les Isles, & de réserver pour le royaume la main-d'œuvre de la fabrique, aussi ne vient-il point de sucre rafiné des Isles:

Droit sur les sucres rafinés à Marseille.

3.° Dans un droit de 4 livres sur les sucres rafinés à Marseille.

Suivant les privilèges & les franchises dont jouit la ville de Marseille, les marchandises des Isles qui y sont apportées & consommées, ne sont point sujettes aux droits d'entrée, fixés par les Lettres patentes de 1717; les sucres rafinés en pain, sont les seuls qui doivent à l'entrée de cette ville le droit de 22 livres 10 sous qui a lieu aux entrées du royaume, mais les sucres bruts & terrés n'y acquittent ni le droit de 50 sous, ni celui de 8 livres, ni aucun autre droit.

Arrêt du Conseil du 28 septembre 1700.

C'est pour tenir lieu de ces droits que, par un arrêt du Conseil du 28 septembre 1700, il a été imposé sur les sucres rafinés qui sortiroient de Marseille pour l'intérieur du royaume, un droit d'entrée qui représente ceux qui n'ont point été payés sur les sucres bruts & terrés; ce droit a été fixé à 7 livres par quintal, dont 4 livres ont été attribuées au Fermier du Domaine d'occident.

Droit sur les sucres rafinés en Bretagne.

4.° Dans un droit de 10 livres 15 sous sur les sucres rafinés en Bretagne.

La Bretagne a aussi ses priviléges, & les droits fixés par les Lettres patentes de 1717, n'y sont point perçus; mais les marchandises des Isles qui y arrivent, ne jouissent point de l'entrepôt, elles payent les droits particuliers de cette province; les sucres rafinés des Isles, payent, à l'entrée de la Bretagne, le droit de 22 livres 10 sous qui se perçoit à toutes les autres entrées du royaume.

Quant aux sucres bruts & terrés, ils ne doivent que les droits de la prevôté, & ces droits ne sont que de 2 sous par quintal; ce n'est que lorsque ces sucres bruts & terrés sont envoyés de Bretagne dans les autres provinces du royaume, qu'ils acquittent les droits imposés par les Lettres patentes de 1717.

Les sucres qui sont rafinés en Bretagne, ne peuvent entrer de cette province dans le royaume que par le bureau d'Ingrande, & au lieu du droit de 15 livres par quintal qui est fixé par le tarif de 1664, ils n'acquittent, conformément à des arrêts du Conseil des 24 mai 1675 & 2 mars 1700, qu'un droit de 13 livres 15 sous, dont il revient au Fermier du Domaine d'occident, 10 livres 15 sous.

5.° Le droit de 50 sous par quintal, qui se perçoit à Rouen sur les sucres & les cidres, & dont on a précédemment fait le détail, fait aussi partie des droits compris sous le titre de *droits du Domaine d'occident*.

Ces différens droits ne sont point assujettis aux 4 sous pour livre qui se perçoivent en sus des autres droits des fermes, parce que ces droits en ont été affranchis par les Édits & Déclarations qui ont ordonné la perception de ces 4 sous pour livre, mais ils acquittent les Deux nouveaux sous pour livre de 1760 & 1763.

Édit & Déclaration de 1760 & 1763.

On se rappelle que par le tarif de 1667, & par quelques règlemens postérieurs, il a été imposé des droits uniformes sur certaines marchandises à l'entrée & à la sortie du royaume, & qui doivent être perçus, tantôt exclusivement, tantôt concurremment avec les autres droits d'entrée & de sortie ordinaires; & qu'à cet effet il a été dérogé à cet égard, en tant que de besoin, aux règlemens particuliers de toutes les provinces frontières, soit réputées étrangères, soit des Cinq grosses fermes.

Du nombre de ces droits sont le droit de fret &

le droit sur l'étain, dont la perception a été réglée par l'ordonnance de 1681, sous les deux titres, *droit de fret & droit sur l'étain.*

Droit de fret. Le droit de fret est un droit imposé sur les vaisseaux étrangers qui viennent dans les ports de France ou qui en partent chargés de marchandises; ainsi que sur tous les vaisseaux étrangers qui font le cabotage, c'est-à-dire qui transportent des marchandises d'un port du royaume à un autre aussi du royaume.

Déclaration du 20 juin 1659. Ce droit a été fixé par la Déclaration du Roi du 20 juin 1659 & par l'ordonnance de 1681, à 50 sous par tonneau; & à 3 livres 10 sous pareillement par tonneau sur les vaisseaux anglois, par l'arrêt du 6 septembre 1701.

Ce droit a été augmenté par une Déclaration du 24 novembre 1750, & porté à 5 livres par tonneau sur tous les vaisseaux étrangers indistinctement, soit anglois ou autres.

Déclaration du 25 mars 1765. La Déclaration du Roi du 25 mars 1765, a encore ajouté à ce droit : elle a distingué deux sortes de cabotages en France, le cabotage dans la même mer & celui dans une mer différente.

Dans le cas du cabotage d'un navire étranger d'un port de l'océan dans un autre port de l'océan, cette Déclaration laisse ce navire seulement sujet au droit de 5 livres par tonneau.

Dans le cas de cabotage d'un port de l'océan dans un autre de la méditerranée, ou de la méditerranée dans l'océan, elle l'assujettit à un droit de 10 livres au lieu de 5 livres par tonneau.

Le droit de fret a reçu beaucoup d'exceptions pour le cas seulement de vaisseaux étrangers qui viennent de l'Étranger dans les ports de France, ou qui sortent des ports de France pour aller à l'Étranger, chargés de marchandises, mais aucune dans le cas de cabotage.

Ces exceptions ont été introduites en faveur de plusieurs nations étrangères qui sont celles ci-après, savoir :

Les vaisseaux Anglois, par l'article II du traité d'Utrecht, & par l'ordre du Conseil du 1.er janvier 1714, à l'évènement de chaque guerre, ils ont perdu cette faveur dans laquelle ils ont été rétablis après la paix par des ordres du Ministre; les Anglois ont obtenu depuis la dernière guerre, le rétablissement de cette exemption par ordre du Ministre des finances, du 14 janvier 1763.

Décision du Conseil du 1.er janvier 1714.

14 janvier 1763.

Les Hollandois par le même traité d'Utrecht & par arrêt du 30 mai 1713; mais tous les priviléges dont ils jouissoient en France, ayant été révoqués par arrêt du 31 décembre 1745, ils perdirent la faveur de l'exemption du droit de fret, dans laquelle seule ils furent rétablis par différens ordres du Ministre des finances, dont le dernier est du 25 mai 1756, pour avoir son exécution jusqu'à ce qu'il en soit autrement ordonné.

Arrêt du 30 mai 1713.

25 mai 1756.

Les vaisseaux Danois, Suédois, ceux des sujets de

Holſtein-Gottorp ou Sleſwich, & des autres nations du Nord, qui ont été neutres pendant la guerre terminée par le traité d'Utrecht, ont été exemptés du droit de fret par arrêts des 18 août 1605, 30 décembre 1710, 20 janvier 1711, & ſuivant les ordres du Roi des 6 décembre 1706 & 23 juillet 1713: cette exemption, pour la Suède & le Danemarck, ſe trouve encore confirmée par les traités de commerce arrêtés avec ces nations, les 25 avril 1741 & 23 août 1742.

Arrêts des 18 août 1705, 30 décembre 1710 & 20 janvier 1711.

Traités de Commerce des 25 avril 1741 & 23 août 1742.

Les vaiſſeaux Eſpagnols, en vertu des ordres du Roi du 31 janvier 1712, & depuis par le pacte de famille du 15 août 1761.

Ordre du Roi du 31 janvier 1712.

Pacte de famille du 15 août 1761.

Les vaiſſeaux de Naples & de Sicile, en conſéquence des ordres du Roi du 11 ſeptembre 1725, & depuis auſſi par le pacte de famille du 15 août 1761.

Ordres du Roi du 11 ſeptembre 1725.

Pacte de famille.

Les vaiſſeaux des villes anſéatiques de Lubeck, Bremen, Hambourg & Dantzick, par le traité de commerce du 28 ſeptembre 1716, & par arrêt du 4 décembre 1725; mais la ville de Hambourg ayant donné des ſujets de mécontentement pendant la dernière guerre, elle a été privée, par arrêt du 24 mai 1760, des faveurs accordées par ce traité, & par ce moyen elle ſe trouve déchue de l'exemption du droit de fret.

Traité de Commerce du 28 ſeptembre 1716.

Arrêt du 24 mai 1760.

Les vaiſſeaux Pruſſiens par le traité de commerce du 14 février 1753, pour dix ans, & continué par ordre du Secrétaire d'État de la Marine du 5 février 1766.

Traité de Commerce du 14 février 1753.

Les vaisseaux d'Elbing par décision du Conseil du 17 mai 1766.

Décision du Conseil du 17 mai 1766.

Tous les vaisseaux de ces nations privilégiées, ne jouissent de l'exemption du droit de fret, comme il a déjà été dit, que dans le cas où ils viennent de l'Étranger dans les ports de France, ou sortent des ports de France pour aller dans les ports étrangers, mais nullement dans le cas de cabotage.

Tous vaisseaux étrangers, doivent le droit de fret dans le cas de cabotage, excepté néanmoins les vaisseaux Espagnols, Siciliens & Napolitains, qui doivent jouir de l'exemption de ce droit depuis le pacte de famille, suivant l'explication donnée par la lettre de M. le duc de Choiseul, du 3 février 1762.

Le droit sur l'étain a été fixé par l'ordonnance de 1681, à 2 sous 6 deniers par livre pesant à l'entrée du royaume.

Droit sur l'étain. *Ordonnance de 1681.*

Ce droit a été substitué à un droit de Marque, qui avoit été établi sur l'étain par une Déclaration du 9 février 1674, qui s'exécute encore en Bretagne.

Il reste maintenant à parler des droits sur les huiles & savons.

Droits sur les huiles & savons.

Ces droits, quant à leur perception, sont de deux sortes, les uns sont dûs à la fabrication avant le premier enlèvement, ou à la consommation dans les lieux de la fabrication.

Les autres à l'entrée dans le royaume, des huiles & savons venant de l'Étranger.

Édit de mai 1705. Par un Édit du mois de mai 1705, il avoit été créé des offices de Jurés-Contrôleurs-Essayeurs & Visiteurs de toutes sortes d'huiles, pour être établis, tant à Paris que dans les autres principales villes du royaume, au nombre de trente-quatre, & il leur avoit été attribué des droits sur les différentes espèces d'huiles.

Édits de 1708 & 1709. Ces offices furent supprimés en 1708, rétablis en 1709, sous le titre d'Inspecteurs & Visiteurs dans Paris, & dans les autres villes & bourgs dans lesquels avoient été établis les Inspecteurs des boucheries & des boissons; & enfin supprimés par un édit du mois d'octobre 1710, qui a ordonné la perception au profit du Roi, des droits qui avoient été attribués à ces offices.

Déclaration du 21 mars 1716. La régie & perception de ces droits a été fixée & déterminée par une Déclaration du 21 mars 1716:

Ils consistent,

1.° En 3 deniers par livre d'huile de térébenthine, lin & autres menues graines:

2.° En 6 deniers par livre d'huile de poisson, d'olive, d'amende, de noix & autres fruits:

3.° En un sou par livre d'huile d'essence & autres de plus grande valeur:

4.° Les savons qui sont formés avec l'huile, sont assujettis par représentation du droit sur les huiles à 30 sous par quintal.

On accorde pour la tare des caisses & des futailles une déduction qui est fixée par les règlemens.

Indépendamment de ces droits en sus desquels sont perçus

perçus les anciens Quatre sous & les Deux nouveaux sous pour livre, il est dû pour chaque acquit ou certificat de payement, savoir;

Lorsque le droit principal excède 3 livres . . . . 5[f]
Et lorsqu'il ne monte que depuis 20 sous jusqu'à 3 livres . . 2.

Si le droit est au-dessous de 20 sous, le certificat de payement est délivré *gratis.*

Le droit sur les huiles n'est exigible qu'une seule fois, ainsi dans quelqu'endroit qu'il ait été acquitté, le Fermier ne peut exiger autre chose que la preuve du payement par la représentation de l'acquit.

Par la même raison, lorsque le droit a été acquitté sur les huiles qui sont entrées dans la composition du savon fabriqué dans le royaume, les savons ne sont plus sujets à aucuns droits.

On a déjà observé qu'aux termes de la Déclaration du 21 mars 1716, la perception du droit sur les huiles n'a lieu que dans deux circonstances:

La première à la fabrication avant le premier enlèvement, ou à la consommation dans le lieu de la fabrication:

La seconde à l'arrivée dans le royaume des huiles & savons qui viennent de l'Étranger.

La perception dans le premier cas, n'a point lieu dans les provinces auxquelles il a été accordé des abonnemens qui représentent les droits; ainsi les huiles & savons qui sont fabriqués dans ces provinces, &

qui s'y consomment, sont dispensés du payement des droits.

Mais comme les abonnemens ne portent uniquement que sur les huiles & savons qui se fabriquent & se consomment dans les provinces abonnées; les huiles & savons qui sortent de ces provinces pour passer à l'Étranger ou dans une autre province du royaume abonnée ou non abonnée, sont assujettis au droit qui se perçoit au bureau de sortie; & de même les huiles & savons qui y arrivent de l'Étranger, sont assujettis au droit d'entrée.

Les pays abonnés sont les généralités de Montauban, Auch, Bordeaux, Limoges, Moulins, Poitiers, Bourges, Caen & Châlons.

Les provinces de Dauphiné, Auvergne, Bourgogne, Bresse, Bugey, Valromey & Gex, Languedoc, Provence, Franche-comté & pays de Foix.

Les villes de Metz, Toul & Verdun, & leurs dépendances.

Le droit sur les savons se perçoit sans aucune exception ni exemption quelconques.

La seule exemption qui ait lieu sur les huiles, est celle qui a été accordée à l'Hôpital général de Paris pour les huiles qu'il tire en son nom, soit des pays étrangers, soit des pays abonnés.

Principes de la régie des Traites.

On va maintenant donner quelques notions sur la forme de la régie des Cinq grosses fermes.

L'étendue des Cinq grosses fermes, ainsi qu'on l'a

obſervé, eſt terminée de tous côtés par une chaîne de bureaux qui ſont établis ſur les frontières : chacun de ces bureaux eſt lui-même précédé d'un autre qui eſt placé à quelque diſtance dans l'intérieur de la ferme, & ces deux chaînes de bureaux forment, pour ainſi dire, deux chaînes concentriques.

Les droits du tarif de 1664, ſoit pour l'entrée, ſoit pour la ſortie des Cinq groſſes fermes, s'acquittent au premier bureau de la route; l'acquit de payement ſe dépoſe au ſecond, où l'on délivre à la place un brevet de contrôle.

Si des Commis rencontrent une voiture entre les deux bureaux, ils peuvent ſe faire repréſenter l'acquit de payement; ils peuvent même, s'ils ont des ſoupçons, faire la viſite des marchandiſes.

Celles qui partent de Paris, peuvent acquitter à la Douane les droits de ſortie des Cinq groſſes fermes; & de même celles qui arrivent à Paris, doivent être conduites à la Douane, où l'on repréſente le brevet de contrôle du ſecond bureau.

Cette multiplicité de bureaux eſt utile au public & à la ferme, parce qu'elle contient les Commis qui éclairent la conduite les uns des autres.

Parmi les différens bureaux qui ſont placés ſur les frontières des Cinq groſſes fermes, il en eſt qui ſont rappelés dans l'ordonnance de 1687, comme formant des bureaux de conſerve : ce ſont de petits bureaux éloignés de toutes les grandes routes, & qui ne ſont réputés bureaux de recette, que pour les marchandises du crû des environs, qui en sortent ou qui y entrent pour l'usage & consommation des habitans; ces marchandises doivent acquitter les droits dans ces bureaux.

Quant aux autres marchandises, on prend dans ces bureaux un acquit à caution, & l'on va acquitter le droit au second bureau : l'acquit à caution est une soumission que fait le voiturier de rapporter, dans un délai qui est fixé, l'acquit de payement des droits.

On prend encore des acquits à caution pour les marchandises qui sortent des Cinq grosses fermes pour y rentrer, & qui empruntent le passage par une province réputée étrangère; l'acquit à caution est dans ce cas une soumission de rapporter, dans un délai qui est fixé, un certificat qui constate que les marchandises ont été déchargées dans le lieu de la destination : le délai doit être réglé suivant la distance, mais il ne peut jamais excéder trois mois, même pour les marchandises qui viennent des pays étrangers dans les Cinq grosses fermes en traversant une province réputée étrangère.

Lorsque le délai fixé par l'acquit est expiré, le marchand qui ne s'est pas mis en règle, doit payer le quadruple du droit; il y a cependant cette différence que pour le simple droit le Fermier décerne une contrainte, au lieu que pour le surplus il est obligé d'intenter son action.

Si des marchandises étrangères sont entrées dans le royaume sans avoir été d'abord destinées pour l'intérieur des Cinq grosses fermes, & que dans la suite on les y fasse passer, les droits qu'elles ont acquittés à l'entrée des provinces réputées étrangères, ne sont point déduits, si ce n'est sur les marchandises d'épiceries & drogueries qui, en conséquence de l'édit de 1664, ne sont assujetties qu'à un supplément de droits.

L'ordonnance de 1687, porte qu'il seroit établi des entrepôts pour les marchandises étrangères qui ne séjourneroient pas dans le royaume; mais ces entrepôts ont été supprimés dès 1688, à cause des fraudes auxquelles ils donnoient lieu, ainsi pour peu que des marchandises étrangères restent dans le royaume, elles doivent les droits d'entrée & de sortie, & il n'existe plus d'entrepôts que dans les trois ports francs.

Le Voiturier doit déclarer, avant la visite des ballots, la nature, le nombre ou la mesure des marchandises.

En cas de fausses déclarations pour des marchandises qui payent au poids, telles que les fers, les plombs, les cuivres & les étains, la déclaration n'est point censée fausse lorsque l'excédant n'est que d'un vingtième; & pour les autres marchandises lorsqu'elles n'excèdent la déclaration que d'un dixième.

La peine de la fausse déclaration est une amende & la confiscation.

Si le Voiturier déclare plus de marchandises qu'il

n'en a, il est tenu de payer les droits suivant sa déclaration, à moins qu'il ne s'agisse de sucres, de sirops, de beurres, d'huiles & autres marchandises sujettes à déchet, & qui viennent de loin.

Quand les marchandises payent au poids, on ne fait aucune déduction pour les caisses & enveloppes, si ce n'est pour l'or, l'argent, la soie, les épiceries & les drogueries.

Il y a certaines marchandises qui payent les droits à proportion de leur valeur; le Marchand en ce cas les estimoit toujours au-dessous & le Fermier au-dessus; ce qui occasionnoit souvent des difficultés.

Lettres patentes des 2 août 1740 & 27 septembre 1747.

Pour les prévenir, le Fermier a été autorisé par des Lettres patentes des 2 août 1740 & 27 septembre 1747, à prendre les marchandises sur le pied de l'estimation portée par la déclaration avec le sixième en sus.

Il y a des marchandises qu'il est défendu de faire sortir du royaume, savoir; l'or, l'argent, les pierreries, les munitions de guerre, les salpêtres, les chevaux, les laines, le chanvre & le lin; il en est d'autres qu'il est défendu de faire entrer.

Quelquefois l'entrée est restreinte à un certain nombre de passages, comme pour les épiceries & drogueries, les soies & les chevaux.

Souvent le commerce n'en est prohibé qu'à cause d'un privilége exclusif accordé à quelques compagnies; c'est ainsi que les Fermiers généraux ont un privilége exclusif pour la vente du sel & du tabac, & la Compagnie des Indes pour les objets de commerce dont elle a le privilége exclusif.

Les articles XV & XVI du titre VI de l'ordonnance de 1687, confirmés par les Lettres patentes du 13 juillet 1725, prescrivent une police particulière pour les endroits qui, compris dans l'étendue de la ferme, ne sont éloignés que de quatre lieues de ses limites.

Les marchandises qui sont amenées de l'intérieur de la ferme dans ces quatre lieues, quoiqu'exemptes de tous droits, doivent être déclarées au bureau de l'enlèvement, & expédiées par acquit à caution.

Par la même raison, on ne peut tirer de ces quatre lieues aucunes marchandises pour quelqu'autre endroit de la ferme, sans faire sa déclaration au bureau le plus prochain.

Il est pareillement défendu par l'article VII du titre IX de la même ordonnance de 1687, d'établir dans ces quatre lieues aucun entrepôt, & pour assurer l'exécution de cet article, un arrêt du Conseil du 4 août 1722, fait des défenses d'y apporter de l'intérieur de la ferme plus de vin & d'eau-de-vie que n'en exige la consommation des habitans pendant un an.

Arrêt du Conseil du 4 août 1722.

Il est nécessaire d'expliquer ici ce qu'on appelle le *Passe-debout & le Bénéfice du transit.*

Le passe-debout est la faculté de traverser une province réputée étrangère sans payer de droits:

Le bénéfice du tranfit eft la même faculté pour les Cinq groffes fermes.

D'après l'article IV du titre I.er de l'ordonnance de 1687, fauf l'exception de l'article V, c'eft une maxime que le paffe-debout eft de droit, au lieu que le bénéfice du tranfit doit être fondé fur un titre particulier.

Les droits de Traites jufqu'en 1574, ont été fucceffivement ou affermés ou régis, mais depuis ils ont toujours été affermés.

Les premiers droits de fortie, c'eft-à-dire la Rêve, le Haut-paffage, le Domaine forain & l'Impofition foraine qui rentroient l'un dans l'autre, furent, dès l'origine, affermés au même adjudicataire.

La traite domaniale, droit de fortie bien poftérieur, formoit un bail particulier.

Les anciens droits d'entrée fur les épiceries & drogueries, ont auffi dans l'origine été affermés à part.

Ceux qui ont été établis en 1581, fur toutes les autres marchandifes, ont formé la quatrième ferme.

On a établi un Fermier particulier pour la perception de ces mêmes droits dans la ville de Calais, lorfqu'elle a été réunie à la France.

Enfin en 1598, les Cinq fermes ont été adjugées à Brunet: depuis cette époque, les droits de Traites ont été appelés *droits des Cinq groffes fermes.*

En 1662, dans le bail de Bourgouing, au lieu de dire fimplement qu'on lui adjugeoit les droits de Traites, on a fait l'énumération des cinq fermes : les quatre premières

premières ſont celles que l'on a rappelées; quant à la cinquième, on a énoncé un droit ſur les vins qui ſe trouve dans la ſuite rappelé dans l'énumération des droits d'Aides.

Tel eſt l'état actuel des droits de Traites, qui par leur nature, & relativement aux circonſtances, ſont ſuſceptibles de variations & de changemens; il ne reſte plus qu'à rendre compte du projet dont on eſt occupé pour faire ceſſer les diſtinctions qui ſubſiſtent, quant à ces droits, entre les différentes provinces du royaume.

La circulation des marchandiſes dans toutes ces provinces, eſt dans l'état préſent des choſes, néceſſairement interceptée par tous les bureaux qui les diviſent & qui forment le cercle où chaque droit eſt dû.

L'objet qu'on ſe propoſe par la formation d'un nouveau tarif eſt de ſupprimer ces diviſions, de détruire toutes ces barrières qui forment autant d'obſtructions au commerce, & de rendre entièrement libre la communication de tout l'intérieur du royaume, en ſorte qu'il n'y ait de droits à payer que dans les cas d'importation de l'Étranger, ou d'exportation à l'Étranger.

Projet de formation d'un nouveau tarif.

On conſerve néanmoins dans ce projet quelques villes franches, telles que Dunkerque, Marſeille, Bayonne & Straſbourg, qui entretiendront une libre communication avec l'Étranger, & ne pourront par conſéquent en avoir une pareillement libre avec le royaume vis-à-vis duquel elles ſeront traitées à preſque tous égards comme pays étranger.

Les droits qui doivent former ce tarif sont combinés dans l'intérêt du commerce & des manufactures.

Ils sont tirés sur six taux différens :

Le premier taux & le plus fort, est celui de Vingt pour cent, ce droit est regardé comme prohibitif, il n'est établi que pour empêcher l'importation des marchandises de fabrique étrangère, absolument nuisibles aux manufactures de France : il a le même objet pour l'exportation, il est conservatoire des matières nécessaires à l'aliment des fabriques nationales :

Le second taux est de Dix pour cent, ce droit a pour objet de donner, au national sur l'Étranger, une préférence à l'importation par rapport à quantité de marchandises qui ne se fabriquent pas dans le royaume à aussi bon compte que chez l'Étranger, & de gêner dans l'exportation celles que nous n'avons pas en assez grande quantité pour ne pas les conserver :

Le troisième taux est de Sept & demi pour cent, il concerne principalement les drogueries & épiceries à l'importation : la consommation des drogueries ne se fait que par très-petite quantité : il en est de même des épiceries, ce sont les gens riches qui en font le plus grand usage ; c'est par cette considération que de tous temps les drogueries & épiceries ont été chargées en proportion de plus forts droits que les autres marchandises.

Il est à observer que toutes les drogueries qui

peuvent être de quelque utilité dans les fabriques, n'entrent point dans la classe de ce droit, & sont traitées plus ou moins favorablement en raison de leur utilité :

Le quatrième taux regarde les marchandises dont l'importation ou l'exportation sont absolument indifférentes: le taux en est fixé à Cinq pour cent, c'est le taux du tarif de 1664, & le plus ordinaire des différens tarifs:

Le cinquième taux est de Trois pour cent, il renferme les marchandises qui sont utiles ou de seconde nécessité à notre consommation & à nos fabriques, & dont il est convenable de faciliter l'importation : ce même droit de Trois pour cent est à l'exportation pour celles de notre sol, que nous avons avec certaine abondance, & pour celles qui ont été fabriquées en France, mais qui n'ont pas reçu toute la main-d'œuvre dont elles sont susceptibles, ou celles encore dont la fabrique n'est pas fort intéressante.

Le sixième taux, qui est celui de la plus grande faveur, doit être d'Un ou d'Un demi, ou d'Un quart pour cent: cette fixation n'est pas encore absolument déterminée.

Son objet à l'importation est pour toutes les matières premières & drogues à teintures qui ne se trouvent point en France dans une quantité assez abondante pour l'aliment de nos fabriques ; il doit par rapport à l'exportation s'étendre sur tout ce qui est de fabrique intéressante.

Tel est le plan qui a été suivi., tels sont les principes qui en ont dirigé l'opération, c'est le véritable intérêt du commerce qui a présidé à ce projet dont l'examen a été soumis à toutes les Chambres de Commerce.

FIN du troisième Tome.

ERRATA

Pour le troisième Volume.

PAGE 53, *lignes 14 & 15*, quatre formes de régie ou administration différente; *lisez*, différentes.

125, *dernière ligne*, la Déclaration de 1625; *lisez*, de 1725.

191, *à côté des 2.e & 3.e lignes*, règlement général du mois de juin 1667; *lisez*, du mois de juin 1660.

246, *ligne 13*, des brevets des Contrôles; *lisez*, des brevets de Contrôle.

247, *ligne 20*, les Commis; *lisez*, le Commis.

269, *ligne 12*, les vendeurs; *lisez*, les revendeurs.

Ibid. ligne 23, si la quantité trouvée dans leurs magasins cadre avec celle qu'ils en auront levée; *lisez*, si la quantité trouvée dans son magasin cadre avec celle qu'il en aura levée.

335, *ligne 6*, les anciens & nouveaux sous; *lisez*, les anciens & nouveaux 5 sous.

350, *dernière ligne*, pour les provinces de Bretagne; *lisez*, pour la province de Bretagne.

359, *ligne 2*, par rapport aux marchands; *lisez*, par rapport aux marchandises.

427, *ligne 13*, ni d'y en transporter en Dauphiné; *lisez*, de Dauphiné.

520, *ligne 25*, le sel du Poitou & des autres provinces; *lisez*, & celui des autres provinces.

564, *lignes 18 & 19*, indépendamment en sus; *lisez*, indépendamment & en sus.

www.ingramcontent.com/pod-product-compliance
Lightning Source LLC
Chambersburg PA
CBHW031722210326
41599CB00018B/2479

* 9 7 8 2 0 1 2 7 4 9 9 3 1 *